■2025年度中学受験

駒込中学校

3年間スーパー過去問

●収録内容一覧

入試問題と解説・解答の収録内容

2024年度　１回	算数・社会・理科・国語
2024年度　適性検査型Ａ	適性検査Ⅰ・Ⅱ・Ⅲ（解答のみ）
2024年度　適性検査型Ｂ	適性検査１・２・３（解答のみ）
2024年度　３回	英語（解答のみ）
2023年度　１回	算数・社会・理科・国語
2023年度　適性検査型Ａ	適性検査Ⅰ・Ⅱ・Ⅲ（解答のみ）
2023年度　適性検査型Ｂ	適性検査１・２・３（解答のみ）
2023年度　３回	英語（解答のみ）
2022年度　１回	算数・社会・理科・国語
2022年度　適性検査型Ａ	適性検査Ⅰ・Ⅱ・Ⅲ（解答のみ）
2022年度　適性検査型Ｂ	適性検査１・２・３（解答のみ）
2022年度　３回	英語（解答のみ）

～本書ご利用上の注意～　以下の点について，あらかじめご了承ください。

★**別冊解答用紙は巻末にございます。本書に収録している試験の実物解答用紙は，弊社サイトの各校商品情報ページより，一部または全部をダウンロードできます。**

★編集の都合上，学校実施のすべての試験を掲載していない場合がございます。

★当問題集のバックナンバーは，弊社には在庫がございません（ネット書店などに一部在庫あり）。

合格を勝ち取るための『スーパー過去問』の使い方

本書に掲載されている過去問をご覧になって,「難しそう」と感じたかもしれません。でも,多くの受験生が同じように感じているはずです。なぜなら,中学入試で出題される問題は,小学校で習う内容よりも高度なものが多く,たくさんの知識や解き方のコツを身につけることも必要だからです。ですから,初めて本書に取り組むさいには,点数を気にしすぎないようにしましょう。本番でしっかり点数を取れることが大事なのです。

過去問で重要なのは「まちがえること」です。自分の弱点を知るために,過去問に取り組むのです。当然,まちがえた問題をそのままにしておいては意味がありません。

本書には,長年にわたって中学入試にたずさわっているスタッフによるていねいな解説がついています。まちがえた問題はしっかりと解説を読み,できるようになるまで何度も解き直しをしてください。理解できていないと感じた分野については,参考書や資料集などを活用し,改めて整理しておきましょう。

このページも参考にしてみましょう！

◆どの年度から解こうかな　「入試問題と解説・解答の収録内容一覧」

本書のはじめには収録内容が掲載されていますので,収録年度や収録されている入試回などを確認できます。

※著作権上の都合によって掲載できない問題が収録されている場合は,最新年度の問題の前に,ピンク色の紙を差しこんでご案内しています。

◆学校の情報を知ろう!!「学校紹介ページ」

このページのあとに,各学校の基本情報などを掲載しています。問題を解くのに疲れたら息ぬきに読んで,志望校合格への気持ちを新たにし,再び過去問に挑戦してみるのもよいでしょう。なお,最新の情報につきましては,学校のホームページなどでご確認ください。

◆入試に向けてどんな対策をしよう？「出題傾向＆対策」

「学校紹介ページ」に続いて,「出題傾向＆対策」ページがあります。過去にどのような分野の問題が出題され,どのように対策すればよいかをアドバイスしていますので,参考にしてください。

◇別冊「入試問題解答用紙編」

本書の巻末には,ぬき取って使える別冊の解答用紙が収録してあります。解答用紙が非公表の場合などを除き,(注)が記載されたページの指定倍率にしたがって拡大コピーをとれば,実際の入試問題とほぼ同じ解答欄の大きさで,何度でも過去問に取り組むことができます。このように,入試本番に近い条件で練習できるのも,本書の強みです。また,データが公表されている学校は別冊の１ページ目に過去の「入試結果表」を掲載しています。合格に必要な得点の目安として活用してください。

本書がみなさんの志望校合格の助けとなることを,心より願っています。

株式会社　声の教育社　編集部

駒込中学校

所在地	〒113-0022 東京都文京区千駄木5-6-25
電　話	03-3828-4141
ホームページ	https://www.komagome.ed.jp
交通案内	東京メトロ南北線「本駒込駅」1番出口より徒歩5分　東京メトロ千代田線「千駄木駅」1番出口より徒歩7分　都営三田線「白山駅」A3出口より徒歩7分

くわしい情報はホームページへ

トピックス

★教室の電子黒板，タブレット端末でのICT授業を展開しています。
★食育の観点から，完全給食制にしています。

創立年 大正15年　男女共学　高校募集あり

2024年度応募状況

募集数				応募数	受験数	合格数	倍率
① 2/1 AM	2科/4科	30名	男	125名	102名	24名	4.3倍
			女	57名	48名	15名	3.2倍
	適性A	20名	男	92名	87名	34名	2.6倍
			女	88名	87名	30名	2.9倍
	適性B		男	45名	45名	21名	2.1倍
			女	26名	25名	12名	2.1倍
② 2/1 PM	2科	25名	男	222名	197名	41名	4.8倍
			女	77名	69名	15名	4.6倍
③ 2/2 AM	2科/4科	15名	男	168名	114名	36名	3.2倍
			女	71名	49名	17名	2.9倍
	プロ	10名	男	8名	8名	2名	4.0倍
			女	0名	0名	0名	—
	自己表現		男	4名	3名	1名	3.0倍
			女	0名	0名	0名	—
	国算英		男	23名	17名	10名	1.7倍
			女	14名	11名	6名	1.8倍
④ 2/2 PM	特待	10名	男	123名	76名	10名	7.6倍
			女	57名	37名	7名	5.3倍
⑤ 2/4 AM	2科	10名	男	198名	120名	37名	3.2倍
			女	75名	50名	22名	2.3倍

※「プロ」はプログラミング入試。

2024年春の主な大学合格実績

＜国公立大学＞

東京外国語大，千葉大，横浜国立大，東京都立大

＜私立大学＞

慶應義塾大，早稲田大，上智大，国際基督教大，東京理科大，明治大，青山学院大，立教大，中央大，法政大，学習院大，成蹊大，成城大，明治学院大，國學院大，獨協大，武蔵大，津田塾大

本校の特色

理想の未来へ着実に，確実に。

併設型中高一貫校の特徴を生かした
計画的な教育プログラム。

中高６年間を通して，ICTを活用した授業を軸に，グローバル教育，キャリア教育など多角的な学びを通して基礎学力と高い応用力を培います。

前期過程(中１・中２)

６年間の学習姿勢を決める大切な時期であり，基礎学力の徹底を図り土台作りを完成させます。

中期過程(中３・高１)

前期で獲得した基礎学力を土台に，より高い学力水準に到達できるよう，生徒のモチベーションを支援し，実力向上を図ります。

後期課程(高２・高３)

新しい大学入試方式に対応できる準備を行い，目標実現の軌跡に進んでいけるよう，徹底した支援と指導を行います。

また，高校より「特Ｓ・Ｓコース」，「国際教養コース」，「理系先進コース」の３コース制に分かれます。

特Ｓ・Ｓコース

各分野に興味があり，適性を見つけたい場合や，国公立・難関私大を目指したい生徒のためのコース。

国際教養コース

海外大学への進学や国際的に活躍することを視野に，探究・発表・実践に取り組むコース。

理系先進コース

理系学部に特化して，探求型の専門性の高い勉強をするコース。

編集部注─本書の内容は2024年4月現在のものであり，変更されている場合があります。正式な情報は，学校のホームページ等で必ずご確認ください。

算数 出題傾向＆対策

◆基本データ（2024年度１回）

試験時間／満点	50分／100点
問題構成	・大問数…６題 計算１題（４問）／応用小問１題（６問）／応用問題４題 ・小問数…20問
解答形式	解答のみを記入する形式になっている。必要な単位などはあらかじめ印刷されている。
実際の問題用紙	Ｂ５サイズ，小冊子形式
実際の解答用紙	Ａ４サイズ

◆出題傾向と内容

▶過去３年の出題率トップ３
１位：四則計算・逆算14％　２位：単位の計算９％　３位：角度・面積・長さ８％
▶今年の出題率トップ３
１位：四則計算・逆算，表とグラフ，約束記号・文字式15％　２位：角度・面積・長さなど10％

計算問題は，整数・小数・分数のほかに，□が途中にある逆算もあります。また，計算のくふうをすれば簡単になるものも見られます。

応用小問は，公式にあてはめれば答えが導き出せるものがほとんどで，計算の複雑なものもあまりありません。しかし，さまざまな単元から出題されていますから，各分野の公式を整理して，確実なものにしておく必要があります。

応用問題では，立体図形，速さとグラフをからめたものなどが出されています。表面積や体積の求め方，点の移動，旅人算といった分野をひと通りおさえておきましょう。

◆対策～合格点を取るには？～

上でのべたように，本校の算数は基本的な問題が中心なので，対策としては，やはり基礎力の充実に重点をおいた学習を進めることです。

まず，計算力を高めてください。標準的な計算問題集を１冊用意して，毎日欠かさず取り組むこと。図形問題については，多角形や円の面積の求め方，正多角形の内角・外角の求め方，円柱・円すいの体積の求め方など，基本的な公式や解き方をノートにまとめ，問題集で類題にあたると効果的です。

算数の学習で大切なのは，反復練習です。完全に理解するまで，何度もくり返してください。

分野		2024	2023	2022
計算	四則計算・逆算	●	●	◎
	計算のくふう	○	○	○
	単位の計算	○	○	○
和と差	和差算・分配算			
	消去算			
	つるかめ算		○	○
	平均とのべ			
	過不足算・差集め算			○
	集まり			
	年齢算			
割合と比	割合と比	○		
	正比例と反比例			
	還元算・相当算			○
	比の性質			
	倍数算			○
	売買損益			○
	濃度	○		○
	仕事算			
	ニュートン算		◎	
速さ	速さ			
	旅人算			○
	通過算			
	流水算	○	◎	○
	時計算			
	速さと比		○	
図形	角度・面積・長さ	◎	○	◎
	辺の比と面積の比・相似		○	
	体積・表面積		○	○
	水の深さと体積	◎	○	
	展開図		○	
	構成・分割			
	図形・点の移動			
表とグラフ		●	◎	○
数の性質	約数と倍数			○
	N進数			
	約束記号・文字式	●		
	整数・小数・分数の性質	○	○	
規則性	植木算		○	
	周期算		◎	
	数列			○
	方陣算			
	図形と規則			
場合の数		○	○	
調べ・推理・条件の整理				
その他				

※　○印はその分野の問題が１題，◎印は２題，●印は３題以上出題されたことをしめします。

社会 出題傾向＆対策

◆基本データ（2024年度１回）

試験時間／満点	理科と合わせて50分／50点
問題構成	・大問数…３題 ・小問数…33問
解答形式	記号選択と用語の記入がバランスよく出題されている。１～２行程度の記述問題も見られる。
実際の問題用紙	Ｂ５サイズ，小冊子形式
実際の解答用紙	Ａ４サイズ

分野 ＼ 年度			2024	2023	2022
日本の地理		地図の見方			
		国土・自然・気候	○	○	○
		資源			
		農林水産業	○	○	○
		工業	○	○	○
		交通・通信・貿易	○		○
		人口・生活・文化	○	○	○
		各地方の特色	○	○	○
		地理総合	★	★	★
世界の地理				○	
日本の歴史	時代	原始～古代	○	○	○
		中世～近世	○	○	○
		近代～現代	○	○	○
	テーマ	政治・法律史			
		産業・経済史			
		文化・宗教史			
		外交・戦争史			
		歴史総合	★	★	★
世界の歴史					
政治		憲法	○	○	○
		国会・内閣・裁判所	○	○	
		地方自治			
		経済			○
		生活と福祉		○	
		国際関係・国際政治	○		
		政治総合			
環境問題			★	○	○
時事問題					
世界遺産					
複数分野総合			★	★	

※　原始～古代…平安時代以前，中世～近世…鎌倉時代～江戸時代，近代～現代…明治時代以降
※　★印は大問の中心となる分野をしめします。

◆出題傾向と内容

●**地理**…旅行をしたメモをもとに，それぞれの都道府県の地形や人口，工業，特産物，伝統行事などを問う問題が出題されています。世界のおもな国や日本と関係の深い国の国土や産業，文化などについて，基本的な知識を身につけておくことも必要でしょう。

●**歴史**…古代から近代を中心に出題されましたが，過去には，古代から現代まで，はば広い時代をあつかった問題が出題されています。また，地図を見て記述で答える問題もあります。内容もはば広いので，政治・文化にまつわる重要な人名や重大な事件はもちろん，外交や経済に関する政策などにも気を配ることが大切です。

●**政治**…日本国憲法の特ちょうや温室効果ガスへの取り組みなどを問う問題が出題されています。政治・経済・地球環境・社会保障や国会・内閣・裁判所についての問いもひんぱんに出されているので，基礎知識の習得は欠かせません。

◆対策～合格点を取るには？～

問題のレベルは標準的ですから，まず，基礎を固めることを心がけてください。教科書のほか，説明がていねいでやさしい標準的な参考書を選び，基本事項をしっかりと身につけましょう。

地理分野では，地図とグラフ，表が欠かせません。つねにこれらを参照しながら，白地図作業帳を利用して，地形・気候・産業・文化などをまとめてください。世界地理は小学校で取り上げられることが少ないため，日本とかかわりの深い国については，自分で参考書などを使ってまとめておきましょう。

歴史分野では，教科書や参考書を読むだけでなく，自分で年表をつくって覚えると学習効果が上がります。できあがった年表は，各時代，各分野のまとめに活用できます。本校の歴史の問題にはさまざまな分野が取り上げられていますから，この作業はおおいに威力を発揮するはずです。

政治分野では，日本国憲法の基本的な内容と三権についてはひと通りおさえておいた方がよいでしょう。また，時事問題については，新聞やテレビでニュースを確認し，国の政治や経済の動き，世界各国の情勢などについて，ノートにまとめておきましょう。

理科　出題傾向&対策

◆基本データ(2024年度1回)

試験時間／満点	社会と合わせて50分／50点
問題構成	・大問数…4題 ・小問数…23問
解答形式	記号選択が大半をしめるが，記述問題や用語，数値の記入も出題されている。
実際の問題用紙	B5サイズ，小冊子形式
実際の解答用紙	A4サイズ

分野＼年度		2024	2023	2022
生命	植物			★
	動物	★	★	
	人体			
	生物と環境			
	季節と生物			
	生命総合			
物質	物質のすがた			
	気体の性質	★		★
	水溶液の性質		★	○
	ものの溶け方			
	金属の性質			
	ものの燃え方			
	物質総合			
エネルギー	てこ・滑車・輪軸			
	ばねののび方			
	ふりこ・物体の運動	★		
	浮力と密度・圧力			★
	光の進み方		★	
	ものの温まり方			
	音の伝わり方			
	電気回路			
	磁石・電磁石			
	エネルギー総合			
地球	地球・月・太陽系			
	星と星座		★	
	風・雲と天候			★
	気温・地温・湿度	★		
	流水のはたらき・地層と岩石			
	火山・地震			
	地球総合			
実験器具				
観察				
環境問題				
時事問題				
複数分野総合				

※　★印は大問の中心となる分野をしめします。

◆出題傾向と内容

多くの中学入試の問題と同様，「生命」「物質」「エネルギー」「地球」の4分野から1題ずつ，計4題出題されています。小問をふくめた問題数は平均的です。

●生命…ヒトの血液の循環，光合成と呼吸，植物と環境，植物や動物の分類，種子の発芽と成長，季節と植物，花のつくりなどが出題されています。

●物質…物質のすがた，ものの燃え方，水溶液の性質，ものの溶け方，気体の発生などが取り上げられています。なかには，グラフや資料を読み取る問題も出題されているので注意が必要です。

●エネルギー…物体の運動，光の進み方，ものの温まり方，電磁石や磁石，浮力などが出題されています。

●地球…気温と湿度，川の流れとしん食作用，天気の変化，地層や化石，台風，季節の星座，太陽の動き，月の満ち欠け，火山の性質などが取り上げられています。

◆対策～合格点を取るには？～

本校の理科は，「生命」「物質」「エネルギー」「地球」の各分野から，まんべんなく出題されており，その内容は基礎的なものがほとんどです。したがって，基礎的な知識をはやいうちに身につけ，そのうえで問題集などで演習をくり返しながら実力アップをめざしましょう。

「生命」は，身につけなければならない基本知識が多い分野ですが，ヒトと動物のからだのつくり，植物のつくりと成長などを中心に，ノートにまとめながら知識を深めましょう。

「物質」では，気体や水溶液の性質に重点をおいて学習してください。そのさい，中和反応や濃度など，表やグラフをもとに計算させる問題にも積極的に取り組むように心がける必要があります。

「エネルギー」では，まず，よく出題されるかん電池や豆電球のつなぎ方に注目しましょう。また，方位磁針のふれ方や磁力の強さなども出題が予想される単元です。

「地球」では，太陽・月・地球の動き，季節と星座の動き，天気と気温・湿度の変化，地層のでき方などが重要なポイントです。

また，新聞やテレビなどで，環境問題や科学に関するニュースをチェックすることも忘れずに。

国語 出題傾向＆対策

◆基本データ（2024年度１回）

試験時間／満点	50分／100点
問題構成	・大問数…２題 　文章読解題２題 ・小問数…21問
解答形式	記号選択と書きぬきのほかに，記述問題も見られる。記述問題には字数制限のあるものとないものがある。
実際の問題用紙	Ｂ５サイズ，小冊子形式
実際の解答用紙	Ｂ４サイズ

◆出題傾向と内容

▶近年の出典情報（著者名）
説明文：鳥飼玖美子　橋爪大三郎　鴻上尚史
小　説：相沢沙呼　荻原　浩　ひこ・田中
随　筆：吉岡大祐

●読解問題…内容の理解や主題，要旨のはあく，適語・適文補充，文脈理解，指示語の内容，心情のはあく，難しい表現や語句の文中での意味，接続語補充，比喩などの表現技法が出題されており，典型的なタイプの読解問題という印象を受けます。標準的なレベルのものが多いですが，選択肢の中にはまぎらわしいものもあるので注意が必要です。

●知識問題…大問□一，□二の読解問題の中で出題される全ての漢字の問題は書き取りでしたが，2024年に１問だけ漢字の読みが出題されているので，どちらの対策も必要です。

◆対策～合格点を取るには？～

読解力を養うには，いろいろなジャンルの本を読むことが第一です。しかし，ただ本を読むだけでは入試問題で高得点をあげることはできません。一冊の本を単に読み進めるのとちがって，入試では内容や心情の読み取りなどが細部にわたって質問されるうえ，似たような選択肢がいくつも用意されているからです。したがって，本を読むさいには，①指示語のさす内容，②段落・場面の構成，③人物の性格と心情などについて注意しながら読み進めてください。

知識問題については，分野ごとに覚えるのが効果的です。漢字については，毎日少しずつ決まった量を練習するとよいでしょう。

分野		年度	2024	2023	2022
読解	文章の種類	説明文・論説文	★	★	★
		小説・物語・伝記	★	★	★
		随筆・紀行・日記			
		会話・戯曲			
		詩			
		短歌・俳句			
	内容の分類	主題・要旨	○	○	○
		内容理解	○	○	○
		文脈・段落構成			
		指示語・接続語	○	○	○
		その他	○	○	○
知識	漢字	漢字の読み	○		
		漢字の書き取り	○	○	○
		部首・画数・筆順			
	語句	語句の意味			
		かなづかい			
		熟語			
		慣用句・ことわざ		○	
	文法	文の組み立て			
		品詞・用法			
		敬語			
	形式・技法				
	文学作品の知識				
	その他				
	知識総合				
表現	作文				
	短文記述				
	その他				
放送問題					

※　★印は大問の中心となる分野をしめします。

カコを追いかけ
ミライをつかめ

2024年度 駒込中学校

〈編集部注：２科目受験は算数・国語，４科目受験は算数・社会・理科・国語を選択します。〉
〈受験上の注意〉机の上には「受験票」，「筆記具」，「消しゴム」以外のものは置かないこと。
【算　数】〈第１回試験〉(50分)〈満点：100点〉

1 次の □ にあてはまる数を答えなさい。

(1) $(52-12\times3+17)\div3=$ □

(2) $\left(\frac{3}{4}-\frac{1}{3}\right)\times2+4\frac{3}{5}\div13\frac{4}{5}-3\times0.25=$ □

(3) $153-$ □ $\div6+5\times14=215$

(4) $1.57\times84+31.4\times5.8=$ □

2 次の □ にあてはまる数を求めなさい。

(1) □ kmのマラソンコースの $\frac{3}{4}$ を走ったところ，$7\frac{3}{5}$ km残りました。

(2) $0.034\,m^2$ の0.75倍は □ cm^2 です。

(3) 3でわると1余り，4でわると2余り，6でわると4余る整数のうち，2024にいちばん近い数は □ です。

(4) 14％の食塩水200gに食塩20gと水100gを加えると，□ ％の食塩水になります。

(5)　0，1，2，3，4 の５つの数字から異なる３つの数字を並べて３けたの整数をつくります。このとき，偶数は[　　]個できます。

(6)　川の上流Ａ地点と下流Ｂ地点を往復する船があります。川の流れは時速 10 km とします。いま，流れのない水面上の速さが時速 20 km の船でＡとＢを往復すると 16 時間かかりました。流れのない水面上での速さが時速 70 km の船でＡとＢを往復すると[　　]時間かかります。

3　2 以上の整数に対し，その数が偶数か奇数かによって，次のどちらかの計算を行います。

①　その整数が偶数の場合は，２でわる。

②　その整数が奇数の場合は，３倍して１をたす。

この計算を☆で表すことにします。

☆の計算をした結果に対してくり返し☆の計算を行い，数が１になったら終わりとします。

例えば５の場合は，

5 ☆＝5 × 3 ＋ 1 ＝ 16

16 ☆＝16 ÷ 2 ＝ 8

8 ☆＝8 ÷ 2 ＝ 4

4 ☆＝4 ÷ 2 ＝ 2

2 ☆＝2 ÷ 2 ＝ 1

となり，☆の計算を５回行います。

このとき，次の問いに答えなさい。

(1)　12 に☆の計算を何回くり返すと１になりますか。

(2)　１けたの整数に対して☆の計算を１になるまでくり返します。☆の計算回数が最も多くなるのは何回計算したときですか。

(3)　☆の計算を６回くり返して１になる数のうち，最も大きい数を求めなさい。

4　下の図のように，AB＝15 cm，BC＝25 cm，CD＝15 cm，DA＝7 cm の台形 ABCD があります。対角線 AC を結び，点 D から対角線 AC に引いた垂線と対角線 AC の交点を E とします。このとき，次の問いに答えなさい。

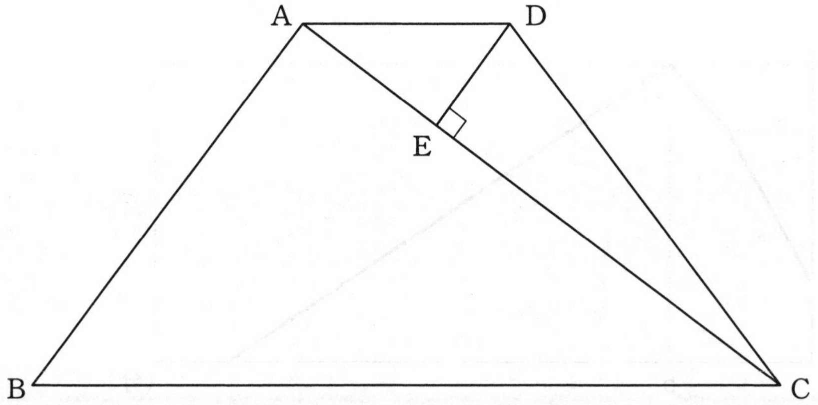

(1)　三角形ACD の面積を求めなさい。

(2)　DE の長さを求めなさい。

5 高さが 23 cm の円柱の形をした水そうに，高さ 6 cm の位置まで水が入っています。この水そうに毎分 4 cm の速さで水面の高さが増えるように水を入れていきました。しかし途中(とちゅう)で底に小さな穴(あな)が空き，水が一定の速さでぬけていきました。満水になり水を入れるのを止めたところ，水そうは空になりました。下のグラフは，水を入れ始めてからの時間と水面の高さの関係を表したグラフです。このとき，次の問いに答えなさい。

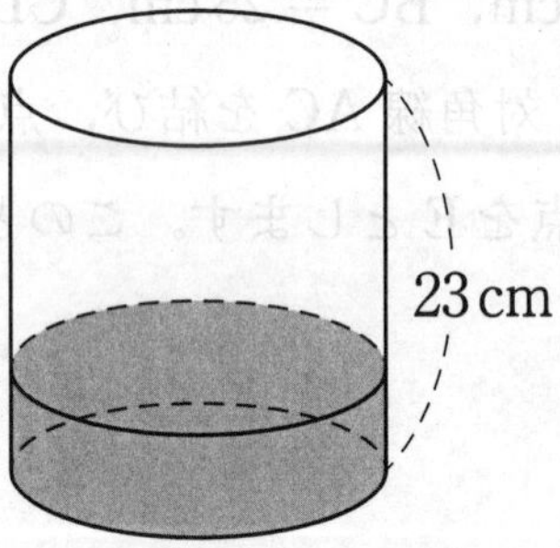

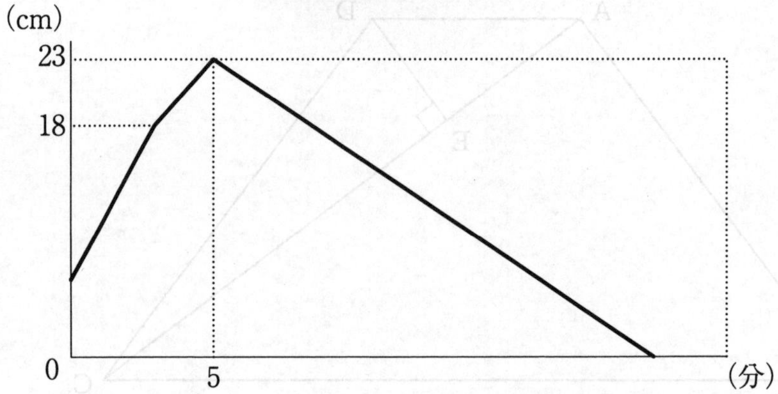

(1)　底に小さな穴が空いたのは，水を入れ始めてから何分後ですか。

(2)　水を入れ始めてから 7 分後の水面の高さを求めなさい。

(3)　水そうが空になったのは，水を入れ始めてから何分何秒後ですか。

6 直方体の形をした容器に水が入っています。この中に図１のような直方体の形をしたおもりを入れると，図２のような状態になりました。また，このおもりをたおして入れると図３のような状態になりました。このとき，次の問いに答えなさい。

図１

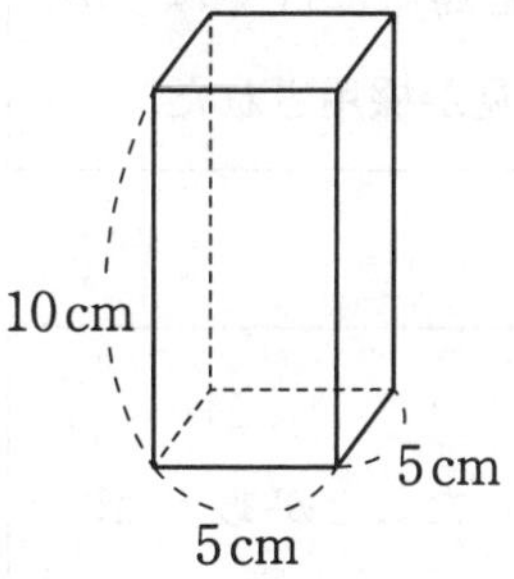

図２

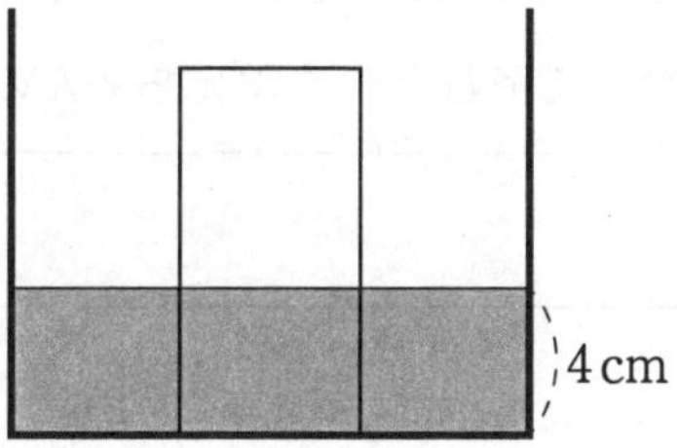

図３

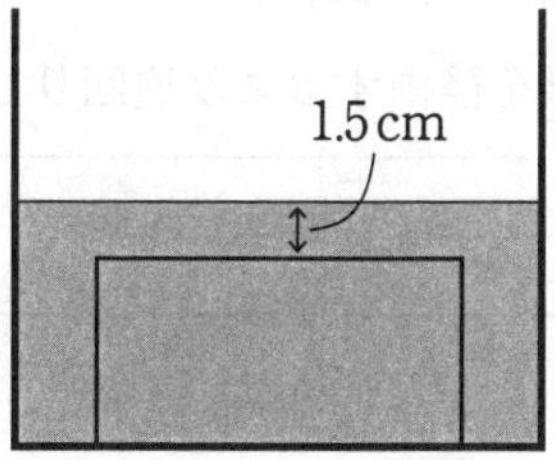

(1) 容器の底面積は何 cm^2 ですか。

(2) 容器に入っている水の体積は何 cm^3 ですか。

【社　会】〈第1回試験〉（理科と合わせて50分）〈満点：50点〉

1 次の駒子さんの日記を読み，あとの問いに答えなさい。

2月15日

今日は晩ごはんのときに，春休みの家族旅行の話し合いをした。行き先は徳島県と高知県だ。暖流の（　①　）潮のおかげで魚がおいしいらしい。楽しみだ。

わたしの家には車がないので，家のある神戸から電車で岡山を経由して，（　②　）大橋を渡って四国に行くと思った。でも，淡路島（あわじ）をバスで渡って徳島県に行くほうが，③香川県を経由するより遠回りしなくて済むというお兄ちゃんの意見が採用された。

4月1日

今日は，朝に三宮駅の乗り場からバスに乗った。淡路島は前に行ったことがあったけど，淡路島がすごく大きいから，なかなか徳島につかなくてつかれた。

お昼に徳島④ラーメンを食べて，夜は阿波（あわ）踊り会館で本物の踊り手の人たちの⑤阿波踊りを見た。すごく元気がよくて楽しかった。お客さんも参加するところがあって，右手と右足，左手と左足を一緒に出すのが難しかった。

4月2日

特急に乗って高知県に来た。讃岐（さぬき）山脈の南を流れる（　⑥　）沿いは徳島平野が広がり平らだったけど，四国山地は深い谷のところを電車が走っていた。「オオボケ」と「コボケ」という名前の駅があっておもしろかった。

⑦高知駅に着くとそのまま別のに乗り換えて四万十川のほうに行ったので，電車に乗っている時間が長くてすごく疲（つか）れた。四万十川のあたりは，私の家のまわりと違（ちが）って⑧人が全然いなくてびっくりした。きれいな川で遊べてすごく楽しかった。

問1　空欄（くうらん）（　①　）にあてはまるもっとも適当な語句を答えなさい。

問2　空欄（　②　）にあてはまるもっとも適当な語句を答えなさい。

問３　下線部③について，香川県は都道府県名と県庁所在地名が異なる。あ～えのうち，都道府県名と県庁所在地名が同じ都道府県の組み合わせとして正しいものを，以下の選択肢の中から１つ選び，記号で答えなさい。

あ．岩手県・茨城県　　い．北海道・宮城県
う．京都府・岡山県　　え．東京都・兵庫県

問４　下線部④について，次の表は日本の食料自給率を表したものであり，あ～えはそれぞれ，野菜類，果実類，小麦，米のいずれかである。小麦にあてはまるものを１つ選び，記号で答えなさい。

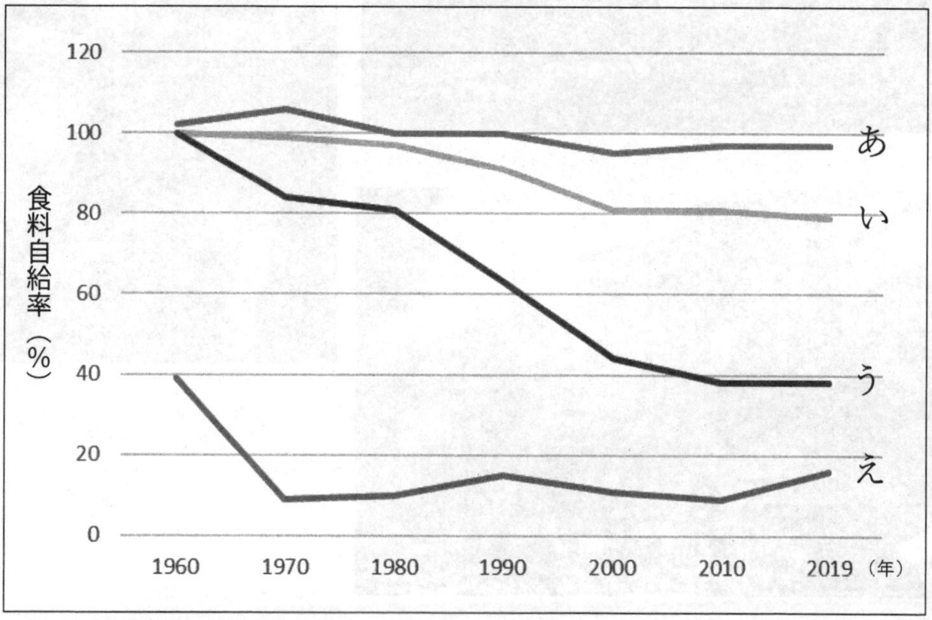

（『2022年データブック オブ・ザ・ワールド』 二宮書店　より作成）

問５　下線部⑤について，Ａ～Ｃは日本で行われている祭りに関する写真である。写真と関わりの深い地域を西から順に並べたものとして正しいものを，以下の選択肢の中から１つ選び，記号で答えなさい。

Ａ

Ｂ

Ｃ

あ．Ａ→Ｂ→Ｃ　　い．Ａ→Ｃ→Ｂ　　う．Ｂ→Ａ→Ｃ

え．Ｂ→Ｃ→Ａ　　お．Ｃ→Ａ→Ｂ　　か．Ｃ→Ｂ→Ａ

問６　空欄（　⑥　）にあてはまるもっとも適当な語句を答えなさい。

問７　下線部⑦について，次のページの表は高知県を含(ふく)む４つの都道府県の工業生産額上位の４産業を示したものである。あ～えは，高知県，神奈川県，広島県，愛知県のいずれかである。神奈川県にあてはまるものを１つ選び，記号で答えなさい。

	あ	い	う	え
１位	輸送用機械器具製造業	食料品製造業	輸送用機械器具製造業	輸送用機械器具製造業
２位	鉄鋼業	窯業(ようぎょう)・土石製品製造業	化学工業	鉄鋼業
３位	生産用機械器具製造業	パルプ・紙・紙加工品製造業	食料品製造業	電気機械器具製造業
４位	食料品製造業	生産用機械器具製造業	生産用機械器具製造業	食料品製造業

(経済産業省ホームページより作成)

問８　下線部⑧について，次の図は高知県の人口を表した人口ピラミッドである。高知県や日本の人口について説明した文の正誤の組み合わせとして正しいものを以下の選択肢の中から１つ選び，記号で答えなさい。

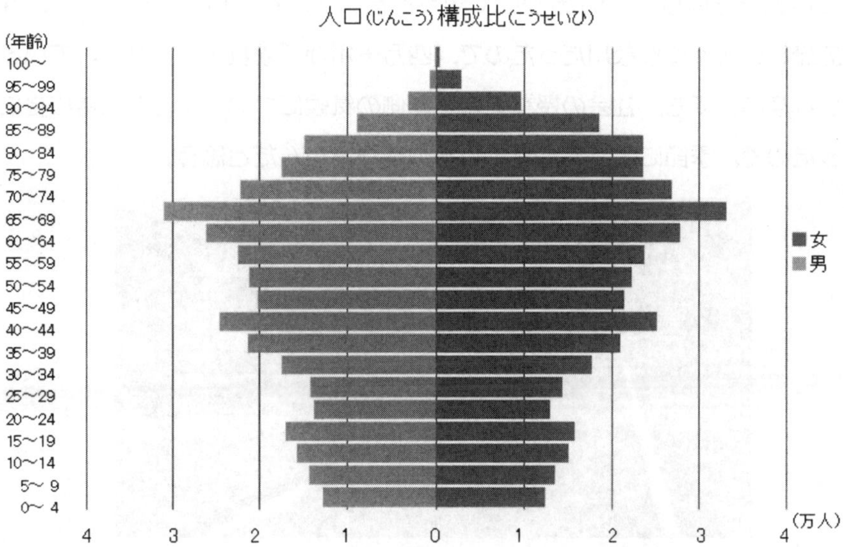

(高知県ホームページより引用)

Ａ：高知県の人口ピラミッドの形は富士山型になっている。

Ｂ：日本は，産まれる子どもの数が減っており，少子高齢化が進んでいる。

あ．Ａ－正　Ｂ－正　　　い．Ａ－正　Ｂ－誤

う．Ａ－誤　Ｂ－正　　　え．Ａ－誤　Ｂ－誤

問９　次の資料は，旅行後に駒子さんが書いたレポートである。レポートの説明をよく読み，空欄［①］，［②］にあてはまるものの組み合わせを以下の選択肢の中から１つ選び，記号で答えなさい。

佐田沈下橋（さだちんかばし）

★佐田沈下橋はこんなところ

・高知県四万十市佐田にある四万十川のもっとも下流側にある沈下橋

★沈下橋とは

・手すり（欄干（らんかん））のない橋で，川が増水しても［①］，橋が壊れにくい

・万が一壊れても，手すりがない分安く作り直すことができる

・［②］県などに多くみられる

★思い出

駅前で自転車を借りて，50 分かけてやっと着いた。わたしが見たときは，すきとおった流れのゆっくりな川だったので，四万十川が「暴れ川」と言われているのが信じられない。でも，社会の授業で太平洋側の気候について学んだときに夏に雨が多かったので，季節によって全然川の水の量が違うんだと思う。

▲橋の上から撮影。風が強くて自転車ごと倒されそうでこわかった！！

①　A．土砂や流木がひっかかりにくいため

　　B．水の勢いを弱めることができるため

②　C．香川　　D．宮崎

あ．①－A　②－C　　い．①－A　②－D

う．①－B　②－C　　え．①－B　②－D

問10　駒子さんは，高知でお土産を買った。その中に含まれるものを，以下の選択肢の中から１つ選び，記号で答えなさい。

あ．

い．

う．

え．

2 次の人物カード**A**～**D**を読み，あとの問いに答えなさい。

A　（　①　）天皇

・X 741年，国ごとに国分寺と国分尼寺を建てた。
・743年，②東大寺に大仏をつくった。
・東大寺の（　③　）には（　①　）天皇の品物が収められてる。

B　平清盛

・Y 源義朝と対立したことで平治の乱が起きた。
・（　④　）に武士として最初の太政大臣になる。
・⑤宋と貿易をして，大きな利益をあげた。

C　足利義満

・Z 武家政権の再建をめざして兵をあげ，建武の新政を終息させた。
・南北朝の合一を成功させ，動乱を終息させた。
・⑥明と貿易をして，大きな利益をあげた。

D　伊藤博文

・ヨーロッパにわたり，各国の⑦憲法や議会政治のようすを調べた。
・1885年，初代内閣総理大臣になる。
・日本全権として清と⑧下関条約を結んだ。

問1　空欄（　①　）にあてはまるもっとも適当な人物名を答えなさい。

問2　下線部②に関して，東大寺の大仏づくりの事業に参加し，僧として最高の位を与えられた人物として正しいものを以下の選択肢の中から1人選び，記号で答えなさい。

あ．行基　　い．鑑真　　う．法然　　え．一遍

問3　空欄（　③　）にあてはまるもっとも適当な語句を答えなさい。

問4　空欄（　④　）にあてはまるもっとも適当な年号として正しいものを以下の選択肢の中から1つ選び，記号で答えなさい。

あ．1086年　　い．1167年　　う．1232年　　え．1333年

問5　下線部⑤に関して，宋との貿易拠点とした大輪田泊の場所として正しいものを次の地図中の選択肢の中から1つ選び，記号で答えなさい。

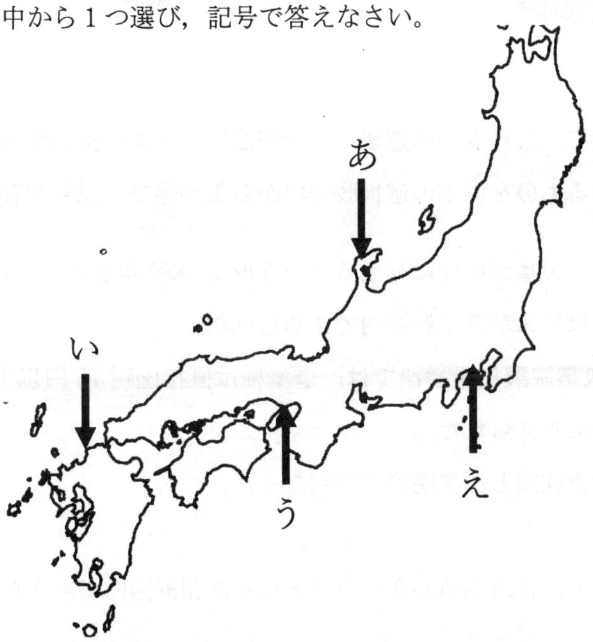

問6　カードBの時代の前期では，唐に留学した僧たちによって新しい仏教がもたらされた。天台宗を伝え，比叡山に延暦寺を建てた人物を答えなさい。

問7　下線部⑥に関して，貿易船と倭寇（わこう）を区別するために使われた合い札の名称を答えなさい。

問８　下線部⑥に関して，明から輸入していた明銭として正しいものを以下の選択肢の中から１つ選び，記号で答えなさい。

あ．

い．

う．

え．

問９　下線部⑦に関して，大日本帝国憲法（明治憲法）と日本の議会政治についての説明として，**誤っているもの**を以下の選択肢の中から１つ選び，記号で答えなさい。

あ．明治憲法は，天皇が臣民に与えるという形で1889年２月11日に発布された。
い．臣民の権利は法律が許す範囲内で認められた。
う．1890年の衆議院議員選挙法では，選挙権は直接国税15円以上を納める満25歳以上の男女に与えられた。
え．帝国議会は貴族院と衆議院の二院制だった。

問10　下線部⑧に関して，日清戦争のきっかけとなった朝鮮国内で起きた戦争を答えなさい。

問11　カード中のＸ～Ｚの文のうち，**誤っているもの**が１つある。その誤文にもっとも関わりの深い人物として正しいものを以下の選択肢の中から１人選び，記号で答えなさい。

あ．桓武天皇　　い．平将門　　う．足利尊氏　　え．後醍醐天皇問12　カードＤの明治時代の初期に行われた地租改正では，税の納め方が米からお金に変更された。なぜそれまでの米での納入が改められ，お金による納入に変更されたのか，説明しなさい。また，以下の**資料１・２**は地租改正に関するものである。

資料１

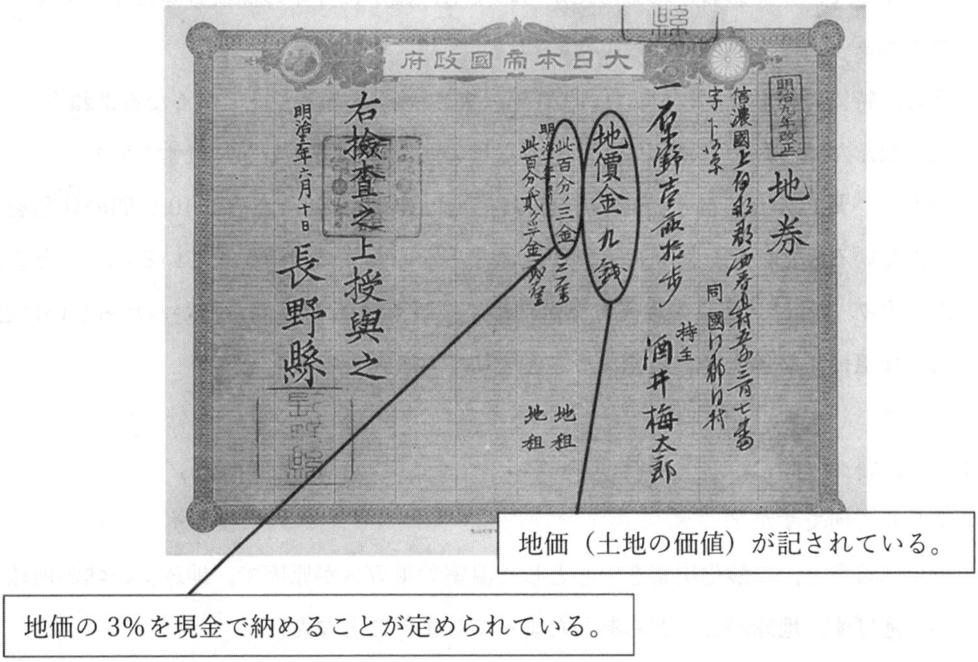
大日本帝國政府
地券
長野縣
地価（土地の価値）が記されている。
地価の 3%を現金で納めることが定められている。

資料２

> 第二章
> 　地租改正を施行すれば，土地の原価に従い課税するので，今後はたとえ豊作の年でも増税を命じないのはもちろん，凶作の年になっても，減税は一切認めない。
> （『法令全書』「地租改正」）

3 次の会話文を読み，あとの問いに答えなさい。

駒美：おはよう。今日から2学期だね。…え？　何，その髪型(かみがた)。

一隅：いいでしょ。お父さんと高校野球の決勝を観て，選手たちが格好いいなと思ってすぐ美容院に行っちゃった。

駒美：そうやって，すぐ影響されるんだから。でも，確かに今年の高校野球はネットやテレビのニュースでも話題になってたわね。

一隅：うん。特に優勝した高校は，①1920年以来の決勝進出だよ。アツくなるよね！

駒美：そうなんだ……。それにしても，あんな暑い中で運動できるなんてすごいわ。

一隅：確かに。最近の夏の高校野球の試合は，5回が終わったところで10分間の休憩(きゅうけい)をはさんでいるみたいだし，他にも熱中症にならないように対策をしているみたいだよ。

駒美：2023年の8月は，東京の最高気温が初めて1日も30℃を下回らなかったらしいけど，こんな風に年々暑さが厳しくなることを何て言うんだっけ？

先生：それは，（　②　）ですね。

駒美：先生，いつの間に。

一隅：それって何ですか？

先生：簡単に言うと，二酸化炭素を中心とした温室効果ガスが原因で，地球上の熱が地球の外に逃げず，地球がどんどんあたたまってしまうことなんだ。

駒美：二酸化炭素は理科で習いました。私たちの吐く息からも出てくるものですよね。

一隅：ということは，世界の人口が増えたせいで二酸化炭素がたくさん出るようになったんですか？

先生：いい視点ですね。人口の増加も原因のひとつに考えられますが，二酸化炭素がたくさん出ている主な原因は，産業の発達によって世界中で石油などの化石燃料をたくさん燃やしていることではないかと考えられているんです。

駒美：ものを燃やして二酸化炭素が出ることも理科で習いました。私たちの生活が便利になるかわりに，地球の環境にはいろいろな問題が起きているんですね。

一隅：僕たちが息を止めるだけじゃダメなのか……。

先生：そうですね。私たちが息を止めなくても，世界全体の二酸化炭素の量を減らしていく方法があります。理科で習ったと思いますが，わかりますか？

駒美：わかった，植物の光合成ですね！

先生：その通り。植物は二酸化炭素を吸収するはたらきがありますね。ですが，これも産業の発達などによって森林が減っていて，思ったように二酸化炭素を吸収できていないんです。

一隅：でも，お盆におじいちゃんの家に行きましたが，周りの山や森の木は減っているように見えなかったです。そんなに減っているんですか？

先生：特に減っていると言われているのが，地球上の森林の半分近くを占めていると言われる（　③　）です。そこでは，毎年日本の面積の半分くらいが減っていると言われています。

駒美：私たちの見えないところで，森林は減っているんですね…。

先生：それでは，これらの問題を解決するために私たちがしなくてはならないことは，何だと思いますか？

駒美：世界全体で温室効果ガスの量を減らすことや，森林などの環境を整えることですね！

先生：その通り。1997年には，温室効果ガスを減らす目標や具体的な取り組みについて，世界の国々の代表が日本の（　④　）に集まって話し合ったんだ。

駒美：その話し合いはうまくいったんですか？

先生：いや，産業の発展を優先したい国もいるので，世界中で温室効果ガスを抑えていく取り組みはうまく進まずにいるんだ。

一隅：そんなことがあったんですね。でも，やっぱり日本は森林もきれいだし，環境について気にすることはないですよね？

先生：そうとも言えません。日本も半世紀以上前の⑤高度経済成長の時代に，産業の発達が優先されたことで数々の公害問題を起こしてきました。

駒美：知ってます！　前にお母さんと⑥水俣病のことを残した写真家を扱った映画を観てきました。すごく難しかったけど，とても悲しい気持ちになりました。

先生：そうですね。現在では，⑦日本国憲法の基本的人権には記載されていませんが，住みよい環境を守る権利として環境権を認めるべきだという議論が以前から行われています。

駒美：私たちが健康であるためにも，環境のことをきちんと知って，声に出していかないといけませんね！

先生：その通り。最近では，将来世代のため，今の生活を見直して，持続可能な社会を作っていく必要が訴えられています。二酸化炭素や森林などの環境問題は，そのうちのひとつですね。

駒美：持続可能…聞いたことあります！　もしかして⑧SDGsのことですか？

先生：よく知っていますね。SDGsには持続可能な社会に向けた17の開発目標があり，環境問題の他にもジェンダーや教育などに関する目標もあるんですよ。

駒美：お父さんの会社で話題になっているらしくって，会社に行くときのスーツにバッジをつけているのを見たわ。

一隅：そうなんだね。ぼくも自分が大人になったときに困らないよう，今から環境に気を付けた生活をしていきます！

駒美：そうよね。そういえば，夏休みの宿題は終わった？

一隅：実は，宿題のプリントをなくしちゃったんだよね……。先生，プリントを新しく１枚もらえますか？

先生：やれやれ……。そういったところから，無駄づかいを減らさないといけませんね。

問１　下線部①について，第一次世界大戦後に結ばれたベルサイユ条約に基づき，世界平和の実現のため1920年に発足した組織は何か。漢字４文字で答えなさい。

問２　空欄（　②　）にあてはまるもっとも適当な語句を漢字３文字で答えなさい。

問３　空欄（　③　）にあてはまるもっとも適当な語句を漢字４文字で答えなさい。

問４　空欄（　④　）にあてはまる日本の都市名を漢字で答えなさい。

問５　下線部⑤について，高度経済成長の時代に人々の生活は大きく変わり，1950年代後半からは「三種の神器」と呼ばれる電化製品が普及（ふきゅう）した。「三種の神器」として**誤っているもの**を以下の選択肢の中から１つ選び，記号で答えなさい。

あ．電気掃除機　　い．白黒テレビ　　う．電気冷蔵庫　　え．電気洗濯機

問６　下線部⑥について，水俣病が発生した都道府県と原因となった物質の正しい組み合わせを以下の選択肢の中から１つ選び，記号で答えなさい。

あ．富山県―カドミウム　　い．三重県―カドミウム

う．栃木県―有機水銀　　え．熊本県―有機水銀

問7　下線部⑦について，日本国憲法の三原則は「基本的人権の尊重」と「平和主義」ともう1つは何か，漢字4文字で答えなさい。

問8　下線部⑧について，SDGsは2030年に向けた持続可能な社会のために2015年に掲げられた目標である。現在，SDGsに対する意識を高めることやSDGs周知のために，SDGsに関わっている会社などを中心にバッジをつける人が増えている。そのバッジとして正しいものを以下の選択肢の中から1つ選び，記号で答えなさい。

あ.

い.

う.

え.
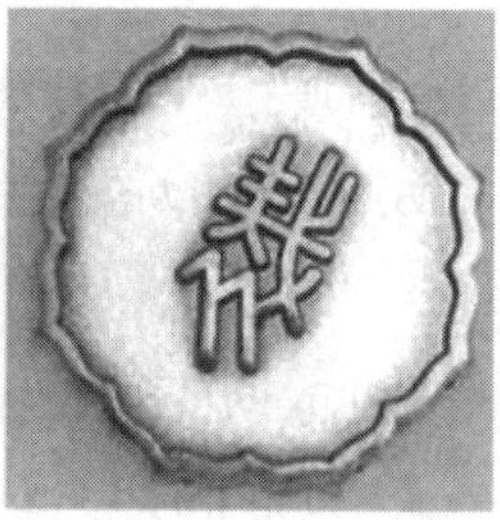

問9　駒美さんは，温室効果ガスに関する世界の取り組みについて調べ，以下のメモを書いた。メモの中の空欄（　⑨　）～（　⑪　）にあてはまる国名や地名として正しいものを以下の選択肢の中からそれぞれ1つずつ選び，記号で答えなさい。

メモ

1992年にブラジルのリオデジャネイロで「国連環境開発会議」が開かれた。この会議で，温室効果ガスに関して「気候変動枠組み条約」が結ばれ，二酸化炭素を中心とした温室効果ガスの削減（さくげん）は掲げられたが，具体的な数値目標は示されなかった。

そこで，1997年に「気候変動枠組み条約」に基づいた会議が（　④　）で開催され，具体的な数値目標や温室効果ガス削減に向けた取り組みが決められた。しかし，発展途上国の「開発の権利」に配慮したため，（　⑨　）のように二酸化炭素の排出量が多いながら発展途上国であった国には削減義務はなかった。また，先進国でも自国の利益を優先した（　⑩　）が取り組みから抜けたことも問題となった。

この問題を克服(こくふく)するため，2015年にフランスの（ ⑪ ）の会議で採択された協定では，発展途上国を含めた197の国と地域を対象とし，翌年に（ ⑨ ）・（ ⑩ ）も協定を批准(ひじゅん)した。しかし，2019年当時の（ ⑩ ）の大統領が協定から抜けることを宣言するなど，世界的な取り組みには問題が山積みである。

（ ⑨ ）の選択肢

あ．大韓民国　い．中華人民共和国　う．南アフリカ共和国　え．ロシア連邦

（ ⑩ ）の選択肢

あ．アメリカ合衆国　い．ドイツ　う．インド　え．イギリス

（ ⑪ ）の選択肢

あ．ベルリン　い．ニューヨーク　う．ロンドン　え．パリ

【理　科】〈第１回試験〉（社会と合わせて50分）〈満点：50点〉

1　**表１**は魚類，両生類，は虫類，鳥類，ほ乳類の特ちょうをまとめたものです。次の各問いに答えなさい。

表１

	魚類	両生類	は虫類	鳥類	ほ乳類
①背骨をもつ	○	○	○	○	○
②体温は一定である					
③肺で一生呼吸する	×	△	○	○	○
④からだがうろこでおおわれている	○	×	○	×	×
⑤卵で子どもが産まれる	○	○	○	○	×

(1)　**表１**の①の背骨をもつという特ちょうは，魚類，両生類，は虫類，鳥類，そしてほ乳類に共通する特ちょうです。背骨をもつ動物を何とよびますか。また，背骨がない動物の例を１つ答えなさい。

(2)　**表１**の②の特ちょうについて，体温が一定である動物はどれですか。正しいものを次のうちからすべて選び，記号で答えなさい。

ア．魚類　　イ．両生類　　ウ．は虫類　　エ．鳥類　　オ．ほ乳類

(3)　**表１**の③の特ちょうについて，肺で呼吸しない魚類は何を使って呼吸しますか。

(4)　**表１**の④の特ちょうについて，魚類とは虫類はどちらもうろこでおおわれています。しかし，魚類とは虫類のうろこには違いがあります。は虫類のうろこの役割(やくわり)について，説明しなさい。

(5)　**表１**の⑤の特ちょうについて，ほ乳類は卵ではない方法で子どもが産まれます。ほ乳類の子どもの産まれ方をなんとよびますか。答えなさい。

2　まお君は冬休みのある日，家にあるいろんな洗剤や消毒液で実験ができないかと考えました。無色とう明の液体を実験で見分けたいと思い，大学生のお兄さんに頼んで５種類の無色とう明な液体を選んでもらい，見分ける実験を計画することにしました。なお，これから行う実験は万が一のことを考えて屋外で行いました。

５種類の液体をＡ～Ｅとし，「うすい水酸化ナトリウム水溶液」「エタノール」「過酸化水素水」「うすい塩酸」「次亜塩素酸水溶液」のいずれかを含みます。

まお君は以下の１～５の実験の計画をたて，お兄さんに見せました。

実験１：鉄のかけらをＡ～Ｅに入れます。
実験２：少量のＡ～Ｅを小皿に取り，マッチで火をつけます。
実験３：生レバーのかけらをＡ～Ｅに入れます。
実験４：Ａ～Ｅから２つ選び，混合して変化を見ます。
実験５：加熱して変化を見ます。

すると，お兄さんからこのように助言されました。

兄：実験４に関しては，今回は混ぜてはいけない組み合わせがあるので，少し計画を練り直す必要があるね。実はＥは酸性の水溶液と混ぜると①有毒ガスが発生する性質があるので，混ぜてはいけないんだ。それと実験５も，今回は気体がとけている水溶液が１種類あるので，加熱するととけている②有毒ガスが発生して危険なんだ。

まお君はお兄さんの助言を受け，安全に実験するために，実験１～実験３で各液体を見分けることをこころみました。そして実験を実施して５分以内に見られた変化を次の**表１**にまとめました。

表１

液体	実験１	実験２	実験３
A	変化なし。	火はつかなかった。	多量の気泡が発生した。
B	気泡が発生した。	火はつかなかった。	変化なし。
C	変化なし。	うすい青色の火がついた。	変化なし。
D	変化なし。	火はつかなかった。	変化なし。
E	変化なし。	火はつかなかった。	変化なし。

この実験１～実験３で，ＤとＥに特別な性質が発見できなかったため，小学校で実験を追加することにし，実験Ｘと名づけました。さらに，実験３の結果が予想外だったまお君は，Ａに実験３を行ったとき発生した気体が何かを調べる実験をし，これを実験Ｙと名づけました。

実験Ｘ：Ａ～ＥにＢＴＢ溶液を数滴加え，色の変化を調べます。
実験Ｙ：Ａに生レバーのかけらを加えたとき発生した気体を集め，火のついた線香を近づけます。

実験Ｘに関して，結果を以下の**表２**にまとめました。

表２

	A	B	C	D	E
BTB溶液の色	黄色	黄色	緑色	青色	黄色

次の⑴～⑷に答えなさい。

⑴　下線部①で発生する有毒ガスは空気より重く，水に少しだけとける性質をもった黄緑色の気体です。この気体を集めるのに最も適切な方法を，解答らんにあうように答えなさい。

⑵　下線部②で発生する有毒ガスは水にきわめてとけやすく，刺激臭があります。また，この気体はぬれた青色リトマス紙を赤色に変色させます。この気体の名前を答えなさい。

⑶　問題文と実験結果より，Ａ～Ｅは何であると考えられますか。以下のあ～おから，正しいものをそれぞれ選び，記号で答えなさい。

あ．うすい水酸化ナトリウム水溶液　　い．エタノール
う．過酸化水素水　　え．うすい塩酸
お．次亜塩素酸水溶液

⑷　実験Ｙの結果，火のついた線香の炎が大きく燃え上がりました。Ａから発生した気体の名前を答えなさい。

3　**図１**のように，おもりのついた糸をつけた台車を，水平な机の上に置きます。台車を支えていた手を静かにはなすと，台車は真っ直ぐ進みました。台車が動き出してからの運動は，１秒間に50回打点する記録タイマーで記録しました。**図２**は，記録テープを５打点ごとに切って，それぞれのテープを左から順に並べたものです。次のページの各問いに答えなさい。

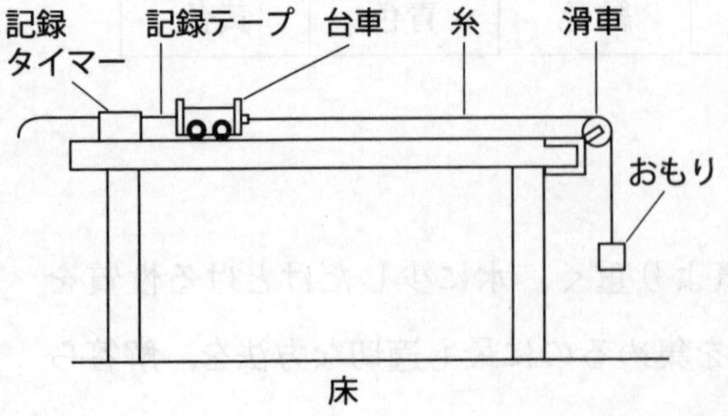

図１

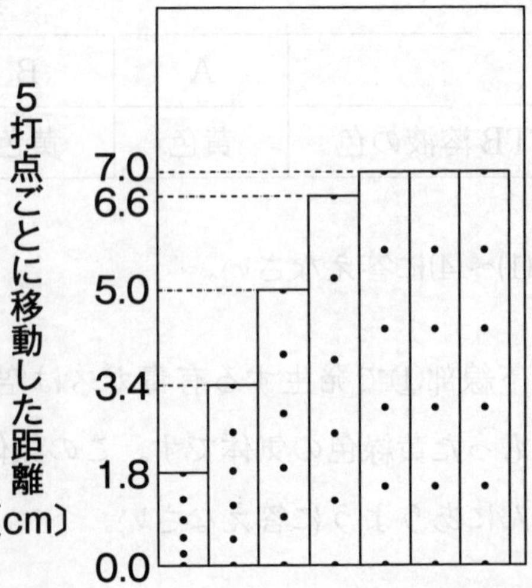

図２

(1)　手をはなしてから0.1秒後までの，台車の平均の速さは何cm/秒ですか。整数で答えなさい。また，その値は何km/時ですか。小数第３位を四捨五入して答えなさい。

(2)　(A)おもりが床につくまでの間と(B)おもりが床についた後の台車にはたらく力について述べた文として正しいものを次のうちから１つ選び，記号で答えなさい。

ア．運動の向きに力ははたらいていない。
イ．運動の向きに力がはたらき，その大きさは一定である。
ウ．運動の向きに力がはたらき，その大きさはしだいに小さくなった。
エ．運動の向きに力がはたらき，その大きさはしだいに大きくなった。

(3)　手をはなしてからの台車の運動について，時間と台車の速さの関係を表すグラフを次のうちから１つ選び，記号で答えなさい。

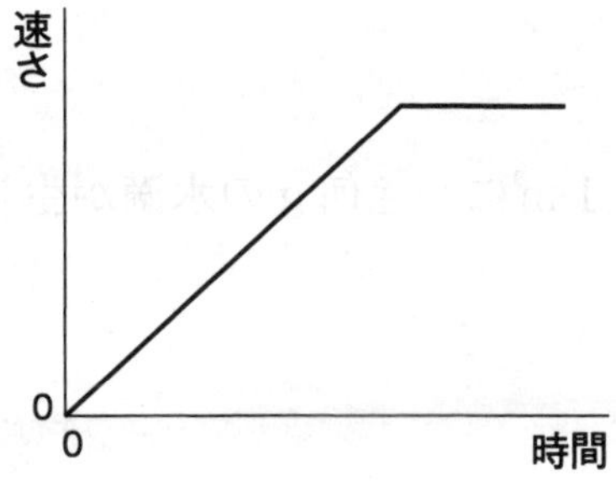

ア

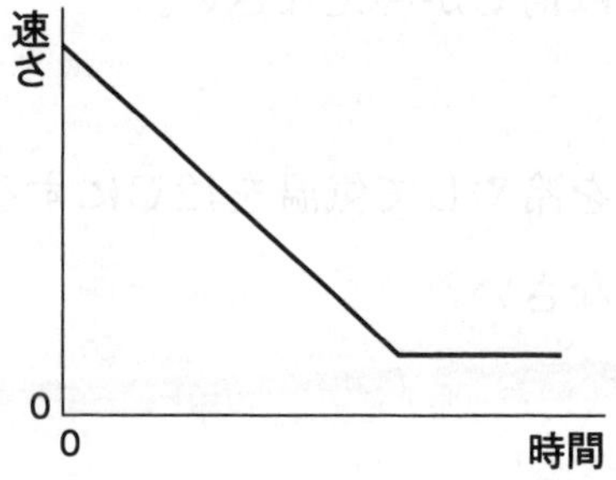

イ

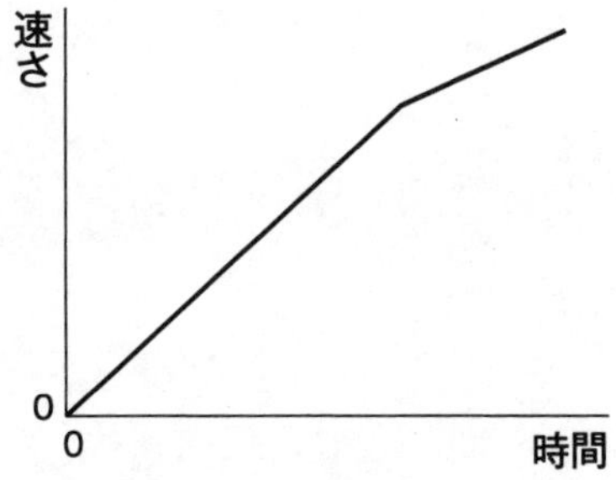

ウ

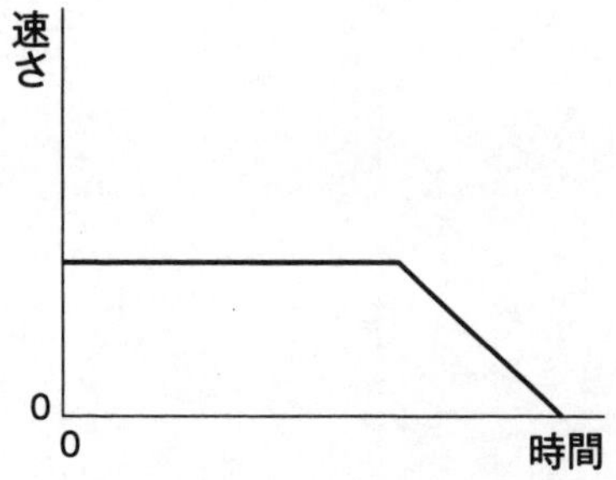

エ

4 気温が20℃で，空気中1㎥中に12.8ｇの水蒸気をふくむ空気Ａがあります。**表1**は，気温と飽和(ほうわ)水蒸気量との関係を示したものです。次の各問いに答えなさい。

表1

気温〔℃〕	12	13	14	15	16	17	18	19	20
飽和水蒸気量〔ｇ/㎥〕	10.6	11.3	12.0	12.8	13.6	14.5	15.3	16.2	17.1

(1) 空気Ａは，空気1㎥につき，あと何ｇの水蒸気をふくむことができるか答えなさい。

(2) 空気Ａの湿度(しつど)は何％か。小数第2位を四捨五入して答えなさい。

(3) 気温が下がり，ある温度になると空気中の水蒸気が水滴(てき)に変わる。このときの温度を何といいますか，その名称を答えなさい。また，空気Ａにおいてその温度は何℃か答えなさい。

(4) 空気Ａを冷やして気温を12℃にすると，空気1㎥につき何ｇの水滴が生じるか答えなさい。

問五 ――線④「ユナは気恥ずかしげな笑みを浮かべて」とありますが、それはなぜですか。最も適切なものを選び、記号で答えなさい。

ア　萌香を出しぬくことができたから。
イ　見当外れのことばかり質問されたから。
ウ　萌香にやっと本当のことが言えたから。
エ　現実にいる男の子を好きになったから。

問六 ――線⑤「その推測は違っていたのだ」とありますが、萌香はユナの変化をどのように推測していたのですか。本文中から十五字以内でぬき出して答えなさい。

問七 ――線⑥「わたしは、いま、どんな顔をしていたのだろう」とありますが、萌香はどのような表情をしていたと思いますか。それを説明した文として最も適切なものを選び、記号で答えなさい。

ア　自分の元を離れていったユナのことを、にくらしく思う表情。
イ　結局は全てひとりよがりだったことに対してくやしく思う表情。
ウ　一般的な価値観に流されるユナに対し、怒りをかくせない表情。
エ　思わぬできごとに、自分の気持ちの整理ができずにいる表情。

問八 次の一文が入るところは、【A】～【D】のうちどれですか。最も適切なものを選び、記号で答えなさい。

どうして、わたしたちは好きになる相手を選べないのだろう。

問九 ＝＝線「先生はきっと理解なんてしてくれないだろう」とありますが、そのように思うのは、萌香がどのような恋をしているからですか。本文中より十三字でぬき出して答えなさい。

問十 言語を生成するAIである「ChatGPT」に恋の俳句を作るよう指示しました。次のうち、「萌香の恋」を表したものはどれですか。最も適切なものを選び、記号で答えなさい。

ア　境界を　超える恋の糸　心結ぶ
イ　夏の海　砂浜で出会う　恋の波
ウ　秋風に　髪をなびかせ　君と歩む
エ　月明かり　ふたりの距離は　縮まりて

問十一 〰〰線あ～おのカタカナを適切な漢字に直し、漢字はひらがなに直しなさい。

けれど、わたしたちが好きになった相手は、そういうのとは致命的に違いすぎた。ライバルなんて無数にいるし、そんなことを考えることすらおこがましい。
彼と付き合うことのできる人なんて、この世界のどこにもいないのだから。
わたしがしているのは、叶わないと宿命付けられた恋だ。
だからせめて、この気持ちを共にできる人が、わたしは欲しかったのかもしれない。
しばらくすると、トイレかなにかで席を外していた図書委員の子が戻ってきて、わたしを見ると不思議そうな顔をした。佐竹さんというあまり話をしたことがない子で、わたしは慌てて視線を落とした。
⑥わたしは、いま、どんな顔をしていたのだろう。

（『教室に並んだ背表紙』より「花布の咲くころ」　相沢沙呼）
（設問の都合上、一部本文を改めました。）

※　自爆……自分の行動が原因となって、最終的に自分にとって損をするような状態になること。
※　二次創作の夢小説……すでに存在している作品の世界やキャラクターに、自分を投影したオリジナルキャラクターをからめて二次的に創作した小説のこと。
※　ソシャゲ……「ソーシャルゲーム」の略。ＬＩＮＥなどのＳＮＳを活用して遊ぶゲームのこと。
※　三次元……ここでは、現実の世界の人のこと。対して、アニメや小説などの作られた世界を二次元と言う。
※　アニメ二期……一度放送が終わった作品の続きが、再びアニメとして放送されること。
※　推し……自分が非常に気に入っている人物や物のこと。
※　おこがましい……身の程知らずだ。

問一　［１］にあてはまることばとして最も適切なものを選び、記号で答えなさい。
ア　ぼそぼそ　　イ　ぴりぴり　　ウ　ゆさゆさ　　エ　ざわざわ
問二　――線①「彼の頬に――、彼の髪に――、触れたかった」とありますが、触れることができない理由を簡潔に説明しなさい。
問三　――線②「萌香には、このポイントカードを進呈しよう」とありますが、なぜユナはこのように行動したのですか。説明しなさい。
問四　――線③「そのたとえはあながち間違いではないのかもしれない」について、次の各問いに答えなさい。
（ｉ）「たとえ」の内容を本文中から二十五字以内でぬき出して答えなさい。
（ii）萌香はその「たとえ」と現実のどのようなところに共通点を感じたのですか。説明しなさい。

けれど、③そのたとえはあながち間違いではないのかもしれない。
「えっと、好きな人って……。え、アニメ？　漫画？　※ソシャゲ？」
「ううん。※三次元」
そう、④ユナは気恥ずかしげな笑みを浮かべて、告白した。
しばらく、呆けた気持ちで彼女を見つめ続けた。
中学生になって、ユナとはクラスが別になってしまった。そのせいでお互いに㋔ショゾクするグループが変わり、以前と比べて会話をする機会はずっと減ってしまっていた。メッセージのやりとりを続けてはいたけれど、わたしが凛堂君の話題を出しても、最近のユナは素っ気なくスタンプを返してくるだけで、あまり話題が続かないことが増えてきた。そればかりか、先月なんて、放送中の※アニメ二期の最新話をまだ観ていない、なんてことすら言い出す始末だったのだ。
「アイドル……、とか？」
どうにか問いかけると、ユナは照れくさそうにかぶりを振った。
それから、頬をかきながら視線を外して、ささやくような声で言う。
「同じクラスの男子……。えっと、これ以上はかんべんして」
あぜんとした。
ユナの変化には、気づいていたつもりだった。
たまに廊下で姿を見かけるとき、髪型が変わったな、とは思っていた。元々、可愛い顔立ちの子だったけれど、おしゃれに目覚めたみたいで、急に可愛くなった。付き合うようになった友達の影響だろうと考えていた。中学生になってからのユナは、テンションが高くて騒がしいグループの子たちと一緒になっていたから、変化はそのせいだろうと思っていた。
けれど、⑤その推測は違っていたのだ。
「え、なに……。じゃあ、もう※推しはどうでもいいっていうこと？」
「そうじゃないけれど……、そういう女子って、男子にウケ悪いでしょ」
ユナは表情を曇らせて言った。
「だから、あとのことは萌香に託す」
ごめんね、と頭を下げて、ユナは図書室を去って行った。
わたしは呆然とした気持ちで、図書室の入り口を見つめ続けていた。
これが、たとえば三次元の身近な男の子を好きになった同志だったとしたら、ライバルが一人減ったと喜ぶことができたのかもしれない。

喫茶店で好みのケーキを注文するときのように、メニューを示して、自分が(い)ノゾんだ恋のかたちを神様にリクエストすることができたらいいのに。

わたしがしている恋が抱える問題は、とても大きかった。

だって、大好きな彼は、スマホの画面から、出てきてくれない。

そもそも、住んでいる次元が、違いすぎたのだ。

＊

「②萌香には、このポイントカードを進呈しよう」

二年生になって数日が(う)経った、ある日の放課後だった。

夕暮れの図書室で受付の仕事をしていたら、久しぶりに顔を見せたユナが、青いカードをカウンターに滑らせてそう言った。

それは、わたしたちが一緒に行くアニメショップのポイントカードだった。

その行為が意味することを考えながら、わたしはユナを見上げる。

小学校のときからの友人であるユナとは、志を共にしていたつもりだった。

同じ漫画を好きになり、同じ小説を愛読し、同じアニメを観て、同じ声優について語り合った。

そして、同じ人を好きになった。

【　C　】

凛堂蓮君。

わたしたちとは違う次元に住んでいることはとても悲しいけれど、志を共にするユナとは、いつも彼のことを語り合ったものだった。原作のコミックスを発売日に追いかけ、わたしの家で彼の活躍が描かれるアニメを観た。彼の笑顔が(え)キザまれたグッズを買って見せ合って、くじを引いては共に※自爆し、ユナにせがまれて彼が登場する※二次創作の夢小説まで書き綴った。

【　D　】

それが――。

それなのに――。

「え、ちょっと待って、どういうこと」

「ごめん。他に好きな人ができた」

わたしたちは、まるでカップルが別れるときみたいな台詞のやりとりをした。

二　次の文章を読んで、あとの問いに答えなさい。（句読点や記号は一字と数えます。）

どうして恋は、こんなにも痛いのだろう。
彼のことを考えれば、いつだって身体の芯が痺れる感覚に陥っていく。その切ない震えは心臓を通して腕まで伝わり、指先すら［　1　］とわたしをうずかせた。
この息苦しさから解放されたくて、わたしはいつも溜息をもらす。だからといって、それでこの心が(あ)スクわれたためしは一度もない。

【　A　】

彼の笑顔は、どうしてそんなに眩しいのだろう。
彼の声音は、どうしてそんなに優しいのだろう。
①彼の頬に――、彼の髪に――、触れたかった。
放課後、いつものように図書室の受付に座り、スマートフォンを覗き込みながら、深く溜息をもらした。
すると、通りかかったしおり先生に、そこを見つけられてしまう。
「どうしたの。まるで恋に悩んでいるみたいね」
優しく笑うしおり先生は、いつもとても鋭い。
「そんなのじゃないです」
わたしは慌てて、スマートフォンの画面を消した。それを伏せて、彼女の指摘がまるで見当外れのもののように否定し、笑う。
「そっか。残念だなぁ」
なにが残念なのかまるでわからなかったけれど、先生は子どもみたいな表情で笑った。それから、顎先にひとさし指を押し当てる。それは、なにか考え事をするときの彼女のくせで、少しばかり絵になるように見えるのが、羨ましい。
「恋の悩みなら、どんな話でも秘密にするし、先生、相談に乗るからね」
けれど、先生はきっと理解なんてしてくれないだろう。
彼女が司書室に去って行くのを見届けて、わたしはスマートフォンのロックを解除した。その画面に視線を落とす。
この想いを、誰かに打ち明けることができたら、楽になれるのだろうか？
けれど、誰かが理解してくれるとも思えないし、唯一の理解者は、もうわたしの側を離れてしまった。いまさら、誰か理解してくれる人が現れるなんて、思えない。

【　B　】

問八 [X]、[Y]、[Z] にあてはまることばを、それぞれ記号で答えなさい。

ア　組み立て方
イ　感情の表現方法
ウ　言語についての知識
エ　社会でことばがどう使われているか
オ　相手がどんなことばを欲しているか

問九 次のア～オのうち、本文の内容にあてはまるものは○、あてはまらないものには×で答えなさい。

ア　人間は相手のことを考えながら話し、相手のことばの真意を探ろうとしながら話を聞くものである。
イ　話し手の意図をつかんだ上で対話すれば、コミュニケーションを必ず成功させることができる。
ウ　困らせてしまうおそれがあるので、知らない人といきなりコミュニケーションをとるべきではない。
エ　コミュニケーションは自分と他者との間で行われるだけでなく、自分の心の中で行われることもある。
オ　英語が聞き取れなかったり、単語がわからなかったりしてもコミュニケーションできる方法を学ぶとよい。

問十 ～～～線㋐～㋔のカタカナを適切な漢字に直しなさい。

※　憤慨……ひどく腹を立てること。
※　罵る……ひどい言葉で悪口を言う。
※　規範……行動や判断の基準となる手本。
※　語彙……ある言語が持っている単語の数や、ある人が知っている単語の数。
※　方略……手だて。

問一　――線①「学校の英語教育」の目的は何ですか。最も適切なものを選び、記号で答えなさい。
ア　英語についての情報や知識をたくさん身につけさせること。
イ　英語で他者に自分の考えや知識などを伝えられるようにさせること。
ウ　英語を母語である日本語と同じくらい使いこなせるようにさせること。
エ　英語を使って、できるだけ多くの国の人々と交流させること。

問二　［Ａ］～［Ｄ］にあてはまることばを、それぞれ記号で答えなさい。
ア　たとえば　　イ　あるいは　　ウ　つまり　　エ　なぜなら　　オ　ところが

問三　――線②「こんな単純なメッセージが伝わらない」とありますが、ここでは、Ⅰ何を伝えようとしたのですか。また、Ⅱどう伝わってしまったのですか。それぞれ説明しなさい。

問四　――線③『忖度』した」と同じ意味を表す部分を、本文中から十三字でぬき出して答えなさい。

問五　――線④「英会話の決まり文句を暗記しても、いざ使ってみると、現実の世界ではパターン通りにはいきません」とありますが、なぜですか。本文のことばを用いて五十字以内で答えなさい。

問六　――線⑤「それぞれの文化に違いがあることは知っておく必要があります」とありますが、なぜですか。答えとなる部分を本文中から五十一字で探し、初めと終わりの五字ずつを答えなさい。

問七　――線⑥「最初にこの用語を使った社会言語学者」が説明したコミュニケーション能力の例として最も適切なものを選び、記号で答えなさい。
ア　自分自身のことより、クラスや家族など集団のことを優先して行動できること。
イ　友達には「おはよう」、先生には「おはようございます」とあいさつできること。
ウ　年齢（ねんれい）や性別などに関わらず、どんな人ともすぐに仲良くなることができること。
エ　宿題や掃除（そうじ）など、みんなが嫌（いや）がることにも積極的に取り組むことができること。

「コミュニケーション能力」が具体的に何を指すかについての説もいろいろあります。⑥最初にこの用語を使った社会言語学者は、「社会の中で適切に言葉を使う暗黙のルールを知っていること」と説明しました。どのような言語であっても、それが社会の中で使われる際には、こういう言い方が適切だ、という目に見えない※規範があり、多くの場合、それは暗黙の了解となっています。［Ｃ］、どこかに規則として書かれているのではなく、子供が育っていく中で、周囲の大人たちからなんとなく学んで身につけるのです。日本語でも、文法的には合っているけれど、目上の人にそういう言い方をしたら失礼になる、というような目に見えない常識がありますが、それらを知っていることを指して「コミュニケーション能力」と呼んでいるのです。

「コミュニケーション能力」に着目した研究の中で最もよく知られているのは、「コミュニケーション能力は四つの要素からなる」と説明した考えです。

一番目が「［Ｘ］」で、文法や発音や※語彙などが含まれます。中学校では、これを主に学びます。

二番目は、言葉を話したり書いたりする際の「［Ｙ］」です。どのように単語を並べて文(sentence)を作ったら、どのようにセンテンスをつなげたら、「論理的」になって相手に理解してもらえるかを知っていることです。これは英語を書いてみて、少しずつ英語の論理を学びます。

その中には、「けれど」を意味するbutを使って、「これから反対のことを言います」と予告して流れを良くすることや、「［Ｄ］」と理由を示すbecauseの使い方などの勉強も入ります。これは中学で学び始めます。

三番目は、「［Ｚ］」を知っていることで、先に説明した目に見えない使い方の規則です。これはなかなか難しいのですが、映画やテレビ・ドラマで「こういう場面では、こういう言い方をするのか」などと学ぶことが可能です。ただし、これは時間がかかることなので、高等学校や大学に進んでから、もしくは社会に出てから、自分で使ってみて失敗を繰り返しながら学びます。

四番目に、「※方略を知っていること」があり、これは中学生でも学ぶと役にたちます。聞き取れなかった時にどうするか、話したいのだけれど単語が思いつかない時にどうするか、などの方法を知っていると、便利です。

（『なんで英語、勉強すんの？』　鳥飼玖美子）
（設問の都合上、一部本文を改めました。）

※　学習指導要領……文部科学省が定めた、学習の目標や教育内容の基準となるもの。
※　母語……人が生まれて最初に習い覚えた言語。
※　寅さん……「男はつらいよ」シリーズの主人公のニックネーム。

それは相手が人間だからです。人間は、決められた通りに話したりしません。それぞれが自分の判断で状況によって対応を変えます。

話しかけられた外国人の身になって考えてみましょう。

たまたまジョギングしていたら、いきなり知らない人から英語で話しかけられ驚いて、とりあえずＯＫとだけ答えたのかもしれません。英語が母語ではないので、英語で挨拶を返せず困ったのかもしれません。頭の中で考えごとをしながら走っていたので、答えるのが面倒だったのかもしれません。何か用事があって急いでいたのかもしれません、もしかすると見知らぬ他人と話すのは苦手な人なのかもしれません。

単純な挨拶でも、How are you ? のやりとりがうまくいかないこともありえるという例で分かるように、英会話の本や教科書に書かれているままにはいかないことがあるのです。

教科書は基本を教えてくれるので、出てきた表現を覚える価値はありますが、相手が人間である以上、そこから外れる人も出てきてしまいます。日常の会話や㋓ギロンや交渉など、さまざまな状況で行われるコミュニケーションは単純ではないので、思い通りにはいきません。でも、うまくいかないからと自信を失わないで下さい。英語の問題というより、コミュニケーションそのものが、そもそも一筋縄ではいかないのです。

付け加えれば、コミュニケーションというのは、自分の中で行うこともあります。心の中で自問自答したり、腹を立てて思わず罵※ったりする感情表現も、コミュニケーションです。

英語などの外国語でコミュニケーションをするとなれば、そこに「文化」が入り込んできます。これを「異文化コミュニケーション」と呼ぶのは、異なる文化同士で何かを伝え合うには、お互いの文化の違いを意識しないとコミュニケーションが成立しないからです。

「文化」とは、料理や服装や建築など「目に見える文化」だけでなく、その言語を話す人々が共有している価値観や常識など「目に見えない文化」もあります。

［Ｂ］、「公平」とは何かは、文化によって違ってきます。平等に競う機会があることが「公平」だと考える文化もあれば、「競争」は良くないと考える文化もあります。「個人」を優先させる文化もあれば、個々の人間よりは「集団」を大切にする文化もあります。黙っているのは負けだと考える文化もあれば、「沈黙は金」だと尊ぶ文化もあります。一つの文化について、この文化はこうだ、と決めつけてしまうのは㋔キケンですが、⑤それぞれの文化に違いがあることは知っておく必要があります。（中略）

②こんな単純なメッセージが伝わらないことがあるのですから、これが一人の人間の頭の中にある考えや、心にある思いを伝えるとなったら、コミュニケーションはもっと㋑フクザツになります。

人間は相手のことを考えながら話します。時にカッとなって思わず叫んだりしますが、たいていは、これを言ったら相手はどう受け取るだろうなどと相手や周囲を意識して、やんわり話してみたり、丁寧に説明してみたり、逆にタメグチで思いをぶつけてみたり、思ってもない㋒おセジを言ってみたり、嘘をついたり、ぼかしたりします。はっきり言わないで察してもらおうとすることもあります。

聞いているほうも、相手が本当は何を言いたいのか、口から出たことばの真意を探ろうとします。政府の官僚が記録を改ざんしたり国会での証言を誤魔化して問題になった時に、首相の気持ちを③「忖度」した、ということばが使われました。

首相から命令されないとしても、この人はきっとこうして欲しいのだろう、と推察したのでしょう。これは、誰もが日常的にやることです。日本語だけでなく、英語を含め、どの言語でも「話している相手の意図」をつかもうとするのはコミュニケーションでは自然に起こります。日本の「忖度」が問題になったのは、他人の心の中をおしはかったからではなく、間違ったことだと分かっていたのに実行した結果、税金の無駄遣いになり、国民を裏切り、国民の利益をそこなうことになったからです。

話し手の意図をつかむことは、対話では必須ですが、必ず成功するとは限りません。「そんなつもりで言ったんじゃない！」と※憤慨されたり、「そんなこと、言ってません！」と否定されたりすることもあります。

皆で共有している母語であっても、うまく伝わらないことがあるのですから、外国語ではなおさらです。「コミュニケーションに使える英語」を教えることを目指していても、なかなか成果が上がらないのは、仕方ない面もあります。

そもそも「コミュニケーション」は、英会話とは限らないどころか、会話をはるかに超えていろいろな要素が絡んでいるので、④英会話の決まり文句を暗記しても、いざ使ってみると、現実の世界ではパターン通りにはいきません。

漫画家サトウサンペイさんの体験談です。クルーズ船に乗って世界一周の旅に出ました。運動がてら甲板を歩いていたら、向こうから外国人らしい人がやってきた。よし、勇気を出して英語で話しかけてみよう、と思い、How are you？と挨拶してみた。ところが相手はＯＫとだけ言って、そのまま行ってしまいました。

「あれっ？　How are you!?　と言われたら、英語では、Fine, thank you. And you？と返すんじゃないの？　英会話の本にはそう書いてあったぞ。And you？と聞かれたら、Fine. って答えようと思っていたのに」とガックリです。「発音が悪かったのかな？　いや、ＯＫって返事したから、通じてはいるんだよな」などと考えてしまいました。

いったいどうして、英会話の本に書いてある通りにいかなかったのでしょうか。

2024年度

駒込中学校

【国　語】〈第一回試験〉（五〇分）〈満点：一〇〇点〉

一　次の文章を読んで、あとの問いに答えなさい。（句読点や記号は一字と数えます。）

英語を勉強するのは、コミュニケーションのためだ、と言われます。①学校の英語教育が「コミュニケーションに使える英語」を目指していることは、学習指導要領※からも読みとれます。では、「コミュニケーション」とは何でしょうか？

日本語で分かりやすく言えば、「伝えること」です。誰(だれ)かに何かを伝えることです。その「何か」には、情報や知識が入りますし、自分の考えや主張や思いも入ります。

［Ａ］、「伝える」というのは、母語※である日本語であってもむずかしいことがあります。情報を伝えるのはかんたんなように思われがちですが、表現の仕方によっては誤解されることや意味不明になることもありえます。

山田洋次監督(かんとく)・渥美清(あつみきよし)主演の「男はつらいよ」シリーズで、こんな場面がありました。区役所に用事があって出かけた寅(とら)※さん。入るとすぐ目の前に箱があります。寅さんは、それを見て、一緒に来た子分に「おい、やってみろ」と命じます。言われた子分は、箱に向かって「あー、あー」と声を出します。何も起こりません。寅さんは「なんだ、しょうがないな」とだけ言って、箱を無視してⓐマドグチへ向かいます。そこで画面が切り替(か)わり、カメラは箱の正面を写します。するとそこにはこんな張り紙がありました。

「皆(みな)さんの声をお聞かせ下さい」

この場面が笑えるのは、寅さんが「皆さんの声をお聞かせ下さい」を文字通りに受け取ってしまったことです。ここでの「声」は、皆さんの「意見」という意味でした。

たいていの人は、「声」が時には「意見」を意味することを知っているので、置いてある用紙に区役所に言いたいことを書いて箱に入れるのですが、その情報が伝わらない場合もあるわけです。

2024年度
駒込中学校　▶解説と解答

算数　＜第１回試験＞（50分）＜満点：100点＞

解答

1 (1) 11　(2) $\frac{5}{12}$　(3) 48　(4) 314　2 (1) 30.4km　(2) $255cm^2$　(3) 2026　(4) 15％　(5) 30個　(6) 3.5時間　3 (1) 9回　(2) 19回　(3) 64　4 (1) $42cm^2$　(2) 4.2cm　5 (1) 3分後　(2) 20cm　(3) 20分20秒後　6 (1) $60cm^2$　(2) $140cm^3$

解説

1 四則計算，計算の工夫

(1) $(52-12\times3+17)\div3=(52-36+17)\div3=33\div3=11$

(2) $\left(\frac{3}{4}-\frac{1}{3}\right)\times2+4\frac{3}{5}\div13\frac{4}{5}-3\times0.25=\left(\frac{9}{12}-\frac{4}{12}\right)\times2+\frac{23}{5}\times\frac{5}{69}-0.75=\frac{5}{12}\times2+\frac{1}{3}-\frac{3}{4}=\frac{5}{6}+\frac{1}{3}-\frac{3}{4}=\frac{10}{12}+\frac{4}{12}-\frac{9}{12}=\frac{5}{12}$

(3) 153－□÷６＋５×14＝215より，153－□÷６＋70＝215，153－□÷６＝215－70＝145，□÷６＝153－145＝８　よって，□＝８×６＝48

(4) 1.57×84＋31.4×5.8＝3.14×42＋3.14×58＝3.14×(42＋58)＝3.14×100＝314

2 割合，単位の計算，公倍数，濃度，場合の数，流水算

(1) □kmのマラソンコースの$\frac{3}{4}$を走ったところ，$7\frac{3}{5}$km残ったので，$□\times\left(1-\frac{3}{4}\right)=7\frac{3}{5}$より，$□=7.6\div\frac{1}{4}=7.6\times4=30.4$となる。よって，□は30.4である。

(2) $1m^2$は$10000cm^2$だから，$0.034m^2$は$340cm^2$である。よって，$0.034(m^2)\times0.75=340(cm^2)\times0.75=255(cm^2)$より，□は255である。

(3) ３でわると１余る整数は，（３の倍数）－２と表せる。４でわると２余る整数は，（４の倍数）－２と表せる。６でわると４余る整数は，（６の倍数）－２と表せる。すると，３でわると１余り，４でわると２余り，６でわると４余る整数は，（３と４と６の公倍数）－２，つまり，（12の倍数）－２と表せる。そこで，12の倍数のうち2024に近い数は，2024÷12＝168あまり８より，2024－８＝2016や，2016＋12＝2028となるので，（12の倍数）－２のうち，2024に近い数は，2016－２＝2014や，2028－２＝2026となる。よって，３でわると１余り，４でわると２余り，６でわると４余る整数のうち，2024にいちばん近い整数は，2026である。

(4) （食塩の重さ）＝（食塩水の重さ）×（濃度），（濃度）＝（食塩の重さ）÷（食塩水の重さ）より求められる。14％の食塩水200gの中には，200×0.14＝28(g)の食塩が含まれていて，これに食塩20gと水100gを加えると，食塩の重さは，28＋20＝48(g)になり，食塩水の重さは，200＋20＋100＝320(g)になる。よって，その濃度は，48÷320×100＝15(％)である。

(5) ３けたの偶数をつくるとき，一の位を偶数にすればよいので，０，１，２，３，４のうち，一の位が０，２，４となるとき３けたの偶数がつくれる。そこで，右の図のように，一の位が０の場合は，４×３×１＝12(個)の偶数ができて，一の位が２の場合は，３×３×１＝９(個)の偶数ができて，一の位が４の場合は，一の位が２の場合と同様に９個の偶数ができる。よって，０，１，２，３，４の５つの数字から異なる３つの数字を並べてつくる３けたの偶数は，12＋９＋９＝30(個)できる。

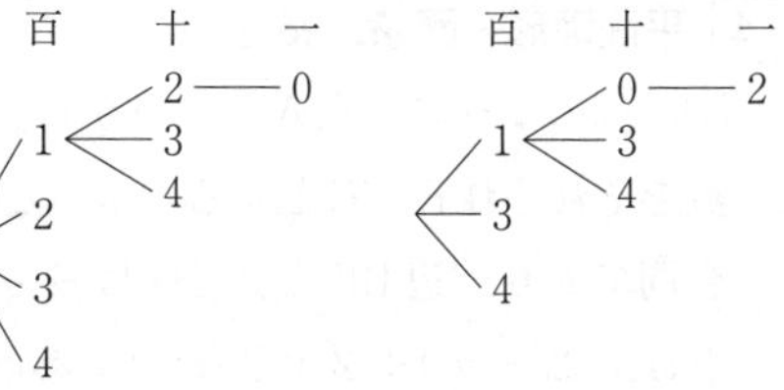

⑹　川の流れの速さが時速10kmで，流れのない水面上の速さが時速20kmの船は，下りの速さが時速，20＋10＝30(km)であり，上りの速さが時速，20－10＝10(km)である。そこで，同じ距離を往復したときの下りと上りの時間の比は，（１÷30）：（１÷10）＝１：３となり，ＡとＢを往復する時間は16時間だから，下りの時間は，$16\times\frac{1}{1+3}=4$(時間)となるので，ＡとＢの間の距離は，30×４＝120(km)になる。また，流れのない水面上の速さが時速70kmの船は，下りの速さが時速，70＋10＝80(km)であり，上りの速さが時速，70－10＝60(km)だから，ＡとＢの下りの時間は，120÷80＝1.5(時間)になり，上りの時間は，120÷60＝２(時間)になる。よって，流れのない水面上の速さが時速70kmの船でＡとＢを往復すると，1.5＋２＝3.5(時間)かかる。

3　推理，条件の整理

⑴　①その数が偶数の場合は２でわり，②その数が奇数の場合は３倍して１をたすという☆の計算をした結果に対してくり返し行い，数が１になったら終わるという計算を，12の場合にすると，次のようになる。12☆＝12÷２＝６，６☆＝６÷２＝３，３☆＝３×３＋１＝10，10☆＝10÷２＝５，５☆＝５×３＋１＝16，16☆＝16÷２＝８，８☆＝８÷２＝４，４☆＝４÷２＝２，２☆＝２÷２＝１となる。よって，12に☆の計算を９回くり返すと１になる。

⑵　２以上の１けたの整数に対して☆の計算を１になるまでくり返すと，⑴より，２の場合は１回，３の場合は７回，４の場合は２回，５の場合は５回，６の場合は８回，８の場合は３回とわかる。７の場合は，７☆＝７×３＋１＝22，22☆＝22÷２＝11，11☆＝11×３＋１＝34，34☆＝34÷２＝17，17☆＝17×３＋１＝52，52☆＝52÷２＝26，26☆＝26÷２＝13，13☆＝13×３＋１＝40，40☆＝40÷２＝20，20☆＝20÷２＝10となり，10になるまで☆の計算を10回する。そのあと，⑴より10の場合は☆の計算を６回くり返すと１になるから，７の場合は，☆の計算を，10＋６＝16(回)くり返すと１になる。また，９の場合は，９☆＝９×３＋１＝28，28☆＝28÷２＝14，14☆＝14÷２＝７となり，７になるまで☆の計算を３回くり返して，そのあと，７は☆の計算を16回くり返すと１になるので，９の場合は，３＋16＝19(回)計算したとき１になる。よって，☆の計算が最も多くなるのは，９の場合で19回である。

⑶　たとえば，□☆＝16のとき，□が偶数の場合は，□☆＝□÷２＝16より，□＝16×２＝32となり，また，□が奇数のとき，□☆＝□×３＋１＝16より，□＝(16－１)÷３＝５となり，□が偶数のときの方が，□が奇数のときより大きくなる。つまり，□☆＝Ａとなるとき，□が偶数の場合は，□☆＝□÷２＝Ａより，□＝Ａ×２であり，また，□が奇数のとき，□☆＝□×３＋１＝Ａより，□＝(Ａ－１)÷３となるので，□☆の計算は，□が偶数のときの方が，□が奇数のときより大きくなるといえる。よって，☆の計算を６回くり返して１になる数のうち，□が最も大きくなるのは，□☆＝□÷２を６回くり返して１になるときであり，□÷２÷２÷２÷２÷２÷２＝１より，□は，２×２×２×２×２×２＝64である。

4 平面図形―面積，長さ

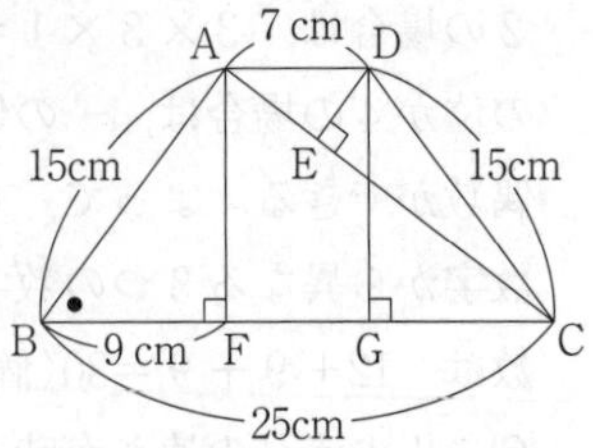

(1)　図のように，点Aと点Dから辺BCに引いた垂線と辺BCの交点をそれぞれF，Gとする。すると，三角形ABFと三角形DCGは合同であり，辺BFと辺CGは長さが等しくなるので，辺BFの長さは，$(25-7)\div 2=9$(cm)である。そこで，三角形の三辺の長さの比が，３：４：５になるとき，その三角形は直角三角形になるので，三角形ABFは直角三角形であり，辺BF：AB＝9：15＝3：5だから，三角形ABFの三辺の比は，辺BF：辺FA：辺AB＝３：４：５となることがわかる。すると，辺BF：辺FA＝9：辺FA＝３：４より，辺FA＝$9\times\frac{4}{3}=12$(cm)となる。よって，三角形ACDは，底辺が7 cmで高さが12cmの三角形だから，その面積は，$7\times 12\div 2=42$(cm^2)である。

(2)　三角形ABFと三角形CBAにおいて，角ABF(●)が共通で，対応する辺である辺BF：辺AB＝9：15＝３：５，辺AB：辺CB＝15：25＝３：５となるので，三角形ABFと三角形CBAは相似になり，三角形ABCの三辺の比も３：４：５となる。すると，辺AB：辺AC＝15：辺AC＝３：４より，辺AC＝$15\times\frac{4}{3}=20$(cm)となる。よって，三角形ACDは辺ACを底辺とすると，高さが辺DEで，面積が42cm^{2}の三角形となるから，20×辺DE÷２＝42より，辺DEの長さは，$42\times 2\div 20=4.2$(cm)となる。

5 グラフ―水の深さ

(1)　円柱の形をした水そうに，高さ6 cmの位置まで水が入っていて，この水そうに毎分4 cmの速さで水面の高さが増えるように水を入れたので，グラフより，途中で底に小さな穴が空いたのは，水面の高さが18cmになったときとわかる。よって，水面の高さが6 cmから18cmになるには，$(18-6)\div 4=3$(分)かかるので，底に小さな穴が空いたのは，水を入れ始めてから，３分後である。

(2)　底に小さな穴が空いたあと，水面の高さは毎分，$(23-18)\div(5-3)=2.5$(cm)増えているので，底の小さな穴から毎分，$4-2.5=1.5$(cm)の速さで水が減っていることになる。水を入れ始めてから7分後は水を入れるのを止めてから，$7-5=2$(分後)だから，その２分間に水面の高さは，$1.5\times 2=3$(cm)減る。よって，水を入れ始めてから7分後の水面の高さは，$23-3=20$(cm)である。

(3)　底の小さな穴から毎分1.5cmの速さで水面の高さが減るので，23cm減るのに，$23\div 1.5=15\frac{1}{3}$(分)かかる。よって，水そうが空になったのは，水を入れ始めてから，$5+15\frac{1}{3}=20\frac{1}{3}$(分後)，つまり，20分20秒後である。

6 立体図形―底面積，体積

(1)　問題文中の図１より，直方体の形をしたおもりの底面の一辺は5 cmだから，図３で，おもりをたおして入れたときの水面の高さは，$5+1.5=6.5$(cm)となる。また，図２で，おもりのうち水面より，$10-4=6$(cm)出ている部分の体積は，$5\times 5\times 6=150$(cm^3)であり，この部分が図３で，直方体の形をした容器の水の中に入ったから，水面が，$6.5-4=2.5$(cm)上がったことになる。よって，容器の底面積は，$150\div 2.5=60$(cm^2)である。

(2)　おもりの体積は，図１より，$5\times 5\times 10=250$(cm^3)であり，図３で，容器に入っている水の体積とおもりの体積の和は，$60\times 6.5=390$(cm^3)である。よって，容器に入っている水の体積は，$390-250=140$(cm^3)である。

社会　＜第１回試験＞（理科と合わせて50分）＜満点：50点＞

解答

1 問１　黒　問２　瀬戸　問３　う　問４　え　問５　え　問６　吉野川　問７　う　問８　う　問９　い　問10　い　2 問１　聖武　問２　あ　問３　正倉院　問４　い　問５　う　問６　最澄　問７　勘合　問８　う　問９　う　問10　甲午農民戦争　問11　う　問12　（例）　米の収穫量は年によって変わるが，地価は固定されているので，政府の収入を安定させられるから。　3 問１　国際連盟　問２　温暖化　問３　熱帯雨林　問４　京都　問５　あ　問６　え　問７　主権在民(国民主権)　問８　う　問９　⑨　い　⑩　あ　⑪　え

解説

1 四国地方についての問題

問１　太平洋に面している高知県の沖合には，暖流の日本海流が流れている。この海流は黒潮ともいう。日本のまわりには黒潮を含む４つの海流が流れており，太平洋を流れる寒流の千島海流は親潮ともいう。なお，ほかの２つは日本海を流れる暖流の対馬海流，日本海を流れる寒流のリマン海流である。

問２　本州と四国を結ぶ本州四国連絡橋には３つのルートがある。そのうち岡山県の児島(倉敷)と香川県の坂出を結ぶのは，瀬戸大橋である。ほかのルートのうち，兵庫県の神戸と徳島県の鳴門を結ぶのは，神戸から淡路島までにかけられている明石海峡大橋と，淡路島から鳴門までにかけられている大鳴門橋である。残りの１つは，広島県の尾道と愛媛県の今治を瀬戸内しまなみ海道で結ぶルートである。

問３　あ，い，えの選択肢の都道府県庁所在地名は，岩手県が盛岡市，茨城県が水戸市，北海道が札幌市，宮城県が仙台市，東京都は東京，兵庫県が神戸市である。うの京都府と岡山県は都道府県名と都道府県庁所在地名が同じである。

問４　小麦は，食料自給率が日本で特に低い作物の一つである。主な輸入相手国はアメリカ合衆国，カナダ，オーストラリアなどである。グラフのあは米，いは野菜類，うは果実類である。

問５　写真のAは青森市のねぶた祭である。Bは徳島市の阿波踊りである。Cは京都市の祇園祭である。したがって，開催される都市を西から順にならべると，徳島市(B)→京都市(C)→青森市(A)となるので，答えはえとなる。

問６　徳島平野を流れる川は吉野川で，洪水や水害が多いことから「あばれ川」の一つとして「四国三郎」ともよばれる。香川県の讃岐平野には，吉野川から水を引いた香川用水がつくられている。

問７　神奈川県は横浜市で，愛知県は豊田市で，広島県は広島市で，それぞれ自動車工業がさかんなので，輸送用機械器具製造業の生産額が多い。そのうち，神奈川県は，川崎市で鉄鋼業(製鉄業)や石油化学工業がさかんであることから，表のうが神奈川県となる。

問８　高知県の人口ピラミッドはつぼ型(つりがね型)であるのでAの文章はあやまりである。産まれてくる子どもの数が減っていることを少子化，高齢者の割合が年々増えていることを高齢化といい，この両方が進むことを少子高齢化という。日本では結婚をしない女性や子どもを産まない女性

が増えたこと，平均寿命がのびたことなどが原因で，少子高齢化が進んでいることから，Ｂの文章は正しい。

問９　豪雨などにより川の水が増えて，橋の上を越えてくるような場合でも，沈下橋は手すり(欄干)がないため，流木などがひっかかりにくいので，水の勢いを弱めることはできないが，橋が壊れにくいという利点がある。したがって，①はＡである。また，香川県がある瀬戸内地方は，中国山地と四国山地にはさまれ季節風の影響を受けにくいため，一年を通して降水量が少ない。一方，宮崎県は，高知県と同様に梅雨や台風の影響を受けやすい位置にあるので，洪水がおきやすいことから，②はＤである。

問10　その土地で多く生産されているものや，その土地でしか生産できないものが，特産品としてお土産になることが多い。高知県は土佐清水などでかつおが多く水あげされており，かつおを使った製品がお土産となっている。あのわさびマヨネーズは長野県，うのさくらんぼサイダーは山形県，えのかぼす味噌としいたけは大分県の特産品である。

2 奈良時代～明治時代の歴史についての問題

問１　奈良時代，仏教の力で国を治めようと，国ごとに国分寺と国分尼寺を建て，その総国分寺として，都である奈良に東大寺を建てたのは，聖武天皇である。

問２　東大寺の大仏をつくるにあたって，朝廷から頼まれてそれに協力した僧は行基である。いの鑑真は，奈良時代に唐から来日した僧で，唐招提寺を建てた。うの法然は鎌倉時代の僧で，浄土宗を広めた。えの一遍は鎌倉時代の僧で時宗を広めた。

問３　聖武天皇が亡くなった後，その后であった光明皇后によって，聖武天皇が生前使っていた物などの遺品が，正倉院に収められた。正倉院は東大寺にある倉庫で，校倉造で建てられている。

問４　平清盛が武士として初めて太政大臣になったのは，1167年である。あの1086年は白河上皇が，初めて院政を始めた年である。うの1232年は，武士がつくった最初のきまりで，裁判の基準を定めた御成敗式目(貞永式目)が制定された年である。えの1333年は，鎌倉幕府がほろんだ年である。

問５　平清盛は大輪田泊を改修して，宋と貿易を行った。これを日宋貿易という。大輪田泊は現在の神戸港にあたる。この貿易により，宋銭(銅銭)などが輸入された。

問６　平安時代に遣唐使とともに唐に渡り，帰国後，比叡山に延暦寺を建て，天台宗を広めたのは最澄である。後に伝教大師とよばれた。また，同じ時期に唐に渡り，帰国後，高野山に金剛峯寺を建て，真言宗を広めたのが空海で，後に弘法大師とよばれた。

問７　室町幕府３代将軍の足利義満は明と日明貿易を行った。このとき，正式な貿易船と，倭寇とよばれる海賊の船を区別するために，勘合(勘合符)とよばれる割り札(合い札)が用いられた。そのため，日明貿易を勘合貿易ともいう。

問８　日明貿易で輸入された明銭のうち，代表的なものは「永楽通宝」とよばれる銅銭である。あは飛鳥時代の終わりにつくられた「和同開珎」，いは日本で初めてつくられた貨幣である「富本銭」，えの「寛永通宝」は江戸時代の貨幣である。

問９　1890年の第１回帝国議会の衆議院議員の選挙権は，直接国税を15円以上納める満25歳以上の男子に与えられていた。うは，満25歳以上の男女と書かれているのであやまりである。

問10　1894年に朝鮮国内で起きた農民の反乱を甲午農民戦争という。農民らが東学という宗教を信仰していたことから，東学党の乱ともいう。この反乱をしずめる名目で，清軍と日本軍が朝鮮に出兵したため，日清戦争が始まった。

問11　Ｚの文章は，新しい武家政権を建てるために，「建武の新政を終息させた」と書いてある。これは，室町幕府を開いた足利尊氏のことである。足利義満は，建武の新政が終息したあとに起こった南北朝の動乱を終結させた。

問12　江戸幕府は年貢米として，税を米で納めさせていた。しかし，米だと年によってたくさんとれる年もあれば，凶作でとれ高が減る年もあるため，財政が安定しなかった。そこで明治政府は，政府の財政を安定させるため，地券を発行した地主(土地の所有者)に対して地価(土地のねだん)に応じて税を納めさせる地租改正を行い，税を米ではなく現金で納めさせることにした。

３　地球温暖化についての問題

問１　1919年に第一次世界大戦の講和条約であるベルサイユ条約が結ばれた。その翌年，大戦の反省をもとに世界平和のために各国が集まって国際連盟がつくられた。国際連盟の本部はスイスのジュネーブに置かれた。

問２　産業革命以降，石油や石炭などの化石燃料の使用が増えたことにより，二酸化炭素の排出量も増えた。これにより，温室効果が高まり，年々地球の平均気温が上がるようになった。これを地球温暖化という。漢字３文字の制限があるので答えは温暖化となる。

問３　植物には二酸化炭素を吸収する働きがあるので，地球温暖化を防ぐことが期待できる。しかしながら，輸出用の木材にするために森林を伐採したり，焼き畑農業などにより森林を焼き払ったりしたことで，熱帯雨林は年々減少している。

問４　地球温暖化を防ぐ目的で，世界各国が集まり，二酸化炭素などの温室効果ガスの排出量を減らす各国の割り当てを決めた会議が，1997年に開かれた地球温暖化防止京都会議である。この会議で採択された京都議定書には，各国の温室効果ガスの排出量を減らす割り当てが定められた。

問５　天皇が皇位継承の際に代々受け継いできた「三種の神器」になぞらえて，高度経済成長期の1950年代後半に普及した白黒テレビ，電気冷蔵庫，電気洗濯機は，「三種の神器」とよばれた。その後の1960年代後半に普及したカラーテレビ，クーラー，自家用自動車(カー)は「新三種の神器」とよばれ，その頭文字をとって，３Ｃともよばれた。

問６　四大公害病が発生した都道府県は，水俣病が熊本県，第二水俣病(新潟水俣病，阿賀野川水銀中毒)が新潟県，イタイイタイ病が富山県，四日市ぜんそくが三重県である。

問７　国の政治のあり方を決める権力のことを主権という。大日本帝国憲法のもとでは，天皇が主権をもっていたが，日本国憲法のもとでは，主権は国民がもつと定められており，これを主権在民または国民主権という。日本国憲法の三原則の１つである。

問８　あは弁護士が身につける弁護士記章，いは検察官が身につける検察官記章，えは裁判官が身につける裁判官記章である。記章とは，その職業の人だけが身につけることができるしるし(バッジ)である。

問９　⑨　1997年に開かれた地球温暖化防止京都会議では，先進国が中心となって温室効果ガスの排出量を減らすことが求められ，中華人民共和国などの排出量が多い国であっても，発展途上国はその対象から外された。　⑩　アメリカ合衆国は，温室効果ガスの排出量を減らすために自国に制限を課すことは，自国の発展の妨げになり，利益が失われるとして，2001年にこの取り決めから抜けた。　⑪　京都議定書で定めた期限が切れたため，各国の温室効果ガスの排出量の削減目標を新たに決めるための会議が何度か開かれ，2015年にフランスのパリで開かれた会議で，その枠組みが定められた。これをパリ協定という。

理 科　＜第１回試験＞（社会と合わせて50分）＜満点：50点＞

解 答

1 (1) セキツイ動物／(例) イカ(タコ，カブトムシ)　(2) エ，オ　(3) えら　(4) (例) 乾燥から身を守るため。　(5) 胎生　**2** (1) 下方置換　(2) 塩化水素　(3) A う　B え　C い　D あ　E お　(4) 酸素　**3** (1) 18cm/秒／0.65km/時　(2) (A) イ　(B) ア　(3) ア　**4** (1) 4.3g　(2) 74.9%　(3) 名称…露点／15℃　(4) 2.2g

解 説

1 動物の分類についての問題

(1) 背骨をもつ動物のことをセキツイ動物という。また，背骨をもたない動物は無セキツイ動物といい，タコやイカのような軟体動物や，カブトムシやクモのような節足動物がふくまれる。

(2) 魚類，両生類，は虫類，鳥類，ほ乳類の５種類のセキツイ動物のうち，鳥類とほ乳類は気温が変化しても体温を一定に保つことのできる恒温動物である。

(3) 一生を水中で生活する魚類は，水にとけた酸素をえらでこしとって体内に取り込んでいる。なお，両生類は水中で生活する幼生の時期だけえらで呼吸をしている。

(4) は虫類は一生を陸上で生活するようになったものがほとんどで，乾燥から身を守るために体の表面がうろこでおおわれるようになった。

(5) 卵を産む卵生に対して，ほ乳類のように親と似た姿の子どもを産む生まれ方を，胎生という。

2 水溶液についての問題

(1) 水にとける性質をもった気体のうち，空気よりも重い気体は下方置換法で気体を集める。また，水にとける性質をもち，空気よりも軽い気体は上方置換法，水にとけにくい性質をもつ気体は水上置換法で集める。

(2) ５種類の液体のうち，気体がとけている水溶液はうすい塩酸である。うすい塩酸を加熱すると，とけきれなくなった気体の塩化水素が空気中に放出される。塩化水素は水にとけやすく，水にとけると酸性の塩酸になり青色リトマス紙を赤色に変化させる。

(3) 実験１の結果から，鉄のかけらを加えたときに気泡が発生したので液体Bはうすい塩酸，実験２の結果から，マッチで火をつけるとうすい青色の火がついたので，液体Cはエタノールであるとわかる。また，兄が液体Eは酸性の水溶液と混ぜると有毒な気体(塩素)を発生させると話していることから，液体Eは次亜塩素酸水溶液であるとわかる。BTB溶液は，酸性では黄色，中性では緑色，アルカリ性では青色に変化するので，実験Xの結果から，液体Dはアルカリ性のうすい水酸化ナトリウム水溶液であるとわかる。よって，残った液体Aは過酸化水素水である。

(4) 過酸化水素水に生のレバーを加えたときに発生した気体は，火のついた線香を近づけると線香の炎が大きく燃え上がったことから，この気体はものを燃やすはたらきのある酸素であることがわかる。

3 物体の運動についての問題

(1) この記録タイマーは１秒間に50回打点することから，0.1秒間に５打点する。手をはなしてからはじめの0.1秒間で1.8cm移動していることからはじめの0.1秒間の台車の平均の速さは，1.8÷0.1＝18(cm/秒)である。また，台車の速さの18cm/秒を時速で表すと，18×60×60÷100÷1000＝0.648より，およそ0.65km/時となる。

(2) おもりが床につくまでの間は，おもりについた糸が台車を運動する向きに引くので，おもりの重さの分だけ，台車が運動する向きに一定の大きさの力が加わっている。おもりが床につくと，台車はおもりについた糸から引っぱられないため，台車の運動の向きには力ははたらいていない。

(3) おもりが床につくまでの間は，台車が運動する向きに一定の大きさの力が加わっているので，台車の速さは一定の割合で大きくなる。おもりが床につくと，台車の運動の向きに力がはたらかないため，台車の速さは変化しなくなる。

4 湿度についての問題

(1) 飽和水蒸気量は空気１m^3中にふくむことができる水蒸気の最大量である。気温が20℃の空気１m^3は最大で17.1ｇの水蒸気をふくむことができるので，さらにふくむことのできる水蒸気の重さは，17.1－12.8＝4.3(ｇ)である。

(2) 湿度は，(空気中にふくまれている水蒸気量)÷(その温度での飽和水蒸気量)×100で求めることができる。20℃の空気Ａは１m^3あたり12.8ｇの水蒸気をふくんでいるので，このときの湿度は，12.8÷17.1×100＝74.85…より，およそ74.9％である。

(3) 気温が下がると空気がふくむことのできる水蒸気の量が小さくなって，ふくみきれなくなった水蒸気が水滴となって出てくる。このときの温度を露点といい，水蒸気を空気１m^3あたり12.8ｇふくんでいる空気Ａの場合は，飽和水蒸気量が12.8ｇとなる15℃が露点となる。

(4) 空気Ａを冷やして12℃にすると，飽和水蒸気量が10.6ｇとなるので，はじめにふくんでいた12.8ｇの水蒸気との差が水滴となって出てくる。よって，空気１m^3あたりに生じた水滴の重さは，12.8－10.6＝2.2(ｇ)である。

国語 ＜第１回試験＞（50分）＜満点：100点＞

解答

一 **問１** イ　**問２** **Ａ** オ　**Ｂ** ア　**Ｃ** ウ　**Ｄ** エ　**問３** Ⅰ (例) 置いてある用紙に意見を書き，箱に入れてくださいと伝えようとした。　Ⅱ (例) 箱に向かって声を出してくださいと伝わってしまった。　**問４** 他人の心の中をおしはかった　**問５** (例) 相手は人間であり，決められた通りに話さなかったり，自分の判断で状況によって対応を変えたりするから。　**問６** (初め)異なる文化～(終わり)しないから　**問７** イ　**問８** **Ｘ** ウ　**Ｙ** ア　**Ｚ** エ　**問９** **ア** ○　**イ** ×　**ウ** ×　**エ** ○　**オ** ○　**問10** ㋐～㋔ 下記を参照のこと。　**二** **問１** イ　**問２** (例) 萌香の好きな人は二次元の人だから。　**問３** (例) 現実の世界に好きな人ができたので，もうグッズを買うこともないから。　**問４**　(i)　(まるで)カップルが別れるときみたいな台詞のやりとり　(ii)　(例)　今まで志を共にしてきた二人が違う道に進んで離れようとしているところ。　**問５**　エ　**問６**　付き合うようになった友達の影響　**問７**　エ　**問８**　B　**問９**　叶わないと宿命付けられた恋　**問10**　ア　**問11**　㋒　た(った)　㋐・㋑・㋓・㋔　下記を参照のこと。

●漢字の書き取り

㊀　**問10**　㋐　窓口　㋑　複雑　㋒　(お)世辞　㋓　議論　㋔　危険

㊂　**問11**　㋐　救(われた)　㋑　望(んだ)　㋓　刻(まれた)　㋔　所属

解　説

㊀　**出典：鳥飼玖美子(とりかいくみこ)『なんで英語，勉強すんの？』**。コミュニケーションとは何か，そして，そのむずかしさ，異文化コミュニケーション，コミュニケーション能力について書かれている。

問１　「英語を勉強するのは，コミュニケーションのためだ」「『コミュニケーションに使える英語』を目指している」とある。そして，「『コミュニケーション』とは何でしょうか？」と問いかけ，その答えとして，「『伝えること』です。誰(だれ)かに何かを伝えることです。その『何か』には，情報や知識が入りますし，自分の考えや主張や思いも入ります。」と述べられている。

問２　A　英語を勉強するのは，コミュニケーション，つまり，他者に自分の考えや知識などを伝えられるようにするためではあるが，それは「日本語であってもむずかしい」ことである，という文脈なので，逆接の接続詞の「ところが」が入る。　B　「異文化コミュニケーション」における，「その言語を話す人々が共有している価値観や常識など『目に見えない文化』」での「違い」の具体例が後ろで述べられているので，具体例を挙げる時に使う「たとえば」が入る。　C　「コミュニケーション能力」の説明として，前で述べた内容を，後ろで言いかえているので，言いかえ・まとめに用いる「つまり」が入る。　D　直後の「理由を示す」に着目する。理由を示す際に用いる「なぜなら」が入る。

問３　Ⅰ　ぼう線部②の直前の「その情報が伝わらない」に着目する。「その」が指す内容である「置いてある用紙に区役所に言いたいことを書いて箱に入れる」ことをとらえてまとめる。　Ⅱ　「『皆(みな)さんの声をお聞かせ下さい』を文字通りに受け取ってしまった」寅(とら)さんが，子分にさせたことをとらえる。「箱に向かって『あー，あー』と声を出し」ている。つまり，箱に向かって実際の声を出すと理解したのである。

問４　ぼう線部③のあとで「この人はきっとこうして欲しいのだろう，と推察したのでしょう」と「忖度(そんたく)」の意味をわかりやすく言い直し，続く文章の中で「他人の心の中をおしはかった」と言いかえている。

問５　「いったいどうして，英会話の本に書いてある通りにいかなかったのでしょうか。」という問いかけの文に着目する。そして，その答え(理由)としての内容である「それは相手が人間だからです。人間は，決められた通りに話したりしません。それぞれが自分の判断で状況(じょうきょう)によって対応を変えます」の部分をとらえてまとめる。

問６　異なる文化における「価値観や常識など『目に見えない文化』」の「違い」の具体例を受けての筆者の意見であるという文脈に着目する。「異文化コミュニケーション」においては，「文化の違いを意識しないとコミュニケーションが成立しない」のである。

問７　ぼう線部⑥の直後に「社会の中で適切に言葉を使う暗黙のルールを知っていること」とあり，「どのような言語であっても，それが社会の中で使われる際には，こういう言い方が適切だ，という目に見えない規範があ」る，という点をとらえる。友達には普通の言い方で，目上の人には敬語を使うなどという，「暗黙のルール」「目に見えない規範」があるのである。

問８　**X**「文法や発音や語彙」を学ぶとあるので，「言語についての知識」が入る。　**Y**「どのように」「並べて」「作ったら」，「どのように」「つなげたら」とあるので，「組み立て方」が入る。　**Z**　空欄Ｚのあとの「先に説明した目に見えない使い方の規則」に着目する。その説明としての内容である，「社会の中で適切に言葉を使う暗黙のルールを知っていること」をとらえると，「社会でことばがどう使われているか」があてはまる。

問９　**ア**「コミュニケーション」をとる場合の話し手と聞き手の意識として，「人間は相手のことを考えながら話します。」とし，「聞いているほうも，相手が本当は何を言いたいのか，口から出たことばの真意を探ろうとします。」と述べているので，正しい。　**イ**「話し手の意図をつかむことは，対話では必須ですが，必ず成功するとは限りません。」とあるので，「コミュニケーションを必ず成功させることができる」はあてはまらない。　**ウ**「いきなり知らない人から英語で話しかけられ」た人の反応に関して，「さまざまな状況で行われるコミュニケーションは単純ではないので，思い通りにはいきません。でも，うまくいかないからと自信を失わないで下さい。英語の問題というより，コミュニケーションそのものが，そもそも一筋縄ではいかないのです」と述べている。コミュニケーションをとることのむずかしさは述べているが，「知らない人といきなりコミュニケーションをとるべきではない」とは述べていないので，あてはまらない。　**エ**「コミュニケーションというのは，自分の中で行うこともあります。心の中で自問自答したり，腹を立てて思わず罵ったりする感情表現も，コミュニケーションです。」とあるので，あてはまる。　**オ**「コミュニケーション能力」の「四つの要素」のうちの四番目として，「聞き取れなかった時にどうするか，話したいのだけれど単語が思いつかない時にどうするか，などの方法を知っていると，便利です。」とあるので，あてはまる。

問10　**あ**　外来者に応対し，金銭や書類の受けわたしなどの事務をとる所。　**い**　入り組んでいて，簡単に理解・説明できないこと。対義語は「簡単」「単純」。　**う**　心にもないことを愛想のために言う言葉。　**え**　たがいの意見を述べて論じ合うこと。　**お**　あぶないこと。「危険」の「危」の訓読みは「あぶ(ない)」「あや(うい)」で，「険」は「けわ(しい)」。

二　**出典：相沢沙呼『教室に並んだ背表紙』所収「花布の咲くころ」。**二次元(アニメの世界)に住む男子に恋をし，それ故に，叶わぬ恋に苦しんでいる萌香。唯一の理解者で志を共にしてきたユナが，三次元(現実の世界)の男子を好きになり，萌香の側から離れていってしまった場面が描かれている。

問１「身体の芯が痺れる感覚」に着目する。「痺れる」は，心を奪われてうっとりとする，強烈な刺激を受けて陶酔する，という様子を表す言葉。「身体の芯」を受けて「指先すら」とあるので，心や神経が興奮するさまを表す「ぴりぴり」が入る。

問２「わたしがしている恋が抱える問題は，とても大きかった。／だって，大好きな彼は，スマホの画面から，出てきてくれない。／そもそも，住んでいる次元が，違いすぎたのだ。」とあるように，「わたし」が恋している相手は，二次元の人，つまり，現実の世界にはいないのである。

問３「その行為が意味することを考えながら」「ユナを見上げ」，「え，ちょっと待って，どういうこと」とたずねた「わたし」にユナは，「ごめん。他に好きな人ができた」と答えている。ユナは，現実の世界の「同じクラスの男子」を好きになり，「アニメショップのポイントカード」をわたし，「あとのことは萌香に託す」と言っているように，二次元(アニメの世界)には興味がなくなったのである。

問４　ⅰ　比喩表現となる「まるで～みたいな」に着目する。　ⅱ「志を共にするユナ」「気持ちを共にできる人」とあるように，萌香とユナは，気持ちがつながっていた者同士だったのである。その気持ちが離れていってしまったのである。比喩表現においては，たとえるものとたとえられるものとの共通性をとらえることが大切である。

問５　今までの興味の対象とは異なり，現実の世界の「同じクラスの男子」を好きになったことに恥ずかしさを感じているのである。

問６「ユナの変化には，気づいていたつもりだった」とし，その変化の理由を「付き合うようになった友達の影響だろうと考えていた」としている。

問７「気持ちを共にできる人」を失ったのである。「わたしは呆然とした気持ちで，図書室の入り口を見つめ続けていた」，つまり，ショックを受け，「自分の気持ちの整理ができずにいる」のである。

問８　ぬけている文の「どうして，～選べないのだろう。」のあとには，その理由にあたる内容や，“選べたらいいのに”といった内容などが続くと文脈が通ると想定して，【Ａ】～【Ｄ】の前後の文を確認する。【Ｂ】のあとには「喫茶店で好みのケーキを注文するときのように，メニューを示して，自分が望んだ恋のかたちを神様にリクエストすることができたらいいのに。」と続くので，【Ｂ】に入ると判断できる。

問９「先生」は理解してくれないのである。唯一の理解者が「ユナ」だったのである。ユナが自分から離れていってしまった場面で，ユナに対する気持ちが述べられている「わたしがしているのは，叶わないと宿命付けられた恋だ。／だからせめて，この気持ちを共にできる人が，わたしは欲しかったのかもしれない。」に着目する。

問10「Chat GPT」に恋の俳句を作らせるためには，「萌香の恋」がどのようなものであるのかの情報をあたえなければいけない。「萌香の恋」の相手は二次元の人で，次元を超えた恋である点を入力する必要があると考えると，「境界を超える恋」という表現があてはまると判断できる。

問11　㋐「救」の音読みは「キュウ」で，「救助」「救急車」などの熟語がある。　㋑　希望する。　㋒　時が過ぎる。音読みは「ケイ・キョウ」で，「経過」「経典」などの熟語がある。
㋓　彫ったような凹凸をつける。　㋔　個人や事物などが，ある団体・組織にその一員・一部として加わっていること。

2024年度 駒込中学校

＊【適性検査Ⅰ】は国語ですので最後に掲載してあります。

〈受験上の注意〉 机の上には「受験票」，「筆記具」，「消しゴム」以外のものは置かないこと。

【適性検査Ⅱ】 〈適性検査型Ａ試験〉 （45分） 〈満点：100点〉

1 たろうさんとはなこさんは、じゃんけんを使ったゲームについて、話をしています。

［たろう］ もうすぐクラスでお楽しみ会があるね。ぼくはお楽しみ会の係になったから、みんなで遊べるゲームを考えようと思っているよ。

［はなこ］ どんなゲームを考えているの。

［たろう］ じゃんけんを使ったゲームにしようと思っているんだ。

［はなこ］ それなら、マス目をつくって、じゃんけんの勝ち負けによって、マス目を移動するのはどうかな。

［たろう］ いい考えだね。２人で対戦することにして、**［資料１］**のような⓪～⑳のマス目をつくってみたよ。

［資料１］ ゲームで使うマス目

⓪	①	②	③	④	⑤	⑥	⑦	⑧	⑨	⑩	⑪	⑫	⑬	⑭	⑮	⑯	⑰	⑱	⑲	⑳

←スタート地点→（⑤）　　←スタート地点→（⑮）

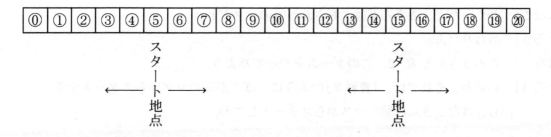

［はなこ］ ２人がそれぞれ⑤と⑮のスタート地点にいてゲームを始めるんだね。

［たろう］ **〔ゲームのルール〕**も次のように考えたよ。

〔ゲームのルール〕

・じゃんけんをして、じゃんけんの勝ち負けによって次の通りに１マスずつ進む。

スタート地点	勝ち	負け	あいこ
⑤の人	右方向へ２マス	左方向へ１マス	右方向へ３マス
⑮の人	左方向へ２マス	右方向へ１マス	左方向へ３マス

・２人が同じマスで止まるまでじゃんけんを続ける。
・どちらかが、いちばん端のマスに止まったら、ゲームをやり直す。

［はなこ］　たとえば、Ａさんが⑤、Ｂさんが⑮のスタート地点にいるとして、じゃんけんをして、Ａさんが勝ってＢさんが負けた場合、Ａさんは右方向へ２マス進んで⑦、Ｂさんは右方向へ１マス進んで⑯のマスにいるね。

［たろう］　その通り。その後、もう１回じゃんけんをしてあいこだった場合、２人はそれぞれどのマスにいるかわかるかな。

［はなこ］　わかったよ。Ａさんが⑩、Ｂさんが⑬のマスだね。

［たろう］　当たりだよ。

［はなこ］　たろうさんと私で、このゲームをやってみよう。

［たろう］　いいね。それでは、**［資料２］**のように、ぼくが⑤のマスからスタートするから、はなこさんは⑮のマスからスタートしてね。

［資料２］　たろうさんとはなこさんのスタート地点

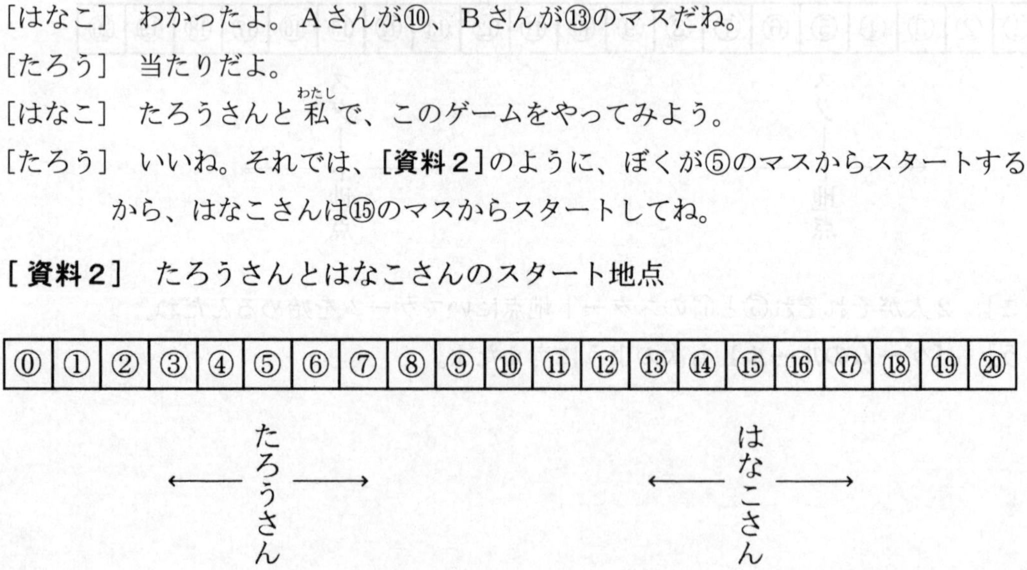

［はなこ］　じゃんけんぽん。

［たろう］　ぼくはグーを出して、はなこさんはパーを出したからぼくの負けだよ。

［はなこ］　わーい。私の勝ちね。

問１

> ４回目のじゃんけんを終えたところ、たろうさんは⑨のマスにいます。
> １回目のじゃんけんの結果ははなこさんの勝ちでした。
> このとき、はなこさんがいるマスの番号を答えなさい。また、考え方を言葉や図を使って説明しなさい。

［たろう］　じゃんけんを続けているけれど、なかなか２人が同じマスで止まらないね。

［はなこ］　**〔ゲームのルール〕**に、「２人が同じマスで止まるまでじゃんけんを続ける。」とあるね。

［たろう］　そうだよ。

［はなこ］　同じマスで止まることなんてあるのかな。

［たろう］　きっとあると思うよ。

［はなこ］　じゃんけんを何十回もしないと同じマスで止まることはないと思うのだけれど。

［たろう］　そんなことないよ。

［はなこ］　それなら、もう１度それぞれ**［資料２］**のスタート地点にもどって、じゃんけんをやり直してみるのはどうかな。

［たろう］　いいね。そうしてみよう。

［はなこ］　じゃんけんぽん。

⋮

［たろう］　あ、はなこさんと同じマスで止まったよ。

［はなこ］　じゃんけんを５回して、２人とも⑩のマスで止まったね。

［たろう］　５回のじゃんけんのぼくの結果は、勝ちが２回、負けが２回、あいこが１回だったね。

［はなこ］　じゃんけんを５回しただけで、同じマスで止まることがあるのね。

［たろう］　本当だね。

［はなこ］　じゃんけんの回数がもっと少ない場合でも２人が同じマスに止まることはあるかな。

［たろう］　あいこの場合、２人は６マス近づくから、あいこが続けば早くゲームが終わるかもしれないよ。

［はなこ］　でも、ゲームを始めるときに、２人の間は２人がいるマスをのぞいて９マスはなれているから、あいこが２回続いたら、すれちがってまたはなれてしまうね。

［たろう］　どちらかが勝った場合、同じ方向に勝った人が２マス、負けた人が１マス進むから、２人の間は１マス近づくね。そうすると、10回続けて同じ人が勝てば、同じマスで止まるよ。

［はなこ］　マスの数がもっと多ければそれでもいいけれど、じゃんけんを10回する前に負け続けている人がいちばん端のマスに止まってしまうよ。

［たろう］　〔**ゲームのルール**〕に、「どちらかが、いちばん端のマスに止まったら、ゲームをやり直す。」とあるね。

［はなこ］　たろうさんとゲームをしたときに、じゃんけんを５回したら同じマスに止まったから、他にもじゃんけんを５回して同じマスに止まる場合があるかどうかを考えてみようよ。

［たろう］　他の場合とはどういうこと。

［はなこ］　勝ち、負け、あいこそれぞれの回数の組み合わせを考えるの。たろうさんのじゃんけんの結果を考えることにして、次の[**表１**]にそれぞれ考えた組み合わせを書き入れていこう。

[表１]　同じマスに止まる場合のたろうさんの
じゃんけん５回の組み合わせと止まるマスの番号

勝ち（回）	負け（回）	あいこ（回）	止まるマスの番号
（例）　2	2	1	⑩

問２

じゃんけんを５回して２人が同じマスで止まるとき、たろうさんの勝ち、負け、あいこそれぞれの回数の組み合わせと２人が止まるマスの番号を、（例）にならって解答用紙の表に書いて答えなさい。また、考え方を言葉や図を使って説明しなさい。

ただし、勝ち、負け、あいこの順番は考えないものとする。また、表はすべて使うとは限らないものとする。

2 駒美（こまみ）さんと照夫（てるお）くんが会話をしています。二人の会話文を必ず読んで，**〔問題1〕**・**〔問題2〕**に答えなさい。

駒美：去年の夏は暑かったわねー。もうエアコンのない生活は考えられないわね。
照夫：確かに！ エアコンと言えば，去年の夏はエアコンのことでお母さんに怒られたなぁ。
駒美：なんで怒られたの？
照夫：めっちゃ暑かったから，エアコンの設定温度を19℃にしていたら「電気代がかかるでしょー！」って怒られた…。
駒美：ふふふ。それは怒られるわね。特に去年の夏は電気代も値上がりしていたから余計じゃない？ そもそも，エアコンの設定温度を19℃にしなくても十分涼しいわよ。電気は無限じゃないからもっと大切にしなさい。
照夫：たしかに。反省しなきゃ。そもそも，日本ってどうやって電気を作っているのかな？
駒美：発電する方法はたくさんあるわよ。そういえば，ネットの記事に発電に関するまとめの表があったはず。
照夫：ちょっと検索してみるね。…あ！ もしかして，これのこと？
駒美：そう！ これこれ！ 照夫くんはネット検索が本当に得意よね。
照夫：あれ，駒美ちゃん，この日本の発電状況を見ると発電方法に大分偏りがあるね。
駒美：そう。この数値…，私たち日本人は，この問題をもっと真剣に考えなければならないわね。

〔問題1〕 (1) **資料1**の空らんになっている箇所を計算しなさい。答えは，表に書かれている数値と同じように，小数第2位を四捨五入した小数第1位までの数値を書きなさい。

(2) **資料1**の値を使って，解答らんに原子力の発電量の折れ線グラフを作りなさい。

(3) (2)で作ったグラフから，原子力発電の発電量が変化した理由を日本社会で起きた具体的な出来事に絡めて説明しなさい。

資料1 「電源別発受電電力量の推移」

	2010年		2015年		2021年	
	発電量(億kWh)	割合	発電量(億kWh)	割合	発電量(億kWh)	割合
水力	838.0	7.3%	871.2	8.4%	775.7	7.5%
石油等	983.0	8.6%	1006.1	9.7%	766.5	7.4%
石炭	3,199.0	27.8%	3560.1	34.2%	3,202.2	31.0%
天然ガス	3,338.6	29.0%	4257.2	40.9%	3,557.8	34.4%
原子力	2,882.3	□%	94.4	□%	□	6.9%
総発電量	11,494.4		10,403.9		10,327.7	

一般財団法人日本原子力文化財団『電源別発受電電力量の推移』より作成

照夫：このまま，電気料金は上がり続けてしまうのかな？

駒美：そうね…。化石燃料などのエネルギー資源が乏しい日本にとっては，今後厳しい状況が続きそうね。

照夫：「脱炭素」って世界でも言われていて，化石燃料を使った火力発電は減らしていかないといけないしね。ってことは日本の状況はますます厳しくなるね。

駒美：そうなると，水力や地熱などのクリーンエネルギーや原子力発電に頼ることになるんだけど，クリーンエネルギーの発電コストは高いし，原子力発電は色々と条件が厳しいのよね。

照夫：原子力発電の条件って？

駒美：私も気になってネットで調べてみたんだけど，まずは設置場所の条件があるみたい。原子力発電はウランの核分裂反応によって生み出された熱で水を加熱し，水蒸気でタービンを回して発電するらしいの。その際に，大規模な原子炉の冷却が必要らしくて，それが場所の条件に関係あるみたい。

照夫：使用済み燃料の保存場所などでも場所の制約があるって授業で聞いたことがあるよ。そういえば，日本と同じくエネルギー資源が少ないフランスの発電割合は，原子力発電が約７割っていうのを聞いたことがあるよ。なんでこんなに違うのかな？

駒美：それは原子力発電所がある場所や地形を比べてみるとわかるかもね。

資料２　日本とフランスの原子力発電所の場所

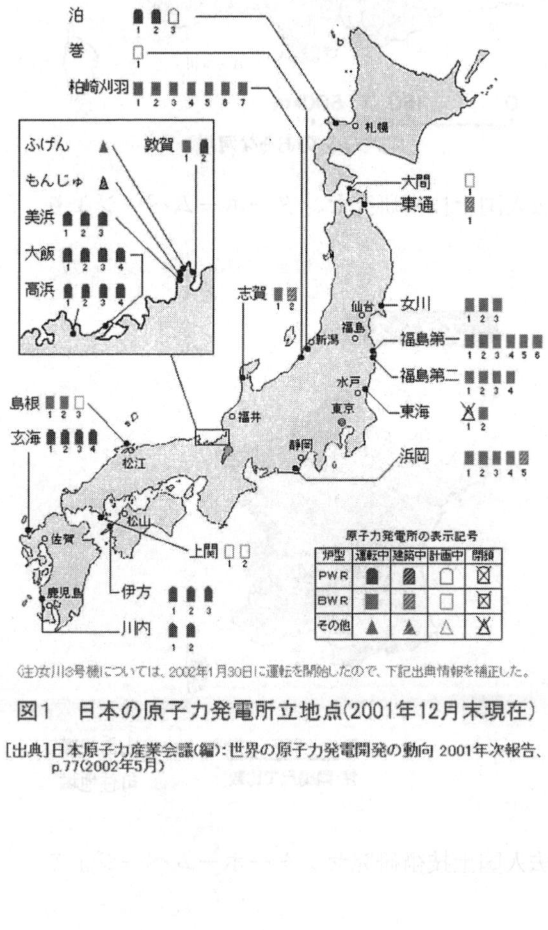

㊟女川3号機については、2002年1月30日に運転を開始したので、下記出典情報を補正した。

図１　日本の原子力発電所立地点(2001年12月末現在)

[出典]日本原子力産業会議(編)：世界の原子力発電開発の動向 2001年次報告、p.77(2002年5月)

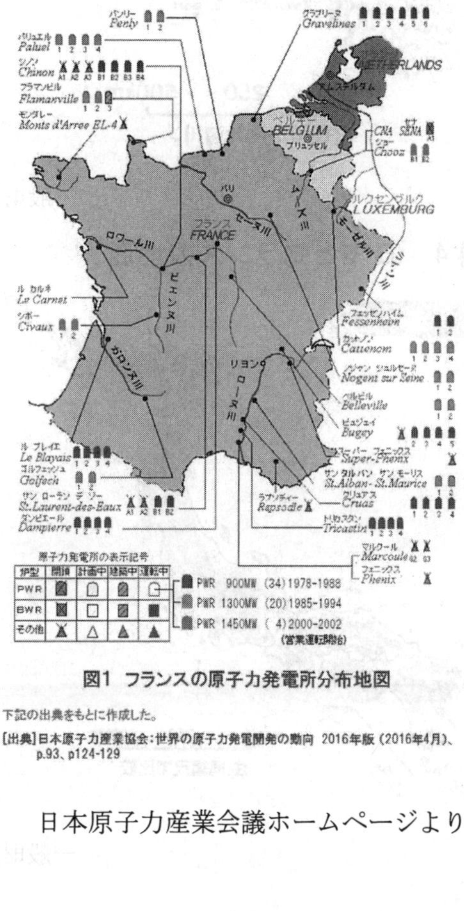

図１　フランスの原子力発電所分布地図

下記の出典をもとに作成した。

[出典]日本原子力産業協会：世界の原子力発電開発の動向 2016年版 (2016年4月)、p.93、p124-129

日本原子力産業会議ホームページより

資料３　日本とフランスのおもな川

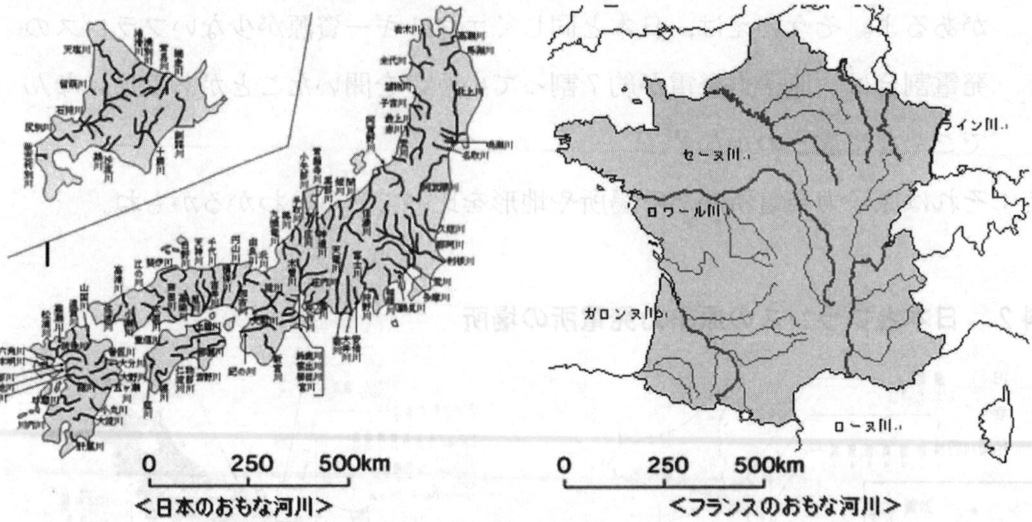

一般財団法人国土技術研究センターホームページより

資料４　日本とフランスの地形

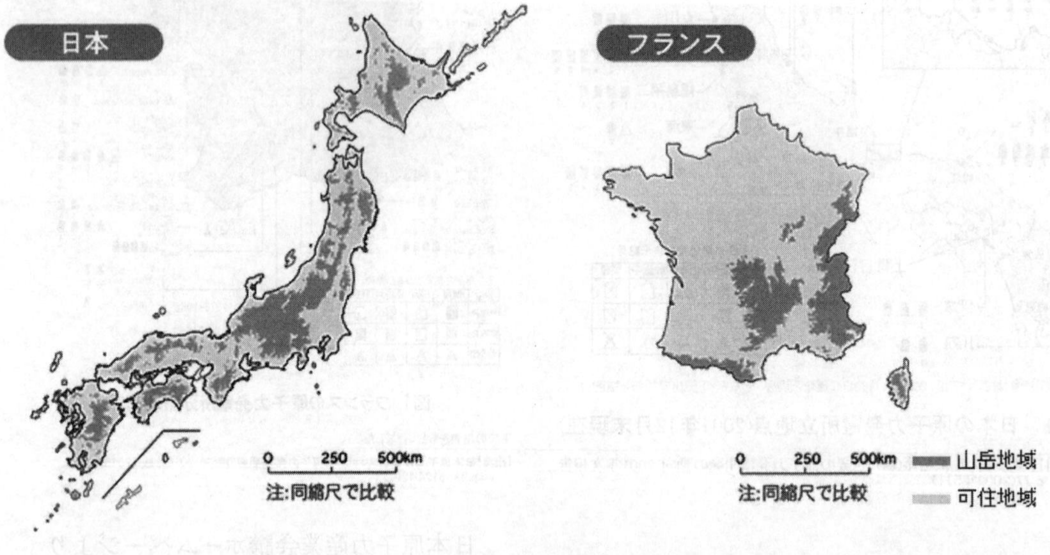

一般財団法人国土技術研究センターホームページより

〔問題２〕　⑴　**資料２**や会話文を参考に日本とフランスの原子力発電所の設置場所の共通点と，そこを設置場所としている理由を説明しなさい。

⑵　日本とフランスで原子力発電所の設置場所に大きな違いがみられる。設置場所が異なる理由を**資料３・４**や会話文を参考に説明しなさい。

3 自然科学部の昇太くんと先生の会話を読んで以下の問いに答えなさい。

昇太くんは理科の授業が大好きで，特に実験が行われる日はワクワクしていました。しかし，今日の授業で光の実験をする際，何台かの光源装置が点灯しない事態が発生しました。

昇太：先生，今日の光の性質の実験で使った光源装置，何台か使えないものがありましたよ。

先生：あー，そうなんだよねー。使っているうちに点灯しなくなってしまうものがあるんだよねー。

昇太：それは故障してしまったということですか？ 新しいのを購入する必要があるんですか？

先生：いや，点(つ)かなくなってはいるけど完全に故障しているわけではないと思うんだ。実際，点かなくなったものは毎回後で原因を突き止めて修理をしてるからね。

昇太：そうなんですね。もし電球が切れて新しいのと交換するなら，古いものを部屋にかざりたいなと思ってたんですが…

先生：そっか。それは残念。
<u>この光源装置は，電源をコンセントからACアダプターという一定の電圧を出す装置で供給しているよね。だから過電圧で中の電球が切れることはめったにないんだ</u>。それに，部屋の電灯と違って，何時間も連続して使うことはないから，電球が切れること自体が珍しいんだよ。

昇太くんは先生の言葉を黙って聞いていましたが，その中で何か閃(ひらめ)いたようでした。

昇太：…もしかして，光源装置が点かない原因って，電球そのものよりも別のところにあるんじゃないですか？

先生は昇太くんの質問に目を輝かせて答えました。

先生：おっ，それは鋭い指摘だね。じゃあ，昇太くん！ 一緒に点かなくなってしまった光源装置の謎を解明して修理しましょう！！

昇太：はい！ もちろんです！！

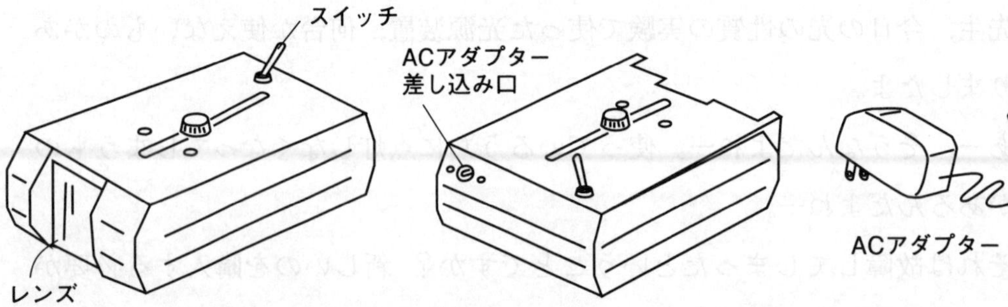

〔問題１〕 光源装置が点かなくなったときにどうすればいいかを考え，最初にやるべき３つのことをあげてください。

〔問題２〕 光源装置本体が修理の必要がある状態になっていたとすると，下の図を参考にして修理に必要な道具を次ページの道具一らんから選んで具体的な手順を答えてください。道具はいくつ使ってもかまいません。なお，他に必要なものがある場合は，解答らんの〈追加するもの〉らんに記入してください。

＜内部の配線図＞

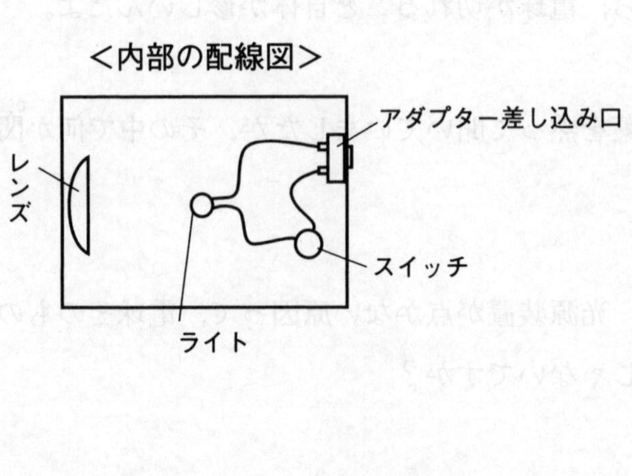

〈道具一らん〉

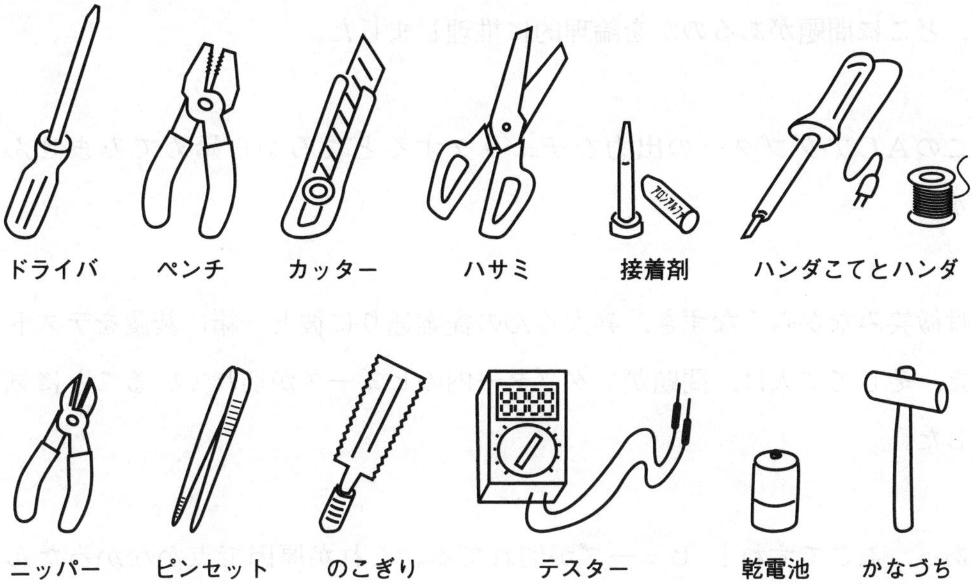

〔問題３〕 本文中の下線部で先生が話しているように中の電球が切れることはほとんどないようですが，その理由として考えられることを答えなさい。

昇太くんと先生は実験室に残り，昇太くんは先生の指導の下で装置の各部品を慎重に点検し始めました。彼はインターネットなどの情報をもとに電流の流れを理解し，どこに問題があるのかを論理的に推理しました。

昇太：このACアダプターの出力をチェックするところから始めてみませんか？

先生は微笑みながらうなずき，昇太くんの提案通りに彼と一緒に装置をテストしました。そして二人は，問題がアダプター内のヒューズが切れていることに気づきました。

昇太：あっ，ここですね！ ヒューズが切れてる。これが原因で点かなかったんですね。

先生：正解だ！ ヒューズは過電流が流れたときに装置を守るために切れるんだ。これを交換すれば，また光源装置は使えるようになるね。

〔問題４〕 昇太くんは部品の点検をしながら，ACアダプターの中のヒューズが切れていたことを発見しましたが，ACアダプターが機能していないことを確認するための方法として一番初めに行うことは何が適切ですか。簡潔に答えてください。

〔問題５〕 後日，学校で先生が教室のプロジェクターを使って映画を見ようとしましたが，プロジェクターに映像が映りませんでした。あなたは映像が映らない原因を発見するための手順をクラスのみんなに説明する役割を任されました。具体的な手順を３つあげてみてください。

【適性検査Ⅲ】 〈適性検査型Ａ試験〉 (45分) 〈満点：100点〉

1 自然科学部の雄太郎くんと先生との会話を読んで次の問いに答えなさい。

先　生：雄太郎くん，ドローン用のモーターを購入してみたんだけど，これを使って自作のドローンをつくりたいと思ってるんだよね。

雄太郎：これは面白そうですね。僕もつくってみたいです！

先　生：もちろん！ ぜひつくってほしいな。まずは，１つのモーター（単モーター）がどれくらい浮上する力を持っているのかを知りたいな。

雄太郎：そうですね。そしたら３Ｄプリンターで機体を作成して早速試作機をつくってみましょう。

先　生：うん。よろしくね。それと注意点として，単モーターでドローンをつくるときは，機体に糸で誘導ラインかレールのようなものを設置しないとうまく浮上しないからね。

雄太郎：え？ それはどうしてですか？

先　生：機体がモーターの回転の方向と逆向きに回転しちゃうからね。

雄太郎：なるほどです。そうしたら，釣り糸を誘導ラインにして試作機を作成して浮上させてみましょう！

さっそく，先生と雄太郎くんは電源が機体の外にある（有線接続）ドローンを機体の重さを変えていくつか試作し，ある高さまで手で持ち上げ，電源を入れ，手をはなす実験をしました。

表の浮上のようすを次の記号で表わすことにしました。

◎・・・強力に浮上する

○・・・浮上する

△・・・少し浮上する

×・・・下に落ちる

キープ・・・その位置でとどまることはできる

このときの結果が表の①～⑤です。

	重さ[g]	電圧[V]	プロペラ	浮上	備考
①	10	3.3	A型	×	
②	10	3.7	A型	×	
③	8	2.6	A型	×	
④	8	3.3	A型	×	
⑤	8	3.7	A型	△	少し動きそう

先　生：う，浮かない・・・ねぇ。

雄太郎：浮きませんね。全くと言っていいほど。これ，市販されているドローンのモーターと同じものだと思うんですけど。こんなに浮上する力が弱いのはなんでなんでしょう？

先　生：とりあえず，斜めにレールをつくってそこで浮き上がるかをテストしてみよう。

雄太郎：ななめ？ ですか？

先　生：うん。そう。斜めにすることで弱い力で浮き上がることができるから，とりあえずこのモーターの浮上する力を求められると思うんだ。水平面から30°の角度にすることで，機体の重さの1/2の力で浮上するはずだよ。

	重さ[g]	電圧[V]	プロペラ	浮上	備考
⑥	10	3.3	A型	キープ	30°ななめ
⑦	8	3.3	A型	○	30°ななめ

雄太郎：先生！ 斜めで何とか浮き上がりましたね！ でも，それにしても浮上する力が弱すぎるように思います。
・・・？！！あ！！

先　生：ん？ どうしたんだい？

雄太郎：先生，これ，モーターについているプロペラの形が上下非対称です！

先　生：おぉ！ ホントだ！ なるほど。このモーターはこっち向き（※下図B型）で設置しないと上向きの力がきちんと得られないってことなんだね。

雄太郎：じゃあ逆向き（B型）で機体をつくり直してはじめの状態にもどして浮上テストをしてみましょう！

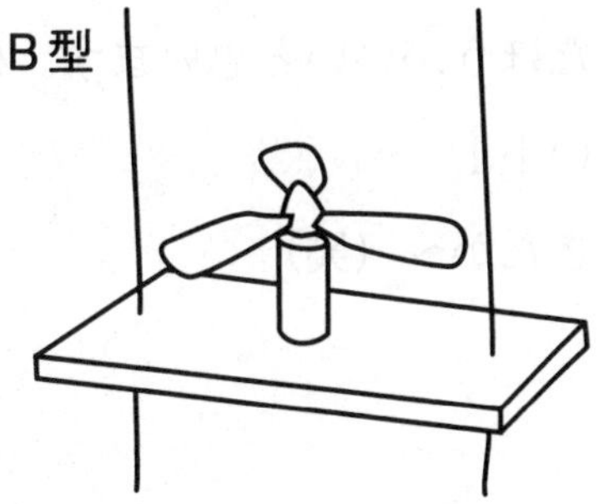

ということで，先生と雄太郎くんは再度データを取りなおしました。

	重さ[g]	電圧[V]	プロペラ	浮上	備考
⑧	12	3.3	B型	×	
⑨	12	3.7	B型	△	
⑩	10	2.6	B型	×	
⑪	10	3.3	B型	キープ	
⑫	10	3.7	B型	○	
⑬	8	2.6	B型	△	
⑭	8	3.3	B型	○	
⑮	8	3.7	B型	◎	しっかり浮上

雄太郎：すごい，すごい！ 先生，ちゃんと浮上しましたね！！

先　生：そうしたら，次のステップは，距離センサーやジャイロセンサーを積めるようなところを目指していきたいね。でも，その前に単モーターのドローンではちょっと現実的ではないから新しい機体のデザインの作成からだね。

雄太郎：はい。さっそくとりかかります！！

先　生：うん。頼もしいね！ 任せたよ！！

雄太郎：・・・

先　生：あれ？ どうしたの？

雄太郎：先生，より実践的な機体をデザインするには実際のドローンが手元にあったほうがいいと思います。研究のために新しいドローンを買ってください！！

先　生：そうきたか～（笑）

〔問題1〕 A型がほぼ浮上しなかったが，B型は条件がそろえば浮上した。この違いの原因はプロペラの形状にあるようだが，プロペラを下図の方向から見た時のプロペラの断面の形状として最も適切なものをA～Dから選んで記号で答えなさい。

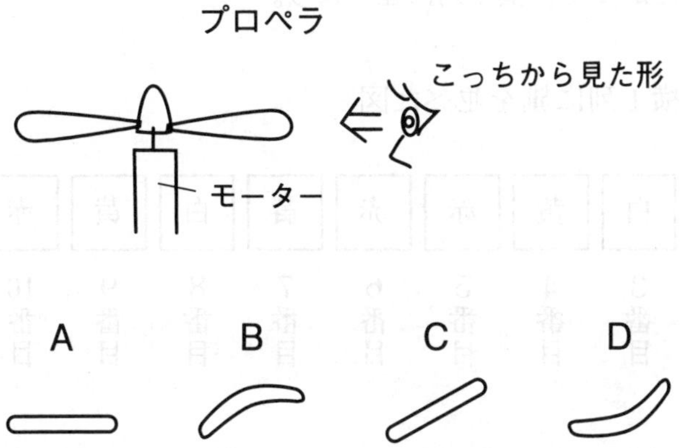

〔問題2〕 B型の条件の時のドローンの浮力は，機体何g分か。またその時の電圧は何Vか。以下のア～カから選んで記号で答えなさい。

ア．14g－3.3V　　イ．12g－3.5V　　ウ．12g－3.9V
エ．10g－2.8V　　オ．10g－3.9V　　カ．8g－3.4V

〔問題3〕 雄太郎くんと先生は試作機として単モーターで作成したが，実際には単モーターではドローンは支えがなくては安定した浮上ができない。考えられる理由を答えなさい。

〔問題4〕 雄太郎くんはこの後どのような方向にドローンを発展していくのが理想的だろうか。発展の方向と，その理由を答えなさい。

2 たろうさんとはなこさんは、先生と教室で話をしています。

[先　生]　赤色、黄色、白色にそれぞれぬられた３種類の旗がたくさんあるので、きまりをつくり、それにしたがって旗を並べてみましょう。

[たろう]　わかりました。

[はなこ]　きまりにしたがって、横１列に並べよう。

[資料１]　横１列に旗を並べた図

赤	黄	白	黄	赤	赤	黄	白	黄	赤	…
1番目	2番目	3番目	4番目	5番目	6番目	7番目	8番目	9番目	10番目	…

[たろう]　**[資料１]**のようにして、100番目まで並べました。

[先　生]　白色の旗がたくさんあまってしまいましたね。

[はなこ]　本当ですね。赤色の旗か黄色の旗を白色の旗とかえましょうか。

[たろう]　そうすると、また他の色の旗がたくさんあまってしまうと思います。

[先　生]　確かにそうですね。他に良い方法はないですか。

[はなこ]　３の倍数番目に並べた旗を白色の旗にかえるのはどうでしょうか。３の倍数番目にもともと白色の旗が並べてある場合はそのままにして、他の色の旗が並べてある場合にだけ白色の旗とかえることにしましょう。

[先　生]　いいですね。その方法であれば、１つの色だけにかたよることなく３種類の旗を並べることができそうです。

[たろう]　３の倍数番目に並べた旗をかえるから、100÷３＝33 あまり１で、33カ所の旗を白色の旗にかえればいいね。

[はなこ]　３の倍数番目がもともと白色の旗であるところが何カ所かあるので、33カ所より少ないと思います。

問１

３の倍数番目に並べた旗を白色の旗にかえるとき、白色の旗にかえるのは全部で何カ所かを答えなさい。また、考え方を言葉や図を使って説明しなさい。ただし、３の倍数番目にもともと白色の旗が並べてある場合、旗をかえる必要はないものとする。

［先　生］　３の倍数番目の旗はすべて白色の旗になりましたか。

［たろう］　はい。３の倍数番目の旗をすべて白色の旗にかえました。

［先　生］　それでは、その旗の順番は変えずに、横１列ではなく、何かちがう形になるように旗を並べかえてみましょう。

［はなこ］　それなら、１辺に並ぶ旗の数が同じになるようにして正方形の形に並べかえましょう（**［資料２］**）。

［資料２］　正方形の形に旗を並べた図

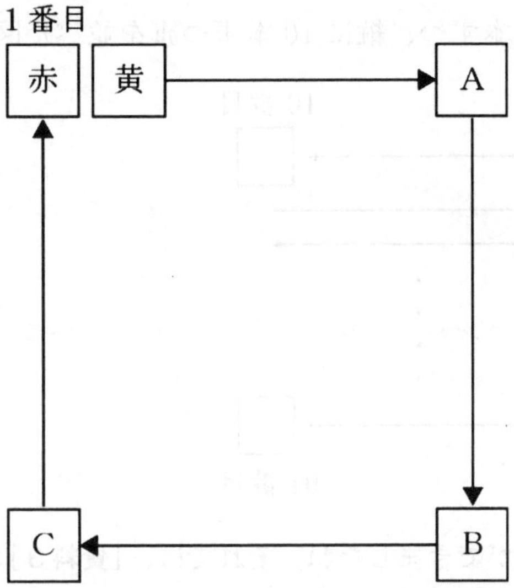

［先　生］　実際に旗を並べかえる前に、１番目の旗以外の正方形の角に並ぶ旗の色を考えてみましょう。

［たろう］　旗の数は全部で100本だから、１辺に並ぶ旗の数は［ア］本ですね。そうすると、Aの角に並ぶ旗は［ア］番目となり、旗の色は［イ］です。

［先　生］　当たりです。それでは、Bの角とCの角に並ぶ旗の色はそれぞれどうなるでしょうか。

［はなこ］　Bの角に並ぶ旗は［ウ］番目なので、旗の色は［エ］です。

［たろう］　そうすると、Cの角に並ぶ旗は［オ］番目になるので、旗の色は［カ］です。

問２

会話文中の［ア］、［ウ］、［オ］にあてはまる数を、また、［イ］、［エ］、［カ］にあてはまる旗の色を赤、黄、白のいずれかで答えなさい。

[先　生]　１つ目をのぞいた３つの角の旗の色をすべて当てることができましたね。

[はなこ]　**[資料２]**の旗を、旗の順番はかえずに、またちがう形になるように旗を並べかえてみたいです。

[先　生]　いいですね。黄色の旗もたくさんあまっているので、**[資料２]**の４つの角にある旗をすべて黄色の旗にかえてから並べかえることにしましょう。どのような形に並べかえますか。

[たろう]　**[資料３]**のような順番で、横に 10 本ずつ、縦に 10 本ずつ旗を並べて、正方形の形にするのはどうでしょうか。

[資料３]　横に 10 本ずつ、縦に 10 本ずつ旗を並べた図

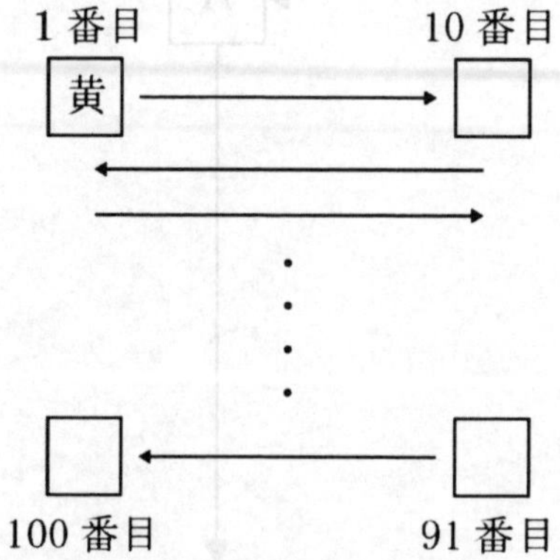

[先　生]　きれいに並べることができましたね。それでは、**[資料３]**のように旗を並べたとき、外側の周に並べた黄色の旗が何本あるかわかりますか。実際に並べた旗を数えずに考えてみてください。

[はなこ]　外側の周に並べた旗とは、**[資料４]**の太線部分に並べた旗のことですね。

[資料４]　外側の周

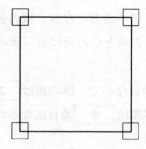

[先　生]　その通りです。

問３

[資料３]のように旗を並べたとき、外側の周に並べた黄色の旗の数を答えなさい。また、考え方を言葉や図を使って説明しなさい。

〔問題２〕 ㋑ほとんどが経験でカバーできるとありますが、どういうことだと筆者は述べていますか。解答らんに当てはまるように二十九字で文章２からぬき出しなさい。

	ので、地頭がよくなくても新しいものを発想することができるということ。

〔問題３〕 あなたは、学校生活においてどのようにものごとを考える力を高めていこうと思いますか。あなたの考えを四百字以上四百四十字以内で述べなさい。ただし、次の条件と〔きまり〕にしたがうこと。

条件
① あなたが、文章１・文章２から読み取った筆者の考えをまとめ、それをはっきり示すこと。
② 「①」の内容をふまえて、自分はどのようにものごとを考える力を高めていこうと思うかを書くこと。
③ 適切に段落分けをして書くこと。

〔きまり〕
○題名は書きません。
○最初の行から書き始めます。
○各段落の最初の字は一字下げて書きます。
○行をかえるのは、段落をかえるときだけとします。
○、や。や」なども それぞれ字数に数えます。これらの記号が行の先頭に来るときには、前の行の最後の字と同じますめに書きます。（ますめの下に書いてもかまいません。）
○。と」が続く場合には、同じますめに書いてもかまいません。この場合、。」で一字と数えます。
○段落をかえたときの残りのますめは、字数として数えます。
○最後の段落の残りのますめは、字数として数えません。

います。

就職活動においては、地頭を測れると称する適性試験もあります。クイズみたいな出題が多く、なるほど勉強してきた人でも太刀打ちできないということはあるようです。でもよく見てみると、中学入試あたりの算数が得意だった人なら、その経験知ですぐに解ける問題だったりします。

公務員試験でも、そういう適性試験が行われますが、それは本当に適切な採用方法なのかという疑問を抱きます。公務員に必要なのは、文章をきちんと理解し、それを要約して、人に説明できるコミュニケーション能力です。クイズ的な問題に答えを出す能力や、超絶的な発想力が彼らに必要かといえば、それは「Ｎｏ」でしょう。それを求める試験を課していいのかどうか。

日常的な仕事をこなすだけなら、確かに地頭は必要ないかもしれない。だけど、新しいものを発想するには、やはり地頭のよさが必要なんじゃないか。そう思われる方もいらっしゃるでしょう。しかし、世に※クリエイティブと思われていることは、㋑ほとんどが経験でカバーできる、というのが私の主張です。

（中略）※ジェームス・Ｗ・ヤングは「アイデアとは既存の要素の新しい組み合わせ以外の何ものでもない」と定義しました。すなわち、知識（経験）が豊富であればあるほど、組み合わせの発想も豊かに生まれてくるというわけです。

直感力とか地頭は、もちろん鋭い方がいいですけれども、そうでなくても、知識の組み合わせを工夫し続ければ必ずアイデアは生まれてくる。そう考えると、発想力とかアイデアも、生み出す技さえ身に付ければいいということです。

他の言い方をすれば、発想とは料理みたいなもので、手順さえわかればいいと思えてきます。ということは、発想力がある人をまねれば、自分も発想力を身に付けられるということです。

（『まねる力　模倣こそが創造である』齋藤孝）

（設問の都合上、一部本文を改めました。）

〔注〕

※地頭……もともと備わっている頭脳。

※クリエイティブ……創造的。独創的。

※ジェームス・Ｗ・ヤング……アメリカ合衆国の実業家。『アイデアのつくり方』という著書がある。

〔問題１〕 ㋐思考停止社会とありますが、そのような社会になるのは何が原因だと筆者は考えていますか。「安易」「風潮」という語を用いて解答らんに書きなさい。

解説をしている内容を比べたら、当然、前者の方が説得力があるし、なるほどと思える点を多く含んでいるものである。

知識受容型の教育から主体的に学ぶ教育に転換すべきだというのはよいとしても、それは知識を吸収する姿勢を受け身でなく能動的にすべきだという意味に受け止めるべきだろう。与えられた知識を丸暗記するようなことはやめて、その意味をしっかり理解し、頭のなかを体系的に整理しながら知識を吸収していくのが望ましい。

知識を吸収することは、思考力を高めるにも必要なのである。知識が乏しいほど思考力が高まるなどといったおかしな幻想は捨てるべきだろう。私たちは、ともすると安易な方に流されやすい。知識を軽視する風潮があるせいで、知識など必要ないと開き直って知識・教養の吸収をサボることができる。これでは思考力を高めることができない。

幅広い教養を身につけることで、何らかの問題・課題に直面したときに、頭のなかの多くの引き出しから、関係がありそうな知識をいくつか取り出し、さまざまな視点から検討し、思考を深めることができる。

(『思考停止という病理　もはや「お任せ」の姿勢は通用しない』榎本博明)

(設問の都合上、一部本文を改めました。)

〔注〕

※偏重……ものごとの一方のみを重んじること。

※巷……世間。

文章2

経験知を高めていくためにはフィードバックが必要です。フィードバックとは、過去の結果から問題点を把握し、修正を行えるようにすること、といった意味あいです。誰かに見てもらうのが一番いいのですが、自分だけで注意することもできます。

私はそんなにゴルフをやる方ではありませんが、たとえばゴルフの練習場に行って、一打ごとにボールがどこに落ちたかを点検します。「右に行きすぎたから、次は左に修正しよう」とか「今度は左に行きすぎたから、右に修正して、真ん中に行った。その感覚を繰り返そう」と。こういうことがフィードバックです。

ゴルフは個人競技ですから、自分がボールを打つという行為と、ボールがどこに飛ぶかという結果が100%対応しています。雨や風などの自然環境を別にすれば、外的な要素がほとんどないのです。だから自分で自分にフィードバックを返すことが可能なのです。もし真っ暗闇で打ち続けるとしたらどうでしょうか。情報が積み重ならず、フィードバックもないということになります。

仮に※地頭がよくないとしても、そのようにフィードバックの回路を作って、経験知を有効に積み重ねることができれば、問題ないと思

2024年度 駒込中学校

【適性検査Ⅰ】〈適性検査型A試験〉(四五分)〈満点:一〇〇点〉

次の**文章1**と**文章2**を読んで、あとの問いに答えなさい。(※印の付いている言葉には、本文のあとに〔注〕があります。)

文章1

脱・知識※偏重教育の重要性が叫ばれるようになって久しいが、それによって思考力が磨かれるようになっただろうか。実際は、指示待ち人間が増えたり、承認欲求に振り回されてSNSで目立ちたがりの投稿をして批判にさらされる人間が増えるなど、㋐思考停止社会に向かっているかのような徴候さえみられる。

それには、(中略)知識詰め込みとは逆の知識不足が深く関係しているように思われてならない。

インターネットを通して、さまざまな情報に触れることができる情報過多な社会だからこそ、情報を精査し、取捨選択する必要があり、そのために考える力がこれまで以上に必要となる。

ものごとをじっくり考えるには、自分なりの視点をもつ必要がある。視点がなければ、情報に躍らされるばかりで、情報を評価したり、消化したりすることができない。ただし、自分の視点に凝り固まって、違う視点から検討することができないのも困るので、絶えず新たな情報に心を開きつつ、自分の視点も更新していく柔軟性が求められる。

自分の視点をもつためにも、知識や教養の吸収は必要不可欠である。それにもかかわらず、知識は人工知能に任せればいいし、それを利用すればいいのだから、人間は考える力をつけることが大事だと言われたりする。だが、知識なしでは自分なりの視点がもてないし、しっかり考えることなどできない。

知識偏重との批判が出た当時は、受験で重箱の隅をつつくような問題が出たりするため、その対策として細かな知識の丸暗記を強いるような教育が行われているのがまずいといったニュアンスが強かったと思う。

それが今では、知識詰め込みへの批判が行きすぎたのか、知識のあまりに乏しい中高生や大学生が※巷に溢れているように思われる。

ここで今一度、知識と思考の関係をきちんと押さえておく必要がある。知識と思考を対立関係のようにみなす議論もあるが、知識が思考の邪魔になるというのは、まったく無思慮な誤解にすぎない。

たとえば、何らかの問題について、そのテーマに関連する分野の専門家が解説している内容と、ネット上でまったくの素人が思いつきの

2024年度

駒込中学校 ▶解　答

適性検査Ⅰ ＜適性検査型Ａ試験＞（45分）＜満点：100点＞

解　答

問題１　（例）　人間は安易な方に流されやすいので，知識を軽視する風潮があると，知識や教養の吸収をおこたってしまうこと。　**問題２**　知識の組み合わせを工夫し続ければ必ずアイデアは生まれてくる　**問題３**　（例）　文章１では，思考力を身につけるためには知識や教養を吸収して自分の視点をもつことが必要であること，文章２では，地頭のよさよりも経験知を高めることの重要性が述べられています。どちらの筆者も，知識の積み重ねをおろそかにしないことが大切だと考えているのです。私もこれらの意見に賛成です。／知識を身につける作業は苦しいものだと思います。しかし，そもそも知識がなければ深く考えることはできません。以前，社会のテストで，ある戦いの原因を問われたことがありました。その説明のためには，時代背景についてのさまざまな知識が必要で，私はうまく説明できませんでした。／私は，ものごとを深く考えていくために，まず本を読むことなどを通じて知識をきちんと習得するようにしたいと思います。その際には，知識を体系的に整理して自分の視点をもつよう心がけたいです。また，課題に直面したときは，大変でもあきらめずに考え続けるがまん強さも身につけたいと思います。

適性検査Ⅱ ＜適性検査型Ａ試験＞（45分）＜満点：100点＞

解　答

1 **問１**　⑤　**考え方**　（例）　たろうさんが１回目が負けだったとき④のマスにいる。その後，３回のじゃんけんで⑨のマスまで移動するから，たろうさんの３回のじゃんけんの結果は，負けが１回とあいこが２回となる。よって，はなこさんの４回のじゃんけんの結果は，勝ちが２回とあいこが２回だから⑤のマスにいる。　**問２**　右の表　**考え方**

勝ち(回)	負け(回)	あいこ(回)	止まるマスの番号
(例) 2	2	1	⑩
0	4	1	④
1	3	1	⑦
3	1	1	⑬
4	0	1	⑯

（例）　どちらかが勝つと２人は同じ方向に進んで２人の間は１マス近づく。１人が勝ち続けても５回のじゃんけんで同じマスに止まることはできないから，あいこが１回必ず入る。残りの４回のじゃんけんについては，たろうさんの勝ちが０回，１回，２回，３回，４回のすべての場合で２人が同じマスに止まるから，上の表のように(例)の他に４通り考えられる。　**2** **問題１**
⑴　(2010年)25.1(％)／(2015年)0.9(％)／(2021年)712.6　⑵　右の図　⑶　（例）　2010年から2015年にかけての変化は，東日本大震災(しんさい)による原子力発電所の停止や廃炉(はいろ)によるものである。

2015年から2021年にかけての変化は，原子力発電所の再開に伴うものである。　**問題２**　(1)　**共通点**　水が確保できる場所　**設置理由**　原子炉の冷却に大量の水が必要なため。

(2)　（例）　日本はフランスと異なり，河川のある場所は山岳地帯が多く，発電所の設置が困難であるため。

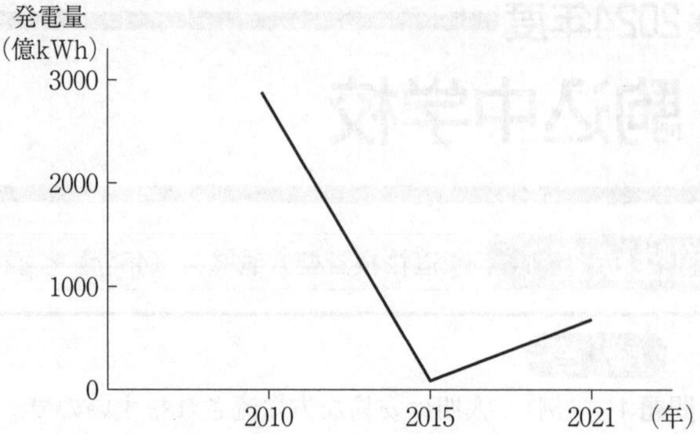

3　**問題１**　（例）　・ACアダプターが本体に差し込まれているか確認する。　・ACアダプターがコンセントに挿されているか確認する。　・スイッチが入っているかどうかを確認する。　**問題２**　（例）　ドライバーを使って本体のふたを開けて内部の配線が見えるようにし，配線が切れている所があれば，ハンダごてとハンダで修理する。　**問題３**　（例）　ACアダプターで短時間，一定の電圧を加えても，電球に使われているフィラメントに負担がかからないから。　**問題４**　（例）　ACアダプターを別のものに交換し，故障の原因が本体かACアダプターのどちらにあるか調べる。　**問題５**　（例）　・電源が入っているか確認する。　・ケーブルなどの接触不良がないか確認する。　・ランプが切れていないか確認する。

適性検査Ⅲ　＜適性検査型Ａ試験＞（45分）＜満点：100点＞

解答

1　**問題１**　Ｂ　**問題２**　イ　**問題３**　（例）　機体がモーターの回転方向と逆向きに回転するため。　**問題４**　（例）　単モーターでは支えなしで機体を浮上させることができないため，研究のために購入したドローンを参考にして，モーターの数を増やすなどの機体のデザインを考える。　**2**　**問１**　26カ所　**考え方**　（例）　旗は５本ごとに同じ並べ方をくり返しており，100＝３×33＋１より，３の倍数は100番目までに33カ所ある。ここから，もともと白色が並べてある旗の数を引いて求める。白色の旗は一の位が３，８番目に並んでいて，そのうち３の倍数であるのは，３，18，33，48，63，78，93番目で７カ所。よって，白色の旗にかえるのは全部で，33－７＝26(カ所)　**問２**　**ア**　26　**イ**　赤　**ウ**　51　**エ**　白　**オ**　76　**カ**　赤

問３　８本　**考え方**　（例）　外側の周に並べた旗は，１～10番目，91～100番目と一の位が０，１番目である旗となる。最初に並べた旗のうち黄色の旗であるのは，一の位が２，４，７，９番目で，このうち白色の旗にかえたものを除くと，外側の周に並べた黄色の旗は，２，４，７，92，94，97番目の６本。また，１番目と51番目の２本は黄色の旗にかわっているから全部で，６＋２＝８(本)

2024年度 駒込中学校

＊【適性検査1】は国語ですので最後に掲載してあります。
〈受験上の注意〉机の上には「受験票」,「筆記具」,「消しゴム」以外のものは置かないこと。
【適性検査2】〈適性検査型B試験〉(45分)〈満点:100点〉

1 たろうさんとはなこさんは、町で行われる式典について話をしています。

[たろう] ぼくたちが住んでいる町のサッカーチームが大会で優勝したね。
[はなこ] ずっと応えんしていたからうれしいな。
[たろう] 町のみんなで優勝をお祝いするために、次の日曜日に式典が行われるそうだよ。
[はなこ] それはいいね。日曜日は予定がないから行ってみたいな。式典ではどんなことをするのかな。
[たろう] サッカーチームの選手たちが、町の大通りでパレードをするそうだよ。パレードの後には、式典が行われる会場で、長いカーペットの上を歩いて中央のステージまで進み、ステージでは写真をとったり、インタビューが行われたりするそうだよ。
[はなこ] とても楽しそうな式典だね。
[たろう] 会場で式典の準備をしているそうだから、見に行こうよ。
[はなこ] いいね。行ってみよう。

⋮

[たろう] たくさんの人が式典の準備をしているね。
[はなこ] 式典に使われる道具があちこちに置いてあるね。何に使うのかがわからないものもたくさんあるよ。
[たろう] うずまきのように巻かれたものが置いてあるけれど、あれは何かな。
[はなこ] 準備している人に聞いてみよう。
[たろう] 選手たちがステージまで歩くときに使われる長いカーペットだと言っていたよ。
[はなこ] 長いカーペットをすきまができないようにぐるぐる巻いた状態のものなんだね。
[たろう] カーペットのはばは80cmで、厚さは4㎜あるんだって。
[はなこ] カーペットの長さはどれくらいなのかな。

［たろう］　カーペットを広げたあとは、カーペットがよごれないように近づくことができないそうだよ。

［はなこ］　カーペットを広げなくても、長さがわかる方法はないかな。

［たろう］　ぐるぐる巻いた状態のカーペットを上から見ると**［資料１］**のようになっているよ。

［資料１］　ぐるぐる巻いた状態のカーペットを上から見た図

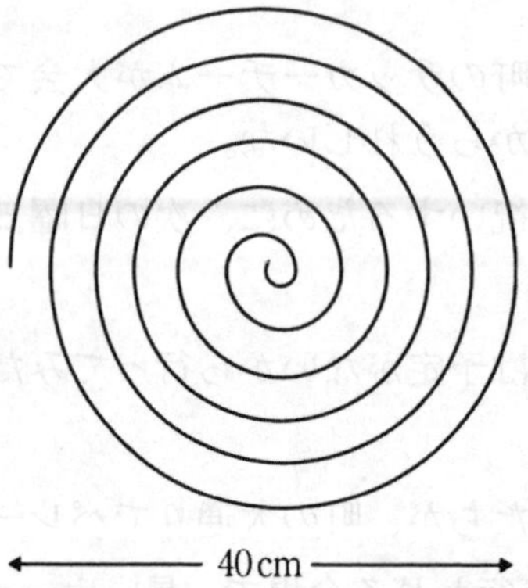

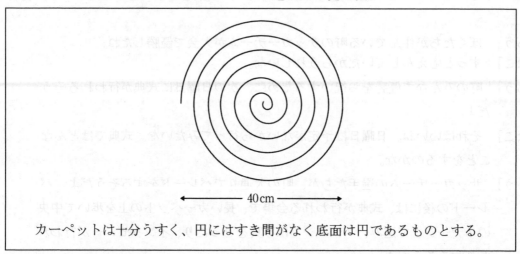

カーペットは十分うすく、円にはすき間がなく底面は円であるものとする。

［はなこ］　**［資料１］**を直径 40㎝ の円と考えたら、カーペットのおよその長さを知る方法がみつかりそうだよ。

［たろう］　広げたカーペットを横から見ると、縦（たて）の長さが４㎜ の横長の長方形にも見えるね（**［資料２］**）。

［資料２］　カーペットの図

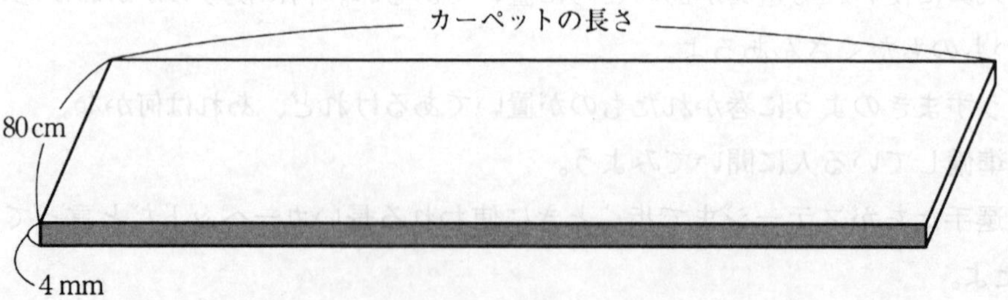

［はなこ］　なるほど。そうすると、直径 40㎝ の円の面積と、縦の長さが４㎜ の横長の長方形（**［資料２］**のかげをつけた部分）の面積が等しいということになるね。カーペットの長さが計算できそうだよ。

［たろう］　直径40cmの円の面積は［ア］cm²で、４㎜＝［イ］cmだから、
［イ］×(カーペットの長さ)＝［ア］cm²となるね。
［はなこ］　カーペットの長さは、［ウ］ｍだと考えられるね。

問１

会話文中の［ア］～［ウ］にあてはまる数を答えなさい。ただし、円周率は3.14とします。

［はなこ］　カーペットはいつもぐるぐる巻いた状態で倉庫で保管されているのかな。カーペットを広げても丸まってしまい、きれいに広がらないから準備が大変そうだね。
［たろう］　丸めていた画用紙を広げるとき、まっすぐのばすのに苦労するのと同じだね。
［はなこ］　画用紙は紙だから折ると折り目ができてしまうけれど、カーペットであれば折りたたんでも良さそうだよ。
［たろう］　カーペットを折りたためば、箱に入れて保管することもできるね。
［はなこ］　箱に入っていれば、運びやすくていいね。
［たろう］　カーペットを箱に入れて保管する方法について考えようよ。
［はなこ］　どれくらいの大きさの箱が必要かな。
［たろう］　**［資料３］**のように、すきまができないようにして、同じ長さでカーペットを折りたたんでみよう。

［資料３］　折りたたんだカーペットを横から見た図

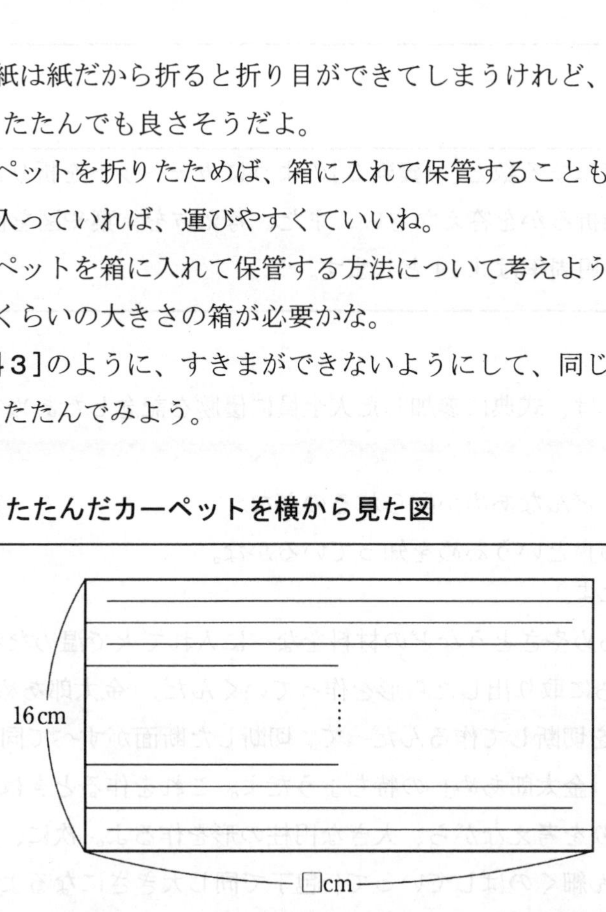

[はなこ]　折りたたんだカーペットは、直方体の形になったと考えることにしよう。
[たろう]　カーペットのはばは80cmだから、**[資料4]**のような大きさの箱にカーペットはぴったり入るね。

[資料4]　カーペットを入れる箱

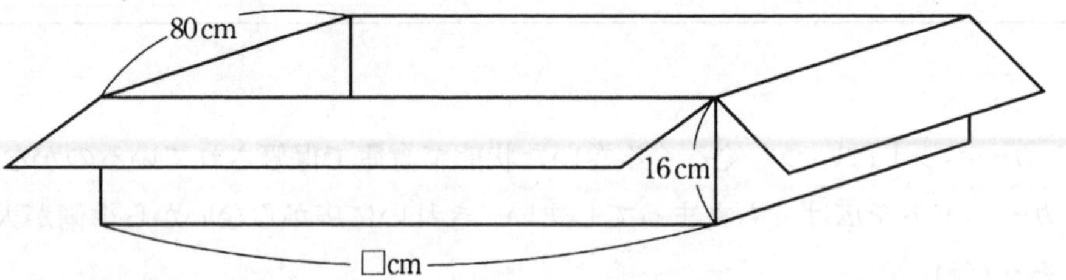

問2

[資料4]の□にあてはまる数と、**[資料3]**のようにカーペットを折りたたむとき、カーペットを何回折るかを答えなさい。また、考え方を言葉や図を使って説明しなさい。ただし、円周率は3.14とします。

[たろう]　式典の当日には、式典に参加した人全員に優勝を記念したあめを配るそうだよ。
[はなこ]　楽しみだね。どんなあめが配られるのかな。
[たろう]　「金太郎あめ」というあめを知っているかな。
[はなこ]　初めて聞いたよ。
[たろう]　あめは、水あめやさとうなどの材料をなべに入れて火で温めながらよく混ぜて、熱いうちに取り出したら形を作っていくんだ。「金太郎あめ」は細長くのばしたあめを切断して作るんだって。切断した断面がすべて同じ模様(もよう)になっているのが「金太郎あめ」の特ちょうだよ。これを作るときは、まず、模様の出来上がりを考えながら、大きな円柱の形を作るよ。次に、その大きな円柱をどんどん細くのばしていって、包丁で同じ大きさになるように切り分けて出来上がりだよ。

［はなこ］　模様を考えながらあめを作るなんて難(むずか)しそうだけれど、おもしろいね。大きな円柱をどんどん細くのばしていくと言っていたけれど、初めの円柱はとても大きいのかな。

［たろう］　初めの円柱は、**［資料５］**のような大きさになるよ。

［資料５］　初めに作る円柱の図

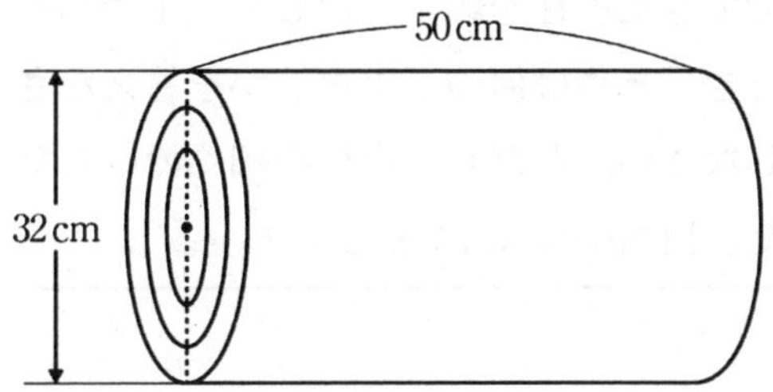

［はなこ］　とても大きいね。この円柱をどれくらいまで細くのばすのかな。

［たろう］　底の面が直径２cmの円になるまで細くのばすよ。そして、のばした細い円柱を２cmずつ切り分けて、あめ１つぶの大きさは**［資料６］**のようになるよ。

［資料６］　あめの図

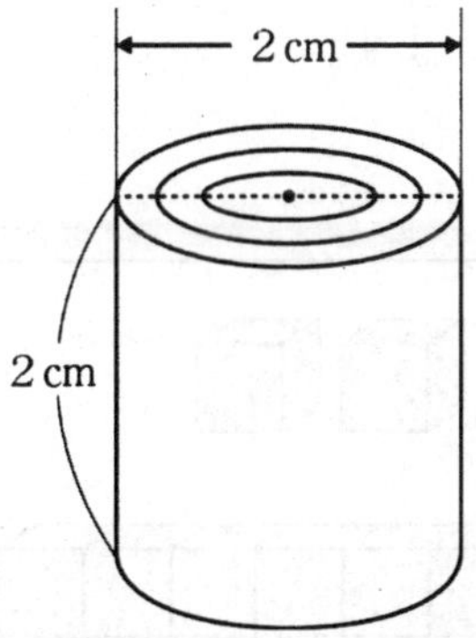

［はなこ］　細くのばしても、**［資料５］**の円柱の底の面にある模様は変わらないのかな。

［たろう］　変わらないよ。大きさが小さくなるだけで、模様は同じだよ。

［はなこ］　縮小(しゅくしょう)した模様になるということだね。

［たろう］　その通りだよ。

［はなこ］　おもしろいね。**［資料５］**の円柱からあめは何つぶできるのかな。

[たろう]　式典に参加した人全員にあめを配ると言っていたから、たくさんのあめが必要だね。

[はなこ]　出来上がったあめの数を数えるのは大変だな。

[たろう]　計算して考えてみよう。

問3

[資料5]のあめの材料でできた円柱を細くのばして、１つぶの大きさが**[資料6]**であるあめに切り分けるとき、あめは何つぶできるかを答えなさい。また、考え方を言葉や図を使って説明しなさい。ただし、円柱を細くのばしたとき、直径は均一になるものとします。また、円周率は3.14とします。

2　たろうさんとはなこさんは、先生と数の表し方について話をしています。

[先　生]　みなさんは、数を表すときに「１、２、３、４、５、…」というように数字を使いますね。数字を使う以外の数の表し方について考えたことがありますか。

[はなこ]　小学校に入学したばかりの「さんすう」の授業では、まだ数字を習っていなかったので、**[資料１]**のブロックや**[資料２]**の花の形をしたおはじきなどを使って数を表していたと思います。

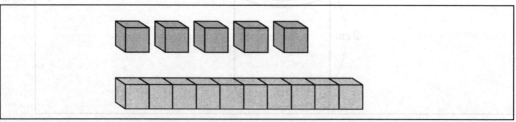

[資料１]　ブロック

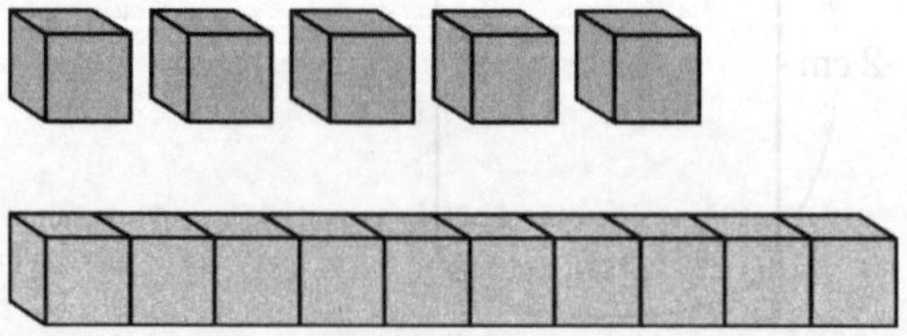

[資料２]　花の形をしたおはじき

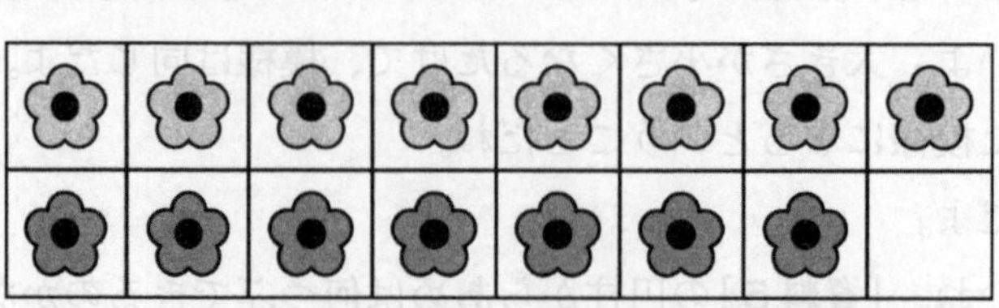

［先　生］　そうですね。数字を習う前は、ブロックやおはじきを使って数を数えていましたね。他にも数の表し方で思いつく方法はありますか。

［たろう］　**［資料３］**のそろばんはどうですか。

［資料３］　そろばん

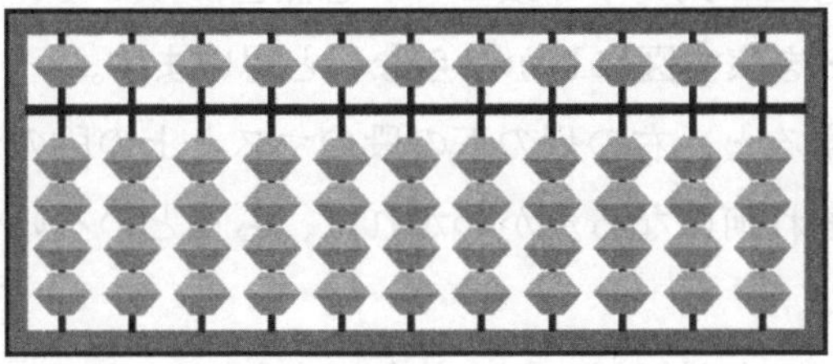

［先　生］　そろばんもいいですね。位をわかりやすく表すことができますし、いちばん上の玉は５を、下の４個の玉はそれぞれ１を表すので、いくつを表しているのかがすぐにわかります。

［はなこ］　そろばんを使うと計算も簡単にできますね。

［たろう］　ブロックやおはじき、そろばんを使うと、数字で見るよりも数の大小が一目でわかるように感じます。

［先　生］　確かにそうですね。

［はなこ］　他にも数の表し方がありますか。

［先　生］　**［資料４］**のような数の表し方について考えてみましょう。６マスに分かれた図があります。このマスを黒色にぬることで数を表します。１は左の列の下の段の１マスを、２は左の列の上の段の１マスを、…黒色にぬってそれぞれの数を表します。どのようなきまりがあるかわかりますか。気づいたことを言ってみましょう。

［資料４］　６マスに分かれた図を使った数の表し方

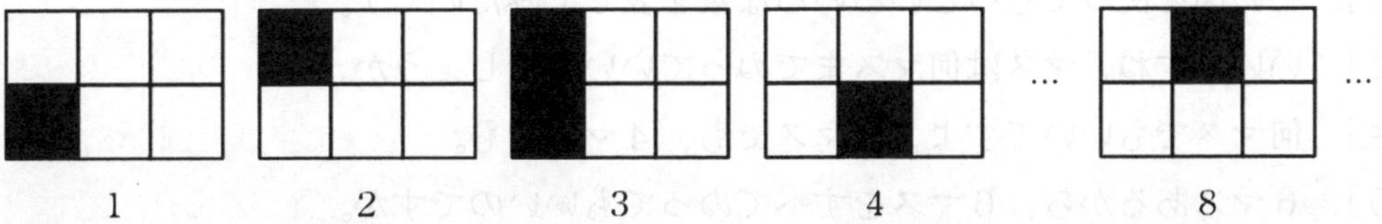

［たろう］　３は１と２を合わせた図になっていると思います。

［先　生］　そうですね。

［はなこ］　同じ列の上の段が表す数は、下の段が表す数の２倍になっています。

［先　生］　よく気づきましたね。5はどのように表すかわかりますか。

［たろう］　5は1と4を合わせればいいので、左の列と真ん中の列のそれぞれ下の段のマスを黒色にぬって表すことができます。

［先　生］　その通りです。

［はなこ］　1＋3＝4だけれど、4は1と3を合わせた図にはならないのですね。

［たろう］　1と3はどちらも左の列の下の段のマスを黒色にぬっているから、1と3の図を合わせても3を表す図にしかならないと思います。

［はなこ］　なるほど。そうすると、右の列の下の段のマスと上の段のマスを黒色にぬって表す数がそれぞれ何になるかがわかれば、もっといろいろな数を表すことができそうですね。

［先　生］　それでは、今まで2人が気づいたことをヒントにして、20の表し方を考えてみてください。

問1

［資料4］のような6マスに分かれた図を使って20を表すとき、その表し方を解答用紙の図を黒色にぬって示しなさい。

［はなこ］　マスを使った数の表し方がわかってきました。おもしろい方法ですね。

［たろう］　6マスしかないのに、20のような大きな数を表すこともできるのでおどろきました。

［はなこ］　おはじきで20を表すには、おはじきが20個も必要になり、もっと大きい数を表したいときにおはじきの数が足りないと、その数を表すことができませんね。でも、**［資料4］**のような数の表し方は、紙とえんぴつがあればいいので、とても便利だと思いました。

［たろう］　この図を使ってもっといろいろな数を表してみたいです。

［はなこ］　いいですね。マスは何マスまでぬっていいのでしょうか。

［先　生］　何マスでもいいですよ。3マスでも、4マスでも。

［たろう］　6マスあるから、6マスをすべてぬってもいいのですか。

［先　生］　もちろんすべてのマスをぬってもいいです。

［はなこ］　6マスをすべてぬったら、20よりもっと大きい数を表すことができそうですね。

［先　生］　そうですね。それでは、**［資料4］**の図を使って表すことができる最も大きい数がいくつになるかを考えてみましょう。

問２

[資料４]の図を使って表すことができる最も大きい数を答えなさい。また、考え方を言葉や図を使って説明しなさい。

［たろう］　６マスを使うことで大きい数を表すことができましたね。

［はなこ］　もっと大きい数も同じようにして表してみたいです。

［先　生］　さらに大きい数を表すにはどうすればいいと思いますか。

［たろう］　マスの数を増やせばいいと思います。

［先　生］　その通りです。**[資料４]**のマスを上下２段のまま、右にマスの数を増やしていくことにしましょう。

［はなこ］　マスの数を増やせば増やすほど、表すことができる数も大きくなるということですね。

［先　生］　**[資料４]**の図の右に上の段に１マス、下の段に１マスで２マスずつ増やしていくようにして、マスの数を増やすことにします。どれくらい大きい数を表すことにしますか。

［たろう］　500はどうでしょうか。

［はなこ］　もっと大きい数を表してみたいので1000にするのはどうでしょうか。

［先　生］　いいですね。それでは1000の表し方を考えてみてください。

問３

[資料４]の図の右に上の段に１マス、下の段に１マスで２マスずつ増やしていき、同じようにして1000を表すとき、必要なマスを解答用紙の図の点線をなぞって示しなさい。また、マスを黒色にぬって1000の表し方を示し、考え方を言葉や図を使って説明しなさい。

【適性検査３】 〈適性検査型Ｂ試験〉 (45分) 〈満点：100点〉

1 一隅(いちぐう)くん，駒子(こまこ)さん，先生の会話文を読んで，**〔問題１〕**～**〔問題３〕**に答えなさい。

（一隅くんと駒子さんの登校中）

一隅：駒子さん，おはよう！ 今年の夏は本当に暑いね！ ９月になってもずっと30℃をこえた気温だしね。

駒子：一隅くん，おはよー！ ほんとそうね。一隅くんも千駄木(せんだぎ)駅を利用してるのね。千駄木駅を出て，団子坂(だんござか)をのぼるのが本当に大変！ 朝から太陽の光がガンガンだし，道路のアスファルトに反射して余計に暑く感じるわ。

一隅：ぼくたちの駒込中学校がある文京区は，お寺が多かったり，東京大学の小石川植物園とか，割と緑がある地域だけど，やっぱり都市に住んでるから余計に暑さを感じているんだろうな。

駒子：確かに，この辺りはオフィスビルが多いわけではないけれど，砂利を混ぜて作られたコンクリートの建物だったり，道路もコンクリートで全部舗装(ほそう)されているから，都市はやっぱり自然がたくさんあるとは言えないわね。

先生：おーい！ 二人ともおはよう！ 今日は，先生が校門立番の日なんだ。

駒子：あ，先生，おはようございます。登校するだけで汗だくになりました。

先生：そうだなー。土が少ない都市だから太陽光の照り返しがきついな。朝のホームルームまで時間があるから，教室で水分をとって落ち着くといいよ。

一隅：はーい。

（１時間目の授業中）

先生：今日は，こんな**資料１**を持ってきました。みなさん，これは何だかわかりますか？

一隅：ん？ 中心の部分に「上(あが)り」って書いてあるぞ。

駒子：それだけじゃないわ。「八王子町(はちおうじ)」ですって。今の八王子市と同じ地名よ。

一隅：右下のマスには「ふりだし」とも書いてある。つまり，これは双六(すごろく)ですね！

先生：正解！　**資料１**は「郷土地理資料　南多摩郡町村幷物産双六」といって，明治時代の1911年に作成されたものなんだ。当時の東京府南多摩郡にあった19の町村に一マスずつ割りあてられ，町村名とその町村を代表する物産と風景などが描き込まれているんだよ。

駒子：今の町村の名前ではないものもありますよね？

先生：そうだよ。たとえば，右下の川口村というのは，現在は八王子市になっているからね。川口村が「ふりだし」で，サイコロの出た目にしたがって指定されたマスへ移動し，中央の「上り」とある八王子町をめざす双六になっている。

一隅：普通の双六のように，一定方向に進むわけではないのですね？

資料１　「郷土地理資料　南多摩郡町村幷物産双六」

（吉川弘文館『みる・よむ・あるく 東京の歴史９ 地帯編６ 多摩Ⅰ』より）

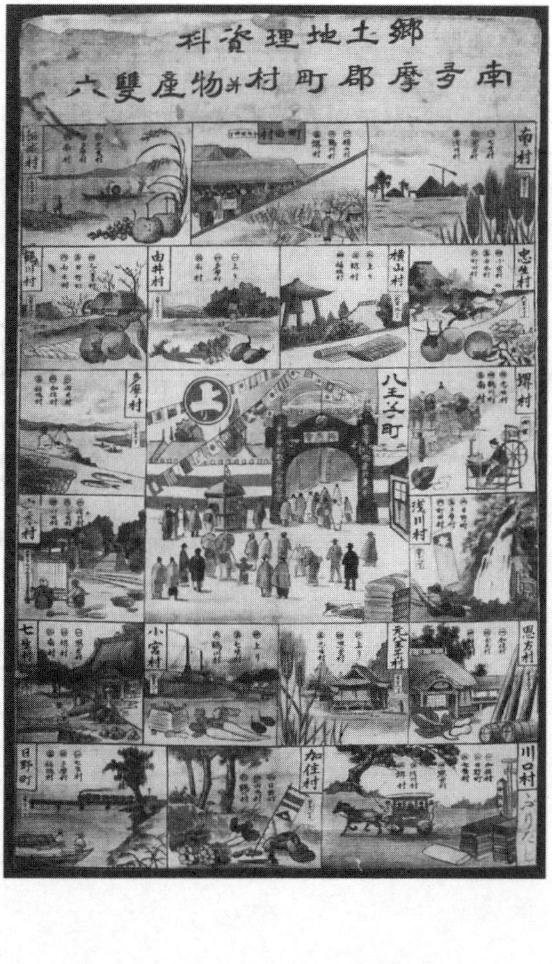

先生：そうなんだよ。たとえば，「ふりだし」のマスのときに，５の目が出たら浅川村のマスへ行く，という双六なんだ。見づらいと思うけど，「上り」の凱旋門(がいせんもん)に「南多摩郡教育品展覧会」と書かれているから，遊びながら南多摩地域を学習することができる教材として作成されたものだと考えられているんだ。

一隅：うまいことできていますね。

先生：ということで，今日の授業は，東京の西側に位置する多摩地域について勉強する時間にしたいと思います。多摩地域については**資料２**で確認しよう。その前に，まずはこの双六で遊んでみようか。

一隅：駒子さん，どっちが早く「上り」になるか勝負しよう！

駒子：臨むところよ！

資料２　現在の東京都多摩地域

〔問題１〕 駒子さんと一隅くんは，この双六で遊びました。駒子さんはサイコロをふって，「ふりだし」からつぎのような順番でサイコロの目が出たところで「上り」となりました。駒子さんが通ったマスに描かれた地域の絵には，ある共通する産業があります（共通しないマスもある）。**資料４**を見て，共通する産業を，通ったマスに描かれているものを二つ以上あげながら推測し説明しなさい。なお，**資料３**は**資料４**の地域を示した地図で，地図の範囲は現在の八王子市・日野（ひの）市・多摩市・稲城（いなぎ）市・町田（まちだ）市周辺にあたります。

駒子さんが出したサイコロの目の順番

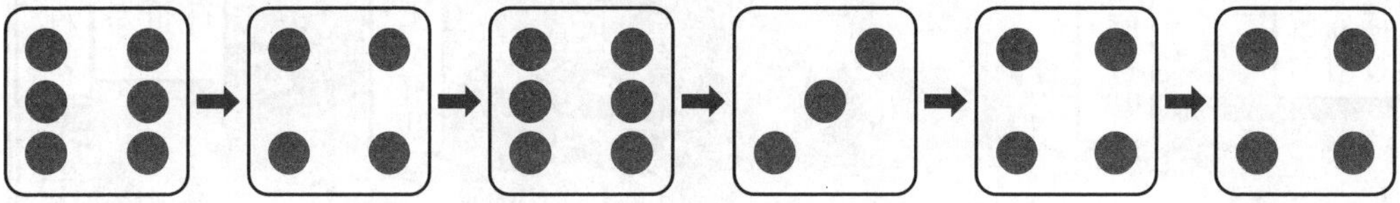

資料３　資料４の地域を示した地図

（吉川弘文館『みる・よむ・あるく 東京の歴史９ 地帯編６ 多摩Ⅰ』より）

①川口村	⑧浅川村	⑮由井村
②加住村	⑨八王子町	⑯鶴川村
③日野町	⑩由木村	⑰稲城村
④七生村	⑪多摩村	⑱町田村
⑤小宮村	⑫堺村	⑲南村
⑥元八王子村	⑬忠生村	
⑦恩方村	⑭横山村	

資料４　資料１を拡大したもの

【注意】①～⑲は双六のマスに番号をつけたもので，**資料３**の番号と一致する。また，㊀～㊅はサイコロの目の数字を表す。

駒子：先生，**資料１**（**資料４**）の稲城村のマスに描かれている果物は，ブドウと梨（なし）ですか？

先生：あぁ，そうだよ。稲城村のマスには，多摩川をゆく渡し舟を背景に，米と梨，ブドウが物産として描かれているから，川とともにある村の暮らしと，農産物の豊かな土地であることを印象付ける構図になっているね。

一隅：多摩川沿（ぞ）いって実は梨の名産地なんですよ。

駒子：東京都で梨ってイメージなかったです。

先生：さすがだね，一隅くん。現在の稲城市周辺で梨の栽培がはじまったのは，江戸時代の元禄（げんろく）年間(1688～1704年)の頃だとされていて，当時は「淡雪（あわゆき）」という品種で，おもに庭の木，つまりは観賞（かんしょう）用だったんだって。そこから意図的に梨の栽培がはじまったのが明治時代以降で，その後に「多摩川梨」という，多摩川流域を代表する一大ブランドになったそうだよ。

一隅：うちの家族は無類（むるい）の梨好きだから，あんまり市場に出回らない多摩川の梨を直接買いに行ってるんです。梨の種類も，幸水（こうすい）に豊水（ほうすい），最後は新高（にいたか）と…。

先生：詳（くわ）しそう(笑)。ところで，この双六を見ると，果物の他にも野菜が描かれているのがわかるね？　双六が作成されたのは明治時代だけど，南多摩地域では江戸城下町向けに，「青物（あおもの）」や「土物（つちもの）」ともよばれた野菜や，「水菓子（みずがし）」ともよばれた果物が生産されていたんだ。

駒子：いまでいう近郊農業みたいなやつですか？

先生：そうそう。だから，江戸時代には，南多摩地域にたくさんの定期市（ていきいち）（市場）ができていて，地域で生産された物産が取引され，それが江戸城下町へ売られていくようになっていたんだ。**資料５**は，現在の青梅（おうめ）市から東側の地域の定期市を示したものだよ。

一隅：**資料５**の入間（いるま）郡とか新座（にいざ）郡は今の埼玉県で，相模（さがみ）国は神奈川県ですか？

先生：あってるよ。たくさん定期市があるだろう。なかでも，青梅村の定期市は大規模なものだったそうだよ。青梅では，ここから産出される石灰（せっかい）が，江戸時代初期の江戸城築城（ちくじょう）にあたって壁の漆喰（しっくい）に使用されることになり，輸送路として青梅街道（かいどう）が開かれ，宿場（しゅくば）もあったんだ。地理的には，青梅の西側は奥多摩の山々が囲んだ谷に位置し，東側は武蔵野台地(むさしのだいち)が広がっていたから，青梅の定期市は山からは木材や薪炭(しんたん)が，平野からは米・麦・野菜などが集まる交易地のようなものだったんだ。

駒子：すごく繁盛(はんじょう)していたんですね。

一隅：**資料5**を見ると，結構な数の定期市が開かれていたようですから，何かしらトラブルとかなかったんですか？

先生：鋭(するど)いねー。**資料6**と**資料7**を渡すから，どんなトラブルがあり，どのような工夫がされていたか考えてみてくれ。

資料5　江戸時代における多摩郡の定期市

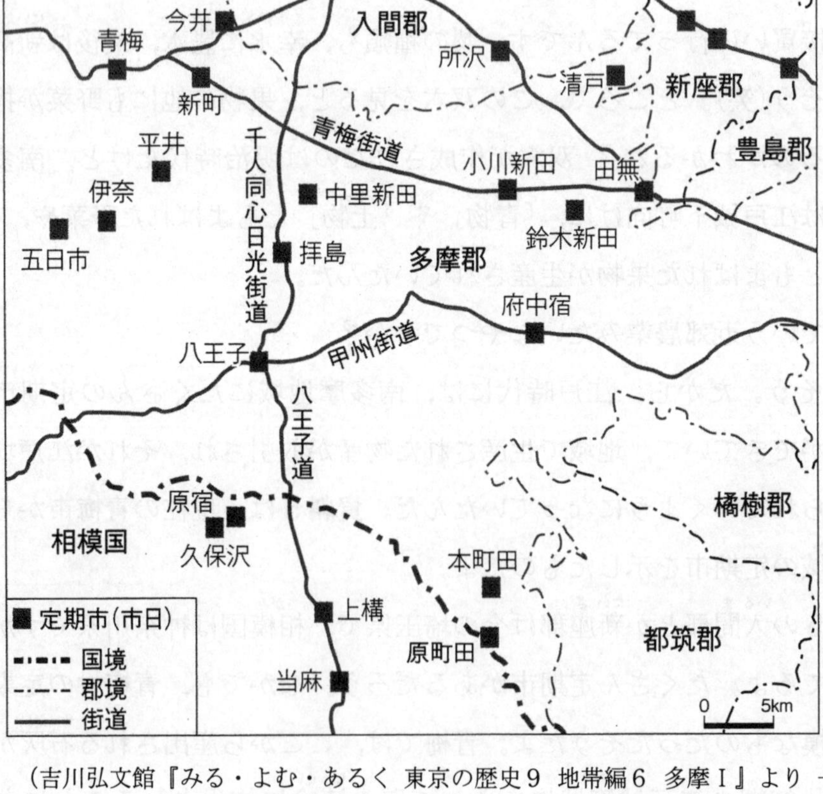

(吉川弘文館『みる・よむ・あるく 東京の歴史9 地帯編6 多摩Ⅰ』より 一部訂正)

〔問題２〕 一隅くんと駒子さんは，**資料６**と**資料７**から読み取ったことをふまえて，考えをまとめました。**一隅くんと駒子さんのまとめ**の空欄 ① ～ ③ に，前後の文脈に注意して文章を書き入れなさい。

資料６　青梅村と新町村の済口(すみくち)文書

私どもの紛争(ふんそう)をお調べになりましたが…（略）…。（訴訟(そしょう)した側の）青梅村は二と七のつく日の六斎市(ろくさいいち)（１ヵ月に６回開かれる定期市）を立てて，新町村は毎月五・二十五日に市を立て，そしてお互いの市日に営業税を，ご支配されている役所へ納(おさ)め，お調べをうけるように言い渡(わた)されました。
このように言い渡されたことを，（われら）一同承知(いちどうしょうち)します…。

（吉川弘文館『みる・よむ・あるく 東京の歴史９ 地帯編６ 多摩Ⅰ』より。ただし出題のため一部変更したところがある）

※済口文書とは，江戸時代に紛争(ふんそう)の和解(わかい)を，当事者(とうじしゃ)同士が署名(しょめい)と捺印(なついん)して役所に届け出した文書のこと。

資料７　多摩の定期市の開催日

地名	開催日
田無（たなし）	1日・6日・11日・16日・21日・26日
小川新田（おがわしんでん）	1日・7日・11日・17日・21日・27日
伊奈（いな）	1日・11日・21日
青梅（おうめ）	2日・7日・12日・17日・22日・27日
鈴木新田（すずきしんでん）	2日・12日・22日
原町田（はらまちだ）	2日・12日・22日
拝島（はいじま）	3日・9日・13日・19日・23日・29日
新町（しんまち）	4日・7日・14日・19日・24日・27日 →新町の定期市は次第（しだい）に衰退（すいたい）してゆき，訴訟後には**資料６**の開催日に定着した
八王子（はちおうじ）	4日・8日・14日・18日・24日・28日
府中宿（ふちゅうしゅく）	5日・9日・15日・19日・25日・29日
五日市（いつかいち）	5日・10日・15日・20日・25日・30日
本町田（ほんまちだ）	7日・17日・27日

（吉川弘文館『みる・よむ・あるく 東京の歴史９ 地帯編６ 多摩Ⅰ』より）

一隅くんと駒子さんのまとめ

　資料６の文書を読むと，青梅村とその東側に位置する新町村とが，[①]をめぐって争っていたことがわかった。先生の説明によると，二つの村の訴訟は，1835年から周辺の村々も巻き込んで行われ，青梅村が青梅より西側の村々を誘い，新町村は新町より東側の村々に同意をもらっていたようだ。つまり，[①]は，その村の問題だけでなく，その地域の人々にとって関わりのある重要なことであったとわかる。**資料７**を見れば，[①]が[②]ように調節されていることが読み取れる。こうすることで，この地域の人々は，[③]できる状況になっていたと言えるだろう。

先生：多摩地域は古くから定期市が発展していたことはわかったね。ところで，まだまだ**資料１**（または**資料４**）をきっかけに勉強してほしいことがあるんだけど。いいかな？

一隅：ぼくはわかっていましたよ！　多摩川のことでしょう？

駒子：今回は，私もわかっていましたよ！　さっきの稲城村，多摩村，日野町のところにも，多摩川が描かれているから，多摩川と人々の暮らしに関係することですよね。

先生：そりゃそうだよね！　じゃ，さっそくいこうか。昭和期に入った1927年に南武(なんぶ)線（現ＪＲ南武線）が川崎(かわさき)から登戸(のぼりと)（同年中に大丸(だいまる)まで伸びる）間に開通したんだ。**資料８**を見ると，多摩川に沿って南武線が設置されていることがわかるね？

資料８　現在のＪＲ南武線ルート

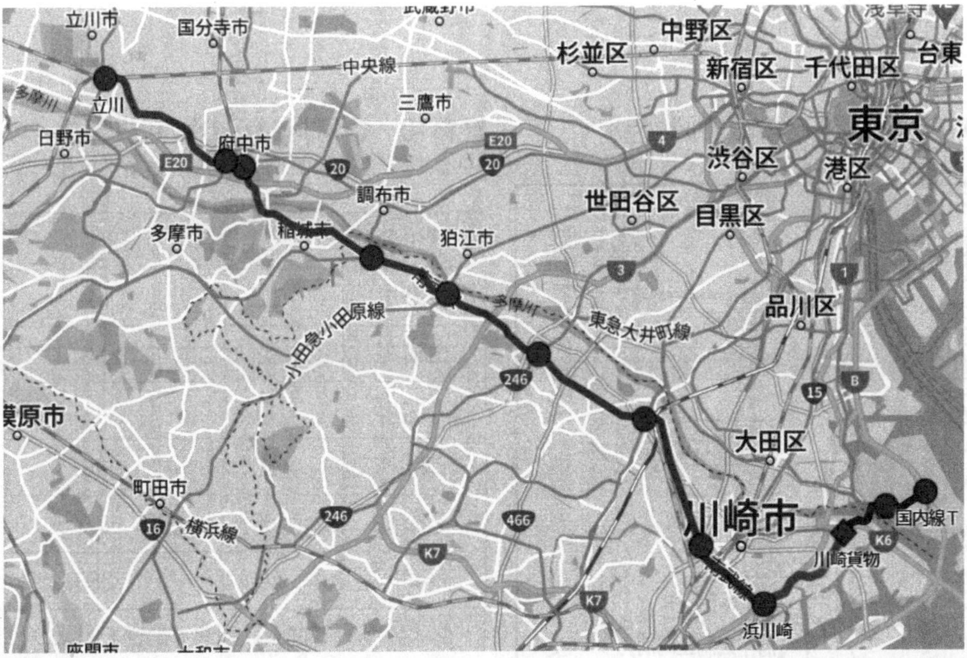

（https://www.google.com/maps/d/viewer?mid=1BAVGGrQ3XmViA3LDIt6QHQcnwU&ll=35.65010944775164%2C139.56341343266115&z=11　最終閲覧日：2023年9月15日）

駒子：ほんとだ。多摩川と南武線は並行して東京湾に向かっているようにも見えますね。

先生：南武線の開設には，あるものを輸送する目的があったんだ。

一隅：梨ですね！

先生：んまぁ，もちろん特産となった「多摩川梨」の出荷にも利用されることになるけど，最初は川崎周辺の工場へ砂利(じゃり)を運搬(うんぱん)することが第一目的だったんだよ。

駒子：砂利ですって!? な，なんで砂利なんか運ぶ必要があるんですか？

先生：前置きが長くなってしまったけど，実は今日の本題は「砂利鉄道」のことを知ってほしくてたくさん資料を持ってきたんだ。他にも「砂利鉄道」とよばれる路線があって，**資料９**は今は存在していない下河原(しもがわら)鉄道の線路図で，1910年に府中(ふちゅう)で最初の鉄道として設置され，砂利の運搬だけを目的にしていたんだ。**資料10**にあるように，多摩川は良質な砂利の産地として生産量全国１位となっていたんだよ。

資料９　下河原鉄道の線路図

（実教出版『高校日本史A』より）

資料10　各河川からの砂利生産量

（単位：万トン）

河川名	1922年度	1925年度
多摩川	115.0	145.0
相模川	38.0	83.0
入間川	21.5	41.4
荒川	20.2	36.3
その他	55.5	74.5
合計	250.0	380.2

（『関東砂利業界変遷記』より）

一隅：あ，貨物専用鉄道なんですね。だから市街地(しがいち)と思われる途中(とちゅう)に駅もないわけだ。

駒子：下河原鉄道は南部鉄道よりもうんと早く設置されていますね。

先生：下河原線に続いて，1916年に京王(けいおう)電気軌道(きどう)（現京王電鉄）が線路を伸ばして，府中と新宿をつないでいる。「砂利鉄道」は，東京や川崎・横浜方面へ多摩川の砂利を輸送することを主たる目的としていたわけだ。

駒子：砂利が何に使用されたのか，ちゃんと考えなければなりませんね。

先生：都市の近代化のために砂利が必要だった，という視点に立って考えてほしいな。

一隅：わかりました。

先生：あと，「砂利鉄道」の労働実態と鉄道の最後の話もしておこう。実は，多摩川の砂利採取の仕事に携(たずさ)わっていた労働者の多くは，朝鮮からやってきた人々だったんだ。

駒子：朝鮮半島を植民地にしたあと，朝鮮の人々が日本へ働きにやってきたんでしたよね。

先生：砂利採取の仕事は重労働で，もちろん屋外だから，夏は強い日差しを受け，川面(かわも)の反射もまぶしいだろうし，冬は寒く，冷たい川の中で震えながらシャベルなどを使って砂利を採取するから，相当過酷(かこく)な作業だ。

一隅：日本の都市の近代化は，朝鮮人労働者たちの仕事の上に成り立っていたのか。

駒子：でも，下河原線が今は存在しないっていうことは，多摩川の砂利採取はしなくなったという意味なんですよね？

先生：そう。まず，ある時期に砂利の需要(じゅよう)が増加したため，砂利の採取に機械船を使うようになったんだ。ある時期というのは，**資料10**で示されている頃だよ。機械船は一日に150～200トンを採取できるけど，手堀り作業だと一日に2.5～3トン程度にすぎないから，貧しい朝鮮人労働者は排除(はいじょ)されるようになっていったんだ。

一隅：最後は朝鮮人労働者の仕事さえも奪(うば)ってしまったのか…。

先生：多摩川の砂利採取は，太平洋戦争後も続き，高度経済成長期の東京へ砂利を運び続けたけれど，機械船による大量の砂利採取は，多摩川への深刻な自然環境変化も与えたため，1968年に多摩川の砂利採取は全面禁止となり，下河原線も1976年に全面廃止となったんだ。

駒子：深刻な自然環境の変化って災害とかですか？

先生：もちろん災害もあるけど，砂利は川の底から採取するから，砂利を取りすぎると川の底が深くなっていくんだよ。それを原因とした問題だね。**資料1**（または**資料4**）の日野町のマスの絵はヒントになると思うよ。

一隅：ぼく，多摩地域が好きだから，多摩川の砂利に関係することをちゃんと考えます。

駒子：これは都市に住む私たちに関わる問題だから，きちんと知っておかなければならないことだと思います。

〔問題3〕

(1) かつて多摩川周辺には，東京方面などへ砂利を運ぶ「砂利鉄道」が多く存在していました。なぜ，都市の近代化のために砂利が必要なのかを会話文などを参考に考えて答えなさい。その際に，**資料10**で示されている1922年～1925年の時期に多摩川の砂利生産量が増加している理由も含めて答えなさい。

(2) 機械船による砂利採取によって引き起こされた，多摩川の深刻な自然環境変化とは，どのようなことと考えられるか，二つ以上答えなさい。

2 小学生の駒子(こまこ)が実験室で作業をしているところに，千駄(せんだ)がピンポン玉を持って入ってきました。

駒子：ピンポン玉を持ってどうしたの？

千駄：友達とピンポン玉で遊んでいたときに，ピンポン玉がへこんでしまったんだ。実験室に来たらどうにかなるんじゃないかと思って来たんだ。

駒子：どれ見せて。かなりへこんでいるね。実験室にある道具で直るかな？

〔**問題１**〕 ピンポン玉は図のように大きくへこんでいる。元のピンポン玉に戻(もど)すために適切な操作を，次の(ア)～(エ)から一つ選び，記号で答えよ。

ア．トンカチでたたく。

イ．磁石を近付ける。

ウ．指で押す。

エ．お湯につける。

駒子：これをこうして，こうすれば…。

千駄：すごい！ ピンポン玉が直った！ さすが駒子さんだね。

駒子：そのリアクションは…。さては，何でピンポン玉が元に戻ったのかよくわかっていないね？

〔問題２〕 へこんでいたピンポン玉が，なぜ元に戻ったのかを説明しなさい。

駒子：へこんだピンポン玉の直し方は，これでわかったわね？

千駄：まあ，なんとか。

駒子：じゃあ，かの有名なガリレオが発明したといわれる空気温度計についてはどうかな？

千駄：ガリレオは知っているよ。とても有名な人だよね。でも，空気温度計は初めて聞いたかもしれない。

〔問題３〕 近代科学の父と呼ばれるイタリアのガリレオ・ガリレイが行ったこととして間違(まちが)っているものを，次の(ア)～(エ)から一つ選び，記号で答えよ。

ア．振(ふ)り子は揺(ゆ)れの大きさにかかわらず往復する時間は同じである，という振り子の等時性(とうじせい)を発見した。

イ．物体が自由落下するときの時間は質量に依存(いぞん)しないとし，さらに落下時の距離(きょり)は落下時間の２乗（２回かける）に比例するという落体の法則を発見した。

ウ．航海で集めた野生動物と化石の地理的分布から，全ての生物種が共通の祖先から長い時間をかけて，自然選択(せんたく)を通して進化したという自然選択説を発表した。

エ．みずから改良した望遠鏡を使って木星の衛星，月面のクレーター，太陽の黒点などを発見し，『星界の報告』を著した。

千駄：ガリレオの空気温度計はどんな装置なの？

駒子：**図1**のように，細長いフラスコのようなガラス管が，水の入った壺(つぼ)のような容器に刺(さ)さっており，水が少し吸い上がった状態で使用するみたいだね。

千駄：こんな簡単な装置で，室温がわかるのかな。

駒子：室温が高いときには水面が（　あ　）し，低いときには，（　い　）するようになっているね。

千駄：なるほど。室温が高いときは（　う　）の体積が増加して，低いときはそれが減少するからだね。理解できたよ。

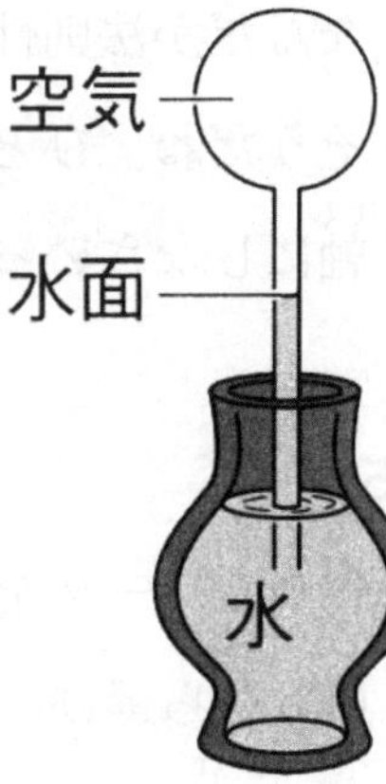

図1

〔問題4〕 上記の会話中の（　あ　）～（　う　）に当てはまる適切な語句を，次の(ア)～(オ)から選び，それぞれ記号で答えよ。

ア．上昇　　イ．下降　　ウ．水　　エ．空気　　オ．壺

駒子：この装置は，普段(ふだん)の室温よりも高いか低いかだけがわかり，何℃なのかはわからない装置になっているようなんだ。

千駄：そうなの？ 測れるように改良できる気もするけどね。例えば，室内の温度がどのくらい変化すると，水面がどのくらい変化するかを調べればいいんじゃないかな。

駒子：ではまず，次のような実験をしてみよう。

【実験】

注射器に空気を入れ，口に栓(せん)をして，いろいろな温度の水に入れて注射器内の空気の体積変化を調べたところ，**表1**のような結果になった。

表1

水の温度	10℃	20℃	30℃	40℃	50℃
空気の体積	29mL	30mL	31mL	32mL	33.1mL

千駄：なんだか法則性がありそうだね。

駒子：そうだね。ひとまずグラフにしてみようかな。確か先生は，実験結果を縦(たて)軸(じく)にしなさいって言ってたよね。

〔問題５〕

⑴　**表１**のデータをグラフにしたものとして，最も適切なものを以下の(ア)～(エ)から選び，記号で答えよ。

ア．

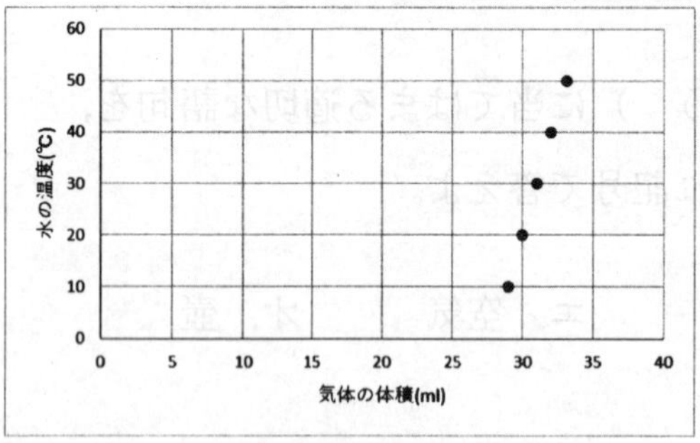

イ．

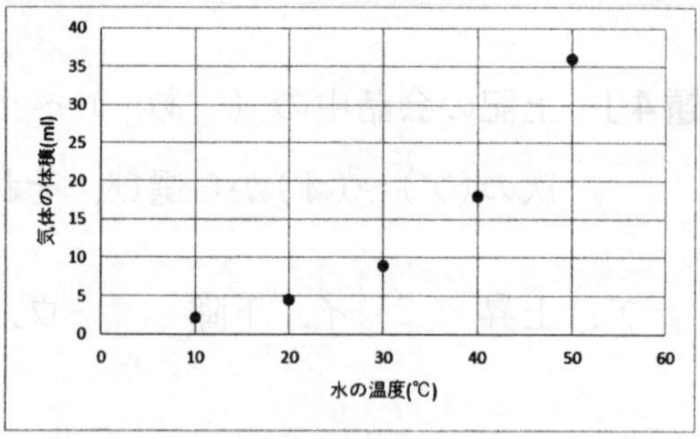

ウ．

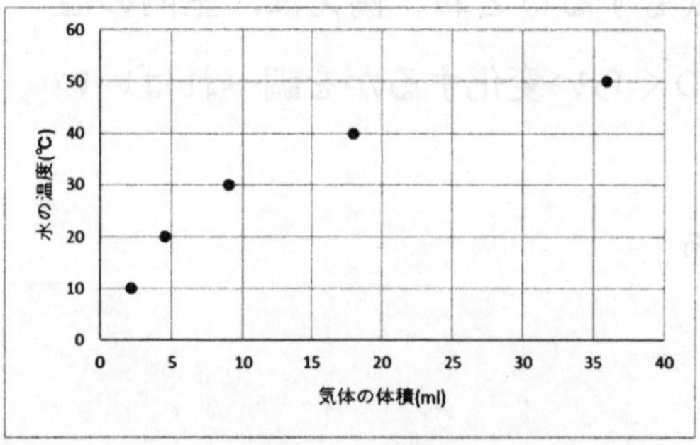

エ．

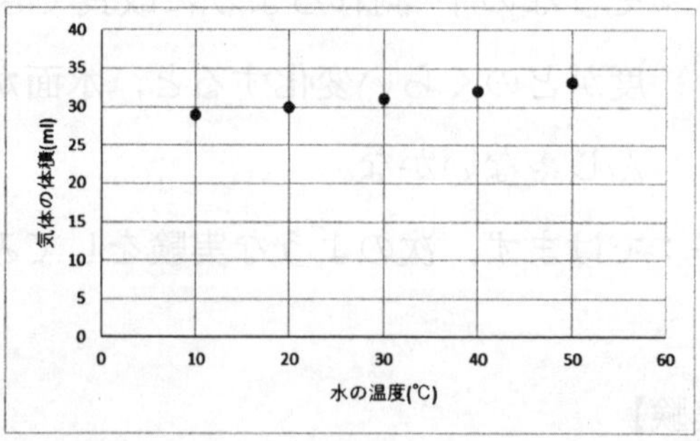

⑵　気体の体積[mL]とその温度[℃]の関係について，$\dfrac{\text{体積}}{\text{温度}+273}=$一定ということがわかっている。これを利用すれば，実験しにくい温度の気体の体積が算出できる。この式を利用して104℃の気体の体積を，小数第一位を四捨五入して整数で求めよ。

問３ ②省略してもいい部分は適度に端折って貰った方が、読者は自分流の心地よい「読むリズム」を作りやすい とありますが、マンガにおいて、「省略」することで「自分流の心地よい『読むリズム』」を得られることと同様に、生活の中で何かを「省くこと」の利点について、あなたの考えとその理由を、次の条件にしたがって書きなさい。

条件１ 段落構成については、次の①～③にしたがうこと。
① 第一段落では、あなたが生活の中で省いた方がよいと思うものは何かについて、考えを書くこと。
② 第二段落では、第一段落で書いたあなたの考えの具体的な理由を、あなたの経験をもとにして書くこと。
③ 第三段落では、第一、二段落をふまえ、本文のマンガの例のように、生活の中で何かを「省くこと」にどのような利点があるのかを書くこと。

条件２ 解答は原稿用紙(げんこうようし)の正しい使い方で書き、書き出しは一ます空けて書き始めなさい。
また、文章は百八十字以上二百二十字以内で書きなさい。
、や。や「 なども一字と数え、改行などで空いたますも字数に数えます。

感じる。マンガは読むテンポが大事である。コマの中の、ポイントの部分は描き込んでも、周辺の②省略してもいい部分は適度に端折って貰った方が、読者は自分流の心地よい「読むリズム」を作りやすい。

つまり、水墨画の持つ「省略の美」が、マンガ読者の鑑賞眼に【ウ】のである。ところが、マンガをオールカラーで描いてしまうと、マンガ家はどうしても描きこんでしまう傾向がある。読者のピントの合わない部分は、さらっと描き流して欲しいのだが、マンガ家も色付きの絵筆を持つと、描きこみたくなるのだろう。結局、筋運びの遅いマンガができることになる(もちろん、カラーなりのよさのあるマンガもあるが)。

(『人は見た目が9割』竹内一郎)

(設問の都合上、一部本文を改めました。)

※戯曲……演劇の脚本や、脚本形式で書かれた文学作品。
※在日華僑……日本に在住する中国人。
※本国……その人の出身国。ここでは中国のこと。
※国民党……中国国民党。一九一九年に結成された政党。共産党との内戦に敗れた。
※共産党……中国共産党。一九二一年に結成された政党。国民党との内戦の末、一九四九年に中華人民共和国を建国した。
※活版印刷……金属製の文字の型を組み合わせて並べた版を使った印刷。
※エッチング……銅板に彫刻して印刷する絵画。銅版画。
※土壌……ここでは、ある物事が生まれ育つもととなる環境のこと。

問1 ①伝達力の高さに加えて、簡便性にも優れているとありますが、具体的にはどういうことですか。書きなさい。ただし、「ペース」という言葉を用いること。

問2 本文中の空らん【ア】、【イ】、【ウ】にあてはまる最も適切な言葉を、次の語群から一つずつ選んで書きなさい。

語群

もたもたする	値が張る	見劣りがする	適している	変わらない

世界においては一種の「言語」とも解釈できる。つまり、こうしたものはそこで何が描かれているのか、すぐに言語に転換できるからだ。
しかし実はマンガの面白さ、出来の良し悪しは、こうした部分以外に左右されることが非常に多い。それは私たちが人を発言内容ではなく、無意識のうちに見た目で判断していることと似ている。

（中略）

私のように、演劇とマンガにまたがって仕事をしていると、「色の不思議」を突きつけられることが多い。

演劇の場合、衣装や照明の色は「世界」を決定することがあるから、その選択には慎重にならざるを得ない。私は、一九四七年の横浜・中華街を舞台にした※戯曲を書いたことがある。登場人物のほとんどは※在日華僑である。※本国では、※国民党と※共産党が内戦を繰り返していた。私は、この芝居で、国民党支持者には緑の衣装を、共産党支持者には赤の衣装を着せた。中国を「緑」の大地と見立て、新興の共産主義者を「赤」で色分けしたのである。現実には、そういうことはあり得ない。だが、そのお陰で、くどくどと説明を要することなく、観客は登場人物の立場を理解したのである。

舞台では、夜のシーンは「青」の光を使う。青は「月光」の色である。照明機材にかかっている「青」のフィルターだけを見ても、夜のシーンを作っているとは思えないが、役者の肩に青い光が当たっている様子は、まさに夜の感じなのである。

さて、日本のマンガは、基本的に墨一色である。白い紙に黒いインクの一色刷りである。これは珍しい現象である。

アメリカやフランスのコミックはカラー印刷である。外国では、コミックが芸術作品として評価されるケースもあり、カラー印刷は自然な流れなのだろう。

では、何故日本のマンガは白黒印刷なのか――。それは、少年マンガが昭和二十年代に雑誌の形態で大量印刷されたことによる。当時は、※活版印刷だから、白黒とカラーでは印刷代が大幅に違う。マンガは大衆向けの娯楽だから、出来るだけ安価に流通させたい。そこで、白黒が主流になったのである。

もちろん、アメリカやフランスも、活版で白黒印刷をした方が安く済んだはずである。だが、彼らはカラー印刷にこだわった。恐らく、芸術を白黒で楽しむ伝統を持っていなかったのであろう。彼らにとって※エッチングなど白黒の芸術作品は、カラーの油絵に比べると【　ア　】ものだったのではあるまいか。

だが、東洋には水墨画の伝統があった。墨一色で描かれた芸術を評価し、鑑賞する※土壌を持っていた。マンガが白黒で流通するようになった理由は、それであろうと私は推測している。

実際、日本は世界最大のストーリーマンガの生産国である。日本のマンガを大量に翻訳出版しているのは韓国と台湾である。つまり、日本の白黒マンガを最も抵抗なく受け入れている二国は、墨絵の伝統を持っている国なのである。

日本でも、たまに豪華本としてオールカラーのマンガが出版されることがある。そういうマンガは読んでいて、「【　イ　】なあ」と私は

問３ ②口をとがらせたとありますが、「口をとがらせた」とは、この場面ではどのようなことを表現しているのですか。解答らんに合うように書きなさい。

問４ ③思い出っていう価値とありますが、あなたが「思い出という価値」を感じているものは何ですか。思い出の内容を明らかにしながら、どのような「価値」を感じているのかわかるように、次の条件にしたがって具体的に書きなさい。

条件　書き出しは一ます目から書き始めなさい。
　　　また、文章は、八十字以上百字以内で書きなさい。
　　　、や。や「なども一字と数えます。

二　**次の文章を読んで、あとの問いに答えなさい。（句読点や記号は一字と数えます。）**

日本の出版物（発行部数）の約三分の一はマンガであり、世界最大のストーリーマンガの生産国である。とりわけ、マンガが原作となったアニメは世界中に輸出され、『美少女戦士セーラームーン』や『ドラゴンボール』は、日本の首相より遥かに知名度が高いはずである。何故、これほどまでに社会的影響力が強いのか――。最大の理由は伝達力の高さである。百聞は一見に如かず、であるから、絵で見せれば伝わりやすいのは当然のことである。

ビジュアルな表現で考えるなら、映画やテレビも同様である。ところが映画やテレビは、一回見た場面を遡って見ることができない。マンガは、何度でも自分の好きなページを遡ることができる。自分のペースで読むことができるのである。だから、受け取り手にとって理解しやすい形になっている。

また、映画は映画館、テレビはお茶の間で観賞しなければならない。最近は、携帯用のテレビもあるが、それでも一般的なものとはいえない。その点、マンガはいつでもどこでも読むことができる。場所や時間を選ばないのである。

①伝達力の高さに加えて、簡便性にも優れている。

私はマンガの世界に身を置いていて、驚くのは表現力・伝達力の高さである。日本のマンガ家は、表現技法の練磨に貪欲だ。日本人は本当に勤勉な国民だな、と納得してしまう。日本の出版物の三分の一を占めても不思議はないと思う。

マンガにおいて、「言語」にあたるものは何だろうか。台詞はもちろんだが、メインのキャラクターの描き方、ストーリーも、マンガの子ども三人は、目を丸くしておばあちゃんを見た。
「そのときの赤ん坊が、※武蔵と奈々のおじいちゃん。ね、お世話になってるだろう?」
「おれも子どものころ、よくあそこで遊んだなあ」
おじさんが、なつかしそうに目を細める。
「こわいような、楽しいような、ふしぎなところだったよ」
「裕美ちゃん、あんたは価値がないって言うけどね……」
おばあちゃんがしんみりと言った。
「あの倉は、昔を知っている者にとっちゃ、価値が大ありなんだよ。……③思い出っていう価値がね」
「へぇ、おふくろ!」
おじさんが大げさに両手を上げる。
「めずらしくかっこいいこと言うねー。こりゃ、おどろいた」
「親をからかうんじゃないよっ」
おばあちゃんはプイッと顔をそむけると、台所にもどっていった。

(『ダンス・ダンス! ユウレイ通り商店街2』田部智子)

(設問の都合上、一部本文を改めました。)

※奈々ちゃん・武蔵……「おじさん」の子。
※目きき……品物が良いものか悪いものか、にせものか本物かなどを見分けられる人。
※利息……お金を借りたとき、その対価としてお金を貸した側に一定の割合ではらう金銭。
※おじさん……主人公の家のおとなりにあるパン屋の主人。
※剛志くん……主人公のお父さん。

問1 ①でも、剛志くんは納得するかな とありますが、おじさんがこのように言ったのはなぜですか。書きなさい。

問2 本文中の空らん【　ア　】に入ると考えられる内容を、十五字以上二十字以内で書きなさい。ただし、「価値」という言葉を用いること。

「マンションだって？　じゃあ倉はどうするの、裕美ちゃん」

「そう。うちには倉がある。うすよごれた灰色の壁、黒い鉄の扉がついた小さな窓、飾りけのない、箱のような建物だ。近所の人には『吉岡の倉』って呼ばれてる。

なぜ倉なんてものがあるかっていうと、うちはずっと昔、「質屋」をやっていたからだ。質屋っていうのは、お金が必要な人に、品物と引きかえでお金を貸してあげる商売。

たとえば、お金にこまった人がダイヤの指輪を持って質屋に来たとする。質屋はその指輪をあずかって、お金を貸してあげる。決められた日までに借りたお金と※利息を返しに来れば、指輪はお客さんにもどるけど、お金が返ってこなければ指輪は質屋のものになる。

貸す金額はあずかるものの価値によって決まる。だから質屋は、【　ア　】んだって。まちがえて、にせもののダイヤで高額なお金を貸しちゃったら、質屋は大損してしまうからだ。おじいちゃんはときどき、ぼくは「※目きき」なんだ、っていばってる。

というわけで、倉は、お客さんからあずかっただいじな品を、しまっておくために建てられたらしい。

クリーニング屋を始めたのは、お父さんとお母さんが結婚してからだ。お父さんのほうのおじいちゃんおばあちゃんは、となり町でやっぱりクリーニング屋さんをしている。

「倉をそのままにしてたら、マンションは建たないわよ。当然解体ね」

お母さんがそう言うと、おじさんとおばあちゃんが同時に叫んだ。

「もったいない！」

「なによ、声をそろえて……」

お母さんは②<u>口をとがらせた</u>。

「重要文化財でもないでしょ？『倉』といっても、昭和初期のコンクリート造りだし、実用一点ばりでなんの価値もないのよ」

「でもねえ……。あの倉には、お世話になったんだよ……」

おばあちゃんは何もこぼれていないのに、テーブルの空いているところを台ぶきんでゴシゴシこすった。

「戦争のとき、空襲でここいらがみんな焼けちゃって。家のなくなった近所の子たちが、倉に泊めてもらったそうだよ。あんたたちのひいばあちゃんも、赤ん坊をかかえてたから、一時、倉に避難したんだって」

「うちが燃えちゃったの？」

※奈々ちゃんがびっくりしてきいた。

「そうだよ。一面焼け野原で、『吉岡の倉』だけぽつんと残ってたんだってさ」

「へえ……」

2024年度

駒込中学校

【適性検査1】〈適性検査型B試験〉(四五分)〈満点：一〇〇点〉

一 **次の文章を読んで、あとの問いに答えなさい。(句読点や記号は一字と数えます。)**

「取次店って？」
はじめて聞く話ばっかりで、とまどっちゃう。
「今までどおりクリーニング屋をするんだけど、あずかったものをうちで洗濯しないで、大きな工場に回すの。そうすれば仕事は楽だし、受付のカウンターだけですむじゃない」
「①でも、※剛志くんは納得するかな」
※おじさんがあぐらを組み直しながら言った。
「おれも剛志くんも職人だ。おれは、大手会社の袋づめパンなんか売る気はないぞ。剛志くんだって、仕事を工場に丸投げじゃ、はりあいがないだろう」
「でもね、クリーニングの機械も古くなってるし、買い替えることを考えたら頭が痛いわ。洗濯物あずかるだけだったら、わたしだけでもできるから、うちのお父さんには外に働きに出てもらって……」
おじさんは目を丸くした。
「サラリーマンになれっていうのか！　そりゃ、どうかな？」
ネクタイをしめてスーツを着たお父さんを想像しようと思ったけど、だめだった。Tシャツかポロシャツを着たところしか、見たことがなかったから。スーツ姿のお父さんなんて、お父さんじゃないみたい。
「それで、うちは建て直して、マンションにするの。ちまちまと洗濯してるより、よっぽどいいと思うのよね」
「マンション！」
うちがマンションになるの？　もう、何から何まで、びっくりしどおし。目が白黒しちゃう。マンションは、ちょっとかっこいいかもしれないけど……。
おばあちゃんが身を乗り出して言った。

2024年度 駒込中学校 ▶解　答

適性検査１ ＜適性検査型Ｂ試験＞（45分）＜満点：100点＞

解　答

一 **問１**　（例）　仕事を工場に丸投げすると，職人である剛志が仕事にはりあいを感じられなくなってしまうのではないかと思ったから。　**問２**　（例）　あずかるものの価値がわからないとできない　**問３**　（お母さんが，おじさんとおばあちゃんに）（例）　倉の解体を反対され，不平不満の顔つきで自身の正当性を主張している（ということ。）　**問４**　（例）　私が思い出という価値を感じているものは，短くなったえん筆です。勉強が苦手だった私にとって，使って短くなったえん筆は，これまでの努力を思い出させ，自分をはげましてくれるという点で価値があります。　二 **問１**　（例）　絵でひと目見て伝わりやすいだけでなく，自分のペースで何度でも場所や時間を選ばずに読むことができるということ。　**問２**　**ア**　見劣りがする　**イ**　もたもたする　**ウ**　適している　**問３**　（例）　私が省いた方がよいと思うのは，余計な説明をすることです。／友人にあることについて説明しようとしたときに，いろいろな情報を付け加えすぎて伝えたい部分があいまいになり，友人を混乱させたことがあったからです。相手に何かを伝えるときには簡潔であることが大切です。／生活の中で何かを省くことは，余計なものと大切なものを明確に区別し，身の周りのかん境や自分の考えを整理することにつながるという利点があると考えます。

適性検査２ ＜適性検査型Ｂ試験＞（45分）＜満点：100点＞

解　答

1 **問１**　**ア**　1256　**イ**　0.4　**ウ**　31.4　**問２**　（□にあてはまる数）78.5　（カーペットを折る回数）39（回）　**考え方**　（例）　縦の長さが16cm，横の長さが□cmの長方形の面積は1256cm^2だから，□にあてはまる数は，1256÷16＝78.5　また，カーペットの長さは31.4mだから，31.4m＝3140cmより，3140÷78.5＝40で，40－１＝39（回）折ればよい。　**問３**　6400（つぶ）　**考え方**　（例）　初めに作る大きい円柱の体積は，32÷２＝16より，16×16×3.14×50＝40192（cm^3）　細くのばした円柱の体積は，２÷２＝１より　１×１×3.14×２＝6.28（cm^3）　よって，できるあめの数は，40192÷6.28＝6400（つぶ）　2 **問１**　右の図　**問２**　63

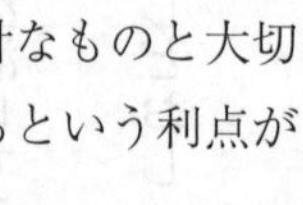

考え方　（例）　右の列の下の段のマスは，８×２＝16，上の段のマスは，16×２＝32を表す。６マスをすべて黒色にぬると最も大きい数を表すことができるから，その数は，１＋２＋４＋８＋16＋32＝63となる。　**問３**　右の図　**考え方**　（例）　マスが右に１列増えると，32×２＝64

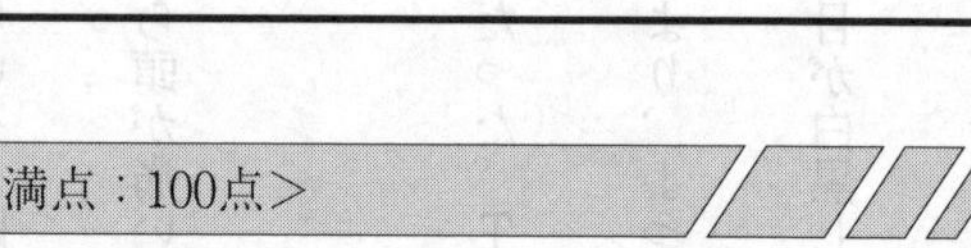

と，64×２＝128を表すマスができるから，63＋64＋128＝255まで表すことができる。さらに右に１列増えると，128×２＝256と，256×２＝512を表すマスができるから，255＋256＋512＝1023まで表すことができる。よって，1000を表すには10マス必要なことがわかる。1000＝512＋256＋128＋64＋32＋８より，上の図の６マスを黒色にぬると1000を表すことができる。

適性検査３　＜適性検査型Ｂ試験＞（45分）＜満点：100点＞

解答

［1］ **問題１**　（例）　堺村では織機があり，小宮村には生糸と思われるものが描かれていることから，共通する産業は，絹織物産業であると考えられる。　**問題２**　①　（例）　定期市の開催日　②　（例）　他の村と被らない　③　（例）争うことなく共存することが　**問題３**　(1)　（例）　砂利はコンクリートや道路の材料になるため。1923年の関東大震災は，多くの木造家屋を焼失させたことから，復興する際に，コンクリートの使用が盛んになり，多摩川からこれまで以上に大量の砂利が採取された。　(2)　（例）　川底が深くなったことにより，川の流れる場所が固定化され，それによって洪水が減少。砂利河原で育つ植物が減少し，替わって土砂の堆積によって森林が増加。河原の環境に適した鳥が減少し，環境変化に強い鳥が増加。流れの変化によって，以前の環境を好む魚類や川底生物が減り，今の環境に適した魚類が増加。など　［2］ **問題１**　エ　**問題２**　（例）　あたためるとピンポン玉の中の空気の体積が大きくなるから。　**問題３**　ウ　**問題４**　あ　イ　い　ア　う　エ　**問題５**　(1)　エ　(2)　39(mL)

Memo

2024年度 駒込中学校

〈受験上の注意〉 • 机の上には「受験票」，「筆記具」，「消しゴム」以外のものは置かないこと。
• インタビューテストは厳正な審査のため，録音します。

【英　語】〈第３回・英語試験〉（筆記20分，インタビュー15分）〈満点：筆記40点，インタビュー60点〉
〈編集部注：筆記試験のあとに，インタビューテストがあります。〉

筆記試験

1 次の１～10の（　　）に入る最も適当なものを次の中から１つ選び、記号で答えなさい。

1．It（　　　）be snowy this afternoon.
ア．do　　イ．going　　ウ．will　　エ．is

2．This book is（　　　）interesting than that one.
ア．better　　イ．more　　ウ．best　　エ．most

3．My sister and I（　　　）home last night. We stayed at our grandmother's house.
ア．aren't　　イ．wasn't　　ウ．weren't　　エ．didn't

4．I'd like to join your party,（　　　）I can't.
ア．and　　イ．so　　ウ．but　　エ．because

5．My father went on a（　　　）to London last week.
ア．airport　　イ．passport　　ウ．ticket　　エ．trip

6．Ms. White has two daughters.（　　　）school is near Sendagi Station.
ア．They　　イ．Their　　ウ．Them　　エ．Theirs

7．My cousin and I often send postcards to each（　　　）.
ア．all　　イ．anything　　ウ．other　　エ．something

8．A：How（　　）does it take from here to the station?
B：About thirty minutes.
ア．long　　イ．many　　ウ．much　　エ．often

9．A：Hello?　This is ...
B：I'm sorry, but I can't（　　）you well.
ア．hear　　イ．listen　　ウ．speak　　エ．talk

10．A：Shall I carry these balls to the gym?
B：Yes, please.（　　）
ア．I can carry them.　　イ．I'll do it later.
ウ．I like basketball the best.　　エ．It's very kind of you.

2　日本語の意味になるように、（　）の中の語(句)を並べかえ、全文を書きなさい。
ただし、文の始めに来る語も小文字になっています。

1．あなたの弟はあなたと同じくらい上手にギターが弾けますね。
Your brother（play / as / the guitar / as well / can）you.

2．本を読むことはあなたたちにとって大切です。
（important / reading / for / books / is）you.

3．サラダはいかがですか。
（you / salad / some / like / would）?

4．私はオーストラリア滞在中にたくさんの友達ができました。
I（during / made / a lot of / my stay / friends）in Australia.

5．私はスピーチコンテストで優勝して嬉しかったです。
I（win / the speech contest / glad / to / was）.

面接試験

① 受験カードの受け渡し、挨拶や受験者の確認、簡単な質問

例）What’s your name?

② picture カードを机上より取ってもらう

③ カードについて質問を行う（３問程度）

Art Museums

Art museums are wonderful places. You can see a lot of paintings there. Museums teach us about famous artists and the history of their art. Artists show their feelings in their works. Spending time in a museum is fun, so let’s learn new things there.

2024年度

駒込中学校

▶解　答

英　語

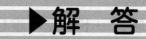

＜第3回試験＞（筆記20分，インタビュー約15分）＜満点：筆記40点，インタビュー60点＞

解　答

1 1 ウ　2 イ　3 ウ　4 ウ　5 エ　6 イ　7 ウ　8 ア　9 ア　10 エ　2 1 Your brother can play the guitar as well as you.　2 Reading books is important for you.　3 Would you like some salad?　4 I made a lot of friends during my stay in Australia.　5 I was glad to win the speech contest.

Memo

Memo

2023年度 駒込中学校

〈編集部注：２科目受験は算数・国語，４科目受験は算数・社会・理科・国語を選択します。〉
〈受験上の注意〉机の上には「受験票」，「筆記具」，「消しゴム」以外のものは置かないこと。
【算　数】〈第１回試験〉（50分）〈満点：100点〉

1 次の□にあてはまる数を答えなさい。

(1)　$45 + 105 \div 5 \div 3 - 27 = \square$

(2)　$23 - \left(6\frac{3}{4} \div 3 + 0.75\right) \times 2 = \square$

(3)　$68 - \left(153 - \square\right) \div 7 = 51$

(4)　$55 \times 55 - 44 \times 44 - 33 \times 33 + 22 \times 22 - 11 \times 11 = \square$

2 次の□にあてはまる数を求めなさい。

(1)　２時間 34 分 56 秒の７倍は，□時間□分□秒です。

(2)　$\frac{1}{4}$ より大きく $\frac{5}{6}$ より小さい分数で，分母が 24 である分数は□個あります。ただし，約分できるものは除きます。

(3)　１枚 63 円の切手と１枚 84 円の切手を合わせて 15 枚買い，1200 円出したところ，おつりは 87 円でした。買った 63 円の切手は□枚です。

⑷　１個のサイコロを３回ふったとき，

（１回めの目）＜（２回めの目）＜（３回めの目）となるのは［　　］通りです。

⑸　たて 84 m，横 108 m の長方形の土地の周囲に，等しい間隔（かんかく）で木を植えます。土地の４すみには必ず木を植えるものとすると，木は少なくとも［　　］本必要です。

⑹　下の図は，三角形 ABC の面積を４等分するように，３本の線を引いたものです。このとき，BD：DE：EC を最も簡単な整数の比であらわすと，［　　］：［　　］：［　　］です。

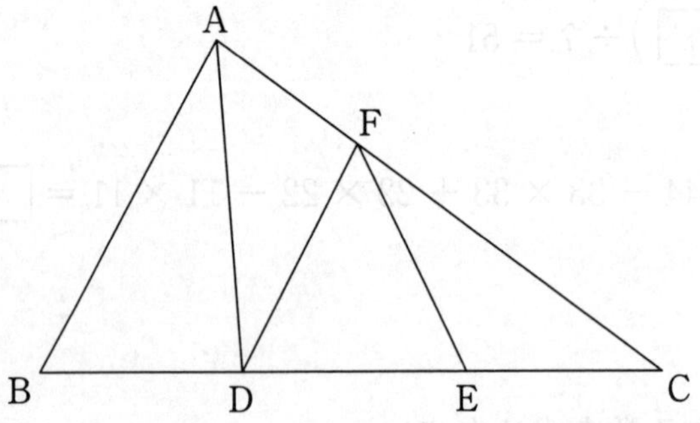

3　38 ÷ 333 を計算するとき，次の問いに答えなさい。

⑴　小数第４位の数字を答えなさい。

⑵　小数第 20 位までの各けたの数字の和を求めなさい。

4 毎時 6 km の速さで流れている川があります。この川に沿った A 地点と B 地点の間を，静水時の速さが一定である船で往復したところ，上るのに 7 時間，下るのに 3 時間かかりました。このとき，次の問いに答えなさい。

(1)　この船の静水時の速さは毎時何 km ですか。

(2)　A 地点から B 地点までの距離（きょり）は何 km ですか。

5 下の図のような円すいがあります。このとき，次の問いに答えなさい。ただし，円周率は 3.14 とします。

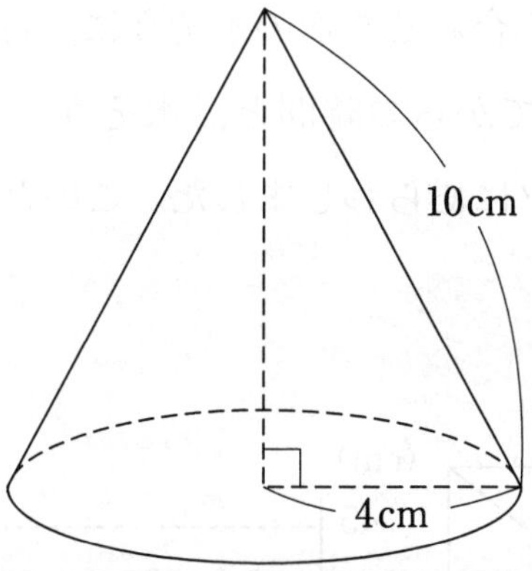

(1)　この円すいの展開図において，側面のおうぎ形の中心角の大きさは何度ですか。

(2)　この円すいの表面積を求めなさい。

6 あるイベント会場では，入場開始時刻にすでに280人の行列があって，その後も毎分20人の割合で行列が増えていきます。開始時刻に入場窓口を４つ開けましたが，列がなくならないため，入場開始30分後にさらに窓口を２つ増やしたところ，それから10分で列がなくなりました。このとき，次の問いに答えなさい。

(1)　窓口１つで受け付ける人数は，１分あたり何人ですか。

(2)　開始から20分以内に列がなくなるようにするためには，開始時刻に少なくともいくつの窓口を開ける必要がありますか。

7 下の図のような直方体を組み合わせた形の水そうに，毎分１Ｌずつ水を入れていくとき，水を入れ始めてからの時間と，水そうの一番底の面から水面までの高さとの関係をグラフにあらわしました。このとき，次の問いに答えなさい。

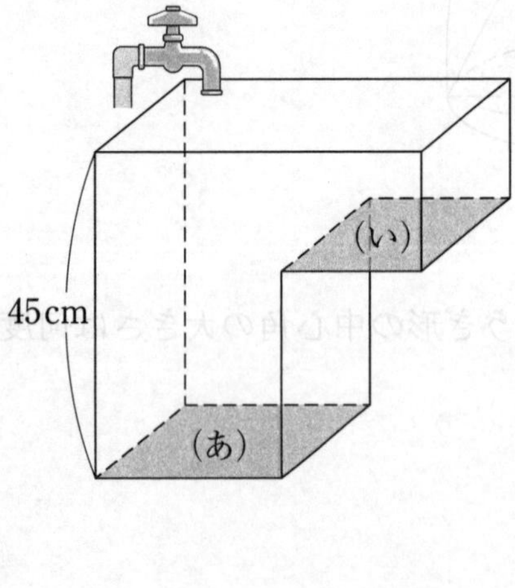

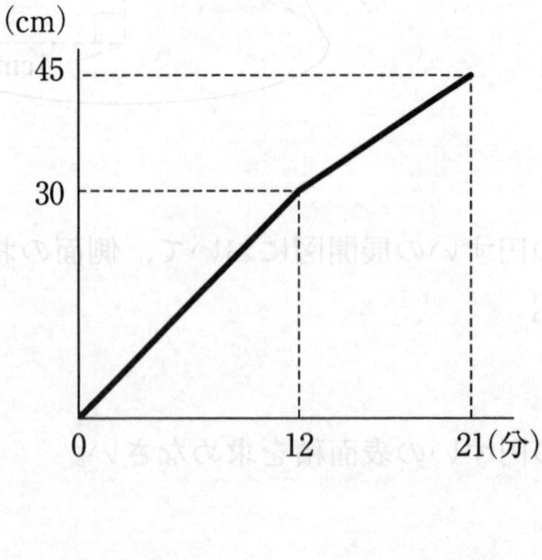

(1)　（あ）の面積は何cm^2ですか。

(2)　水そうの中段の面（い）の面積は何cm^2ですか。

【社　会】〈第１回試験〉（理科と合わせて50分）〈満点：50点〉

1　次の表は，駒子さんが夏休みに東北へ行った際のメモである。このメモを読み，あとの問いに答えなさい。

出発・通過した駅	見えたもの・気づいたことなど
東京	東北新幹線に乗った。
↓	地図を見たら，今乗っている新幹線は，東北地方の真ん中を南北にはしる（　①　）山脈の東側を通ることがわかった。
②<u>宇都宮</u>	よく晴れている。以前，冬に秋田に行ったときはずっと雪が降っていたけれど，あれは（　③　）風のせいだったのだろう。
↓	建物が減って，そのぶん④<u>田畑</u>が見えるようになってきた。
⑤<u>仙台</u>	⑥<u>七夕まつり</u>のポスターが貼（は）られていた。
↓	仙台を出て少ししたら，⑦<u>工場</u>が密集している場所が見えた。
盛岡	駅の売店で，盛岡市周辺の伝統工芸品である（　⑧　）鉄器が売られていた。

問１　空欄（くうらん）（　①　）に当てはまる語句を答えなさい。

問２　下線部②に関して，宇都宮市は栃木県の県庁所在地である。栃木県と同じく，県庁所在地名と県名が異なる県の組み合わせを以下の選択肢（せんたくし）の中から１つ選び，記号で答えなさい。

あ．新潟県と富山県　　　い．愛知県と香川県

う．島根県と長崎県　　　え．秋田県と群馬県

問３　空欄（　③　）に当てはまる語句を答えなさい。

問４　下線部④に関して，**資料１**は日本の地域別の農業生産額の割合を表したものである。これに関して述べた以下の文のうち，**誤っているもの**を１つ選び，記号で答えなさい。

資料１

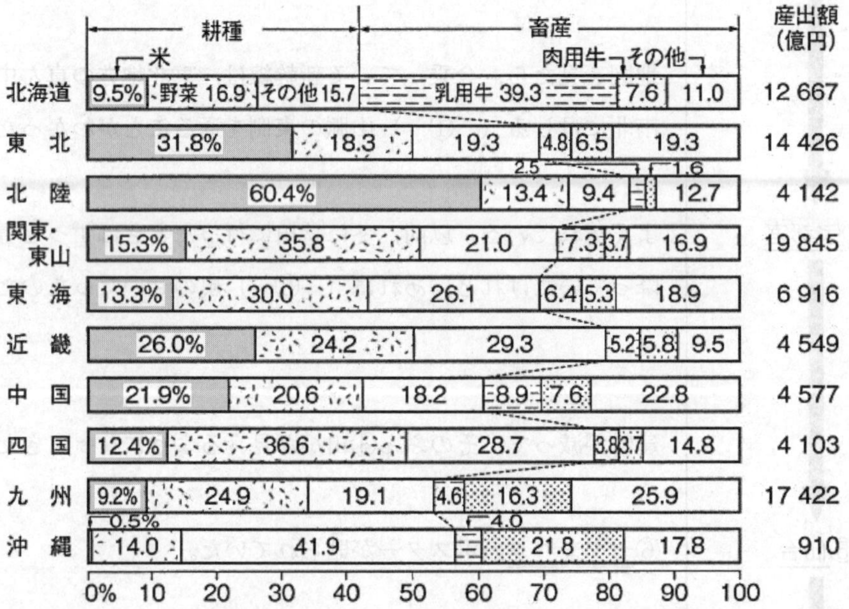

（『日本国勢図会 2022 / 23』より抜粋）

注：東山は山梨県・長野県・岐阜県の総称

あ．米の産出額は，東北よりも北陸の方が大きい。

い．畜産の占める割合が最も大きいのは北海道である。

う．野菜の産出額の割合が最も大きいのは四国である。

え．農業産出額が最も小さいのは沖縄である。

問５　下線部⑤に関して，仙台は牡蠣の産地である。牡蠣の収穫量１位の県名を以下の選択肢の中から１つ選び，記号で答えなさい。

あ．鹿児島県　　　い．秋田県　　　う．富山県　　　え．広島県問６　下線部⑥に関して，**資料２**の写真は，岩手県の伝統行事の一場面を写したものである。この祭りについて説明した文として正しいものを以下の選択肢の中から１つ選び，記号で答えなさい。

資料２

あ．明かりを灯した大きな人形を山車(だし)に乗せて練り歩き，無病息災を祈る行事である。

い．長い竹竿(たけざお)にたくさんの提灯をつるし，それを体にのせて絶妙(ぜつみょう)なバランスで操り，豊作を祈る行事である。

う．走っている馬の上から弓で３つの的を続けて射る武芸で，鎌倉時代以降，神社で行われている行事である。

え．市内の神社から神社へ，華(はな)やかに飾(かざ)った馬を連れて行進し，馬の労をねぎらい，豊作を祈る行事である。

問７　下線部⑦に関して，東北地方や日本の工業について述べた次の文Ａ・Ｂの正誤の組み合わせとして正しいものを以下の選択肢の中から１つ選び，記号で答えなさい。

Ａ　パルプ・製紙工業の生産額が，日本で最も高い県は東北地方にある。

Ｂ　石油化学工業は，内陸で行われることが多い。

あ．Ａ－正しい／Ｂ－正しい　　い．Ａ－正しい／Ｂ－誤り
う．Ａ－誤り／Ｂ－正しい　　え．Ａ－誤り／Ｂ－誤り

問８　空欄（　⑧　）に当てはまる語句を答えなさい。

問９　駒子さんは，盛岡に着いてから家族と車で東北地方をめぐった。下の日記を読み，**資料３**中の**a～f**のうち駒子さんが訪れた場所を順に並べたものとして正しいものを選択肢の中から１つ選び，記号で答えなさい。

８月13日

今日は八食センターに行った。不思議な名前は町の名前にちなんでいるらしい。名物のイカのお刺身がおいしかった。県の名物のりんごを使ったジュースもおいしかった。

８月14日

今日は白神山地に行った。絵の具を溶かしたみたいに真っ青な池がきれいだった。森がどこまでも続いていて，迷ったら二度と出てこられないんじゃないかと思って少しこわくなった。

８月15日

今日はなまはげを見に行った。顔が大きかった。途中，八郎潟を通ったけれど，広すぎて，あれが昔はぜんぶ湖だったなんて驚きだ。

資料３

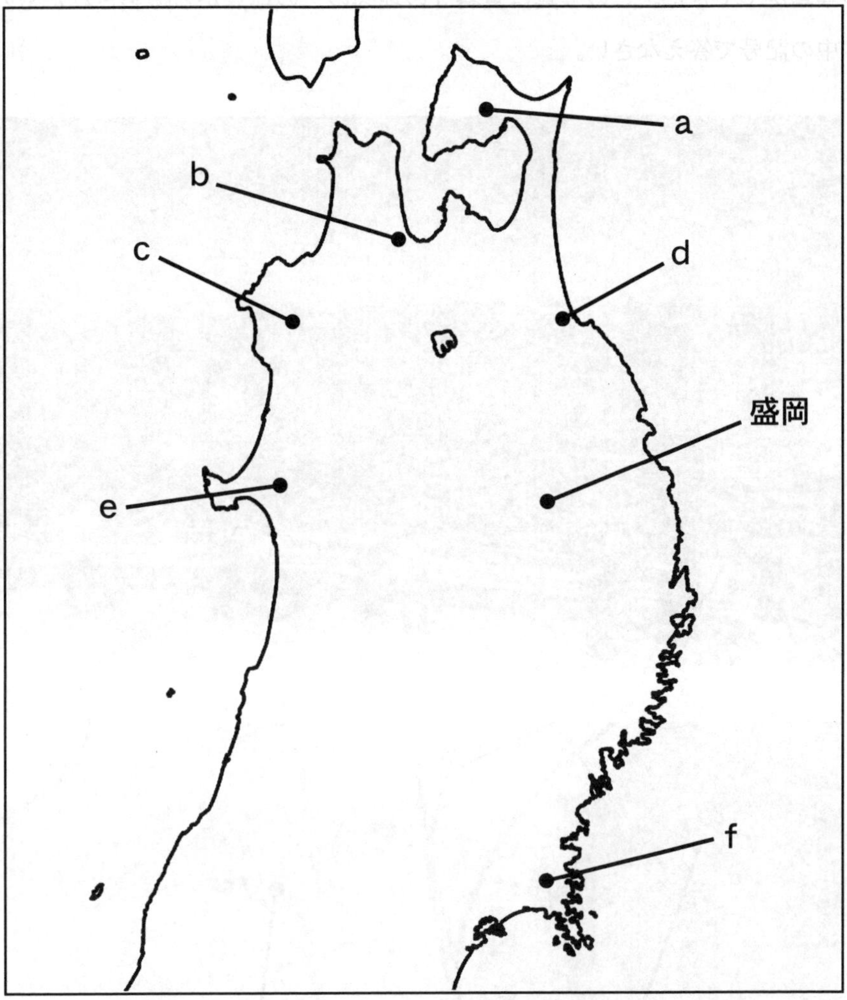

あ．b→a→d　　い．b→c→e　　う．b→d→e

え．d→a→b　　お．d→c→e　　か．d→e→f

問10　旅行から帰ったあと，駒子さんは次の旅行先を函館にしたいと思い調べたところ，**資料4**の写真がでてきた。この写真は**資料5**の地図のどの地点から撮影されたものか，**資料5**中の記号で答えなさい。

資料4

資料5

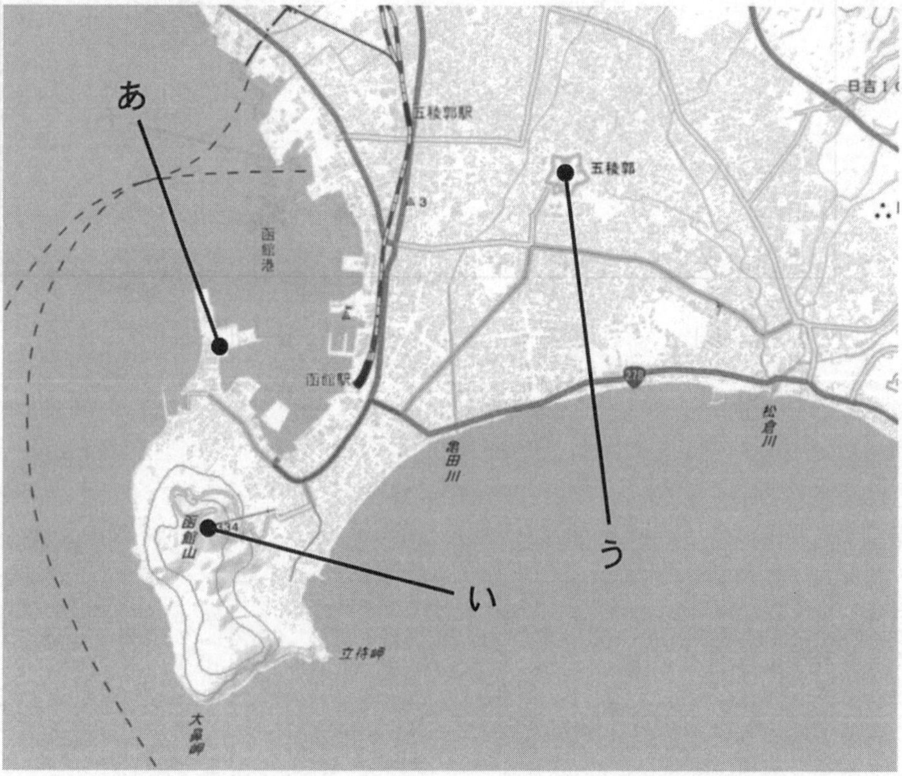

2 次の会話文を読み，あとの問いに答えなさい。

先生　みなさん今年度も残りわずかとなりましたね。前回みなさんに考えてもらっていた，今年度一番関心のあったことを，今日は日直の駒美さんに聞いてみましょうか。では，駒美さん。今年度関心のあったことを教えてください。

駒美　はい！ 私が関心を持ったことは，ロシアとウクライナの戦争についてです。歴史を勉強していて過去に戦争は何度も起こっていたことは学んでいましたが，実際に今自分がいる時代で戦争が起きることに驚(おどろ)きを感じました。

先生　駒美さん，発表をありがとう。たしかに，平和な日本に住んでいると，戦争が本当に起こるという感覚を持つことはなかなかありませんもんね。

駒美　先生！ そのニュースを見ながらふと思ったんですが，日本が初めて外国と戦ったのは歴史上いつのことになるんですか？

先生　お！ ニュースに関連して色々なことに興味を持つのはとてもいいことですね。ではみなさん，いつだと思いますか？ 考えてみましょう。

駒美　えー，いつだろう！ ねぇ！ 一隅くんは知ってるんじゃない？ 歴史とか好きでしょ？

一隅　んー，そうだなー。天智天皇のときの，①唐と新羅(しらぎ)の連合軍に敗北した白村江の戦いしか思いつかないな。

先生　一隅くん。よく勉強していますね。しかし，その戦いが最初ではないんですよ。実は，日本が外国と初めて戦ったのは，4世紀の終わり頃(ごろ)の②朝鮮半島にあった高句麗(こうくり)との戦いとされています。この戦いに当時の日本のヤマト政権は負けたんですよ。

一隅　そうなんですね。そんなに昔から，日本は外国と戦っていたなんてビックリです。

駒美　私もそんな昔から戦いがあったなんて驚いたよ！ 天智天皇って，中臣鎌足と蘇我氏を倒(たお)して（　③　）と呼ばれる政治改革を行った人だったよね。最近歴史を復習したから，ちゃんと覚えてるよ！

先生　駒美さん。しっかり勉強していてとても素晴らしいですね。みなさんが授業で習った朝鮮半島との戦いは，（　④　）が⑤1592年と1597年の２度にわたって行った朝鮮への侵略もありますよね。

一隅　その争いも（　④　）の死などをきっかけに結局日本が負けましたね。

駒美　たしかに！ じゃあ，日本が勝利した戦いって何がある？

一隅　⑥日清戦争と日露戦争は日本が勝利した戦いとして有名だね。

駒美　日露戦争は当時の外務大臣（　⑦　）がロシアとの交渉にあたって頑張ったけど，日本国民からは不満があって，日比谷で交番を焼き打ちする事件が起きたよね。今の時代では考えられないよね。

一隅　たしかにそうだよね。そういえば，日本が勝利した戦いで有名なのをもう１つ思い出したよ！ 元寇も日本が勝利したよね！

先生　お！ 一隅くん。思い出しましたか。先生は２人の話を聞いていて忘れているだろうなと思っていましたが，よく思い出しましたね。

駒美　あ！ たしかにそうだった！ 元の王朝を建てた（　⑧　）が⑨当時の執権に対して，元に服従する命令を出したけど，その要求を断られたのがきっかけだったよね。

一隅　駒美ちゃん本当によく勉強しているんだね。そこまで勉強しているのを知ると，僕も負けてられないって気持ちが出てきた！

駒美　いっつも一隅くんにはテストの点数で負けているから，今回こそは勝ちたいって思ってたんだよね！

一隅　じゃあ次のテストは勝負だね！ 絶対負けないよ！

先生　世界中で起きている戦争と違って，２人の戦いはお互いを成長させ合う戦いで，とても微笑ましく思えます。２人とも頑張ってくださいね！

問１　下線部①に関して，唐に留学した人物で，帰国後に天台宗を開いた人物として正しいものを以下の選択肢の中から１人選び，記号で答えなさい。

あ．法然　　い．空海　　う．栄西　　え．最澄

問２　下線部②に関して，次の**資料１**は，４世紀末ごろの朝鮮半島を示したものである。日本に仏教を伝えた国として正しいものを**資料１**の中の選択肢から１つ選び，記号で答えなさい。

資料１

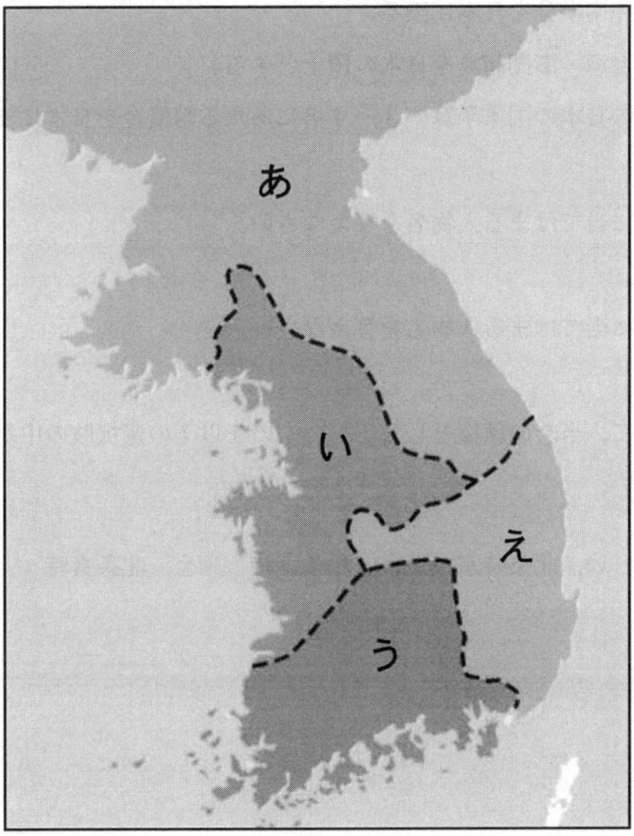

問３　空欄（　③　）に当てはまる語句を答えなさい。

問４　空欄（　④　）に当てはまる人物名を答えなさい。

問５　下線部⑤に関して，1592年における朝鮮への侵略の名称として正しいものを以下の選択肢の中から１つ選び，記号で答えなさい。

あ．慶長の役　　い．文永の役　　う．文禄の役　　え．弘安の役

問６　下線部⑥に関して，日清戦争の結果結ばれた下関条約の内容として，**誤っているもの**を以下の選択肢の中から１つ選び，記号で答えなさい。

あ．清は，朝鮮が独立国であることを認める。
い．清は，樺太の南半分を日本に譲る。
う．遼東半島・台湾・澎湖諸島を日本の領土とする。
え．清は，当時の日本の国家予算の３～４倍にあたる賠償金を日本に支払う。

問７　空欄（　⑦　）に当てはまる人物名を答えなさい。

問８　空欄（　⑧　）に当てはまる人物名を答えなさい。

問９　下線部⑨に関して，当時の執権として正しいものを以下の選択肢の中から１人選び，記号で答えなさい。

あ．北条義時　　い．北条時宗　　う．北条泰時　　え．北条貞時

問10　次の**資料２～４**はそれぞれの時代を代表する法令である。**資料２**中の空欄（　Ｘ　）に当てはまる語句を漢字２文字で答えなさい。また，**資料２～４**を古いものから順に並べたとき，正しいものを選択肢の中から１つ選び，記号で答えなさい。

資料２

一　大名は学問と武芸に励むこと
一　毎年四月に（　Ｘ　）すること
一　許可なく城を修理したり，新しい城をつくったりしてはいけない

資料３

諸国の守護の職務は，御家人を京都の警備につかせることや，謀反や裁判などの犯罪人を取り締まることであって，それ以上のことをしてはならない。

資料４

諸国の百姓が，刀・やり・鉄砲などの武器を持つことをかたく禁止する。武器をたくわえ，年貢を出ししぶり，一揆をくわだてて領主に反抗する者は，きびしく処罰する。

＜選択肢＞

あ．**資料２→資料３→資料４**　　い．**資料３→資料４→資料２**
う．**資料４→資料２→資料３**　　え．**資料４→資料３→資料２**

問11　次の**資料５**は江戸時代に薩摩藩の支配下に入った琉球王国が，将軍の代替わりごとや琉球王の代替わりごとに将軍に会うために江戸へ派遣した使節団の様子を描いたものである。この使節は幕府により異国風の服装が義務付けられており，それに加え，移動中は楽器の演奏なども行われていたため，この使節を見ようと多くの人々が見物をしに来ていた。琉球王国の使節に対し異国風の服装を義務付けた幕府の目的を説明しなさい。

資料５

拡大図

3 次のカードはそれぞれ日本国憲法の条文が書かれたものである。あとの問いに答えなさい。

第三条
①天皇の国事に関するすべての行為(こうい)には，内閣の（　②　）と承認を必要とし，内閣が，その責任を負ふ。

第四十一条
国会は，国権の最高機関であつて，国の唯一(ゆいいつ)の（　③　）機関である。

第四十四条
④両議院の議員及びその選挙人の資格は，法律でこれを定める。但(ただ)し，人種，信条，性別，社会的身分，門地，教育，財産又(また)は収入によつて差別してはならない。

第五十九条
⑤議院が，衆議院の可決した法律案を受け取つた後，国会休会中の期間を除いて六十日以内に，議決しないときは，衆議院は，参議院がその法律案を否決したものとみなすことができる。

第六十二条
⑥議院は，各々国政に関する調査を行ひ，これに関して，証人の出頭及び証言並びに記録の提出を要求することができる。

第七十三条
内閣は，他の一般(いっぱん)行政事務の外，左の事務を行ふ。
五　⑦予算を作成して国会に提出すること。

第七十六条
すべて⑧司法権は，最高裁判所及び法律の定めるところにより，設置する下級裁判所に属する。

問１　下線部①に関して，天皇の国事行為として**当てはまらない**ものを以下の選択肢の中から**すべて**選び，記号で答えなさい。また，選択肢の中に当てはまるものがなければ「お」を答えなさい。

あ．最高裁判所の長官の任命
い．内閣総理大臣の指名
う．国務大臣の任命
え．国会の召集

問２　空欄（　②　）に当てはまる語句を答えなさい。

問３　空欄（　③　）に当てはまる語句を答えなさい。

問４　下線部④に関して，次の表は衆議院と参議院それぞれの選挙で「投票できる年齢（ねんれい）」「立候補できる年齢」である。それぞれの組み合わせとして正しいものを以下の選択肢の中から１つ選び，記号で答えなさい。

	衆議院		参議院	
	投票できる年齢	立候補できる年齢	投票できる年齢	立候補できる年齢
あ	18才以上	20才以上	18才以上	20才以上
い	18才以上	20才以上	18才以上	25才以上
う	18才以上	25才以上	18才以上	30才以上
え	20才以上	25才以上	20才以上	30才以上

問５　下線部⑤に関して，衆議院により多く権限が与（あた）えられていることを何というか，６字で答えなさい。

問６　下線部⑥に関して，この権利を何というか，以下の選択肢の中から１つ選び，記号で答えなさい。

あ．違憲審査権　　い．国政調査権　　う．不信任決議権　　え．問責決議権問７　下線部⑦に関して，次のグラフ**１**・**２**は国会で決められた日本の予算の内訳である。グラフの内訳の中で，国の借金にかかわるものの組み合わせはどれか，次ページの選択肢の中から１つ選び，記号で答えなさい。

グラフ１

国の歳入

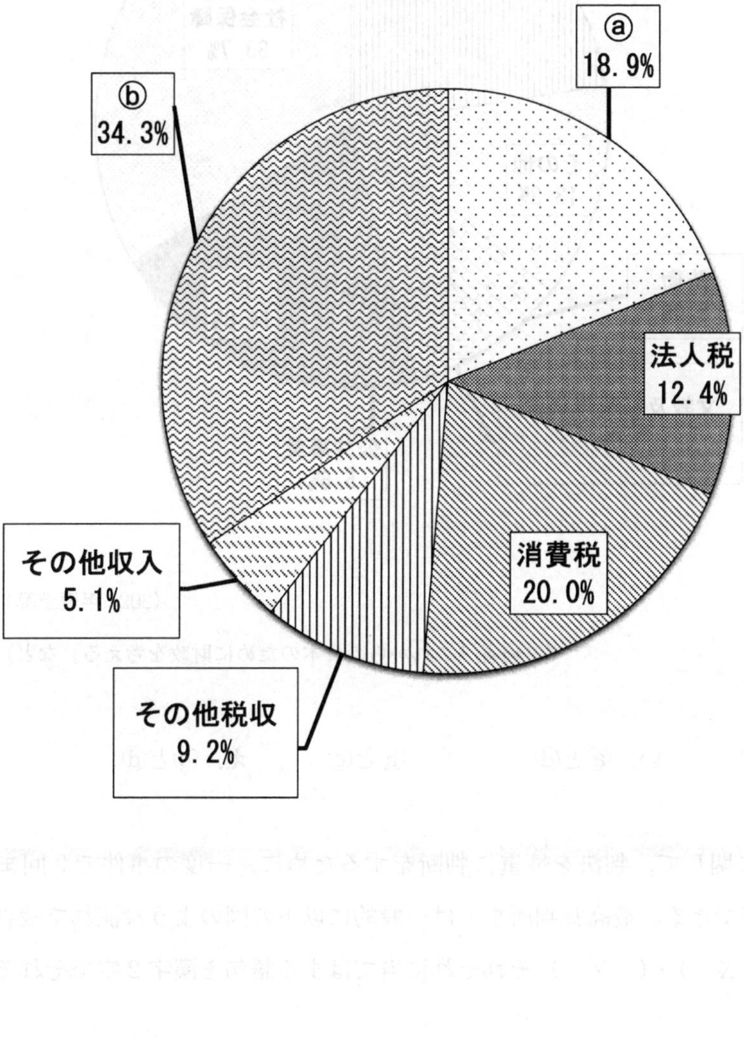

グラフ２　　　　　　　**国の歳出**

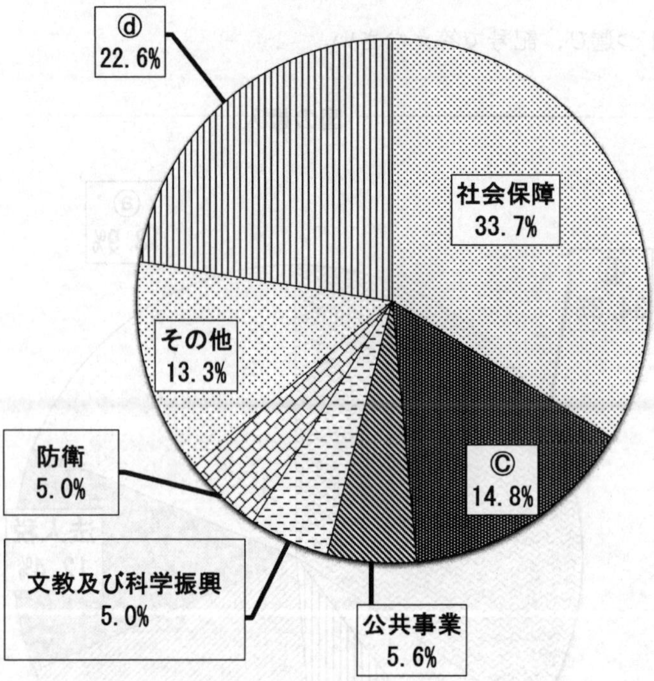

(2022年度予算)

(財務省「これからの日本のために財政を考える」など)

あ．ⓐとⓒ　　　い．ⓐとⓓ　　　う．ⓑとⓒ　　　え．ⓑとⓓ

問８　下線部⑧に関して，判決を慎重(しんちょう)に判断をするために，一度の事件で３回まで裁判を開くことができる。最高裁判所までは一般的に以下の図のような流れで裁判が進むが，図中の（　X　）・（　Y　）それぞれに当てはまる語句を漢字２字でそれぞれ答えなさい。

【理　科】〈第１回試験〉（社会と合わせて50分）〈満点：50点〉

1　**表１**は生物の産卵数と特ちょうを，**表２**はある生物Ｘ・Ｙの年齢と生存個体数をまとめたものです。あとの問いに答えなさい。

種類	産卵数	特ちょう
ブリ	180万個	海に浮遊性のたまごを産む
サケ	2000～3000個	川底に穴をほり，たまごを産む
カエル	2000～8000個	池などにひも状のたまごを産む
ツバメ	3～7個	巣にたまごを産む

表１　産卵数と特ちょう

(1)　他の生物と比べると，ツバメの産卵数が極端（きょくたん）に少なくなっています。その理由として最も適切なものを次のうちから１つ選び，記号で答えなさい。

ア．陸上にたまごを産むから。
イ．恒温（こうおん）動物だから。
ウ．親の保護があるから。
エ．からだが小さいから。
オ．肺呼吸をするから。

(2)　ブリとサケは同じ魚類ですが，産卵数が大きく異なります。**表１**を参考にして，その理由を答えなさい。

図は，**表２**をグラフにしたもので，生存曲線といいます。

年齢	生物Ｘ	生物Ｙ
0	1000	1000
1	900	500
2	810	250
3	729	125
4	657	62
5	500	30
6	450	15
7	200	7
8	100	3
9	1	2
10	0	0

表２　年齢と生存個体数

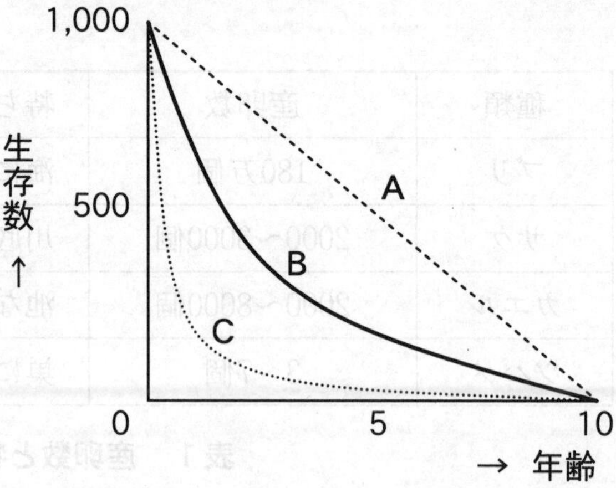

図

⑶　生物Ｘ・Ｙの生存曲線を**図**からそれぞれ１つずつ選び，記号で答えなさい。

⑷　ある年齢の個体数が次の年齢になるときにどのくらい生存したかを求めたものを生存率（％）といいます。例えば，生物Ｘの０歳(さい)の生存率は「900÷1000×100＝90(％)」と求めることができます。生物Ｘ・Ｙの５歳の生存率はそれぞれ何％か求めなさい。

⑸　魚類は初期の死亡率が高く，鳥類は一生を通じて死亡率がほぼ一定になっています。それぞれの生存曲線はどのようになるか，**図**から１つずつ選び，記号で答えなさい。

2 水溶液の性質に関して，あとの問いに答えなさい。

(1) 100ｇの水に固体の水酸化ナトリウム25ｇを加えてとかしました。この水溶液の濃度は何％ですか。

(2) 水酸化ナトリウム水溶液の性質として正しいものを次のうちから１つ選び，記号で答えなさい。

ア．BTB溶液を加えると黄色になる。

イ．BTB溶液を加えると赤色になる。

ウ．赤色リトマス紙を青色に変える。

エ．青色リトマス紙を赤色に変える。

(3) ある金属の小片を水酸化ナトリウム水溶液に入れたとき，気体を発生してとけました。この金属として正しいものを次のうちから１つ選び，記号で答えなさい。

ア．鉄　　　イ．銅　　　ウ．金　　　エ．アルミニウム

(4) (3)の金属を粉末にして水酸化ナトリウム水溶液に入れたとき，気体の発生について小片の状態で入れたときとのちがいを簡単に説明しなさい。

(5) 水酸化ナトリウム水溶液（Ａ液）と塩酸（Ｂ液）をいろいろな割合で混ぜ，完全に中和させたときのＡ液，Ｂ液それぞれの体積の関係は下の**グラフ**のようになりました。このとき，Ａ液63㎤を完全に中和させるのに必要なＢ液は何㎤か答えなさい。

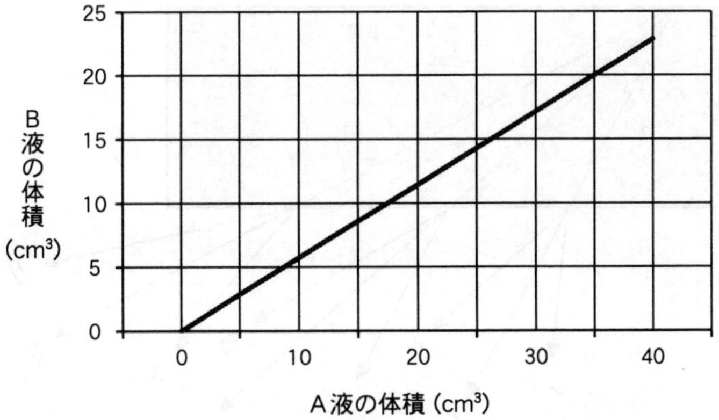

グラフ

(6)　(5)のＡ液25㎤とＢ液14㎤をそれぞれ用意して混ぜました。この混合液にBTB溶液を加えると何色になるか答えなさい。

3　光が進む道すじについて，あとの問いに答えなさい。

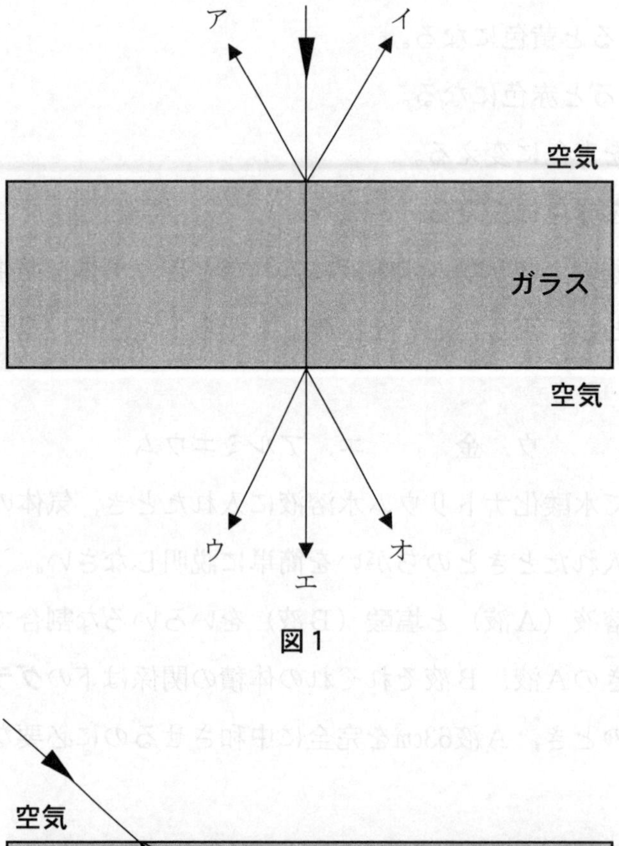

図１

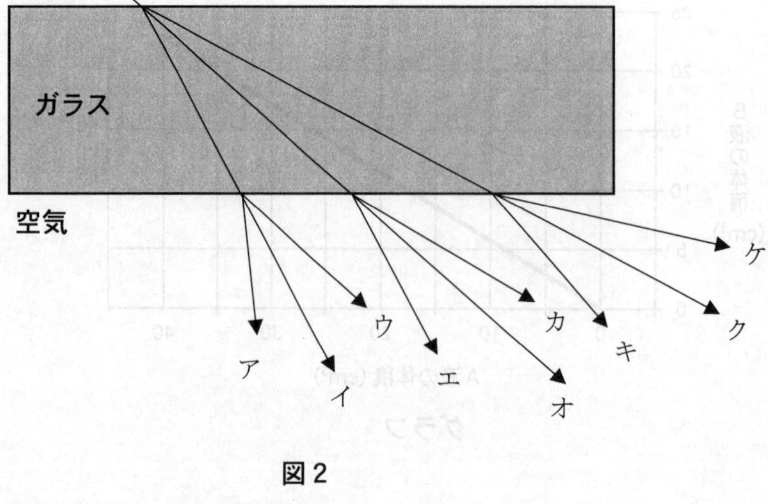

図２

(1) **図1，2**に示す光の進み方として正しいものをそれぞれ1つずつ選び，記号で答えなさい。

(2) **図2**で求めた方向に光が進むことを何と言うか答えなさい。

(3) 太陽光を三角プリズムに当てると，光がいろいろな色に分かれて，鏡ではね返りスクリーンにたくさんの色がうつりました。スクリーンにうつった色の組み合わせとして，正しいものを次のうちから1つ選び，記号で答えなさい。

ア．①赤　②緑　③紫(むらさき)　　イ．①赤　②紫　③緑

ウ．①紫　②緑　③赤　　エ．①紫　②赤　③緑

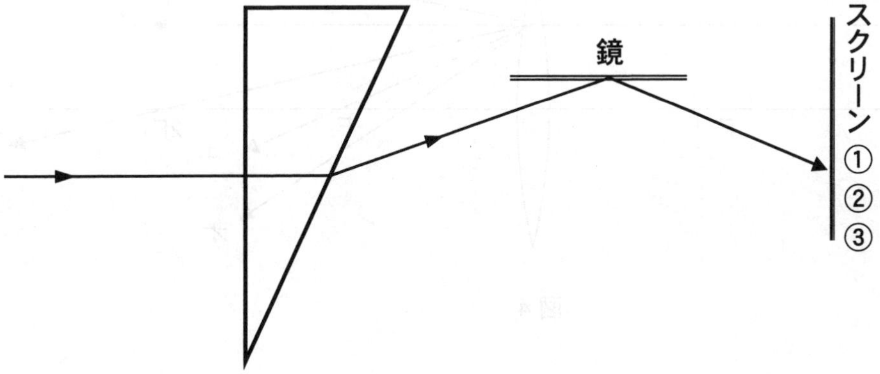

⑷ **図３**から**図５**のように，とつレンズに入った光の進み方として，正しいものをそれぞれ１つずつ選び記号で答えなさい。ただし，Ｆは焦点，２Ｆは焦点距離の２倍の位置とします。

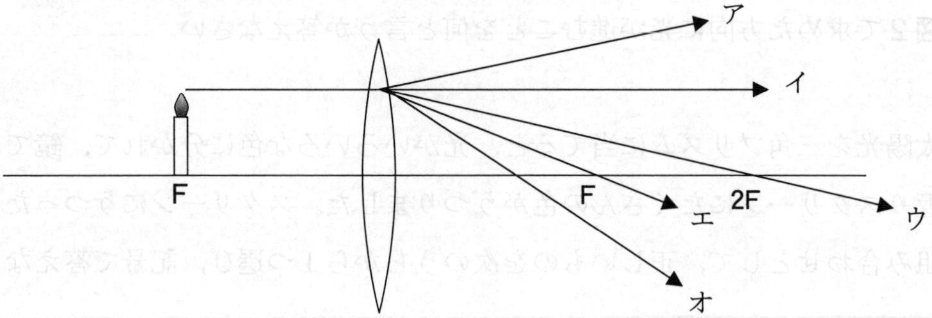

図３

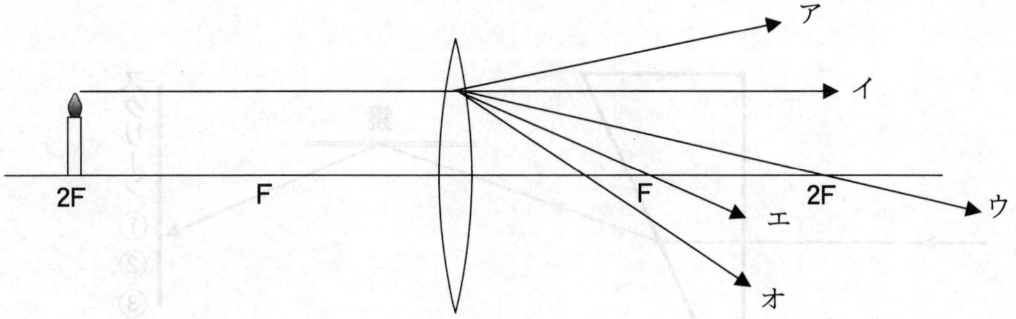

図４

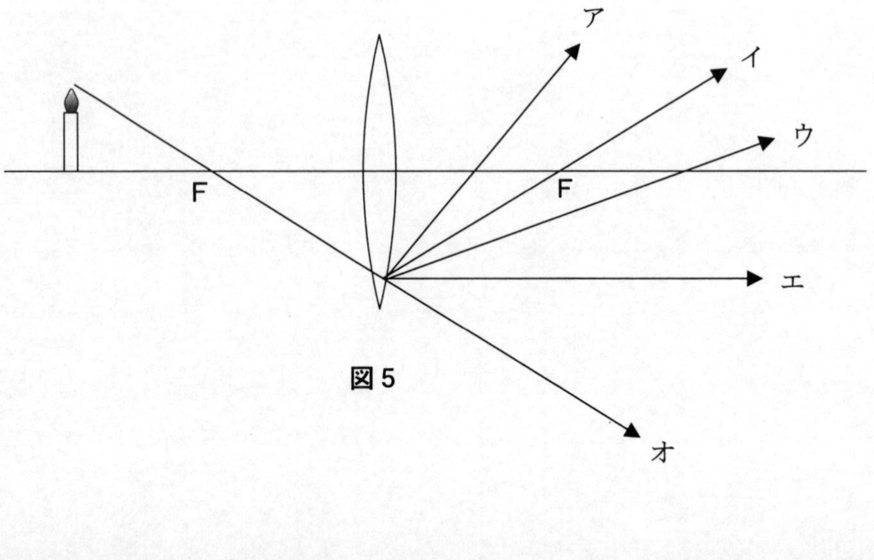

図５

(5)　とつレンズの上半分を黒紙でおおったとき，スクリーンにうつるろうそくの像はどのようになりますか。正しいものを１つ選び，記号で答えなさい。

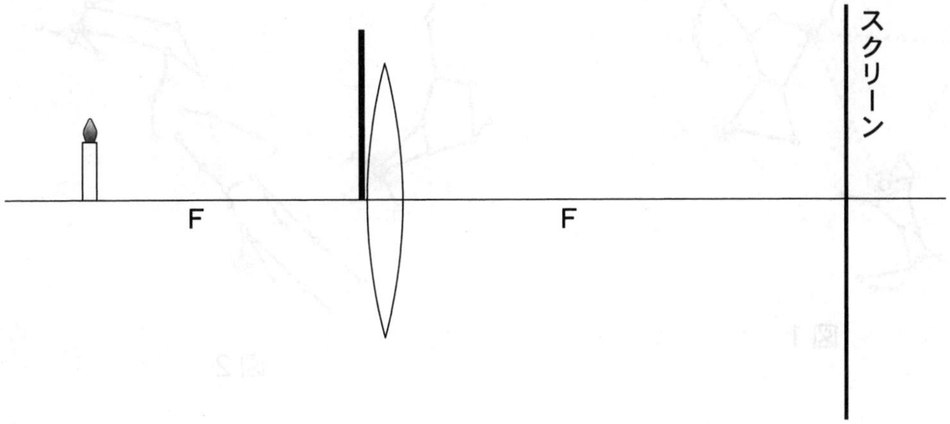

ア．スクリーンに像はうつらない。

イ．スクリーンにうつるのはろうそくの上半分である。

ウ．スクリーンにうつるのはろうそくの下半分である。

エ．スクリーンにうつるのはろうそくのまん中部分である。

オ．スクリーンにうつるのは暗い像である。

4 図はある季節の星空の様子をあらわしたものです。あとの問いに答えなさい。ただし，すべて東京のある地点において観測したものとします。

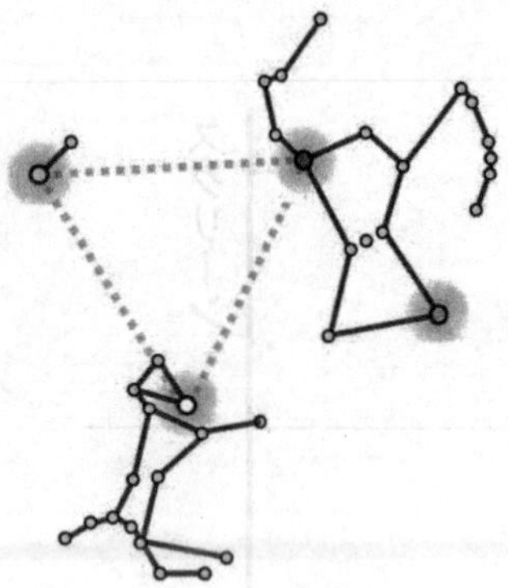

図１

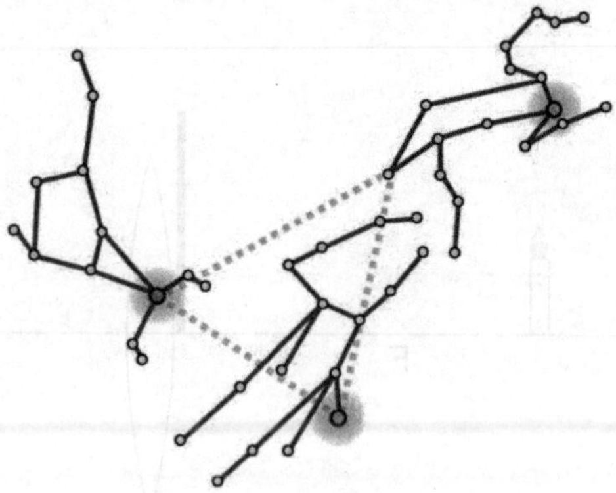

図２

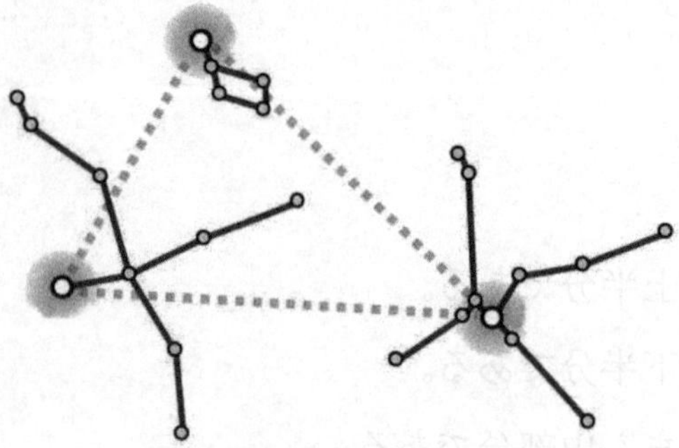

図３

(1) 夏の空と冬の空をあらわしているのはどれですか。**図１～３**からそれぞれ選び，番号で答えなさい。

(2) 星座をつくる星の特ちょうを答えなさい。

(3) 星をよく見てみると，色のちがいが見られます。その原因として最も適切なものを次のうちから１つ選び，記号で答えなさい。

ア．距離　　イ．季節　　ウ．天気　　エ．温度　　オ．方位

(4) 南の空に夏の星座が見えているとき，西の空にはどの季節の星座が見えますか。漢字１字で答えなさい。

(5) ２月１日０時に南中していた星は，２月７日の同時刻にはどちらの方位に何度動いて見えますか。方位は漢字１字で，角度は整数で答えなさい。

問四 ――線④「遠い場所を眺める目をした」とありますが、この「じいちゃん」の様子はどんなことを示していると考えられますか。最も適切なものを次の中から選んで記号で答えなさい。

ア 「ぼく」に言い返されたが、孫の成長をたのもしく感じているということ。
イ 以前、自分の身に起こった忘れられない出来事を思い出しているということ。
ウ 手榴弾のせいにして、なんとかその場をやり過ごそうとしているということ。
エ 南の国で過ごした楽しかった思い出をなつかしく思い出しているということ。

問五 ――線⑤「じいちゃんの本当の実力」を示す実績を「という実績。」に続くように、本文中から十二字でぬき出して答えなさい。

問六 ――線⑥「ぼくの口は前にもましてハマグリになった」とありますが、それはどういうことですか。理由もあわせて説明しなさい。

問七 ――線⑦「手榴弾を投げられたら、投げ返せ」とありますが、それはどういうことですか。最も適切なものを次の中から選んで、記号で答えなさい。

ア 自分の身にふりかかってきたことは、すぐに自分で解決しなさいということ。
イ ぐうぜん起こった事故については、すぐに助けを呼びなさいということ。
ウ 戦争が起こるようなことがあれば、身を守らなければならないということ。
エ 戦争にはつらい記憶しかないので、二度と起こしてはならないということ。

問八 ――線⑧「そういうわけで」とありますが、どういう「わけ」ですか。そのことを説明した次の文の空らんにあてはまることばを、本文中からそれぞれ九字でぬき出して答えなさい。

◆ セキグチが昨日（　ｉ　）たことの仕返しを「ぼく」にしようとしたところ、ほかのみんなが（　ⅱ　）同調したということ。

問九 ――線⑨「初球は見逃した」について、次の各問いに答えなさい。

（ｉ） 見逃した理由を答えなさい。
（ⅱ） このときの「ぼく」の心情として、最も適切なものを記号で答えなさい。

ア じいちゃんよりも野球がうまい人を見たことがないので安心している。
イ 野球とは言っても小学生の遊びなので、大したことはないと思っている。
ウ じいちゃんと練習を重ねてきたので、野球に対しては自信をもっている。
エ もし打てなかったらみんなにばかにされるので、きんちょうしている。

問十 〰〰線ⓐ～ⓞのカタカナを漢字に直しなさい。

みんながはやし立てる。違うよ、打てなかったんじゃない。見逃しただけだ。審判役の子はストライクとコールしたけれど、外角にボール一個ぶんはずれてた。

二球目。

球は遅いけれどコントロール抜群で変化球もまじえてくるじいちゃんのボールに比べたら、打ち頃の棒球だった。

ぼくの打った打球は、外野を越え、サッカーをしていた五年生の頭上を越え、校庭のフェンスを直撃した。

その日からチームの四番はぼくになった。翌々日にはエースになった。そして少しずつだけど、みんなと喋れるようになった。野球の話ならいくらでも間違わずに話せたからだ。

（『それでも空は青い』より「人生はパイナップル」荻原浩）

（設問の都合上、一部本文を改めました。）

※　ピッチャーマウンド……野球において投手が投球する場所のこと。マウンドともいう。
※　イチロー……日本のプロ野球とアメリカの大リーグで数々の記録を打ち立てた日本人野球選手。
※　ネクストバッターズサークル……打席とベンチの間にある次の打者が待機する場所。
※　バッターボックス……野球で、打撃の際に打者が立つ場所。

問一　――線①「休耕地を飛ぶトンボが赤くなる頃」から季節が移り変わったことがわかる部分を、本文中から三十字以内でぬき出し、初めと終わりの五字ずつを答えなさい。

問二　――線②「ぼくには友だちがいなかった」とありますが、それはなぜですか。（中略）以降の本文をふまえて答えなさい。

問三　――線③「無理って言葉で言う前に無理をしろ」とありますが、具体的に、どんな意味ですか。最も適切なものを次の中から選んで記号で答えなさい。

ア　「無理だ」という言葉は、練習中には使ってはいけない言葉だということを思い出せ、という意味。
イ　「無理だ」と本心では思っていないのに、言葉にするのはよくないことだと考えなさい、という意味。
ウ　「無理だ」と思っていたとしても言葉にしたら本当にそうなるので「無理」でもそう言うな、という意味。
エ　「無理だ」と簡単に言わずに、本当に「無理」だというところまでとことん努力をしなさい、という意味。

も、玄関の先の㋒カイダンの途中から「いまはいない」と言っていたセキグチの顔が覗いていた。
「お前か、これをよく見ろ」
じいちゃんがポケットから写真を取り出した。
古いモノクロ写真だった。白黒というより茶色になっていた。
古めかしいぶかぶかのユニフォームと窮屈そうな帽子をかぶった野球チームの集合写真だった。
選手たちが持った横断幕には『祝　全国中等学校優勝野球大会　出場』と書いてあった。並んだ顔は豆粒のように小さかったが、そのいちばん隅っこでこっちを睨んでいるのは、じいちゃんと言われれば、じいちゃんかもしれない少年だ。
ぼくも知らなかった。㋓ムカシの中学は五年制で、いまの中学と高校を併せたような㋔ソンザイで、じいちゃんの頃には中学生が甲子園大会に出ていたこと。この頃のたいていの子どもたちはおもに経済的な理由で、中学校には進学できなかったこともこの時に知った。
帰り道にじいちゃんは言った。
「いいか、奏太。手の中の手榴弾はすぐに投げろ。そうしないと自爆するぞ」
「うん、わかった」
手榴弾がどんなものかを知らないまま、ぼくはうなずいた。
次の日の昼休み、グラウンドへ出て行こうとしたセキグチが、バットでぼくのハラをこづいた。昨日のことを怒っているのだ。もしくは、じいちゃんに叱られて涙目になったことを見られたのが悔しいのだ。
「打ってみろよ。うまいんだろ、野球」
それから、昨日のじいちゃんのせりふを似ても似つかない子どもの声でまねした。
「奏太の野球センスはバツグンなんだぞぉ〜」
事情を知らないまま、ほかのみんなも笑った。
⑧そういうわけでグラウンドに連れて行かれ、ぼくはバッターボックスに立たされた。
マウンドには四年生でも打てないボールを投げるというセキグチ。じいちゃん以外の誰かのボールを打つのは初めてだ。しかも硬球じゃなくて軟球。
⑨初球は見逃した。
「おいおいおい」
「なんだ、やっぱりだめじゃん」

はたいていサッカーをやるのだが、※イチローがメジャーリーグでシーズン最多安打記録を塗り替えたその年は、急に野球が流行り出した。

ある日、ぼくも仲間に入れて欲しくて家からグローブを持っていった。でも、自分からは言い出せなくて、野球場なら※ネクストバッターズサークルのあたりにぼんやり突っ立っていた。

「なにさ、ハマグリ、野球やれるの？」

「そういえば、土手でよくキャッチボールしてるよな」

「ああ、そうそう、よぼよぼのへたくそなジジイと」

へたくそ？　みんなにはそう見えるらしい。⑤じいちゃんの本当の実力を知らないのだ。ぼくは喋った。たぶん小学校に入って以来、いちばん長いせりふを。

「じいちゃんは中学生の時に甲子園に出たんだ」

みんなはぼくの長ぜりふに驚いていたけれど、ぼくのクラスのエースで四番（一チーム六、七人しかいないのだけれど）のセキグチ君だけは、バットでぼくの㋑ハラをこづいた。

「ばーか、甲子園に出られるのは高校生だけだ。嘘つき」

その日からぼくのあだ名がひとつ増えた。「嘘野」だ。⑥ぼくの口は前にもましてハマグリになった。短い言葉で何か喋ろうとしても、その前にむこうからこう言われるからだ。「どうせ、嘘だぜ」「また嘘野か」

それが何日も続くと、ご飯の時にも口を開きたくなくなった。ある日の夕食に、食欲のないぼくを心配した母さんにわけを聞かれた時、ぼくは母さんではなくじいちゃんに言ってしまった。

「中学生なのに甲子園に行ったなんて嘘でしょ」

「どういう意味だ」

ぼくは泣きながら学校では開けない口をいっきに開いた。それを聞いたじいちゃんは酷く怒った。

「誰だ、そんなことを言ったやつは」

セキグチという名前を出したのがいけなかった。じいちゃんは「いまからそのセキグチの家に行くから、一緒に来い」

「やだよ。やめてよ」

「だめだ。来い。⑦手榴弾を投げられたら、投げ返せ」

父さんはいつものように会社から帰ってきてはいなかった。母さんは「お義父さん、落ち着いて」とは言ったものの「やめろ」とは言わなかった。じいちゃんは勝手にクラス名簿を調べて、ぼくをセキグチの家まで引っぱって行った。

セキグチの両親はじいちゃんの剣幕に驚いて、当然ながら息子を玄関口に出しはしなかった。「帰ってください。警察を呼びますよ」で

「ああ、下手をするとあそこの家のガラスを割るぞ」

じいちゃんが指をさしたのは、田んぼの先にある瓦屋根の家だった。ここからは七、八十メートルはありそうだ。

じいちゃんは手の中のボールをお手玉のように宙に投げては受け止める。何度もそれを繰り返してから、ようやく腕を振り上げた。でも、上げただけだった。

「やめとこう」

「ずるい。むりっていう前にむりしてよ」

口を尖らせたぼくを見下ろして、じいちゃんは薄くなった白髪頭を撫でてため息をついた。

「俺は無理とは言えずに無理を重ねちまったから」

「ずるいよ」それじゃあ父さんと同じじゃないか、父さんはいつも自分はゴロ寝をしているくせに、ぼくに勉強をしろって言うんだ。

「手榴弾のせいだ」

「てりゅうだん？」

「手で投げる爆弾だ。俺は手榴弾を投げすぎて肩を痛めて、野球を諦めたんだ」

肩を揉みながらじいちゃんが④遠い場所を眺める目をした。その遠い場所が、田んぼの先のお椀みたいな山じゃなくて、遥か彼方の南の国だってわかるのは、もっと先のことだ。

（中略　「じいちゃん」と「ぼく」はより実戦的な練習を重ねた。）

この頃のぼくのクラスでのあだ名は「ハマグリ」だ。苗字が浜野であることが理由のひとつだが、もうひとつわけがあった。

ハマグリは口を開かない。浜野も口を開かない。

ぼくは人とうまく喋れなかったのだ。家ではちゃんと――父さんだってまともに口をきかないじいちゃんとも――喋れるのに、学校へ行くと唇に接着剤を塗ってしまったように口がきけなくなる。誰かに話しかけられるとⓐシンゾウがばくばくする。何を喋っても間違ったことを言っているように思えてしまうんだ。

だから、同級生の誰かに何か聞かれても「うん」と「ううん」ばかり。

授業で指されても「えーと、あのぉ」あのあのあのあの。

そのうちに誰もぼくに話しかけなくなる。幼稚園の頃からずっとそうだ。じいちゃんと野球のついでにいろんな話をしたのは、たぶん、あの頃のぼくにはほかに話し相手がいなかったからだと思う。

田舎だから、ぼくの小学校の校庭はすごく広く、三年生にもなれば、その四分の一ぐらいを占領できるようになる。昼休みには男の子

問九 ——線⑦「言論の自由が、人びとの自由を保証し、前進させる、いちばん根本的な自由になる」とありますが、その理由を説明した文として最も適切なものを次の中から選んで記号で答えなさい。

ア　より活発な議論にするためには、人それぞれが自分の考えを持って、はっきりと主張することが重要だから。
イ　より安心な保証を得るためには、自分の発言によって傷つく人がいないか思いやる気持ちを持つことが重要だから。
ウ　より自由な社会になるためには、よりよい法律がどのようなものかをだれでも考え、発信できることが重要だから。
エ　より進んだ法律をもつためには、自由を求める人びとが協力し合って、意見の一致を目指すことが重要だから。

問十 〰〰線あ〜おのカタカナを漢字に直しなさい。

二　次の文章を読んで、あとの問いに答えなさい。（句読点や記号は一字と数えます。）

その年の夏が終わり、①休耕地を飛ぶトンボが赤くなる頃には、山なりではないボールを投げ、じいちゃんのボールをほぼ確実に（十回中八回ぐらい）捕球できるようになった。

夏休みが終わってもぼくは毎日、じいちゃんとキャッチボールをした。なにしろじいちゃんには休耕田の草刈り以外することはなかったし、②ぼくには友だちがいなかったから。

じいちゃんが草刈りをしなくても休耕田に草が生えなくなった頃には、目測で十八メートルの距離をおいてボールを投げ合うようになった。

十八メートル。※ピッチャーマウンドからホームベースまでの距離だ。

正確に言えば、18・44メートル。でも、じいちゃんは、八十メートル以上投げられなくては一人前の野球選手じゃないと言う。外野の深い位置からホームまでをノーバウンドで届かせる距離だ。

「奏太、遠投を練習しよう。あそこまでボールを飛ばしてみろ」

あそこというのは、休耕田の隣、収穫が終わった田んぼの藁の山が積まれたところだ。たぶん三十メートルぐらいだったと思うけれど、その時のぼくにはまるで届かなかった。何度やっても。途中でゴロでころがっても届かない。

「無理だよ」

「③無理って言葉で言う前に無理をしろ」

「じゃあ、ジージが投げてみてよ」

問一　Ａ にあてはまることばを、漢字一字で答えなさい。

問二　――線①「こういうのは、自由とは言えません」とありますが、「こういうの」が指す内容を説明した文として、最も適切なものを、次の中から選んで記号で答えなさい。

ア　本能によって決まっている行動をとってしまうこと。
イ　危険をかえりみずに、自分のしたいようにしてしまうこと。
ウ　周りを考えず自分の好きなように行動してしまうこと。
エ　自己判断で光に向かって飛び込むのをやめてしまうこと。

問三　――線②「こういう能力」とは、どのような能力ですか。「～する能力。」に続くように、答えとなる部分を本文中から二十二字でぬき出し、初めと終わりの五字ずつを答えなさい。

問四　――線③「自由に話していいことと、話さないほうがいいこと」について説明した次の文の空らんにあてはまることばを、それぞれ六字で本文中からぬき出して答えなさい。

（　Ａ　）になることは自由に話したほうがいいし、（　Ｂ　）になることは、話さないほうがいい。

問五　――線④「正しくて、ほんとうのことだけれど、話しちゃいけないことというのもあります」とありますが、その理由を説明した文として、最も適切なものを次の中から選んで記号で答えなさい。

ア　話すことで、本当のことではなくなってしまうから。
イ　話すことで、利益が損なわれる人がいるから。
ウ　話すことで、思考の自由がうばわれることがあるから。
エ　話すことで、信頼（しんらい）関係がくずれてしまうから。

問六　――線⑤「討論によって、よりよい考え方が生き残り、あんまりよくない考え方は言い負かされてしまいます」とありますが、よりよい考えが生き残る討論が成り立つためには、どんなことが必要ですか。本文中のことばを用いて六十字以内で答えなさい。

問七　――線⑥「うんとよい考えは、文字にして書いておこう、という習慣も生まれました」とありますが、それはなぜですか。「文字にすれば」という書き出しに続くように、本文中のことばを用いて五十字以内で答えなさい。

問八　Ｘ・Ｙ・Ｚ にあてはまる語句の組み合わせとして、最も適切なものを次の中から選んで記号で答えなさい。

ア　Ｘ　自由を制限　　Ｙ　自由を確保　　Ｚ　自由を保証
イ　Ｘ　自由を確保　　Ｙ　自由を保証　　Ｚ　自由を制限
ウ　Ｘ　自由を制限　　Ｙ　自由を保証　　Ｚ　自由を確保
エ　Ｘ　自由を確保　　Ｙ　自由を制限　　Ｚ　自由を保証

⑥うんとよい考えは、文字にして書いておこう、という習慣も生まれました。

口で言った言葉は、消えてしまいます。口で言ったことを共有しようと思うと、伝言ゲームのように繰り返していかないといけません。繰り返していくと、もともとどういうものだったかは、そのうち、わからなくなります。文字なら、そういう心配がありません。

文字の特徴は、一度書かれたら、変化しないということです。

文字で書かれた、ある人の考え方は、とても正確に、時間や空間を隔てた遠くの人びとに伝わります。大事なことであればあるほど、こういうふうに文字にしておいたほうがいいということになります。

何が大事なことかというと、ギリシャ人は、哲学を大事にしました。モノは何で出来ているかとか、徹底的に考えます。あと、数学も大事にしました。二等辺三角形の両底角は等しい、とかいうふうなことを文字で書いて、みんなに伝えました。

このようなかたちで、文字を書き記し、かなり正しそうなことを、多くの人に伝えます。これは、ものを考える自由にとって、とても根本的なことです。ちょうど釣り竿と糸と針を使うと魚が釣れるように、文字を使うと、ものを正しく考える可能性が飛躍的に高まるのです。

文字を書いたり、演説したりして、自分の考えを、みなに伝えてよい自由。これを言論の自由といいます。

言論の自由は、多くの社会で、なかなか成立しませんでした。けれども、近代社会（われわれの社会）にとっては、その基礎になる大事な(う)ゲンソクです。

私たちの社会は、法律をつくり、人びとの［X］するように出来ています。法律は、［Y］するものではなくて、実は、［Z］するものです。

さて、どういう法律をつくればいいかは、議会で相談して決めるんですけど、その議会ではとくに、言論の自由が保証されています。議員たちは、議会で、どういうことを議論してもよいのです。議論のなかみについて、こんな発言をしてはだめじゃないかと、(え)セキニンを追及されないようになっています。

議会の外側には、言論の自由がないかというと、そうではありません。新聞や、(お)ザッシや、テレビなどがあって、そこにはいろいろな人が、これはいい考えだと思うことを書いたり発表したりすることができます。そして、みんながそれを知ることができます。議会ではこういう法律を決めてるといいのに、と考えることができます。

より正しい、より進んだ法律を持つ社会は、より自由な社会になります。だから、⑦言論の自由が、人びとの自由を保証し、前進させる、いちばん根本的な自由になるのですね。

（『面白くて眠れなくなる社会学』より「自由」橋爪大三郎）

（設問の都合上、一部本文を改めました。）

※ポリス……古代ギリシャの都市国家。

人間はどんなことでも考えるし、どういうことを考えてもいいのですけれど、その考えは言葉にして、ほかの人に言わないと、実は自分でも何を考えているか、よくわかりません。

言葉にして、ほかの人に話すということは、考えを共有するということです。

あっちの川に魚がたくさんいるよ、とか、雲が出てきたからもうじき雨になるよ、とか。そういうふうな考えは、共有すると、みんなの利益になります。それを述べるのは、まったく自由でなければなりません。

でも、あの子は嘘つきだよ、とか、あんたのことなんか嫌いだよ、とか言うのは、すべての人に意味がある有益な情報というよりも、誰かにとって好ましくなかったり言われたくなかったりする言葉です。そうすると、そういうことを発言すること自身がトラブルの種になります。何でも自由に話していい、のではないのです。

言葉には、正しい使い方、というものがあります。つまり、③自由に話していいことと、話さないほうがいいことがあるのですね。

これが、言葉についての最初のルールです。

④正しくて、ほんとうのことだけれど、話しちゃいけないことというのもあります。それは「秘密」とか「ナイショ」とかいうものですね。

秘密とか、ナイショとかは、ある人びとの利益と、もっと広い範囲の人びとの利益とが、一致しない場合に生まれます。

さて、人間は、世の中や社会全体についても、いまあるそのままではなくて、もっと別なふうなほうがよいのに、みたいなことを考えます。そうした場合、それを言葉にして、みんなに訴えます。「皆さん、聞いてください。こう思うんですけれど。」こういうことをいつでも自由に、述べてよい。これが、発言の自由です。

発言の自由があるときに、思考の自由（考えることの自由）も生まれます。

この自由がどこまで保証されるかは、社会によって違います。

いちばん有名なのは、古代ギリシャの、議会です。

その社会のおもだった人びとが集まって、われわれポリス※はどうすべきか、などを話し合います。

議会は、その外の社会とは区別されています。議会のなかでは遠慮なく、なんでも自由に話してよろしい。「おまえは若者のくせに生意気だ」とか、「おまえのお父さんは変な人間だったじゃないか」とか、言われません。発言の内容がよい考えかどうか、純粋にそれだけを、みんなが聞き取ろうとします。

こういう習慣があると、討論が成り立ちます。⑤討論によって、よりよい考え方が生き残り、あんまりよくない考え方は言い負かされてしまいます。これが、ギリシャ人が考えた、なかなかよい伝統です。古代ローマにもこれがありました。

2023年度

駒込中学校

【国　語】〈第一回試験〉（五〇分）〈満点：一〇〇点〉

一　次の文章を読んで、あとの問いに答えなさい。（句読点や記号は一字と数えます。）

自由とは、人間が、思ったように行動したり、好きなように考えたりできること、をいいます。

これは、人間の生まれついての性質です。人間は、自由なものなのです。これが、生きていることのすばらしさだと言えます。

動物も、好きなように行動したり、何かを感じたりしているように見えますけれども、実は動物の場合、あまり自由ではありません。「飛んで［Ａ］に入る夏の虫」、という言葉があります。虫は、光に向かって進むようにプログラムされていたりすると、自分の身に危険であっても、それが判断できないで、火に向かって飛び込んでしまうのです。①こういうのは、自由とは言えません。

好きなように考える、とはどういうことでしょうか。考えることの本質は、目の前のことがらに左右されないことです。目の前のことがらに左右されないとは、目の前にあるのとは別なあジョウタイについて頭のなかにイメージをつくり、その分だけ行動の幅を広げることができる、ということです。

動物にはこの能力が、とぼしいのです。そこで動物は、いハンシャや本能によって動きます。考える能力は、あるとしても、そんなに高くありません。イカとか、タコとか、鳥とか、それから哺乳類、イルカとか、サルとかのように、考えたり、数を理解したりできるとされる動物もいます。でも、人間とは比べものになりません。

さて、②こういう能力を使って、人間は何をするかというと、取りあえず、生きていこうと考えます。

生きていくためにやらなければいけないのは、まず、食料を手に入れること。食料以外にも必要なものがあります。着物を着るなら、その材料。家を建てるなら、その材料。それから、ほかの人びとと協力するのなら、仲間づくり。そのためのコミュニケーションとか、することがたくさんあります。

そこで人間は、発見します。生きていくのは大変だ。

（中略）

2023年度
駒込中学校 ▶解説と解答

算数 ＜第１回試験＞（50分）＜満点：100点＞

解答

1 (1) 25 (2) 17 (3) 34 (4) 363
2 (1) 18時間４分32秒 (2) ５個 (3) ７枚 (4) 20通り (5) 32本 (6) 2：3：3
3 (1) 1 (2) 38
4 (1) 毎時15km (2) 63km
5 (1) 144度 (2) 175.84cm^2
6 (1) ６人 (2) ６つ
7 (1) 400cm^2 (2) 200cm^2

解説

1 四則計算，逆算，計算のくふう

(1) $45+105\div5\div3-27=45+21\div3-27=45+7-27=52-27=25$

(2) $23-\left(6\frac{3}{4}\div3+0.75\right)\times2=23-\left(\frac{27}{4}\times\frac{1}{3}+\frac{3}{4}\right)\times2=23-\left(\frac{9}{4}+\frac{3}{4}\right)\times2=23-\frac{12}{4}\times2=23-6=17$

(3) 68－(153－□)÷７＝51より，(153－□)÷７＝68－51＝17，153－□＝17×７＝119　よって，□＝153－119＝34

(4) $55\times55-44\times44-33\times33+22\times22-11\times11=5\times5\times11\times11-4\times4\times11\times11-3\times3\times11\times11+2\times2\times11\times11-1\times1\times11\times11=(5\times5-4\times4-3\times3+2\times2-1\times1)\times11\times11=(25-16-9+4-1)\times11\times11=3\times121=363$

2 単位換算，分数の性質，つるかめ算，場合の数，植木算，辺の比と面積の比

(1) ２時間34分56秒×７＝２時間×７＋34分×７＋56秒×７＝14時間238分392秒となる。392÷60＝６あまり32より，６分32秒となり，238＋６＝244(分)は，244÷60＝４あまり４より，４時間４分になる。よって，14＋４＝18(時間)より，２時間34分56秒の７倍は，18時間４分32秒と求められる。

(2) $\frac{1}{4}=\frac{6}{24}$，$\frac{5}{6}=\frac{20}{24}$より，$\frac{6}{24}$より大きく$\frac{20}{24}$より小さい分数である。よって，このうち約分できない分数は，$\frac{7}{24}$，$\frac{11}{24}$，$\frac{13}{24}$，$\frac{17}{24}$，$\frac{19}{24}$の５個ある。

(3) 買った切手の代金は，1200－87＝1113(円)である。１枚84円の切手を15枚買ったとすると，代金の合計は，84×15＝1260(円)となり，実際の代金との差は1260－1113＝147(円)となる。84円の切手を１枚へらして，63円の切手を１枚ふやすと，代金の合計は，84－63＝21(円)ずつ安くなる。よって，買った63円の切手は，147÷21＝７(枚)である。

(4) (１回めの目)＜(２回めの目)＜(３回めの目)となるのは，右の表のようになるから，全

表

１回めの目	２回めの目	３回めの目	何通り
1	2	3，4，5，6	4
1	3	4，5，6	3
1	4	5，6	2
1	5	6	1
2	3	4，5，6	3
2	4	5，6	2
2	5	6	1
3	4	5，6	2
3	5	6	1
4	5	6	1

部で，４＋３＋２＋１＋３＋２＋１＋２＋１＋１＝20(通り)となる。

(5)　この土地の周囲の長さは，(84＋108)×２＝384(m)である。また，84と108の最大公約数は12なので，木は12mおきに植える。よって，木と木の間の数は，384÷12＝32で，このとき，木の本数と木と木の間の数は等しいので，木は少なくとも32本必要である。

(6)　問題の図で，三角形ABDと三角形ADCの面積の比は１：３だから，BDとDCの辺の比は１：３になる。また，三角形FDEと三角形FECの面積の比は１：１なので，DEとECの辺の比は１：１となる。よって，BDとDCの長さをそれぞれ１，３とすると，BD：DE：EC＝１：$\left(3\times\frac{1}{1+1}\right)$：$\left(3\times\frac{1}{1+1}\right)$＝１：$\frac{3}{2}$：$\frac{3}{2}$＝２：３：３となる。

3　規則性―周期算

(1)　38÷333＝0.114114…より，小数第４位の数字は１である。

(2)　小数以下は｛1，1，4｝の３個の数字がくり返し並んでいる。20÷３＝６あまり２より，小数第20位までに３個の数字が６回くり返され，さらに２個の数字が並ぶ。よって，３個の数字の和は，１＋１＋４＝６だから，このときの和は，６×６＋１＋１＝38と求められる。

4　速さ―流水算，速さと比

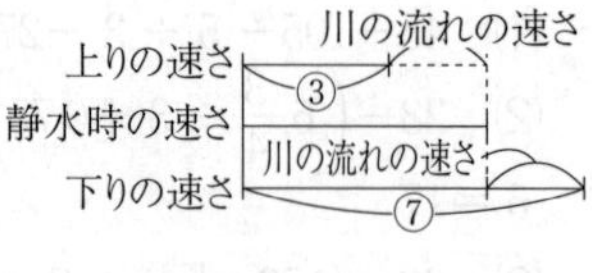

(1)　上りと下りの時間の比は７：３なので，上りと下りの速さの比は，$\frac{1}{7}$：$\frac{1}{3}$＝３：７である。右の図より，この船の静水時の速さと川の流れの速さの比は，｛(３＋７)÷２｝：｛(７－３)÷２｝＝５：２とわかる。よって，この船の静水時の速さは毎時，６×$\frac{5}{2}$＝15(km)となる。

(2)　上りの速さは毎時，15－６＝９(km)なので，Ａ地点からＢ地点までの距離は，９×７＝63(km)である。

5　立体図形―展開図，角度，表面積

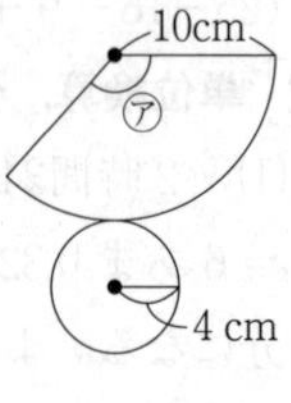

(1)　この円すいの展開図は右の図のようになる。側面のおうぎ形の中心角の大きさは，$\left(\frac{\text{半径}}{\text{母線}}\right)$×360で求められるので，側面のおうぎ形の中心角の大きさは，$\frac{4}{10}$×360＝144(度)となる。

(2)　底面の円の面積は，４×４×3.14＝16×3.14(cm^2)である。また，円すいの側面積は，10×10×3.14×$\frac{144}{360}$＝40×3.14(cm^2)とわかる。よって，この円すいの表面積は，16×3.14＋40×3.14＝(16＋40)×3.14＝56×3.14＝175.84(cm^2)と求められる。

6　ニュートン算

(1)　イベント会場に入場した人数は全部で，280＋20×(30＋10)＝1080(人)である。窓口１つで１分間に受け付ける人数を□とすると，□×４×30＋□×(４＋２)×10＝1080と表すことができる。よって，□×120＋□×60＝1080，□×(120＋60)＝1080，□×180＝1080より，窓口１つで１分間に受け付ける人数は，□＝1080÷180＝６(人)となる。

(2)　20分でイベント会場に入場する人数は全部で，280＋20×20＝680(人)である。窓口１つで20分間に受け付ける人数は，６×20＝120(人)なので，680÷120＝５あまり80より，少なくとも，５＋１＝６(つ)の窓口を開ける必要がある。

7　グラフ―水の深さと体積

(1)　毎分１Ｌは毎分1000cm^{3}である。下の図で，㋐の部分には，グラフより12分で水を入れたので，

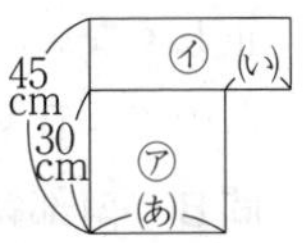

水の体積は，1000×12＝12000(cm³)である。よって，(あ)の面積は，12000÷30＝400(cm²)になる。

⑵　図で，㋑の部分には，グラフより，21−12＝９(分)で水を入れたので，水の体積は，1000×９＝9000(cm³)である。よって，(あ)と(い)の面積の和は，9000÷(45−30)＝600(cm²)だから，(い)の面積は，600−400＝200(cm²)と求められる。

社　会　＜第１回試験＞（理科と合わせて50分）＜満点：50点＞

解　答

1 **問１**　奥羽　**問２**　い　**問３**　季節　**問４**　あ　**問５**　え　**問６**　え　**問７**　え　**問８**　南部　**問９**　お　**問10**　い　**2** **問１**　え　**問２**　い　**問３**　大化の改新　**問４**　豊臣秀吉　**問５**　う　**問６**　い　**問７**　小村寿太郎　**問８**　フビライ＝ハン　**問９**　い　**問10**　**X**　参勤　**選択肢**…い　**問11**　将軍の権威が異国にまで及んでいることを人々に示すため。　**3** **問１**　い・う　**問２**　助言　**問３**　立法　**問４**　う　**問５**　衆議院の優越　**問６**　い　**問７**　え　**問８**　**X**　控訴　**Y**　上告

解　説

1 **東北新幹線の沿線にある都市についての問題**

問１　奥羽山脈は東北地方の中央部を青森県から福島県にかけて南北にはしる山脈である。東北新幹線は東京駅と新青森駅を結ぶ新幹線で，福島県・宮城県・岩手県では奥羽山脈の東側を通り，青森県の八戸駅を過ぎると西に曲がって新青森駅にいたる。

問２　愛知県の県庁所在地は名古屋市，香川県の県庁所在地は高松市なので，組み合わせとして正しいものは，いである。なお，島根県の県庁所在地は松江市，群馬県の県庁所在地は前橋市で，新潟県・富山県・長崎県・秋田県の４県は県名と県庁所在地名が同じ。

問３　日本海側に位置する秋田の気候は，冬の北西の季節風と暖流の対馬海流の影響を受けて冬に降水量が多いことが特徴である。なお，季節風は夏には南東の方角から日本列島に吹きつけ，太平洋側に大量の雨を降らす。

問４　農業生産額(産出額)に占める米の割合は，東北地方(31.8％)よりも北陸地方(60.4％)のほうが大きい。東北地方の農業生産額の合計は14426億円なので，米の農業生産額は14426×0.318＝4587.468(億円)である。北陸地方の農業生産額は4142億円なので，米の農業生産額は4142×0.604＝2501.768(億円)である。よって，米の産出額は東北地方のほうが北陸地方よりも大きい。したがって，あが誤っている。

問５　牡蠣の収穫量は広島県が全国のおよそ60％を占め，日本で最も多い(2020年)ので，えが正しい。

問６　資料２は，岩手県の滝沢市と盛岡市で行われる伝統行事「チャグチャグ馬コ」のようすを示したもの。「チャグチャグ馬コ」は農耕馬に感謝する伝統行事で，国の無形民俗文化財に選ばれている。なお，あは青森県のねぶた祭，いは秋田県の竿燈まつり，ウは流鏑馬について説明している。

問７　パルプ・製糸工業の生産額が日本で最も高い県は，中部地方の静岡県(2019年)なので，Ａは

正しくない。また，石油化学工業は，原料である原油(石油)の輸入に便利な沿岸部でおもに行われるので，Ｂも正しくない。したがって，組み合わせとして正しいものは，えである。

問８　南部鉄器は岩手県盛岡市や奥州市水沢地域で生産される鋳物で，国の伝統的工芸品に指定されている。

問９　８月13日について，八食センターは，地図中のｄの青森県八戸市にある。八戸には日本有数の水揚げ量である漁港があり，特にいかの水揚げ量が多いことで知られている。また，青森県はりんごの生産量が日本一で，全国の生産量のおよそ60％が青森県でつくられている(2020年)。８月14日について，白神山地は地図中のｃをふくむ青森県と秋田県の県境にまたがる山地である。ブナの原生林が分布しており，1993年に鹿児島県の屋久島とともにユネスコ(国際連合教育科学文化機関)の世界自然遺産に登録された。８月15日について，なまはげは秋田県の地図中のｅをふくむ男鹿半島周辺で行われてきた年中行事である。男鹿半島にあった八郎潟は，滋賀県の琵琶湖についで日本で２番目に大きな湖であったが，大規模な干拓が行われ，大部分が農地になった。したがって，組み合わせとして正しいものは，おである。

問10　資料４より，写真が撮影された場所の標高が周辺よりも高いこと，また，見下ろした地域の左側にも右側にも海が見え，細長い陸地でつながっていることがわかる。したがって写真は，資料５の函館山の山頂から五稜郭のある北西の方角に向かって撮影されたものと考えられる。

２　飛鳥時代から江戸時代についての問題

問１　平安時代の初期，遣唐使として唐(中国)に渡った最澄は，帰国後，比叡山延暦寺を建てて天台宗を開いた。したがって，えが正しい。なお，あの法然は浄土宗を開いた鎌倉時代の僧，いの空海は平安時代初期に高野山金剛峰寺を建てて真言宗を開いた僧，うの栄西は禅宗の臨済宗を開いた鎌倉時代の僧である。

問２　538年(552年の説もある)に百済(地図中い)の聖明王が，欽明天皇に仏像と経典を送ったことが仏教の日本への正式な伝来と考えられている。なお，あは高句麗，うは任那(加羅)，えは新羅の位置を示している。

問３　中大兄皇子(のちの天智天皇)は中臣鎌足らとともに蘇我氏を滅ぼし，天皇中心の国家を目指して政治改革を行った。この政治改革を大化の改新という。新しい政治では，公地公民が原則とされ，すべての土地と人民が天皇(国)のものになった。

問４・５　明(中国)の征服を企てた豊臣秀吉は，朝鮮に協力を求めたが断られたため，２度にわたって朝鮮に大軍を送った。1592年の文禄の役では李舜臣率いる水軍の激しい抵抗にあったため撤退し，1597年の慶長の役では豊臣秀吉が亡くなったため兵を引き上げた。

問６　樺太の南半分が日本に譲られたのは，日露戦争後に結ばれたポーツマス条約によるものである。したがって，いが誤りである。なお，1895年に結ばれた下関条約で日本が清(中国)から得た遼東半島は，ロシア・ドイツ・フランスによる三国干渉を受けて清に返還された。

問７　日露戦争の講和条約であるポーツマス条約の締結(1905年)は，外務大臣が小村寿太郎のときにアメリカ合衆国の仲立ちによって行われた。小村寿太郎は，アメリカ合衆国との交渉に成功し，1911年に関税自主権を回復して不平等条約改正を完成させた人物でもある。なお，ポーツマス条約ではロシアから賠償金を得ることができなかったため，条約締結に反対する人々が暴動を起こした(日比谷焼打ち事件)。

問８　モンゴル帝国第５代皇帝のフビライ＝ハンは南宋を滅ぼして中国を統一し，元の王朝を建てて元の初代皇帝となった。

問９　元に服従するよう求められたが，鎌倉幕府第８代執権の北条時宗が断ったため，元は高麗軍とともに２度にわたって博多湾に侵攻した。1274年の文永の役と1281年の弘安の役の２度の襲来を元寇という。元軍は文永の役ではすぐに撤退し，弘安の役では暴風雨に見舞われ，撤退した。なお，あの北条義時は承久の乱のときの第２代執権，うの北条泰時は御成敗式目（貞永式目）を制定した第３代執権，えの北条貞時は永仁の徳政令を出した第９代執権である。

問10　資料２は江戸時代に出された武家諸法度，資料３は鎌倉時代に出された御成敗式目，資料４は安土桃山時代に出された刀狩令の内容なので，古いものから順に並べかえると資料３→資料４→資料２となり，いが正しい。また，Ｘには，江戸幕府第３代将軍の徳川家光によって制度化された，参勤交代の「参勤」があてはまる。

問11　室町時代に建国された琉球王国は中継貿易で栄えたが，江戸時代になると薩摩藩の島津氏による侵攻を受け，武力で支配された。以降，琉球王国は国王の代替わりごとに使節を江戸に派遣した。大規模な使節の行列と楽器の演奏などは江戸に着くまでの道中で人々の注目を集めた。幕府は琉球王国の使節にあえて異国風の服装を義務付けることで，異国の王が将軍（江戸幕府）にしたがっているようすを国民に見せ，幕府の権威付けに利用したと考えられる。

３　日本国憲法の条文を題材にした問題

問１　内閣総理大臣の指名は国会，国務大臣の任命は内閣総理大臣の仕事なので，い・うは天皇の国事行為としてあてはまらない。天皇の国事行為として認められているのは，内閣総理大臣の任命と国務大臣の認証である。なお，日本国憲法第１条で天皇は，国の象徴であり日本国民統合の象徴であるとされた。

問２　日本国憲法第３条は天皇の国事行為について，内閣の助言と承認が必要と規定している。天皇には政治的発言は許されず，問１であげられた行為のほか，憲法改正や法律の公布，衆議院の解散，栄典の授与などの形式的な行為のみが国事行為として憲法で認められている。

問３　日本国憲法は第41条で国会について，「国会は国権の最高機関であり，唯一の立法機関である。」と定めており，国会だけが法律を制定することができる機関であるとしている。なお，三権分立をとっている日本において国会が国権の最高機関とされるのは，国会を構成する国会議員が主権を持つ国民によって，直接選挙で選ばれているためである。

問４　投票する権利（選挙権）は衆議院でも参議院でも，満18歳以上のすべての国民に与えられている。一方，立候補できる権利（被選挙権）は，衆議院は満25歳以上，参議院は満30歳以上のすべての国民に与えられているので，組み合わせとして正しいものはうである。なお，選挙権については2015年に公職選挙法が改正され，2016年から選挙権年齢が満20歳以上から満18歳以上に引き下げられた。

問５　衆議院は任期が４年で途中解散もあるため，任期が６年で解散のない参議院よりも国民の意見（世論）が反映しやすいと考えられている。したがって，衆議院には参議院よりも強い権限が与えられている。これを，衆議院の優越という。たとえば，予算の先議権・内閣不信任の決議・法律案の再可決（出席議員の３分の２以上の賛成が必要）などがこれにあたる。また，予算の議決や条約の承認，内閣総理大臣の指名において衆参両議院の議決が両院協議会でも一致しないときには，衆議院の議決が国会の議決となる。これも衆議院の優越として与えられた衆議院の権限である。

問6　国政調査権は国会に認められた権限である。国会は国の政治について調査し，これについて証人の出頭・証言や記録の提出を要求できる。したがって，いが正しい。なお，あの違憲立法審査権はすべての法律や命令・規則が憲法に違反していないかを判断する権限で，裁判所が持つ。うの不信任決議権は衆議院のみが持つ権限で，内閣不信任の決議が衆議院で可決されると，内閣は10日以内に衆議院を解散するか総辞職しなくてはならない。えの問責決議権は，参議院において個々の国務大臣などに対して政治的責任を問うことを決議する権限である。

問7　国の歳入は大部分が租税と国債(国の借金)で占められている。日本は国債の発行額が年々増加し，歳入のおよそ3割を占めている。また，国債残高の増加にともない，国債の返済や利子などにあてられる費用(国債費)も増加しているため，歳出に占める国債費が社会保障関係費についで多く，財政を圧迫していることが日本の財政の問題点の一つである。したがって，国の借金にかかわるものは歳入のⓑと歳出のⓓであり，組み合わせとして正しいものはえである。なお，ⓐは所得税，ⓒは地方交付税交付金を表している。

問8　地方裁判所の判決に不服(第一審の判決に不服)があるときに上級の裁判所に裁判のやり直しを求めることを控訴，高等裁判所の判決に不服(第二審の判決に不服)があるときに上級の裁判所に裁判のやり直しを求めることを上告という。なお，1つの事件について3回まで裁判を開くことができる制度を三審制という。三審制は裁判の誤りを防ぎ，人権を守るために採用されている。

理　科　＜第1回試験＞（社会と合わせて50分）＜満点：50点＞

解答

[1] (1) ウ　(2) (例) サケのたまごは天敵に見つかりづらいから。　(3) **X** A　**Y** C　(4) **X** 90%　**Y** 50%　(5) **魚類** C　**鳥類** A　[2] (1) 20%　(2) ウ　(3) エ　(4) (例) 気体の発生が激しくなる。　(5) 36cm³　(6) 青色　[3] (1) **図1** エ　**図2** ウ　(2) くっ折　(3) ア　(4) **図3** エ　**図4** エ　**図5** エ　(5) オ　[4] (1) **夏** 3　**冬** 1　(2) (例) 自ら光っている。　(3) エ　(4) 春　(5) **方位** 西　**角度** 6度

解説

[1] 生物の産卵数や生存率についての問題

(1)　一般に，ツバメなどのように親が子の世話をする動物の産卵数は少なく，ブリやサケ，カエルなどのように親が子の世話をしない動物の産卵数は多くなる。親が子の世話をする動物は，子が親になるまで生存する割合が大きくなるため，親が子の世話をしない動物と比べて産卵数が少なくてすむと考えられる。

(2)　サケはたまごを川底にほった穴に産むため，たまごを食べる天敵に見つかりにくく，たまごから親になるまでの生存率がブリよりも高くなる。よって，ブリよりもサケの産卵数は少なくなる。

(3)　表2から，5歳のときの生存個体数は，生物Xが500で，生物Yが30とわかる。図で，5歳のとき，生物Xの生存数である500にもっとも近くなっているのはAで，生物Yの生存数である30に

もっとも近くなっているのはＣと読み取れる。

⑷　生物Ｘの５歳のときの生存個体数は500で，６歳のときの生存個体数は450だから，生物Ｘの５歳の生存率は，450÷500×100＝90(％)となる。生物Ｙについても生物Ｘと同様に考えると，生物Ｙの５歳の生存率は，15÷30×100＝50(％)になる。

⑸　図より，Ａのグラフは年齢によらず生存数の減少のしかたが一定で，Ｃのグラフは年齢が小さいときに生存数の減少のしかたが特に大きくなっているとわかる。したがって，魚類の生存曲線はＣ，鳥類の生存曲線はＡのようになると考えられる。

2　水溶(すいよう)液の性質についての問題

⑴　水溶液全体の重さは，100＋25＝125(g)なので，この水溶液の濃度は，$\frac{25}{125}$×100＝20(％)となる。

⑵　水酸化ナトリウム水溶液はアルカリ性の水溶液で，赤色リトマス紙にアルカリ性の水溶液をつけると赤色リトマス紙が青色に変化する。BTB溶液は酸性で黄色，中性で緑色，アルカリ性で青色になる。

⑶　アルミニウムを水酸化ナトリウム水溶液の中へ入れると，アルミニウムと水酸化ナトリウム水溶液が反応して水素が発生する。鉄や銅，金を水酸化ナトリウム水溶液の中へ入れても，このような反応はおきない。

⑷　アルミニウムを粉末にして水酸化ナトリウム水溶液に入れると，水酸化ナトリウム水溶液とふれるアルミニウムの面積がふえるため，アルミニウムと水酸化ナトリウム水溶液の反応がさかんになる。したがって，アルミニウムを粉末にして水酸化ナトリウム水溶液へ入れたときのほうが気体の発生が激しくなる。

⑸　グラフから，Ａ液とＢ液が過不足なく中和する体積の比は，35：20＝７：４とわかる。よって，Ａ液63cm^3を完全に中和させるのに必要なＢ液の体積は，63×$\frac{4}{7}$＝36(cm^3)となる。

⑹　⑸より，Ｂ液14cm^3と過不足なく中和するＡ液の体積は，14×$\frac{7}{4}$＝24.5(cm^3)である。このことから，Ａ液25cm^3とＢ液14cm^3を混ぜたときは，25－24.5＝0.5(cm^3)のＡ液がＢ液と中和せずに残るから，中和せずに残った液体は水酸化ナトリウム水溶液で，その性質はアルカリ性といえる。したがって，この混合液にBTB溶液を加えると，青色になる。

3　光の性質についての問題

⑴，⑵　**図１**　空気からガラスへ垂直に入射した光は，ガラスの中を直進する。同様に，ガラスから空気へ垂直に入射した光も空気の中を直進する。　**図２**　空気からガラスへ光が進むときのように，異なるものの間を光が進むとき，図１のように光が直進するときを除いて，光はくっ折する。ものの境界面に垂直に引いた直線を法線といい，入射した光と法線がつくる角を入射角，くっ折した光と法線がつくる角をくっ折角という。空気からガラスへ光が進むときは，入射角のほうがくっ折角よりも大きくなり，ガラスから空気へ光が進むときは，入射角よりもくっ折角のほうが大きくなる。よって，光はウのように進む。

⑶　太陽光が三角プリズムでくっ折すると，上から順番に，太陽光が赤・橙(だいだい)・黄・緑・青・藍(あい)・紫(むらさき)の７色に分散される。

⑷　**図３，図４**　とつレンズの中心を通り，とつレンズと垂直に引いた直線を光軸(こうじく)という。光軸と平行にとつレンズへ入射した光は，とつレンズを通過したあと，とつレンズの焦点(しょうてん)を通る。

図５　とつレンズの焦点を通りとつレンズへ入射した光は，とつレンズを通過したあと，光軸と平行に進む。

(5)　とつレンズの上半分を黒紙でおおうと，とつレンズの下半分を通った光だけが集まるから，スクリーンにうつるろうそくの像の形や大きさは変わらないが，集まる光の量が減るため，スクリーンにうつるろうそくの像の明るさは暗くなる。

4　星座や星についての問題

(1)　それぞれの図の点線で示された三角形は，図１が冬の大三角，図２が春の大三角，図３が夏の大三角と考えられる。なお，春の大三角はうしかい座のアルクトゥルスとおとめ座のスピカ，しし座のデネボラを結んでできる三角形，夏の大三角はこと座のベガとはくちょう座のデネブ，わし座のアルタイルを結んでできる三角形，冬の大三角はこいぬ座のプロキオンとおおいぬ座のシリウス，オリオン座のベテルギウスを結んでできる三角形である。

(2)　星座をつくる星や太陽は自ら光っている。なお，金星や月は太陽の光を反射して光って見えている。

(3)　星の色は，星の表面温度によりちがって見える。星の表面温度が10000℃以上のおとめ座のスピカやオリオン座のリゲルは青白く，星の表面温度が3000～3500℃くらいのさそり座のアンタレスやオリオン座のベテルギウスは赤く見える。

(4)　地球上で星を観察すると，１年(12か月)で約360度，１か月あたり，約，360÷12＝30(度)東から西へ動いて見える。したがって，夏の星座が南の空に見えているときに西の空に見える星座は，90÷30＝３(か月)前に南の空に見えていた春の星座と考えられる。

(5)　星は東から西へ，１日あたり，360÷365＝0.98…で，約１度動いて見える。よって，２月１日０時に南中していた星は，２月７日０時には，約，１×(７－１)＝６(度)西へ動いて見える。

国語　＜第１回試験＞（50分）＜満点：100点＞

解答

一　**問１**　火　**問２**　ア　**問３**　(初め)思ったよう～(終わり)に考えたり(する能力。)　**問４**　A　みんなの利益　B　トラブルの種　**問５**　イ　**問６**　議会の中ではなんでも自由に話してよくて，発言の内容がよい考えかどうか，純粋にそれだけを，みんなが聞き取ろうとすること。　**問７**　(文字にすれば)一度書かれたら変化しないので，とても正確に，時間や空間を隔てて遠くの人びとに伝わるから。　**問８**　エ　**問９**　ウ　**問10**　㋐～㋔　下記を参照のこと。　**二**　**問１**　(初め)じいちゃん～(終わり)くなった頃　**問２**　家ではちゃんと喋れるが，何を喋っても学校では間違ったことを言っているように思えてうまく喋ることができないから。　**問３**　エ　**問４**　イ　**問５**　中学生の時に甲子園に出た(という実績。)　**問６**　今までもあまり喋らなかったが，嘘つき呼ばわりされたため，さらに口を開かなくなったということ。　**問７**　ア　**問８**　i　じいちゃんに叱られ　ii　事情を知らないまま　**問９**　i　外角にボール一個ぶんはずれた球ではなく，打ち頃の球がくるのを待っていたから。　ii　ウ　**問10**　㋐～㋔　下記を参照のこと。

●漢字の書き取り

一 問10	あ 状態	い 反射	う 原則	え 責任	お 雑誌
二 問10	あ 心臓	い 腹	う 階段	え 昔	お 存在

解説

一　**出典は橋爪大三郎の『面白くて眠れなくなる社会学』所収の「自由」による。**自由とは何かや，自由な社会を実現するには言論の自由が大事であることなどを述べている。

問１　「飛んで火に入る夏の虫」は，自ら進んで危険に飛びこんでわざわいを受けること。

問２　「こういうの」とは，直前の虫の例にあるように，本能にしたがって行動して危険な目にあってしまうことを指す。したがって，アがあてはまる。

問３　ぼう線部②の直後に「を使って，人間は何をするか」とあることから，「こういう能力」は人間がもつ能力であることをおさえる。「こういう能力」がとぼしい動物は反射や本能によって動き，考える能力はあまり高くないと直前の段落にある。このように本能で決まっている行動をとってしまう動物を，「自由」とは言えないとし，それに対して人間は，「自由なもの」であると述べている。人間がもつ「自由」という「能力」については，課題文の冒頭で「思ったように行動したり，好きなように考えたりできること」と説明している。

問４　**A**　ぼう線部③の二段落前に，共有すると「みんなの利益」になるとある。ぼう線部③のあとの「人びとの利益」は，「人びと」の範囲によって利益になる場合とそうでない場合があるため不適と判断する。　**B**　誰かにとって好ましくなかったり言われたくなかったりする言葉は，発言することが「トラブルの種」になるので話さないほうがいいと直前の段落に書かれている。

問５　ぼう線部④の直後に「それは『秘密』とか『ナイショ』とかいうもの」とあることをおさえる。これらは「ある人びとの利益と，もっと広い範囲の人びとの利益とが，一致しない場合に生まれ」ると書かれているので，イがふさわしい。

問６　ぼう線部⑤のような討論が成り立つには，「こういう習慣がある」ことが必要であると直前の文にあることをおさえる。「こういう習慣」については直前の段落で，議会の中では「なんでも自由に話してよ」く，「発言の内容がよい考えかどうか，純粋にそれだけを，みんなが聞き取ろうと」することと説明されているので，この部分からまとめる。

問７　ぼう線部⑥のあとの段落に，文字で書くことの良い点が書かれている。文字にすれば「一度書かれたら，変化しない」ため，「とても正確に，時間や空間を隔てた遠くの人びとに伝わ」るから，よい考えは文字にして残そうという習慣が生まれたのである。

問８　**X**　最後の段落に，「より正しい，より進んだ法律を持つ社会は，より自由な社会にな」るとあるので，法律は人びとの「自由を確保」するように出来ているといえる。　**Y・Z**　「より正しい，より進んだ法律を持」てば，より自由な社会が実現するのだから，法律は，「自由を制限」するものではなく，「自由を保証」するものといえる。

問９　ぼう線部⑦の直前に，あとの内容の理由が前にあるときに使う「だから」があるので，直前の文に注目する。「より自由な社会にな」るには，「より正しい，より進んだ法律を持つ社会」になることが必要で，「より進んだ法律を持つ」ためには，「言論の自由」によってだれもがよりよい法律について考え，発信できることが重要といえるので，ウがふさわしい。

問10　㋐　物事のようすやありさま。　㋑　特定の刺激に対して，動物が意識せずに起こす反応。　㋒　多くのことにあてはまる，もとになるきまり。　㋓　引き受けなければならないつとめ。　㋔　「雑(ザツ)」には「ゾウ」の読みもあり，「雑木林」などの熟語がある。

□二　**出典は荻原浩の『それでも空は青い』所収の「人生はパイナップル」による。**学校では無口で友達のいない「ぼく」が，じいちゃんとみがいた野球の実力によって見直される。

問１　ぼう線部①の「トンボが赤くなる」は，赤とんぼのことなので秋を意味するが，二段落あとに「じいちゃんが草刈りをしなくても休耕田に草が生えなくなった頃」，つまり，季節が冬に移り変わったことがわかる表現がある。

問２　(中略)のあとに「そのうちに誰もぼくに話しかけなくなる」とあり，その理由が(中略)の三段落あとに，「ぼく」は家ではちゃんと喋れたが，学校では何を喋っても間違ったことを言っているように思えてうまく喋れなかったと書かれているので，この部分をまとめる。

問３　ぼう線部③のあとで「ぼく」も，遠投をしようとしたがあきらめたじいちゃんに「むりっていう前にむりしてよ」と言っているので，ぼう線部③は，やる前に「無理」と言わず，実際にやってみることを意味しているので，エがふさわしい。

問４　ぼう線部④の前後の内容から，じいちゃんが戦争中に遠い南の国でたくさんの手榴弾を投げていたことがわかる。手榴弾の投げすぎで肩を痛め，野球をあきらめる原因になった当時のことを思い出していると読み取れるので，イがふさわしい。

問５　みんなが「じいちゃんの本当の実力」を知らないと思った「ぼく」は，じいちゃんが「中学生の時に甲子園に出た」という実績をみんなに明かしている。

問６　「ぼく」に「ハマグリ」というあだ名がつけられたのは，人とうまく喋れないため口を開かないからだと(中略)の直後にある。セキグチに「甲子園に出られるのは高校生だけだ」と指摘されたために，嘘つき呼ばわりされるようになり，「ぼく」は以前にもまして口を開かなくなったことをぼう線部⑥はいっている。

問７　「甲子園に出られるのは高校生だけだ」と，セキグチが「ぼく」を嘘つき呼ばわりしたことに激怒したじいちゃんは，セキグチの家に行くから「ぼく」も「一緒に来い」と言っていることをおさえる。ぼう線部⑦は，自分の身に災難がふりかかったらそのままにせず，すぐに「自分で」解決しろという意味だと読み取れる。

問８　ⅰ　セキグチが「ぼく」のハラをこづいてきたのは，昨日「じいちゃんに叱られ」たことが悔しかったからだろうと「ぼく」が考えたことが，少し前に書かれている。　ⅱ　ほかのみんなの様子は，ぼう線部⑧の直前に「事情を知らないまま，ほかのみんなも笑った」とあり，「事情を知らないまま」，「ぼく」をバッターボックスに立たせようとしたセキグチに同調したことになる。

問９　ⅰ　ぼう線部⑨のあとに「打てなかったんじゃない，見逃しただけだ」「外角にボール一個ぶんはずれてた」とあることから，セキグチの投げるボールが「ぼく」にはよく見えており，打ち頃の球がくるのを待っていたため，「ぼく」は初球を見逃したのだとわかる。　ⅱ　課題文の最後に「野球の話ならいくらでも間違わずに話せた」とあるとおり，甲子園出場経験のあるじいちゃんと練習を重ねてきた「ぼく」は，野球には自信があり，打つべきボールを落ち着いて見定めていたのである。よって，ウがふさわしい。

問10　㋐　体中に血液を送る役目を持つ内臓。　㋑　「腹」の音読みは「フク」で，「腹痛」「腹筋」などの熟語がある。　㋒　上ったり下りたりするための段々の通路。　㋓　「昔」の音読みは「セキ」「シャク」で，「昔日（せきじつ）」「今昔（こんじゃく）」などの熟語がある。　㋔　ある物や，いる人そのもの。

Memo

2023年度 駒込中学校

＊【適性検査Ⅰ】は国語ですので最後に掲載してあります。
〈受験上の注意〉机の上には「受験票」，「筆記具」，「消しゴム」以外のものは置かないこと。
【適性検査Ⅱ】〈適性検査型A試験〉（45分）〈満点：100点〉

1 一隅(いちぐう)さんと駒込(こまごめ)さんが話をしています。

一隅：もうすぐ今年度も終わってしまうんだね。あっという間の１年間だったよ。
駒込：ええ，太陽もあっという間に沈(しず)んでしまうから，なんだかさびしく感じるわね。
一隅：そういえば，先輩(せんぱい)たちと協力して太陽の動きを表した模型を作ったんだ。駒込さんにも見てほしいな。
駒込：さすが一隅さんね。でも，太陽の動きを表すとはどういうことかしら。

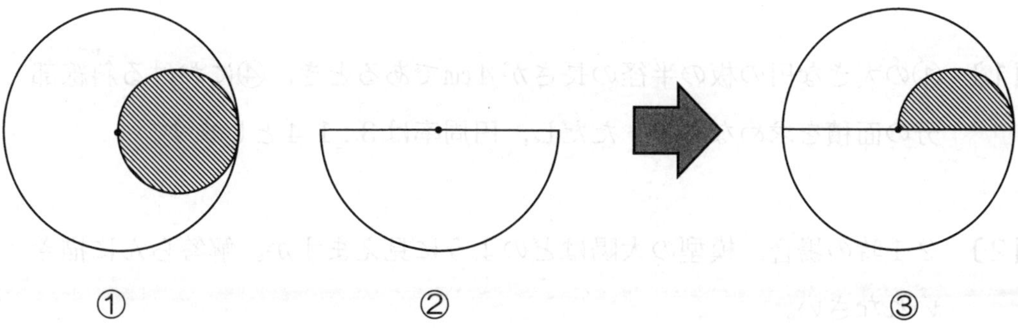

一隅：①は，大きな円の板に小さな円を描(か)いて，大きな円は空を，小さな円は太陽をイメージして作ったよ。小さな円には色を付ける予定だよ。
駒込：大きな円の半径は，小さな円の半径の２倍の長さで，小さな円は大きな円の中心を通るように描かれているのね。でも，空の大きさにしてはかなり大きな太陽ね。
一隅：太陽の動きがよくわかるように，今回は作りやすい大きさで描いてみたよ。①と同じ半径である半円②の板を①の上に重ねると，③のような模型ができるんだ。このとき，②の板は図のように平らな部分が水平になるように固定しておくよ。①の板を回転させると，太陽を表した円が②の板で隠れたり，出てきたりするんだよ。

駒込：面白いわね。２４時間で１周して元の位置に戻るように①を回転させると，太陽が昇ったり沈んだりする様子を表すことができるのね。だから①の回転の速さは一定にしているのね。

一隅：昼の１２時でちょうど太陽が真上に来るようにして，夜の０時にちょうど太陽が真下に来るように回転させると，実際の太陽の動きを再現することができるよ。例えば，③の場合は朝の６時で，朝の９時の場合は④の図のようになるよ。太陽が少しだけ隠れているね。

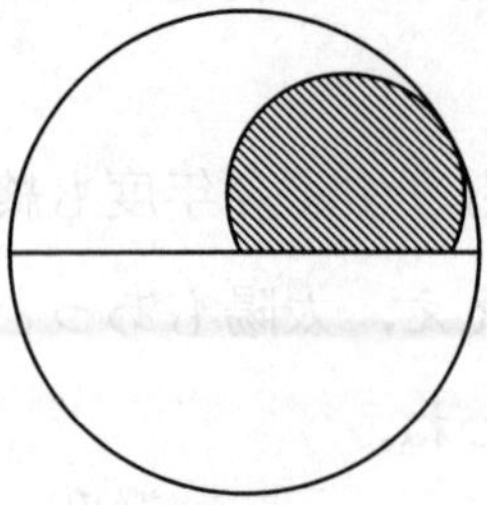

④

駒込：２月の場合，東京の日の出はおよそ６時４０分だけど，この模型は夜の０時を少しでも過ぎると太陽が顔を出し始めてしまうのね。

〔問題１〕　①の大きな円の板の半径の長さが４cmであるとき，④における斜線部分の面積を求めなさい。ただし，円周率は３．１４とします。

〔問題２〕　２１時の場合，模型の太陽はどのように見えますか。解答らんに描きいれなさい。

一隅：①と同じ大きさの円の板で，時計盤も作ってみたよ。板に短針の絵を描いて①と同じように回転させれば，時刻を表すことができるよ。せっかくだから，時計盤も一緒に回転させてしまおう。

駒込：模型の回転に合わせて時計盤も動かすのね。①の板と時計盤を歯車のように組み合わせて動かしてみたらどうかしら。

一隅：良いアイデアだね！　歯車なら，先輩に使い方を教えてもらったから得意だよ。⑤のように，模型と時計盤の歯車は同じ形にして作ると良いんだって。先輩は駒込高校の理系先進コースに進学したんだけど，授業で歯車を利用した風車を作るんだって。

駒込：私も授業の様子を動画で見せてもらったわ。歯車の歯の数によって回転数が変わるという話が興味深かったわ。今回は，回転数を変えたくないから同じ形にしたのね。

一隅：②の板は今までと同じように固定して回らないようにしたよ。太陽の位置と，時計盤の短針の位置を，⑤のように，左右の円盤を朝の９時に合わせてから①を回すと…。あれ，太陽と短針の時刻がずれていくよ。

駒込：①の回り方と時計盤の回り方には，何か規則性がありそうね。とりあえずもっと回して調べてみましょうか。

一隅：何回か回してみると，時々時刻が合うことがあるね。

駒込：でも，時計盤では午前と午後のちがいがわからないから注意が必要よ。時計盤が表している時刻が午前と午後のどちらであるのかを確認しながら回しましょう。

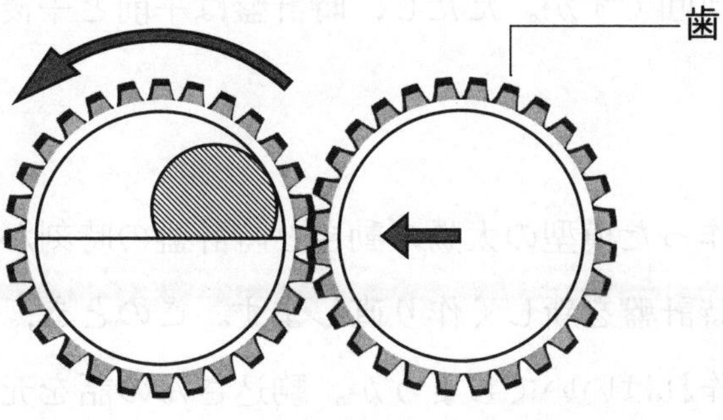

⑤

〔問題３〕　一隅さんのように，左右の円盤を朝の９時に合わせた状態から①を反時計回りに動かします。最初に模型の太陽が完全に②の下に隠れて見えなくなったとき，時計盤の時刻を求めなさい。ただし，「１３時０５分」のように，２４時間と６０分表記で表すこと。

駒込：時刻が合わないのは，円周の長さと歯車の歯の数が原因ね。模型を作り直すのは大変そうだから，時計盤を作り直してみましょうか。

一隅：駒込さんありがとう！ちょうどよかった，前に作っておいた円の板があるから，これを新しい時計盤にしてみよう。半径がさっきの時計盤の３倍の長さになっている円の板なんだけれど，大きすぎるから使っていなかったんだ。歯の大きさは変えずに元の数の３倍の歯数にすればうまくかみ合って回ってくれそうだ。

駒込：その半径でも時刻は合わないと思うのだけれど，回り方が変わるから新しい発見がありそうね。何事もやってみなければ見えないものもあるから，色々なことにチャレンジしていきたいわね。

〔問題４〕　一隅さんの話を元に，時計盤を新しい時計盤に取りかえます。⑤の状態のように，太陽も新しい時計盤の短針も朝の９時を表すように設置してから，①の時計を反時計回りに動かします。①を１００回転させたとき，太陽が表す時刻と新しい時計盤の短針が同時に朝の９時を表すのは合計何回ですか。ただし，時計盤は午前と午後を区別するものとします。

〔問題５〕　一隅さんが作った模型の太陽の動きと時計盤の時刻が完全に合うように，正しい時計盤を新しく作り直します。このとき，正しい時計盤はどのように作ればいいでしょうか。駒込さんの話を元に説明しなさい。

2 駒美(こまみ)さんと照夫(てるお)くんが会話をしています。２人の会話文を必ず読んで，**〔問題１〕・〔問題２〕**に答えなさい。

駒美：照夫くんってマクドナルド好き？
照夫：うん！　大好きだよー！　とくにビッグマック®（**資料１**）が！
駒美：ふふふ。そんな回答を待っていたわ。「ビッグマック指数」って知っている？
照夫：いや，はじめて聞いたよ。
駒美：マクドナルドは世界的なファストフードチェーンだから，ビッグマック®は世界中の店舗で，ほぼ同じサイズ，ほぼ同じ品質で販売されているの。アメリカでのビッグマック® の価格と，ある国でのビッグマック® の価格を比べることで，それぞれの国の通貨の価値がみえるから，「ビッグマック指数」はその国の経済力を表しているといえるのよ。１９８６年からイギリスの週刊新聞『エコノミスト』で毎年発表しているの。
照夫：へー！　じゃあ，せっかくだから『エコノミスト』に出てる数値を表にしてみるね！
駒美：アメリカでのビッグマック® の価格を基準にして，日本での価格を表にしてみて！
照夫：こんな感じ？　ここからどうやって「ビッグマック指数」を出すの？
駒美：照夫くんは，表にまとめるのがほんとうに上手だよね。ありがとう。あとは表の**A**のところに，２つの国の価格差から割(わ)り出した為替(かわせ)レート（**資料２**）を入れましょう。最後に，**A**をそのときの実際の為替レートで割れば「ビッグマック指数」が出るわね。
照夫：よし！　できた！　ふむふむ…，あれ，駒美ちゃん，この「ビッグマック指数」って，要はビッグマック® の価格をもとに，アメリカのドルに対する日本の円の価値がわかるってこと？
駒美：そう。この数値…，私たち日本人は，この問題をもっと真剣に考えなければならないわね。

資料1　ビッグマック®

単価：390円（2022年7月時点の価格） 材料：バンズ（パン） ビーフパティ（牛肉） オニオン（たまねぎ） ピクルス（きゅうりの酢漬け） レタス チェダースライスチーズ

日本マクドナルドホールディングス　ホームページより

資料2　為替レートとは，日本のお金と外国のお金を交換するときに使う言葉。一国の通貨と他国の通貨との間の交換比率のこと。

〔問題1〕 (1) **資料3**の２０１５年・２０２０年・２０２２年のビッグマック®のアメリカでの価格と日本での価格の差に基づく為替レート（単位円）と，それぞれの年のビッグマック指数（単位%）を計算しなさい。答えは，表に書かれている数値と同じように，小数第２位を四捨五入した小数第１位までの数値を書きなさい。

(2) (1)で計算したビッグマック指数を使って，解答らんに折れ線グラフを作りなさい。

(3) (2)で作ったグラフから，ここ１０年の日本の円の価値がどのように変化しているかについて，説明しなさい。

(4) マクドナルドは**資料4**で示されている国々に出店し，ビッグマック® を販売しているため，「ビッグマック指数」は各国の為替の予想に使用できるが，この数値をそのまま比べるには，いくつかの問題がある。その問題点を書きなさい。その際に，**資料1**を参考にしなさい。

資料3　２００５年から２０２２年までの「ビッグマック指数」をまとめたもの

	アメリカでの価格	日本での価格	**A**	実際の為替レート	**ビッグマック指数**
2005年	2.58 ドル	250 円	1ドル ＝ 96.9 円	1ドル ＝ 106.72 円	－ 9.2 ％
2010年	3.53 ドル	320 円	1ドル ＝ 90.7 円	1ドル ＝ 87.18 円	＋ 4 ％
2015年	4.29 ドル	370 円	1ドル ＝ □ 円	1ドル ＝ 123.94 円	□ ％
2020年	4.82 ドル	390 円	1ドル ＝ □ 円	1ドル ＝ 107.28 円	□ ％
2022年	5.15 ドル	390 円	1ドル ＝ □ 円	1ドル ＝ 137.87 円	□ ％

From the Big Mac Index ©The Economist Limited, London

注意：2005年は６月，その他は７月時点の数値

：表中の**A**はアメリカと日本の価格差から割り出した為替レート

資料4　「ビッグマック指数」をもとにしたランキング（対象国・地域54か所）

1位	スイス
2位	ノルウェー
3位	ウルグアイ
4位	スウェーデン
5位	カナダ
6位	アメリカ
7位	レバノン
8位	イスラエル
9位	アラブ首長国連邦
10位	ユーロ圏
11位	オーストラリア
12位	アルゼンチン
13位	サウジアラビア
14位	イギリス
・ ・ ・	
31位	中国
32位	韓国
33位	タイ
34位	コロンビア
35位	メキシコ
36位	グアテマラ
37位	ヨルダン
38位	パキスタン
39位	モルドバ
40位	ベトナム
41位	日本
42位	アゼルバイジャン
43位	フィリピン
44位	トルコ
45位	香港
46位	ハンガリー
47位	台湾
48位	マレーシア
49位	エジプト
50位	インド
・ ・ ・	
54位	ベネズエラ

From the Big Mac Index ©The Economist Limited, London

駒美：こんな問題もあるのよ。照夫くん，東京ディズニーランドの入園料は，いま８，０００円前後だけど，この価格をどう感じる？

照夫：そりゃ高いよー！

駒美：あるアンケートによると，日本人の約８０％が高いと感じるらしいけど，世界のディズニーランドと比較すると，フランスのディズニーランド・パリが日本円で１０，０００円前後，アメリカのディズニーワールド（フロリダ）が２０，０００円前後なのよ。

照夫：な，なんだって!?　これじゃ外国人からしたら，東京ディズニーランドの入園料は安く感じるってことなんだ。

駒美：他にも影響が出ていることがあるのよ。北海道のニセコって知っている？　北海道のニセコ地域は倶知安町・ニセコ町・蘭越町の３つがまとまって「ニセコ観光圏」（**資料５**）というのをつくっているんだけど，この地域はここ６年あまり土地の価値（地価）が急上昇しているのよ。倶知安町樺山地区の地価上昇率は２０１９年に６６．４％で，４年連続で全国住宅地のトップになったんだって。

照夫：北海道には親戚がいるから，スキーに行ったことあるよ。さらさらしていて，いい感じの雪なんだよね！　地方の町なのに，地価が上がっているのはすごいなぁ。

駒美：リゾートホテルや高級マンションのような宿が立ち並んでいるそうよ。地価が上がるってことは，地元の人にとってはいいことかもしれないけど，それを問題だと思う人もいるはずよ。

資料５　ニセコ観光圏

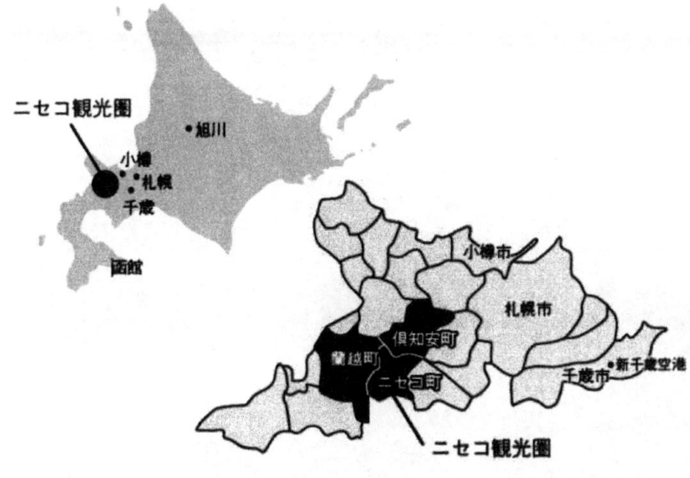

ニセコ観光圏ホームページより

資料６　ニセコでの外国人のにぎわい

〔問題２〕　北海道のニセコ観光圏の地価が急上昇している。ニセコ観光圏の地価が上昇している理由として，考えられることを答えなさい。その際に，**資料６**を参考にしてもよい。また，そのことがニセコ地域にもともとくらしていた人々にどのような影響を与えているか，あわせて答えなさい。

3 自然科学部の良太郎（りょうたろう）くんと先生との会話を読んで以下の問いに答えなさい。

良太郎：せんせ～。このあいだの日曜日に先輩（せんぱい）と一緒（いっしょ）に横須賀（よこすか）に船を見に行ってきました～。

先生　：おぉ，良太郎くん。それはよかったね～。いい経験ができたじゃない。

良太郎：いろんな船を見ていて気がついたんですが，船の前のほうの形っていろいろな種類がありますねー。

先生　：おっと！　良太郎くん，ものすごくいいところに気がついたねぇ。素晴らしい着眼点ですよ！　先生もちょうど船首（船の前の部分）の形状について調べていたところだったんだよ。

良太郎：あ～，やっぱりそうでしたか～。ボクには先生の考えていることが全部わかっちゃうんですよねー。

先生　：へー…。ところで，船首の形はどんなのが印象に残ってる？

良太郎：えーっとねー，ナイフみたいな形のやつもかっこよかったけど，水面の下に丸いでっぱりみたいなのがつき出ているやつもおもしろい形だなぁって思いましたねー。

先生　：クリッパー・バウとバルバス・バウだね。

良太郎：ク？クリップ？？…バルバウバス？？？…バウ？

先生　：ナイフみたいな形状をしているのはクリッパー・バウと呼んだり，アトランティック・バウと呼んだりしてるね。厳密にはいろいろな種類があるみたいだけど，直線的なやつで横から見て斜めになっているのはクリッパー・バウの派生型と考えていいみたいだよ。

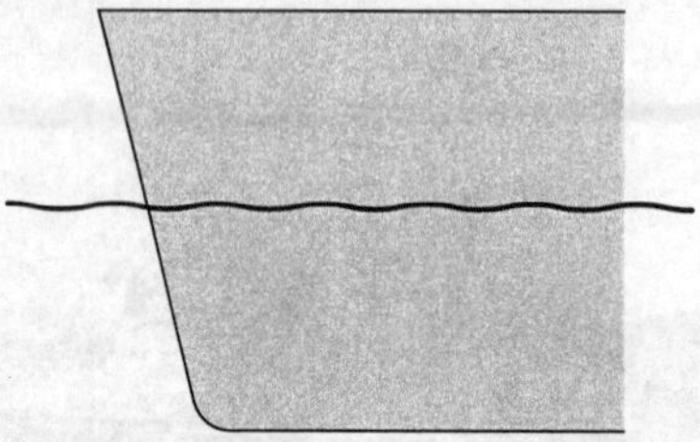

クリッパー・バウ

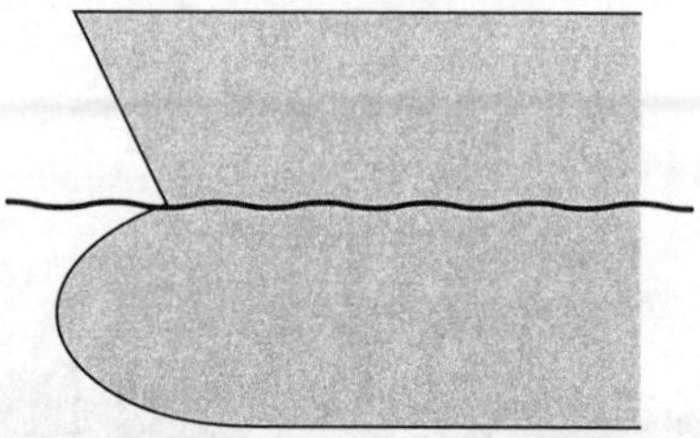

バルバス・バウ

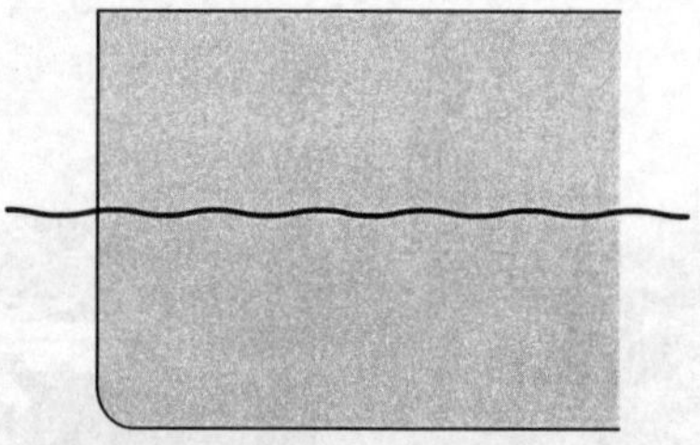

垂直・バウ

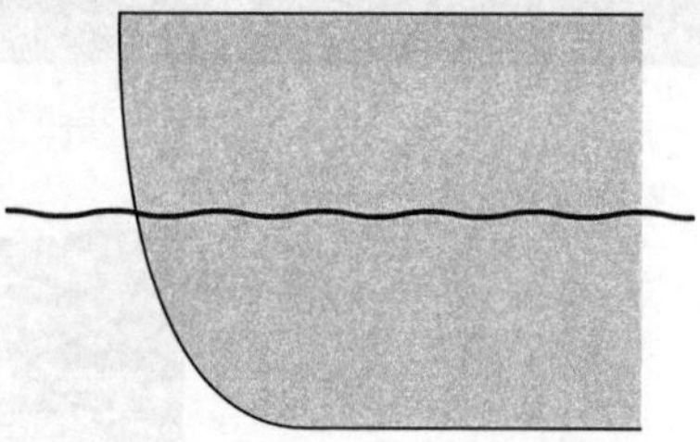

スプーン・バウ

良太郎：クリッパー・バウ？

先生　：うん。バウというのは船首という意味だね。クリッパーは１９世紀に発達した大型帆船のことを指すみたいだね。

良太郎：クリッパーの船の前の形がナイフみたいな形だったってことですね。

先生　：そういうことだね。

もう一つのほうの，水面下にでっぱりみたいなのがあるやつはバルバス・バウだね。バルバスは直訳すると球根状になるけど，そこから「球状の船首」という意味になるようだね。特徴的な形状だからなんだかすごく気になるよねぇ。先生も船首の中でも特にバルバス・バウについて中心に調べていたところだったんだ。

良太郎：球根…。

先生　：バルバス・バウは２０世紀に入ってからアメリカの造船学者が発明したもののようで，船が進むときの波を打ち消すために設計されたようだね。

良太郎：波を打ち消す？？

先生　：うん。良太郎くんはノイズキャンセリングイヤホンとか知ってる？　つけると周りの音がほとんど聞こえなくなるイヤホン。耳栓(みみせん)とは違った方法で周囲の音を消すシステムなんだけどね。

良太郎：あー，聞いたことあります～。先輩がこのあいだつけていたやつだと思います。いっくら声かけても振り向いてくれなかったから，そのノイズなんちゃらイヤホンをつけてたんだと思います。

先生　：陽正くんがつけていたやつだね。Bose（ボーズ）というアメリカの会社のイヤホンだね。Boseは世界で初めてノイズキャンセリングの技術を製品化した会社だね。

良太郎：そのノイズなんちゃらイヤホンとバルバルバル？？となんの関係があるんですか？

先生　：あ，いかんいかん，話が脱線(だっせん)してしまった。音は空気中を波となって伝わるのは去年習ったと思うけど，ノイズキャンセリングは，その波の形状を解析(かいせき)して，反対の形の波を発生させることで音を打ち消す技術なんだ。

良太郎：えー!?　反対の音を出すと音が消えちゃうんですかー？　なんかよくわかんないけどすごーい！

先生　：そのへんの細かいところは高校の物理で出てくるから，そこで勉強してくれればいいかな。

ノイズキャンセリングとバルバス・バウだと時代はバルバス・バウのほうが古いけど，考え方はおんなじで，船が進むときにできる波に対して水面下のバルバス・バウが逆の波を作ってくれて波がキャンセリングされるんだ。

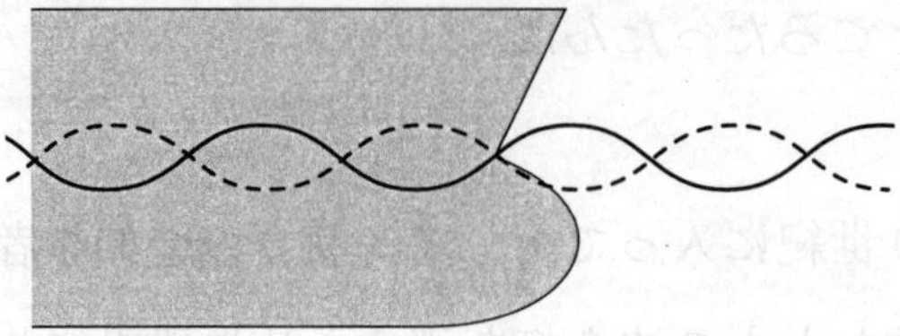

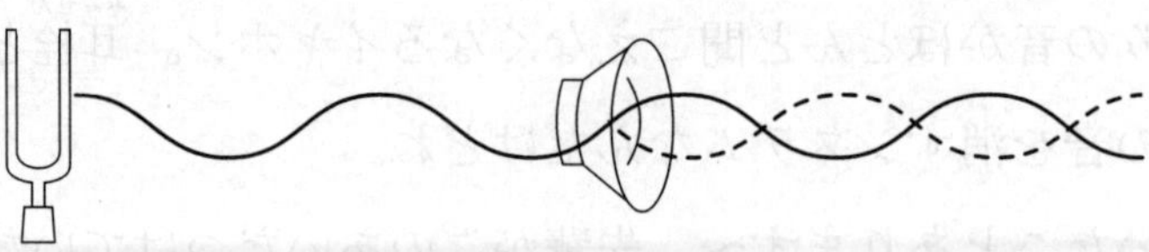

良太郎：へー，あのでっぱりにそんな役割があったんですねー。見えないところできちんと仕事をしているわけですねー。すごいなぁ，バスバスバル。

先生　：それで，色々調べていたら実際に船首のモデルを作って水面を動かしてみたくなっちゃったんだよねー。良太郎くん，これから作るから手伝ってね！

良太郎：もちろんですよ～！　いっぱい作りますよ～!!　バウバウバス！

先生　：バルバス・バウね。一回も言えてないから笑ということで，先生と良太郎くんは船体のモデルを作成し，水上を走らせて動きの様子を計測することにしました。材料は以下に示したものを使用しました。

・船体…発泡(はっぽう)スチロールブロック（５㎝×１０㎝×２０㎝）

・密度調整用おもり…金属製のボルト，ナット

・コース…軒樋(のきとい)（幅２０㎝×深さ１５㎝×長さ１ｍ）

・ビースピ…速さ計測器（センサー部を通過した物体の速さを計測できる機器）

・ゴム紐(ひも)

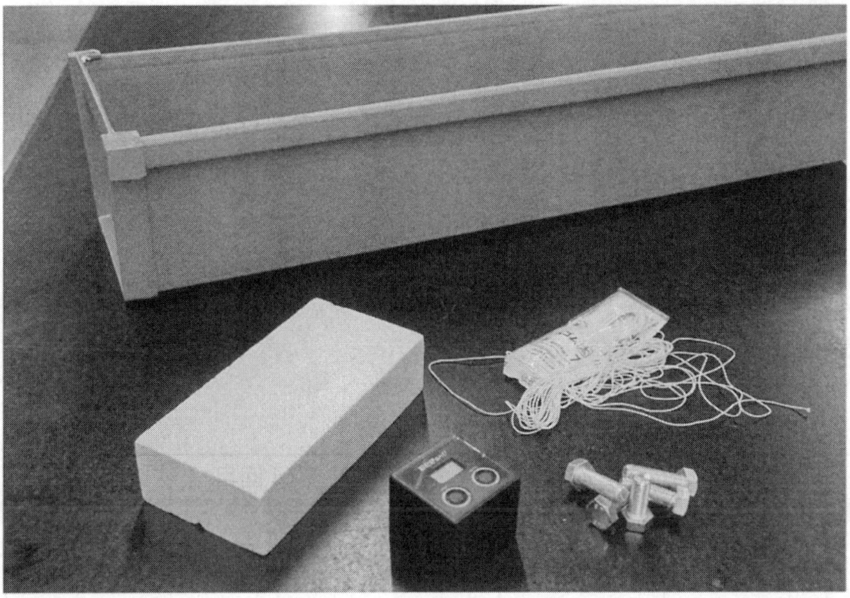

〔問題１〕 船体を程よい深さまで沈（しず）めるために，密度を測定したい。質量は電子天びんで測定するとして，体積を測定する方法としてより適切な方法を考えて具体的に答えなさい。

〔問題２〕 船体の５割が沈んでいる状態と，８割が沈んでいる状態を作りたい。船体の体積が７４０㎤だったとして，それぞれ船体は何ｇにすればよいか答えなさい。なお，水の密度は１．０g/mLであり，物体が水の上で浮いているとき，水の中に沈んでいる部分の体積はその体積分の水の質量と等しい。つまり，水に浮く１００ｇの物体であれば，１００mL（１００㎤）水の中に沈んでいる。

〔問題３〕 船体にゴム紐をつけて，水をはった軒樋を走らせ，速度をビースピを使って計測したい。このとき，計測をする上で注意すべき点をあげなさい。

〔問題４〕 上記のように速度を計測した結果が以下である。測定結果から考えられることを答えなさい。

垂直

1/4	１回目	２回目	３回目	４回目	５回目
A地点	0.83	0.78	0.81	0.8	0.82
B地点	0.34	0.38	0.35	0.37	0.41
1/2					
A地点	0.54	0.44	0.39	0.43	0.45
B地点	0.36	0.36	0.38	0.38	0.42
全部					
A地点	0.35	0.33	0.36	0.34	0.35
B地点	0.19	0.25	0.24	0.29	0.27

クリッパー

1/4	1回目	2回目	3回目	4回目	5回目
A地点	0.86	0.99	0.85	0.9	0.91
B地点	0.28	0.33	0.35	0.34	0.34
1/2					
A地点	0.53	0.49	0.56	0.63	0.58
B地点	0.47	0.4	0.44	0.46	0.45
全部					
A地点	0.33	0.29	0.28	0.31	0.31
B地点	0.21	0.19	0.23	0.21	0.21

スプーン

1/4	1回目	2回目	3回目	4回目	5回目
A地点	0.82	0.83	0.79	0.82	0.77
B地点	0.32	0.35	0.35	0.32	0.33
1/2					
A地点	0.44	0.48	0.46	0.48	0.44
B地点	0.41	0.37	0.41	0.38	0.43
全部					
A地点	0.32	0.32	0.29	0.32	0.34
B地点	0.25	0.18	0.24	0.19	0.19

バルバス

1/4	1回目	2回目	3回目	4回目	5回目
A地点	0.71	0.88	0.7	0.7	0.74
B地点	0.45	0.38	0.42	0.43	0.38
1/2					
A地点	0.39	0.46	0.4	0.4	0.37
B地点	0.32	0.36	0.36	0.37	0.35
全部					
A地点	0.37	0.37	0.37	0.33	0.32
B地点	0.21	0.21	0.19	0.24	0.27

【適性検査Ⅲ】〈適性検査型Ａ試験〉(45分)〈満点：100点〉

1 自然科学部のルカくんと先生の会話を読んで以下の問いに答えなさい。

ルカ：先生，それは何を作っているんですか？

先生：おぉ，ルカくん。これは船の前の部分（船首）の形状の違(ちが)いと走りの差を比べたくていくつかのモデルを作ってるんだよ。

ルカ：その材料はなんですか？　あと，その針金みたいなのは？？

先生：あー，この船体に使っている材料は１００円ショップで売っていたスチロールブロックだよ。発泡(はっぽう)スチロールだね。それと，この固定してある針金みたいなのは，ニクロム線といって，電気を流すと熱を発する線で，その熱でスチロールをカットしてるんだよ。

ルカ：なるほど。発泡スチロールは手ごろな素材ですが，カッターとかを使うときれいに加工できないですもんね。

先生：そういうことですね。ただ，スチロールカッターを使っても，この最後の一つの船首の形を切り出すのはすごく苦戦してるんだよね。

ルカ：あぁ，ずいぶんと複雑な形状をしていますね。そういえば，これは戦艦(せんかん)大和にも使われている形状ですね。

先生：おぉ，さすが詳しいね，ルカくん。

ルカ：先生，これってモデリングして３Ｄプリンターでプリントアウトしたほうがきれいなものが作れるんじゃないですか？

先生：あ！　なるほど!!　その手があったか！

発泡スチロールをニクロム線でカットする方法だと，直方体から直線で切り落とす作業をくりかえす以外の手順がないから，ある程度複雑な形状になってくると限界が出てくるからね。

CADソフトを使ってモデリングをする方法なら，立体を作る・結合する・削(けず)るという手順を使い分けながら作成ができるから自由度がニクロム線での作業よりも高いね。

ルカ：そうですね。ボクの使っているソフトだと四角形などの多角形と円をベースにしていろいろな形状を組み立てます。例えば，直方体は

① （前後左右軸（z軸x軸）にそって）四角形を作る

② 縦軸（y軸）方向に①を伸ばす

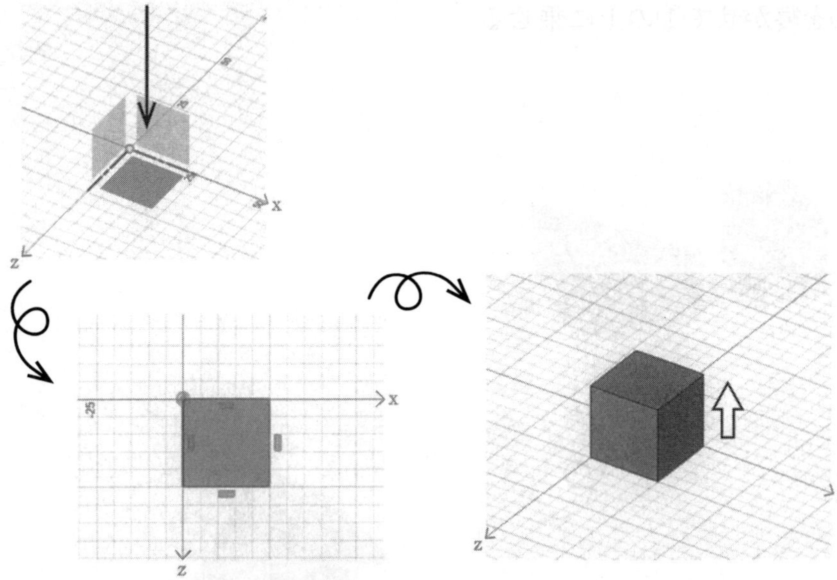

といった感じですね。円柱であれば，①で円を作れば同じ操作でできます。

また，円錐みたいな形は，軸を中心に回転させるということもできます。

① y軸x軸にそって三角形を作る

② y軸を回転軸にして①を一回転させる

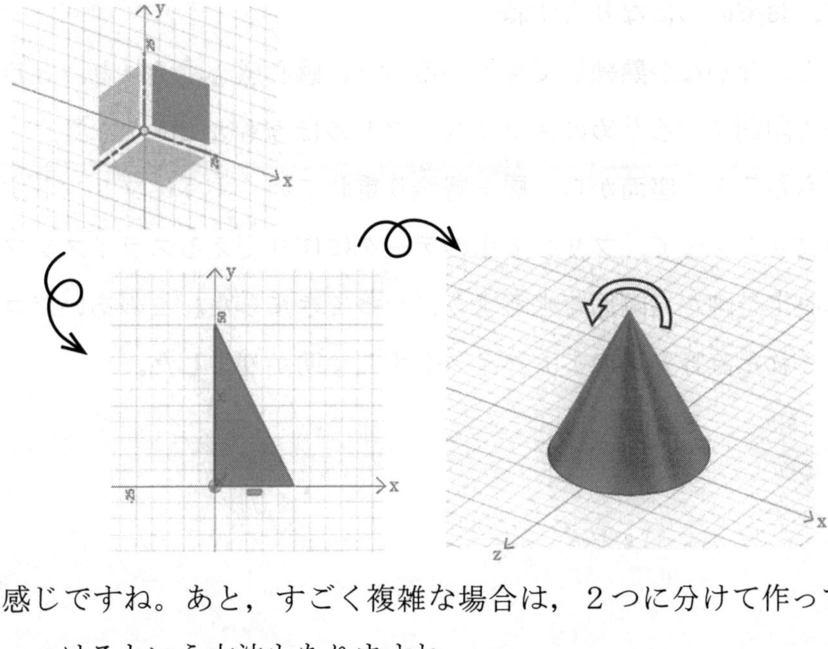

て感じですね。あと，すごく複雑な場合は，２つに分けて作ってあとでくっつけるという方法もありますね。

① 立方体を作る

② 三角柱を作る

③ ②を寝かせて①の上に乗せる

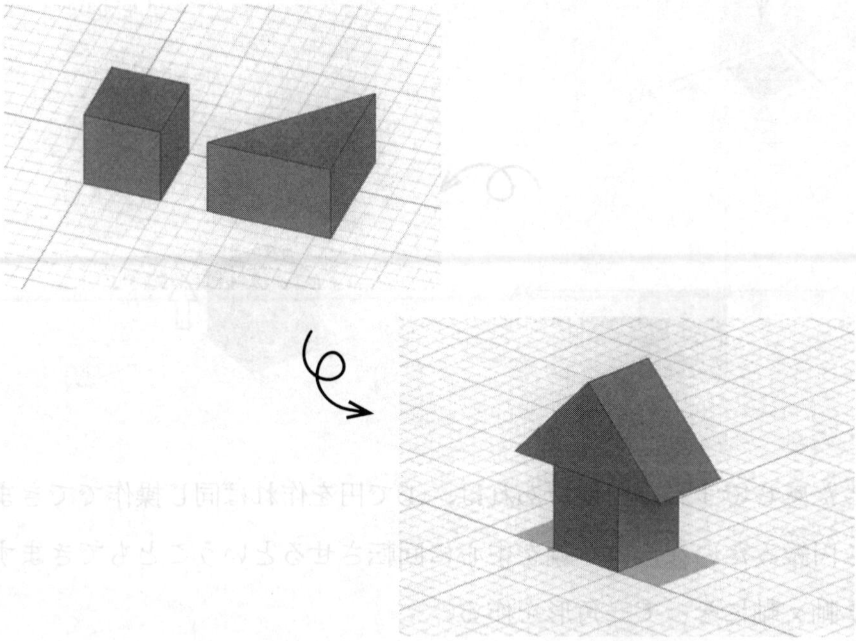

これで，お家の形になりますね。

先生：うんうん。なかなか熟練してきているねー。感心感心。それと，３Ｄプリンターで印刷をするためのスライスソフトのほうも大丈夫かな？

ルカ：はい。もちろん。座面から一層一層塗(ぬ)り重ねていくようにプリントする積層型のプリンターで，プリント用のデータに作り変えるスライスソフトもだいぶ設定を細かく調節できるようになってきました。このあいだコーチで来てくれた芳野(よしの)先輩のアドバイスもすごく助かりました。

例えば，下のような形のものはそのまま印刷すると，下になにもないところにフィラメント（３Ｄプリンター用の材料）を塗ることになるので，うまく造形できないので，向きを変えるか，サポート材を付ける設定をしてプリントするかをしないといけないんですよね。

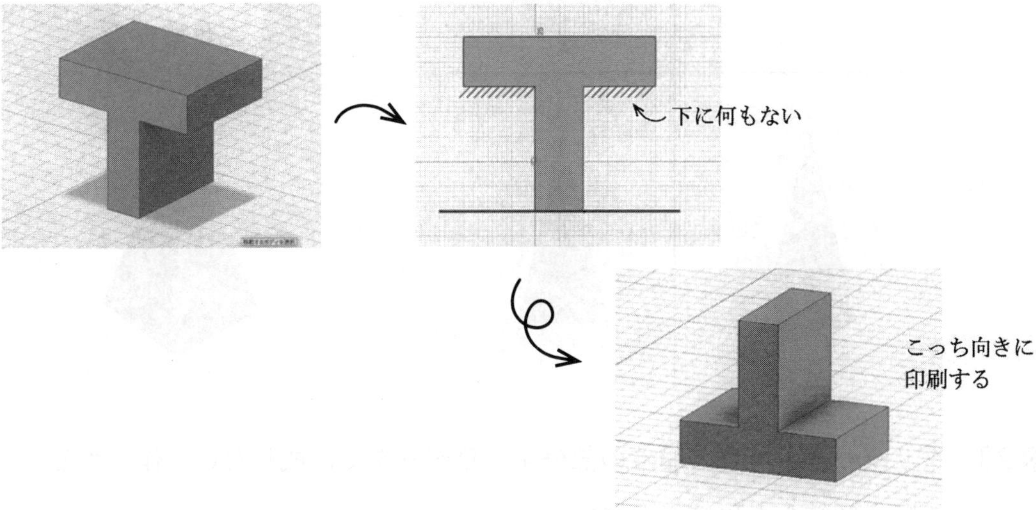

先生：そうだねー。CADデータがきれいに作れても，スライスソフトでしっかりと設定を追い込まないと結局きれいな造形物はできないからねぇ。
よし！　じゃぁサンプルと資料をわたすから，ルカくんあとはよろしくねー。

ルカ：え？　えぇ…。あの，そういう意味で言っていたわけではないんですが…。

先生：ん？　どうしたの？　資料はデータのほうがいい？　紙で出す？？

ルカ：もー，わかりました。やりますよ。やりますって！　そのかわりボクの作っているモデル用にフィラメント（３Ｄプリンター用の材料）をたくさん買ってくださいね!!

〔問題１〕　３Ｄデータを上記の方法を参考にして作成したい。下記の物体を作成する場合の手順を解答らんに答えなさい。

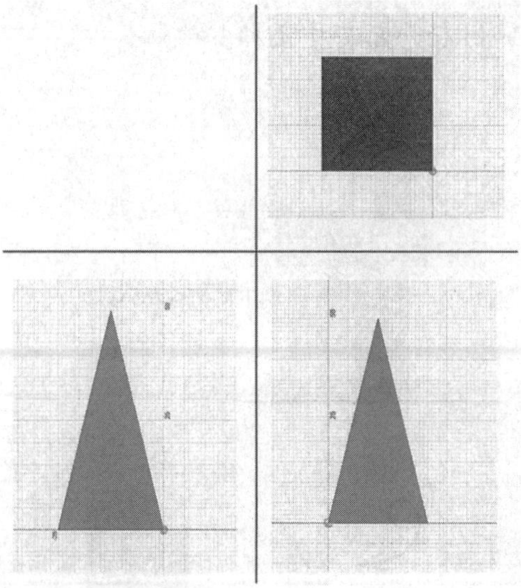

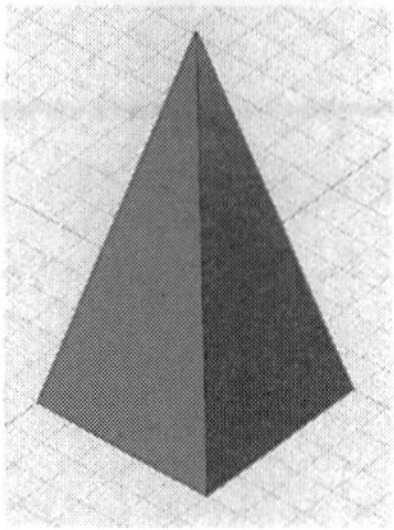

〔問題２〕　クリッパー・バウの船首の部分を３Ｄデータで作成したい。作成する手順を解答らんに答えなさい。

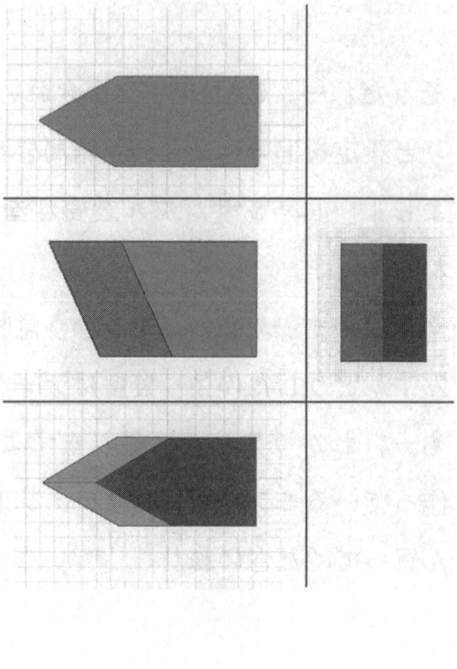

〔問題３〕 同様にバルバス・バウの船首の部分を３Ｄデータで作成したい。作成する手順を解答らんに答えなさい。

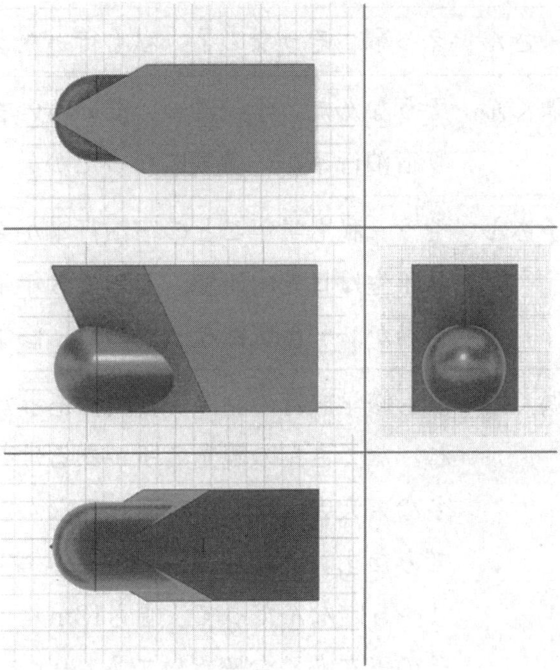

〔問題４〕 問題３で作成したデータをもとにスライスソフトを使って３Ｄプリント用のデータに変換し，プリンターで印刷したい。サポート材を極力使わないで印刷するときの造形物の向きはどの向きがベストか答えなさい。

2 ある日の放課後，小学生の一隅くんと照子さんが次のような会話をしていました。この二人の会話を参考にしながら，次の問いに答えなさい。

一隅くん：	この前，駒込中学校の説明会に行ってきたんだ。
照子さん：	えっ？　そうなの？　私も行ったよ。
一隅くん：	そうなんだ。学校についていろいろな話を聞いたんだけど，やっぱり宿泊行事が一番気になったかな。
照子さん：	そう。私も学年ごとの宿泊行事が気になって。１年生は林間学校，２年生は日光山研修，そして３年生は修学旅行なのよね。その中でも私が，一番気になったのは，修学旅行かな。
一隅くん：	僕も修学旅行の話が一番興味あったかな。京都・奈良に行くんだよね。たくさんの観光名所があるけど，奈良では「奈良の大仏」で有名な東大寺に行くのが楽しみなんだ。大仏について資料１にまとめてみたよ。大仏の高さ（座高）は14.98mで，ビルの高さでいうと４～５階なんだって。幅も12mぐらいあって，重さは約120ｔだよ。その下にある台座だけでも130ｔあるんだって。ちなみに，大仏の左手は掌(てのひら)を上に向けているんだけど，掌のうち，手首から中指の付け根までの長さが約1.8mで，中指の付け根から先端(せんたん)までの長さが約1.5mあるみたいなんだ。
照子さん：	そうなんだ。じゃあ，この資料１によると，右の掌と左の掌の長さが全然違(ちが)うってことなんだね。
一隅くん：	３年生の校外学習で行く鎌倉にも大仏があって，その大仏は台座を含めた高さが13.35mで，重さは台座を含めて121ｔなんだ。
照子さん：	すごいわね。大きすぎて想像つかないわ。

〔問題１〕　奈良の大仏の左右の掌の長さを比べたとき，左の掌の長さは，右の掌の長さの何倍ですか。小数第２位を四捨五入して答えなさい。

資料１

① 像高(座高)	14.98m	⑧ 肉髻高	1.37m
② 蓮華座高	3.04m	⑨ 肉髻下～顎	5.33m
③ 頭頂～髪際	2.57m	⑩ 中指	1.08m(指の長さ)
④ 耳長	2.54m	⑪ 掌	2.56m
⑤ 膝厚	2.23m	⑫ 両膝の幅	12.08m
⑥ 目長	1.02m	⑬ 左足下	3.74m(左足のかかと～つま先)
⑦ 口	1.33m(口の幅)	⑭ 左膝～足首まで	6.8m

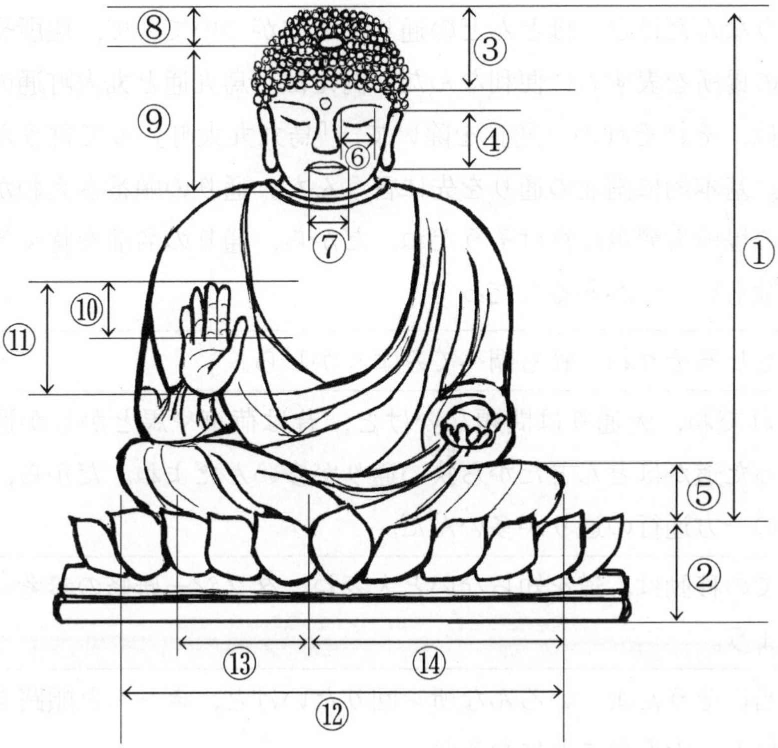

〔問題２〕 奈良の大仏と鎌倉の大仏の台座を含めた高さ１ｍ当たりの重さを求めて，どちらがいくら重いか答えなさい。ただし，計算は小数第１位で四捨五入した概数(がいすう)を用いて進め，式や考え方も書くこと。

一隅くん：	修学旅行には他にもたくさんの行程があるけど，京都では，タクシーを使った自分たちで決めた観光地を回る研修もあるんだって。観光する場所や滞在時間，そして移動時間を考えると，行く前の準備も大変だと思うんだ。
照子さん：	京都市内って，碁盤の目みたいになっているんだよね。昔，平安京を作る際に中国の都市「長安」を参考にして，計画的に作られたって言われているわ。資料２を見て。
一隅くん：	そうだね。道が東西と南北に直交するのが特徴で，大きな通りもそうなんだけど，ほとんどの通りに名前がついていて，住所や交差点の場所を表すのに便利なんだ。例えば，烏丸通と丸太町通の交差点は，それぞれの「通」を除いて，「烏丸丸太町」って言うんだって。基本的に南北の通りを先に言うんだ。通りの順番さえわかれば，その場所も簡単に行けそうだね。だから，通りの名前を覚えるための歌もいくつかあるんだって。
照子さん：	おもしろそうね。私も調べてみようかしら。
一隅くん：	それでね，大通りは問題ないけど，昔は荷車や馬とかしか通らなかった道がほとんどだから狭い通りが多いんだよね。だから，今も車の一方通行の通りが多いんだ。
照子さん：	車での移動は，道を知らないと大変ね。タクシー研修の参考にしましょう。
一隅くん：	本当にそうだよ。いろんな所を回りたいけど，きちんと順路を考えないと，大変なことになるね。
照子さん：	そこは，大丈夫よ。タクシーの運転手さんは，道にくわしいし，事前にアドバイスをいただけると思うわ。
一隅くん：	それもそうか。ここで，現地に行ったつもりで移動の経路を考えてみようと思うんだ。資料２の点線で囲まれた部分を取り出して資料３を作ったよ。色のついている大通り以外は，一方通行の通りになっているんだよね。

照子さん：	いいわね。私もいっしょに考えるわ。
一隅くん：	資料３の中で，大通りはどちらの方向にも行けるけど，一方通行の通りは矢印の方向にしか行けないんだ。例えば，「東洞院夷川」では，地図の左と下にしか進むことができないってことだよ。

資料２

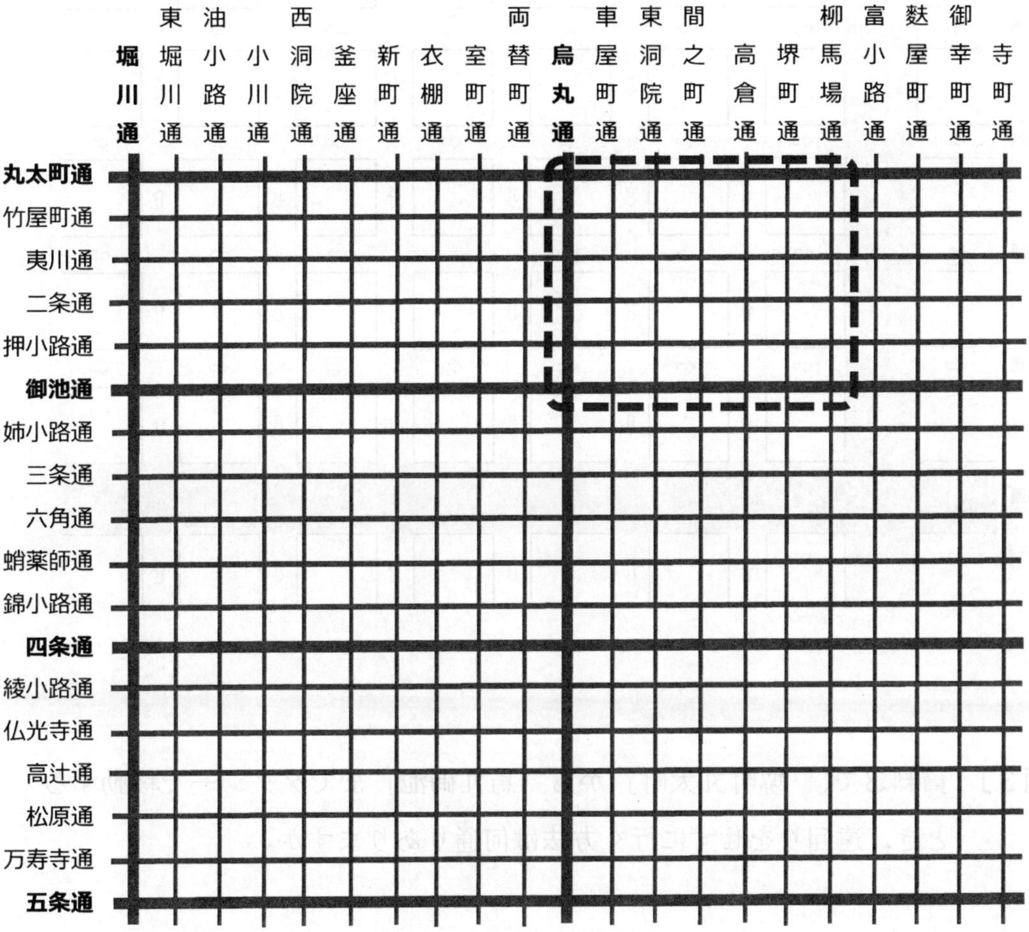

資料３

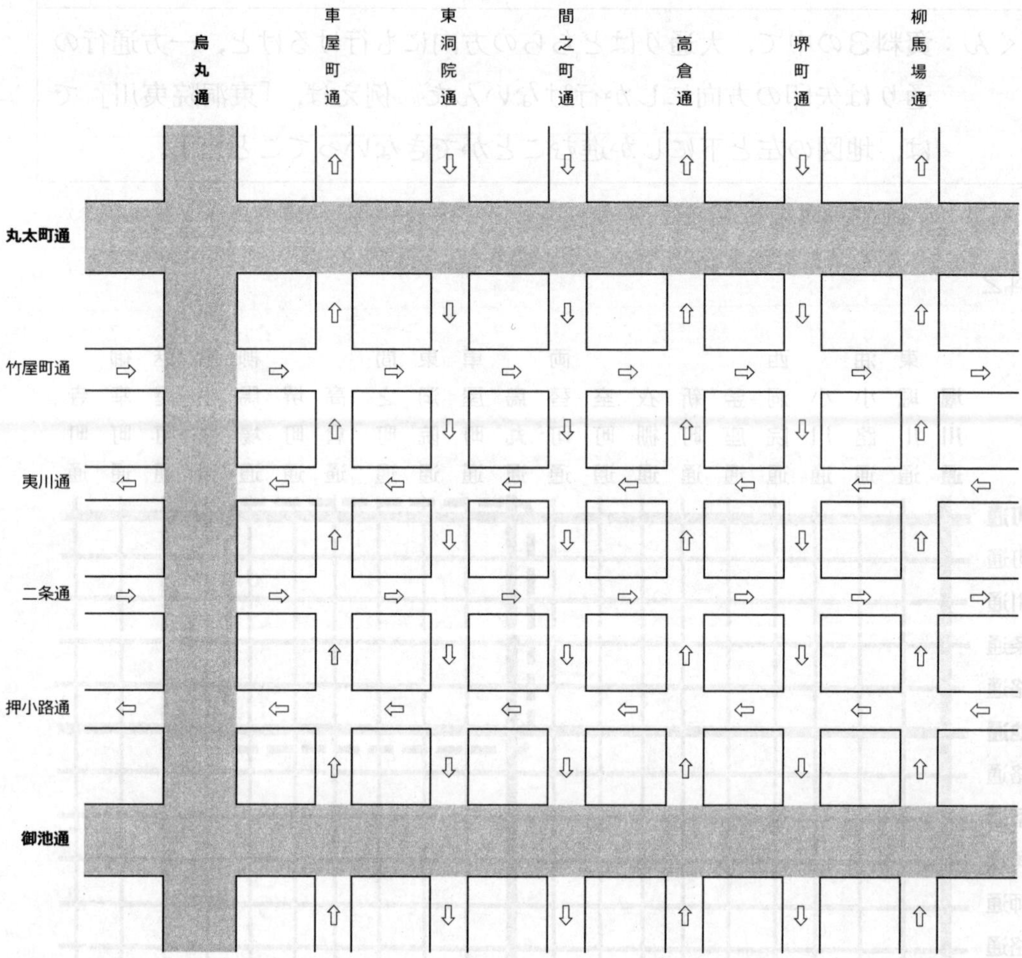

〔問題３〕　資料３で，「堺町丸太町」から「烏丸御池」までタクシーで移動するとき，遠回りをせずに行く方法は何通りありますか。

〔問題４〕　資料３で，「烏丸御池」から「高倉夷川」を通り，「柳馬場丸太町」までタクシーで移動するとき，遠回りをせずに行く方法は何通りありますか。

照子さん：ところで，私ね，京都の観光について調べてみたの。資料４を見て。去年までの３年間で，観光客の変化を調べたら，コロナウイルスの影響(えいきょう)って，本当に大きいなあって思ったんだ。さらに，日本人と外国人に分けて表を作ってみたわ。コロナウイルスが流行する前の令和元年の宿泊客数から比べると，緊急事態宣言(きんきゅうじたいせんげん)の影響で去年と一昨年は半分以下だし，その中でも外国人宿泊数は，入国制限でものすごく減っているのよね。

資料４

宿泊客数

区分	令和元年	令和２年	令和３年
実人数	１,３１６万６千人	５３１万０千人	５１６万８千人
延べ人数	２,１２５万３千人	７７３万２千人	７２７万７千人
平均宿泊日数	１.６１泊	１.４６泊	１.４１泊

(1)　日本人宿泊客数

区分	令和元年	令和２年	令和３年
実人数	９３６万７千人	４８６万１千人	５１１万４千人
延べ人数	１,２９５万９千人	６７５万３千人	７１５万３千人
平均宿泊日数			（　ア　）

(2)　外国人宿泊客数

区分	令和元年	令和２年	令和３年
実人数	３７９万９千人	４４万９千人	５万４千人
延べ人数	８２９万４千人	９７万９千人	１２万４千人
平均宿泊日数			（　イ　）

〔問題５〕　資料４の宿泊客数を参考に，令和３年度の表の空らん（ア），（イ）にあてはまる数を答えなさい。ただし，小数第２位を四捨五入すること。

一隅くん：	本当だね。いろいろと制限されて，宿泊行事とかも行けなかったもんね。
照子さん：	でも，一時は修学旅行の生徒数が一気に減ったけど，去年から少しずつ回復しているのよね。私が駒込中学校に入学して中学３年生で修学旅行に行くころには，コロナウイルスがおさまっているといいわね。おさまっていると期待して，京都のおみやげも調べてみようかしら。

資料５

おみやげ	1箱に入っている個数	1箱の値段
宇治抹茶クッキー	6個	800円
	8個	1000円
	12個	1500円
八つ橋	10個	600円
	15個	800円
京風せんべい	8個	1200円
	16個	2000円

〔問題６〕　資料５のおみやげを全種類買って，20人に余りなく配ることを考えます。種類に関係なく全員に同じ個数ずつおみやげを配ります。合わせて４箱購入するとき，合計金額が一番安い組み合わせを解答用紙の表の中に答えなさい。ただし，１箱も購入しないものについては0を書くこと。

〔注〕

※フルコース……西洋料理の正式な献立(こんだて)で順番に出される料理。前菜、スープ、魚・肉料理、デザート、コーヒーの順。

※場末の居酒屋……にぎやかな町の中心からはずれたところにある、安い料金で酒と料理を出す飲食店。

※ワークショップ……参加者自身も作業をする参加体験型の学習。

※辟易……うんざりすること。

※性……もって生まれた宿命。

※美風……良いならわし。

〔問題１〕 万能の話題とありますが、お天気の話が「万能の話題」といえるのは、なぜだと考えられますか。**文章２**でふれられている日本人の習性をふまえて解答らんに書きなさい。

〔問題２〕 **文章１**・**文章２**で筆者は、いずれも雑談（本題とは関係のない話）についてふれています。雑談についての筆者の考えに共通するのはどのような点ですか。解答らんに書きなさい。

〔問題３〕 あなたは、友だちとどのようにコミュニケーションをとっていきたいですか。**文章１**・**文章２**の筆者のコミュニケーションのとり方をふまえ、自分の考えを書きなさい。なお、内容のまとまりやつながりを考えて段落に分け、四百字以上四百四十字以内で述べなさい。ただし、次の〔きまり〕にしたがうこと。

〔きまり〕

○題名は書きません。

○最初の行から書き始めます。

○各段落の最初の字は一字下げて書きます。

○行をかえるのは、段落をかえるときだけとします。

○、や。や」などもそれぞれ字数に数えます。これらの記号が行の先頭に来るときには、前の行の最後の字と同じますめに書きます。（ますめの下に書いてもかまいません。）

○。と」が続く場合には、同じますめに書いてもかまいません。この場合、。」で一字と数えます。

○段落をかえたときの残りのますめは、字数として数えます。

○最後の段落の残りのますめは、字数として数えません。

つまりは、日本社会では、嫌う権利が侵害されているといってよいのではないか。私はこの権利を取り戻す必要があると考えるのだ。

人を嫌う権利がないことの延長線上に、「悪口をいってはいけない」という日本人のあいだに強くいきわたったマナーがある。「人の悪口をいってはいけない」「人の悪口をいうのは、卑劣な人間だ」と家庭でも学校でも子どものころから厳しくしつけられる。そのため、多くの人が他人の悪口をいうことに罪悪感を抱いている。人の悪口をいうときは声をひそめて、うしろめたそうに少人数で口にする。いってはならないことをコソコソいうように、低い声で悪口をいう。

子どもに対して「友だちの悪口をいってはいけません」と厳しくしつける。学校で友だちの悪口をいおうものなら、すぐに止められ、叱られる。「友だちの悪口をいっちゃいけません」、それが日本中のすべての子どもたちの頭に植えつけられている。

しかし、いうまでもなくイヤな子はいる。嫌われて当然の子がたくさんいる。いじめなどがなくても、ちょっとした友だちの言動で子どもが傷つけられることがある。子どもは友だちの悪口をいいたくなる。

ところが「あの子嫌い」ということが禁じられている。家に帰ってさえ、友だちの悪口をいえない。すべての友だちのことが好きでなければならない、友だちも自分のことを好きでいてくれるはずだ、そういううるわしい前提で物事が動いている。友だちが悪いのではなく、そういいたくなる自分のほうが悪いのだと思うことを強いられている。

悪口ばかりいうのは、もちろんコミュニケーションとして考えものだ。私ももちろん、悪口ばかりいう人と話すと苦痛を感じる。かつて、まだ北陸新幹線が走っていない時代、特急列車の席で当時勤めていた予備校の同僚と隣りあわせ、長野駅から上野駅までの2時間以上にわたって、ずっと、自慢話と悪口ばかりを聞かされて※辟易したことがある。そのような人こそが嫌われるし、そもそも会話が楽しくなかった。このような人のコミュニケーション力には、根本的な欠陥がある。

だが、いうまでもなく、悪口をいいたいのは人間の当たり前の感情だ。

悪口をいわずにはいられないのは、人間の※性だといってよいだろう。悪口をいいあうことによって仲間意識を高め、コミュニケーションを密にすることもある。その昔、居酒屋で上司の悪口をいいながら、ガス抜きをして働く意欲を維持するというのは、それはそれで日本の※美風だった。

悪口をいうにもテクニックがある（それについてはのちほど解説する）。テクニックを用いる必要があるにせよ、だれにも人を嫌う権利があり、それを口にする権利があると同様、悪口をいう権利もある。そう考えてこそ、ストレスの少ない、人権を尊重した社会になると私は思うのだ。

（『「嫌い」の感情が人を成長させる』樋口裕一）

〔注〕

※エルニーニョ……数年に一度、ペルー沖の海面水温が平年に比べて高くなる現象。世界各地に異常気象をもたらす。

※雨期と乾期……雨期は一年のうちで雨が多い時期のこと。乾期は一年のうちで雨が少ない時期のこと。

文章2

人間は、さまざまなものを好きになり、嫌いになって自分を築いていく。

嫌いな科目があり、嫌いな先生がいる。嫌いなクラスメートがいる。なかには、嫌いだったのにいつのまにか好きになることもあるだろう。逆に、好きだったのにいつのまにか嫌いになることもあるだろう。

だが、いずれにしても、そうやって子どもから大人になっていく。

食べ物についても、趣味についても、人に関しても、生き方に関しても好き嫌いがある。好き嫌いはその人の価値観の中核をなすものだ。好き嫌いを中心に、その人は自分の価値観や人生観を築き上げているのだろう。

その人が何を好むかもさることながら、何を嫌うかによって、その人がどんな人かがわかる。

プロ野球の巨人軍が好きでテレビで野球中継を見て、時代劇ファンでもあって、人気のドラマは嫌い、歌番組も嫌いという人物がいたら、それだけでどんな人柄なのか見当がつくだろう。

同じく、おしゃれなホテルに泊まるのを趣味にして、高級フレンチで食べる※フルコースを好み、※場末の居酒屋が大嫌い、演歌も嫌いというのがどのような人物かも想像できる。

それはいうまでもなく、好き嫌いがその人物の中核をなしているということにほかならない。いや、単に、カラオケもパーティも仲間の集まりも飲み会も嫌いという人間も、それだけでどんな人間なのか見当がつくはずだ。

私は、研修の講師をする場合、初対面の人々にグループをつくって※ワークショップをしてもらうことがある。そんなとき、そのまま作業に入ると、グループ内の会話がぎくしゃくしてうまくいかない。アイスブレイク（緊張をほぐすためのきっかけ）として、初めの5分間くらい、自分の好きなもの、嫌いなものをいくつか紙に書いてもらい、それを見せあって話をするようにうながす。

そうすると、たった5分で打ち解け、そのグループの人々は親しく話すようになり、気心が通じるようになる。互いに好きなもの、嫌いなものについて話をし、意気投合したり、自分との違いを話しあう。たちまち笑い声が聞こえるようになる。

それほどまでに好き嫌いはわかりやすい自己紹介になり、その人となりがわかるということを意味している。

したがって、好き嫌いの感情を持てないこと、それを表に出せないことは、その人自身の人間性を表に出せないことに等しい。

そんなふうに話に乗って、※エルニーニョのせいですかね、とか、地球温暖化の関係ですかねえ、と結論が出るまでに、会話のウォーミング・アップができていることになる。

逆に言えば、お天気の話がうまくできないのは、日本人として大人ではないということなので、これはぜひともできるようになってほしい。

「こんなに暑いのに、私、鞄の中にショールを入れているんですよ。だって会社の冷房が強すぎて震えあがっちゃうんですもの」

というところから、「男というのはどうしてあんなに暑がりなんでしょう、ネクタイなんかしているからでしょうかね」と話が進めばかなり心が通じあうのである。

私ならば、さらに話を進めてこんな雑談をするかもしれない。

「飛行機の中って、寒いことが多いですよね。毛布をもらってかぶっていたくなるくらいに。どうしてあんなに寒いのかよく考えると不思議なんです」

「どういうことですか」

「飛行機の中って、エンジンのところから取り入れた空気を冷やして機内に送りこんでいるんで、どんな温度にでもできるんです。なのにいつも寒いのはどうしてなんだろう、と考えて、ひとつ仮説を立てたんですけどね」

「どういう説ですか」

「飛行機のパイロットは、操縦するという仕事中じゃないですか。それで、乗客はのんびりすわって休憩中ですよね。仕事中って体温が上がって暑がりになりますよね。そのパイロットが室内の温度を決めているわけです。だから休憩中の乗客には寒いんじゃないのかなあと思うんです」

暑い寒いの話で、これだけしゃべれればかなりの雑談力だと言ってもいいだろう。この話は私が科学エッセイのコラムで書いたことがあるものだから、ここまでしゃべれるのだが。

とにかく、困った時には天気の話である。

「なんだか、毎日どんよりと曇って気が滅入るような天気ですね」

というのは私がイギリスを旅行した時の会話である。季節にもよるのだろうが、あの国は曇りがちだった。

「今日もまた、夕方に一雨きそうですね。毎日そうなんだから」

これは、東南アジアの国を旅行した時の会話。※雨期と乾期の境目の頃に行ったせいなのだが。

「空が、黒っぽく見えるぐらい濃い青色で、すごいですね。雲ひとつなくてこわいぐらいです」

思わずそう言ったのは、ウズベキスタンの砂漠地帯へ行った時の会話。

そんなふうに、日本人同士なら外国へ行った時にもお天気の話で通じあえるのだ。万能の話題だなあ、と思う。

（『ウケる！　大人の会話術』清水義範）

2023年度

駒込中学校

【適性検査Ⅰ】〈適性検査型A試験〉（四五分）〈満点：一〇〇点〉

次の 文章1 と 文章2 を読んで、あとの問いに答えなさい。（※印の付いている言葉には、本文のあとに〔注〕があります。）

文章1

さて、雑談をするためには、まず話が始まらなければならない。初めの一声がなければ二人とも黙(だま)っているばかりだ。

それで声をかけるわけだが、どう言えばいいのだろう。

これはむずかしい問いではない。挨拶(あいさつ)言葉をかけるのは誰(だれ)だって知っている常識である。

初めて会う相手ならば、「はじめまして」と言うべきである。そうでないのなら、「こんにちは」と言えばいいし、「久しぶりですね」なども言う。

「お元気ですか」や「お変わりないですか」というのもよく通う挨拶だ。

こういう挨拶の時、相手の顔を見て、明るい口調で言うのがいいことは言うまでもない。声の調子によって、相手にも会話をしようという意欲が生まれるのだから。

挨拶の次に言うべきことは何だろう。つまり、雑談にはどういう話題がいいのだろう。そう考えて、うーんとうなってしまう人がいるかもしれないが、そんなに悩(なや)むことはないのだ。

日本人は、とりあえず何かしゃべろうという時、ごく自然にお天気の話をするものである。

「急に寒くなりましたね」

「暑くてまいっちゃいますね」

「よく降りますね」

「暑かったり寒かったりが極端(きょくたん)で着る物に困りますね」

日本にはくっきりと四季があるので、日本人は気候にとても敏感(びんかん)なのだ。だから口を開けばお天気の話をするというふうである。

相手もお天気の話ならば乗りやすい。

「今年って残暑の期間が長かったじゃないですか。それで急にこんなに寒くなってきたから、秋が短かったですよね」

2023年度 駒込中学校 ▶解答

適性検査Ⅰ （45分）＜満点：100点＞

解答

問1 （例） 日本人は「悪口を言ってはいけない」と思っているため，天気の話なら誰もうしろめたくならないから。 **問2** （例） 本題に入る前の会話のウォーミングアップであり，互いの緊張をほぐすための手段であるという点。 **問3** （例） 文章１の筆者は，コミュニケーションをとるにはまず相手の顔を見て明るい口調で挨拶することが大切だとし，会話のウォーミングアップには，誰とも通じ合えるお天気の話題を勧めている。文章２の筆者は，好き嫌いはわかりやすい自己紹介になるとし，マナー上悪口を言ってはいけないとされているが，テクニックを使って悪口を言うなら仲間意識を高め，コミュニケーションが密になり，ストレスの少ない社会になると述べている。／友だちとのコミュニケーションでは，私は何よりおたがいが気持ちよく，楽しく話せることを大切にしたい。その意味で，明るい口調が大切だという意見には賛成だ。だが，話題に選ぶなら，あたりさわりのないお天気よりも，子どもどうしの場合，好きなゲームやスポーツなどの話題のほうがなじみ，打ち解け合えるように思う。また，悪口の効用も理解できなくはないが，かなり親しくなってから持ち出したほうが無難だと感じる。まず共通の楽しい話題で親しくなり，じょじょにいろいろな話をして交流を深めていきたい。

適性検査Ⅱ （45分）＜満点：100点＞

解答

1 **問題１** 11.42cm² **問題２** 右の図 **問題３** 16時30分

問題４ 16回 **問題５** （例） 時計盤の半径を元の半分にして，歯の形は変えずに歯の数を元の数の半分にしておけばよい。

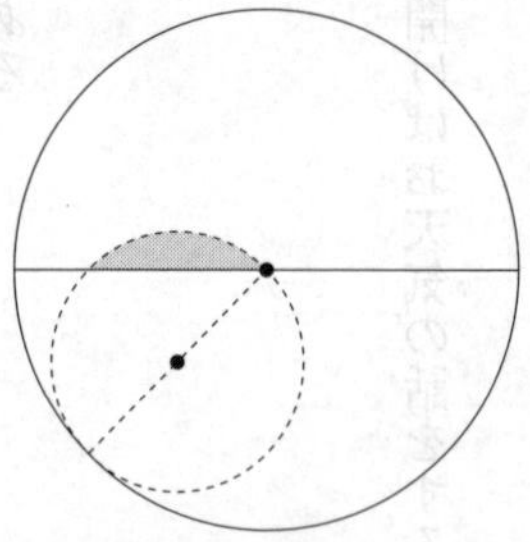

2 **問題１** ⑴ 下の表

	Ａ	ビッグマック指数
2015年	86.2(円)	−30.5(％)
2020年	80.9(円)	−24.6(％)
2022年	75.7(円)	−45.1(％)

⑵ 右のグラフ ⑶ （例） 国際為替市場におけ円の価値が下落傾向にある。(円安傾向にある。)

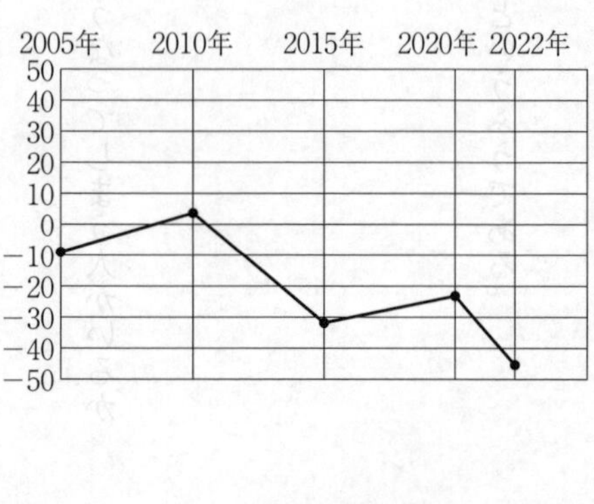

⑷ （例） 宗教上の理由などにより，全ての国で同じ食材を使えるわけではない。

問題２ （例） 外国人がニセコ観光圏の土地を買っているために地価が上昇している。このために物価も上昇することになり，もともとくらしていた人々の生活が圧迫されてしまっている。

3 **問題1** （例） 水槽にギリギリまで水を入れて，その中に船体をしずめて，あふれた水の体積をはかる。 **問題2** **5割**…370g **8割**…592g **問題3** （例） ゴムひもの長さとひっぱる距離を変えずに計測する。 **問題4** （例） 平均を算出する。／A地点とB地点の差を割り出す。／船体の沈め具合で別々に比較する。など

適性検査Ⅲ （45分）<満点：100点>

解 答

1 **問題1** （例） ①正方形を作る，②立方体にする，③逆向きの三角形を2つ作る，④切り取る，⑤90度回して③④を行う **問題2** （例） 正方形を作る，三角形を作る，くっつけて船体の上面の形にする，立体にする，三角形を2つ作る，斜めにする，切り取る **問題3** （例） ①円を作る，②回転させて球を作る，③円を作る，④円柱にする，⑤②④をくっつける，⑥クリッパーバウにくっつける **問題4** 船尾の面が下面になるようにして印刷 2 **問題1** 1.3倍 **問題2** 奈良の大仏が鎌倉の大仏より5t重い **問題3** 20通り **問題4** 6通り **問題5** (ア)1.4泊 (イ)2.3泊 **問題6** （上から順に）0箱，0箱，1箱，2箱，0箱，1箱，0箱

Memo

2023年度 駒込中学校

＊【適性検査１】は国語ですので最後に掲載してあります。

〈受験上の注意〉 机の上には「受験票」，「筆記具」，「消しゴム」以外のものは置かないこと。

【適性検査２】 〈適性検査型Ｂ試験〉 （45分） 〈満点：100点〉

ある日の放課後，駒込中学の生徒である一隅くんと照子さんが次のような会話をしています。この２人の会話を参考にしながら，次の問いに答えなさい。

照子さん：	私たちの学校では勉強するのにiPadを使っていて，iPadをノートがわりにすることも多いけど，どちらかといえば私は紙のノートに字を書く方が好きね。
一隅くん：	iPadも便利だけど，紙には紙の良さがあるよね。僕(ぼく)も紙のノートに書く方が好きかな。高校生の先輩(せんぱい)は，iPadのノートアプリでまとめのノートを作るととても便利だよっておっしゃっていたけど。
照子さん：	紙のノートと言ってもいろいろな種類があるわよね。その前に，紙の大きさを表す表し方で，Ｂ５とかＡ４とかいう言葉があるけど，どのように区別されているのかしら。私が知っているのはＢ５のノートよりＡ４のノートの方が少し大きいということぐらいだけど。
一隅くん：	ちょっと調べてみるね。Ｂ５は１辺の長さが257㎜と182㎜の長方形で，Ａ４は１辺の長さが297㎜と210㎜の長方形らしいよ。
照子さん：	なるほど。やっぱりＡ４の方がＢ５より大きいのね。そういえばＡ５のノートというのもあるわね。Ａ５とＡ４だと何が違(ちが)うのかしら。
一隅くん：	Ａ５はＡ４の半分になっているみたいだね。**資料１**のような感じだね。だから，よく学校で配られるＢ４のプリントというのはＢ５のプリントの２倍の大きさになるんだ。このようにＡやＢの数字が１つ小さくなると大きさが２倍になっていくみたいだよ。

照子さん：	ちょっと計算してみようかしら。えっと…Ａ０まで計算したところ，Ａ０の大きさはおおよそ１㎡になったわ。
一隅くん：	そうなんだよ。もともとＡ４とかのサイズはA判と言って，19世紀にドイツの物理学者の方が規定したサイズなんだ。そのときに，Ａ０がちょうど１㎡になるように決めて，Ａ１になると半分の大きさの0.5㎡になるようにと決めたんだ。また，Ｂ５とかのB判は江戸時代に使用されていた美濃紙(みのし)というもののサイズが基準になっているんだよ。
照子さん：	なるほど，A判はドイツから伝わったもので，B判は日本に元々あったものということね。
一隅くん：	そういうことだね。そういえば，自分のノートの表紙をよく見ると，ノートの表紙にAっていう文字が書かれているんだけど，これはどういう意味なんだろう。自分のノートの大きさはＢ５サイズのはずなんだけど…。とりあえず表紙を写真に撮(と)ってみたよ。**資料２**を見て。
照子さん：	確かにAと書いてあるわね。でも，私のノートにはBと書いてあるわ。これはどういうことかしら…。ちょっと調べてみるわね。…よし，わかったわ。これはA罫(けい)やB罫と言って，行の幅(はば)を表すものなの。A罫は１行の幅が７㎜で，B罫は１行の幅が６㎜だそうよ。
一隅くん：	なるほど。僕のノートはA罫だから１行の幅が少し大きいんだね。そして，**資料２**を見ると，１ページに何行あるかもわかるね。
照子さん：	そうね。私のノートにも書いてあるわ。私のノートはB罫で，１ページに35行あるのね。そして，同じＢ５の大きさのノートでも，１ページに入っている行の数がだいぶ違うわね。私のノートは６㎜×35行だわ。
一隅くん：	ノートの上の部分には余白があるね。僕たちのＢ５のノートは罫がちがっても余白は同じだね。Ａ４のA罫のノートは35行なんだけど，このノートの余白の長さも同じなのかなぁ。

照子さん：　余白ってこの部分のことね。私のノートを写真に撮って書き込んでみたわ。**資料３**を見て。そして，調べてみたところＣ罫のノートというのもあるそうよ。Ｃ罫は１行の幅が５㎜のようね。Ａ，Ｂ，Ｃと１㎜ずつ短くなっているのね。

⑴　解答用紙の図全体はＢ５の大きさの長方形を示しています。この中にＢ８の大きさの長方形をかき入れなさい。

⑵　Ａ２の面積は，Ｂ８の面積の何倍になっていますか。小数第１位を四捨五入して答えなさい。

⑶　Ａ５サイズのＣ罫のノートは１ページあたりの余白の部分が何㎜になると予想しますか。一隅くんと照子さんの会話を元に，なぜその予想になったかの理由を書きながら答えなさい。

資料１

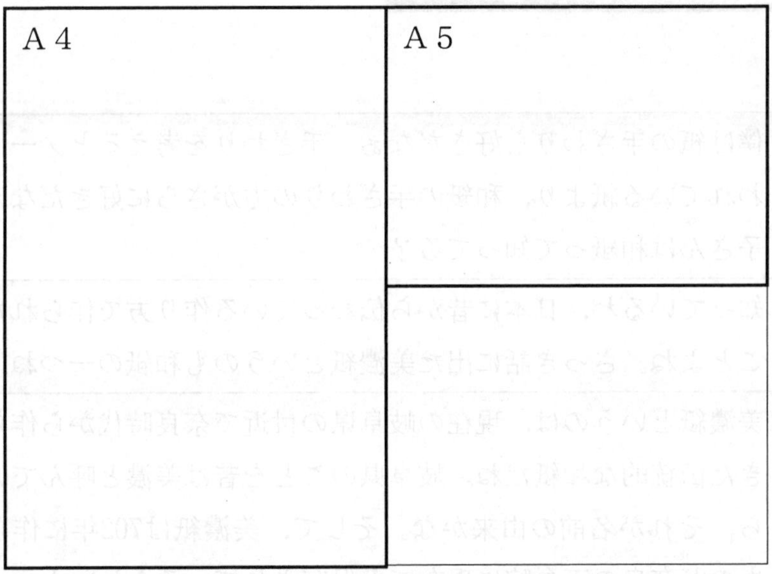

資料２

資料３

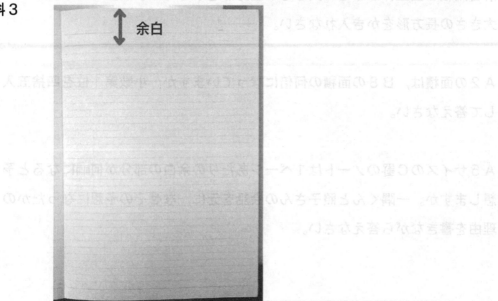

一隅くん：	僕は紙の手ざわりも好きだなぁ。手ざわりを考えるとノートに使われている紙より，和紙の手ざわりの方がさらに好きだなぁ。照子さんは和紙って知ってる？
照子さん：	知っているわ，日本に昔から伝わっている作り方で作られた紙のことよね。さっき話に出た美濃紙というのも和紙の一つね。
一隅くん：	美濃紙というのは，現在の岐阜県の付近で奈良時代から作られてきた伝統的な和紙だね。岐阜県のことを昔は美濃と呼んでいたから，それが名前の由来かな。そして，美濃紙は702年に作られたものが奈良の正倉院に現在でも保存されているらしいよ。

照子さん：	702年といえば，奈良時代が始まるよりも前じゃない。とても古いわね。いまから1300年以上前ね。その時代のものが今でも残っているなんて本当にすごいわ。そうだ，私は岐阜県に旅行したことがあって，その時に和紙作り体験をやってみたことがあるのよ。その和紙も美濃紙だったのかな。その時の写真もあるわ，**資料４**を見て。①が和紙を作るために使う道具ね。それを使って，②と③の手順をくりかえして，ゆっくりと和紙を作っていたわ。そして，和紙ができたら，あと乾燥させてでき上がりだったの。
一隅くん：	この木の枠の中に，和紙を作っていくのかな。
照子さん：	そうよ，下の方にある液体がすごくトロトロしていて，その中に木の枠をくぐらせて，その後に木の枠を立てて一回水分を落として，という作業をくりかえしていくと，少しずつ和紙のもとになる白い膜みたいなのが厚くなっていくのよ。
一隅くん：	何回もくぐらせて和紙を作っていくんだね。それだと和紙を１枚作るのにも結構時間がかかるよね。どれくらいかかったの？
照子さん：	そうね，私は全部で３枚作ったから結構かかったわ。乾燥させている時間を除いても結構な時間だったわね。**資料４**の②のように木の枠をななめにしながら液体にひたすのが10秒，ひたした後に③のように液体をなだらかにする作業が１分，なだらかになったらまた②のようにと，10回くりかえしたあと，最後に残った水を10秒で切って，１分10秒かけて和紙を枠から外して，私の作業は終わりね。あとは，指導してくださった先生が乾燥させる場所に持っていってくれたわ。そして，１枚作ったら５分休んで，また次の和紙を作ったわ。
一隅くん：	それは大変な作業だったね。かなりの時間がかかっているよね。とてもつかれたでしょう。
照子さん：	とても楽しかったから，つかれたとは思わなかったわ。自分の手で和紙ができていくのにずっと感動していたわ。ただ，私が行った作業は和紙作りの「紙すき」といわれる部分で，和紙を作るためにはそれ以外の作業の方がたくさんあるのよ。

一隅くん：	それ以外の作業っていうと乾燥させる作業ってこと？
照子さん：	乾燥もあるけど，一番大変なのは木の枠をひたす液を作る作業ね。和紙を作る作業をまとめたわ，**資料５**を見て。［１］から［11］の順番で和紙を作るのよ。私のやった「紙すき」は和紙作りの工程の中ではほんの一部で，全体ではこれだけの作業があるの。
一隅くん：	すごいね。こんなに工程があるんだ。これだけの工程を経て，和紙はでき上がるんだね。
照子さん：	和紙の原料には，「楮（こうぞ）」，「三椏（みつまた）」，「雁皮（がんぴ）」などがあるんだけど，私が行った場所では「楮」を原料として使っていたので，資料の中に「楮」を使った形で書いておいたわ。**資料５**の［１］から［５］の過程で「楮」の原木が原料になっていくのだけど，最初の原木の８％しか原料にならないらしいの。そして，［６］から［11］の過程で原料から和紙になるまでにはさらに半分になるらしいわ。また，「楮」の木１本から，長さ２ｍで直径２㎝の枝が20本とれるらしいわ。この枝が原木になるの。枝の重さは水と同じ比重と考えると，1000㎤で１kgとできるわ。本当は，枝は曲がっているのだけどそれだと計算できないので，円柱として考えてみるわね。円周率を3.14として考えると，１本の「楮」の木からとれる原木の重さの合計がわかるわね。
一隅くん：	僕はあとで折り紙をしようと思って和紙を持っているけど，この和紙の重さが100枚で140ｇって書いてあるよ。この折り紙を作るのにも「楮」の原木が必要だったんだよね。ちなみに，僕の持っている折り紙はたてが15㎝，横が15㎝の正方形の和紙だよ。
照子さん：	折り紙といえば，私は折り紙を使って，消しゴムのカスや折れたシャーペンの芯（しん）を入れておくための小さなゴミ箱のような箱を作って，机の上に置いているわ。意外と便利なのよ。
一隅くん：	へー，折り紙でそんな便利なものも作れるんだね。
照子さん：	一隅くんも使ってみるといいと思うわ。**資料６**の順番で折れば作れるからやってみて。
一隅くん：	よし，じゃあ早速チャレンジしてみよう。

⑷　照子さんが３枚の和紙の「紙すき」の作業を終えるのに何分かかったでしょうか。

⑸　一隅くんと照子さんの会話によると，一隅くんの折り紙と同じ和紙でできたＢ４の和紙を314枚作るのには，何本の「楮」の木が必要だと考えられますか，整数で答えなさい。

⑹　資料６の順番で作った箱を資料７のように切って，２つの立体に分けます。この切り分けた立体を元の正方形の折り紙の形に戻（もど）したとき，切り口となる線を解答用紙の図にかき入れなさい。ただし，点線は折り目を示しています。

資料４

①

②

③

資料５

［１］剥皮	楮の木の皮をむいて白い皮にする。
［２］さらし	白い皮を水にひたすことによって水に溶けやすい不純物「あく」を除き，白い皮を柔らかくする。
［３］煮熟	楮の繊維だけを取り出すために，炭酸ソーダの入った大釜で２時間ほど煮る。
［４］ちりとり	残っている黒皮などのチリや変色した部分などを手作業で取り除いていく。
［５］叩解	石の板の上に置き木槌で叩いてほぐし，原料とする。
［６］ざぶり	原料とトロロアオイの根から抽出した液を漉舟に張った水の中に入れて，よく混ぜ合わせる。
［７］紙すき	簀桁という道具を使って漉舟の中の液をすくい，ゆする。
［８］圧搾	すき上げた紙に圧力をかけて水分を搾る。時間をかけながら徐々に強く搾っていく。
［９］乾燥	一枚ずつはがした紙を特製の刷毛を使って板に貼り付け，天日で乾かす。金属製乾燥機に貼り付けて乾かすこともある。
［10］選別	でき上がった紙は，一枚一枚手にとって検品する。紙を光に透かして，破損，傷，チリなどの不純物があるものや斑のあるものを除き，紙の厚みも考慮して丹念に選別する。
［11］裁断	選別した紙を特製の包丁で，用途に合ったサイズに裁断する。

資料6

1．正方形の折り紙を用意します。

2．折り紙を45°回転させ，折り目をつけます。

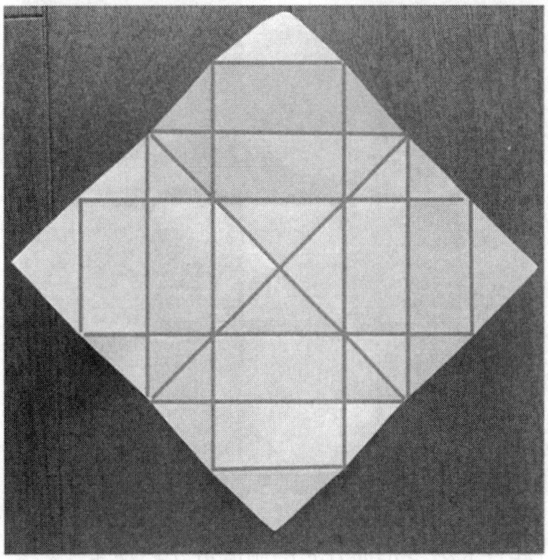

3．真ん中に向かって左右を折ります。

4．さらにもう一度折ります。

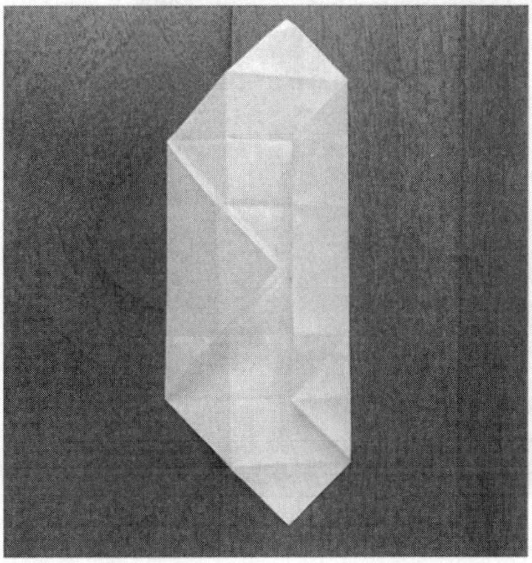

5．反対側も折ります。

6．下の部分を立体的に持ち上げます。

7．起き上がった部分を内側に折り込みます。

8．反対側も同じように立体的に持ち上げます。

9．完成です。

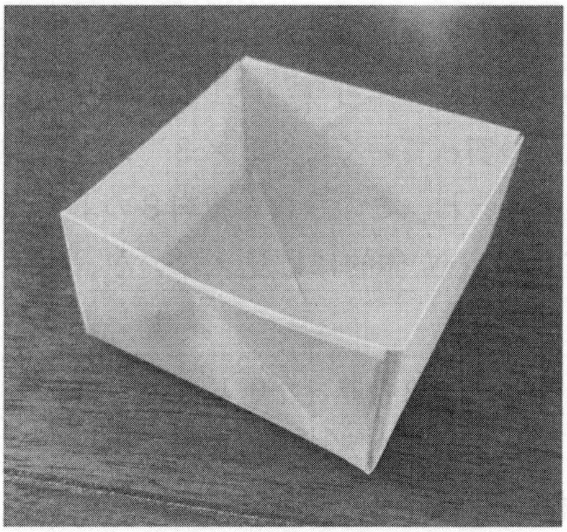

資料７　矢印の線にそってハサミで切ってみます。

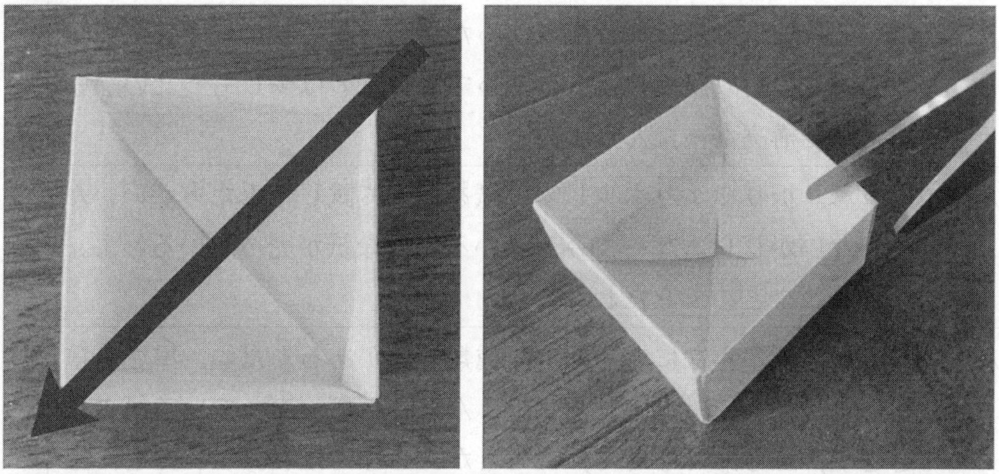

照子さん：	紙ってすごく薄(うす)いのに，さっきみたいに折ると立体的なものが作れるから不思議だなって思うわ。
一隅くん：	そうだね。立体的に折るのは少し難しかったけど，ななめの折り目のところを意識したらなんとかなったよ。そういえば，いくら薄いって言っても，紙にも厚さはあるのだから，何枚も何枚も重ねていけば立体になっていくんじゃないかなぁ。
照子さん：	確かにそうね。何十枚も紙を重ねると，かなりの厚さになるわね。

一隅くん：	じゃあ，ちょっと試してみようか。さっきの和紙の折り紙をもう一度出してっと。この折り紙は15cm×15cmの正方形だったから，この折り紙を切って５cm×５cmの正方形を作ろうか。１枚の折り紙を横に５cmずつ，たてに５cmずつ切っていくと，３×３で，１枚の折り紙から９枚の正方形が作れるね。この９枚を**資料８**のように重ねてっと。でも９枚ぐらいじゃ立体的には見えないな。もっと重ねなきゃダメだね。
照子さん：	この和紙の折り紙の包装紙を見ると，一枚の厚さが0.12mmって書いてあるわ。だから，一辺の長さが５cmの立方体を作るためには，400枚以上の正方形の紙が必要ね。でも，逆にそれだけあれば，折り紙をしなくても立方体が作れるってことね。
一隅くん：	よし，じゃあがんばって折り紙を切って立方体を作ってみようか。僕が買った折り紙は50枚入りだったからギリギリ作れそうだね。でも，この折り紙をそんなに使ってしまうのは少しもったいないなぁ。結構高かったんだよね。
照子さん：	そうね，折り紙よりも少し安い紙を使って試してみた方がいいんじゃないかしら。調べてみるといろいろな紙が売っているわよ。**資料９**にまとめてみたわ。
一隅くん：	なるほど，こんなにいろいろな種類の紙があるんだね。厚さも重さも大きさも値段もそれぞれ違うんだ。ただ，売っている紙の大きさが，正方形でなくて，Ａ４とかＡ５なんだね。これだと，正方形に切り分けるのが少し大変かな。例えば，この表にはないけど，Ｂ５の紙から５cm×５cmの正方形を切り取るためには，Ｂ５は横が257mmでたてが182mmの長方形だったから，横を５cmずつ，たてを５cmずつで切っていくと，5×3で15枚の正方形が作れるね。あまりの部分も出てしまうけど，それは仕方ないかな。
照子さん：	Ａ４やＡ５だとさらにあまりの部分が出てしまいそうね。Ａ４だとあと３mmあれば，もっといっぱいの正方形が取れるけど，それは仕方ないわね。いまは５cmぴったりの正方形でないといけないことにしましょう。

一隅くん：	では，この中のどの紙を使ったら一番安く立方体が作れるか考えてみよう。でもその前に，重さも調べてくれているのが少し気になったのだけど，これはなんでかな？　いまは厚さと大きさと値段がわかればいいのかなと思うのだけど。
照子さん：	これは坪量（つぼりょう）と言って，１㎡あたりの紙１枚の重さのことを言っているのよ。売っている紙を見たらどれもこの数字が書かれていたので，ついでにまとめてみたのだわ。この坪量を参考にして紙の厚さを考えることもあるらしいの。
一隅くん：	なるほど，そうなんだね。ということは，坪量が大きければ紙の厚さも大きくなるってことかな。ちょっと調べてみたいね。あと，せっかく値段も調べてたから，厚さと重さと値段の３つの数字をわかりやすくまとめる方法はないかなあ。
照子さん：	３つの数字を比べるのなら，いいグラフのかき方があるわ。バブルチャートって言うのよ。今回は横に紙の厚さ，たてに紙の重さをとって，そのとった点を中心に値段を半径として円をかくの。値段が高ければ高いほど円の半径が大きくなるのよ。**資料10**に和紙とトレーシングペーパーのバブルチャートをかいてみたわね。厚さと重さは**資料９**の数字を使って，値段は５㎝×５㎝の正方形１枚の値段にしてみたわ。
一隅くん：	確かにこれだと３つの数字が一つのグラフにまとまっていてわかりやすいなぁ。
照子さん：	そうでしょ。あまり見ないグラフだけど便利よね。さて，今日は紙の話を中心にいろいろなことを話せたわね。とても楽しかったわ。
一隅くん：	僕もとても楽しかったよ。今まで知らなかったことを知れるのって，すばらしいことだね。これからもいろいろと話してお互（たが）いに知識を深め合っていこう。

⑺　資料９をもとに，解答用紙の表をうめなさい。また，一番安く立方体を作るためにはどの紙を使うのが良いのかも答えなさい。ただし，表の中の「必要な枚数」とは立方体を作るのに必要な５㎝×５㎝の正方形の紙の枚数，「１枚の値段」とは５㎝×５㎝の正方形の紙の１枚あたりの値段のことを示します。

⑻　資料10を参考にしながら，解答用紙にケント紙のバブルチャートをかき入れなさい。

資料８

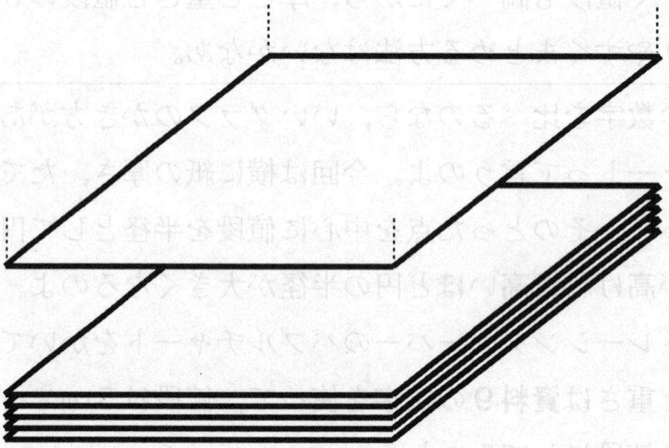

資料９

紙の名称	１枚の厚さ	重さ （１㎡あたり）	紙の大きさと値段
和紙	0.12㎜	64ｇ	１辺15㎝の正方形50枚で900円
トレーシングペーパー	0.06㎜	50ｇ	Ａ４サイズ100枚で700円
コピー用紙	0.09㎜	64ｇ	Ａ５サイズ500枚で500円
ケント紙	0.24㎜	210ｇ	Ａ４サイズ100枚で1200円
コートボール紙	0.58㎜	450ｇ	Ａ４サイズ10枚で750円

資料10

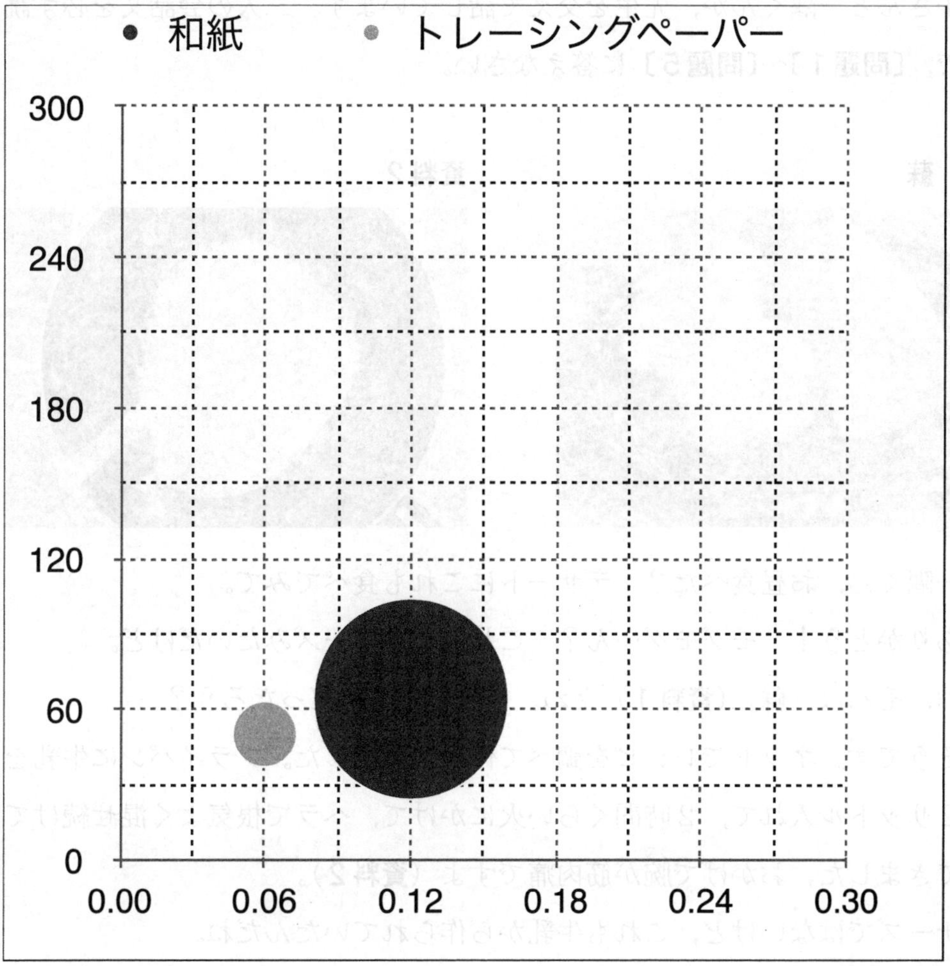

【適性検査３】 〈適性検査型Ｂ試験〉 (45分) 〈満点：100点〉

１ 駒子さんと一隅くんが，先生を交えて話しています。三人の会話文を必ず読んで，**〔問題１〕**～**〔問題５〕**に答えなさい。

資料１　蘇

資料２

駒子：一隅くん，お昼食べた？　デザートにこれも食べてみて。

一隅：ありがとう！　モグモグ…ん？　これ何？　チーズみたいだけど。

先生：お，それは「蘇」（**資料１**）だね。作るのが大変だったろう？

駒子：そうです。ネットでレシピを調べて作ってみました。フライパンに牛乳を２リットル入れて，２時間くらい火にかけて，ヘラで根気よく混ぜ続けてできました。おかげで腕が筋肉痛ですよ（**資料２**）。

一隅：チーズではないけど，これも牛乳から作られていたんだね。

先生：蘇は古代では，天皇への税として納められていたんだ。

駒子：私も調べました。貴族の間では，薬のように扱われた食べ物で，お正月に食べられていたそうですね。

一隅：へー，そうなんだ。ちょっと濃い味だね。お茶でも飲もうかな。たしかカバンの中に…あった。ゴクッ。昨日買ったペットボトルのお茶でぬるいけど，あってよかった！

駒子：え？　それ，飲むの？　雑菌とか大丈夫？

一隅：いままで大丈夫だったから，いいかなって。ところで先生，蘇のことはわかりましたが，材料の牛乳はどうしていたんですか？

先生：記録によると，古代では朝廷に典薬寮という役所があって，そこには乳牛院という部署もあり，そこが全国各地につくった牧（牧場）を管理していたんだ。牧では，牛のほかに馬もいたらしい。牛乳は蘇に加工されるだけでなく，天皇や貴族たちはそのまま牛乳として飲んだそうだよ。

駒子：蘇のレシピについて調べたときに，蘇が税として納められていた証拠(しょうこ)の１つに平城京から出土した木簡(もっかん)（**資料３**）があるのを見ました。木簡は，全国から集められた物の荷札として使われていたそうなので，間違(まちが)いないですね。

先生：お正月用に，前の年の11月までに作業を終えて，蘇を京まで届けたんだ。出来が悪いと，刑罰(けいばつ)まであったらしいよ。

一隅：古代の民衆は大変だったんですね。

先生：そうだよ。平安時代中期にまとめられた『延喜式(えんぎしき)』を見ると，「蘇を作る方法は，乳を一斗(いっと)煎(せん)じて，一升(いっしょう)の蘇が得られる」と書いてあるんだ。つまり，牛乳を１斗煮(に)て，１升の蘇ができるということらしい。

駒子：１斗は，どれくらいの量ですか？

一隅：知ってるよ。１升は約1.8リットル，１斗はその10倍だから約18リットル！

駒子：えぇ！　牛乳パック約18本分なの…。牛乳の大量消費だわ！

先生：新型コロナウィルス感染症(しょう)の影響(えいきょう)で2020年に社会全体が「ステイホーム」になっただろう？

一隅：そうですね。学校が休校になって３ヵ月くらい家にいましたね。

先生：学校が休みということは，学校給食も中止になったから，学校用の牛乳は大量に破棄(はき)されてしまうことになったんだ。だから，牛乳を無駄(むだ)にしないために，ＳＮＳで発信された蘇のレシピが急に流行(はや)ったんだよ。コロナは大変だけど，レシピもはっきりしない古代の幻(まぼろし)の食品が注目されるなんて，おもしろい発見だと思わないか？

一隅：レシピはざっくりとした内容しか伝わってなくても，想像力でなんとか作れちゃう蘇なら，ぼくでも家で作れそうです。

駒子：クラッカーの上にのせて食べてもおいしかったよ！

資料３　木簡に書かれた蘇の文字

近江国　生蘇　三合

奈良（なら）文化財研究所ホームページ木簡庫

（最終確認日2022年9月22日）より

〔問題１〕 牧は，ほぼすべての国に設置されていた。**資料４**は『延喜式』（平安時代中期にまとめられた法律や制度）をもとに作成した，蘇を納める義務があった国名である。逆に，**資料４**にのっていない国は，蘇を納める義務がなかったということである。なぜ，蘇を納めなくてよい国があったのか。(1)(2)に答えなさい。

(1) 飛騨(ひだ)・志摩(しま)・陸奥(むつ)・出羽(でわ)・佐渡(さど)国は，京から遠い，運搬(うんぱん)に不便，公的な牧が設置されていなかった，または牧の設置が確認できない，などが蘇を納める義務がなかった理由として考えられている。**資料４**と**資料５**の旧国名がのった地図を見比べ，飛騨・志摩・陸奥・出羽・佐渡国以外で，蘇を納める義務がなかった国を，**すべて**書き出しなさい。（隠岐は含まない。）

(2) (1)で解答した国と当時の京の位置関係や，三人の会話の内容をふまえて，(1)で解答した国に牧があったにもかかわらず，蘇を納める義務がなかった理由を答えなさい。

資料４　蘇を納める義務があった国

（蘇を納める国を６グループに分ける。ある年に第１グループの国が納めたら，翌年は第２グループの国が納め，翌々年は第３グループの国が納める，というしくみ）

第１グループ（８か国）
伊勢(いせ)・尾張(おわり)・三河(みかわ)（参河）・遠江(とおとうみ)・駿河(するが)・伊豆(いず)・甲斐(かい)・相模(さがみ)
第２グループ（６か国）
伊賀(いが)・武蔵(むさし)・安房(あわ)・上総(かずさ)・下総(しもうさ)・常陸(ひたち)
第３グループ（８か国）
近江(おうみ)・美濃(みの)・信濃(しなの)・上野(こうずけ)・下野(しもつけ)・若狭(わかさ)・越前(えちぜん)・加賀(かが)
第４グループ（10か国）
能登(のと)・越中(えっちゅう)・越後(えちご)・丹波(たんば)・丹後(たんご)・但馬(たじま)・因幡(いなば)・伯耆(ほうき)・出雲(いずも)・石見(いわみ)
第５グループ（大宰府(だざいふ)管内の９か国と２島）
大宰府（筑前(ちくぜん)・筑後(ちくご)・豊前(ぶぜん)・豊後(ぶんご)・日向(ひゅうが)・大隅(おおすみ)・薩摩(さつま)・肥後(ひご)・肥前(ひぜん)・壱岐(いき)・対馬(つしま)）
第６グループ（14か国）
播磨(はりま)・美作(みまさか)・備前(びぜん)・備中(びっちゅう)・備後(びんご)・安芸(あき)・周防(すおう)・長門(ながと)・紀伊(きい)・淡路(あわじ)・阿波(あわ)・讃岐(さぬき)・伊予(いよ)・土佐(とさ)

佐藤健太郎「論文」より作成（論文名は出題の関係で伏せる）

資料5　古代の旧国名

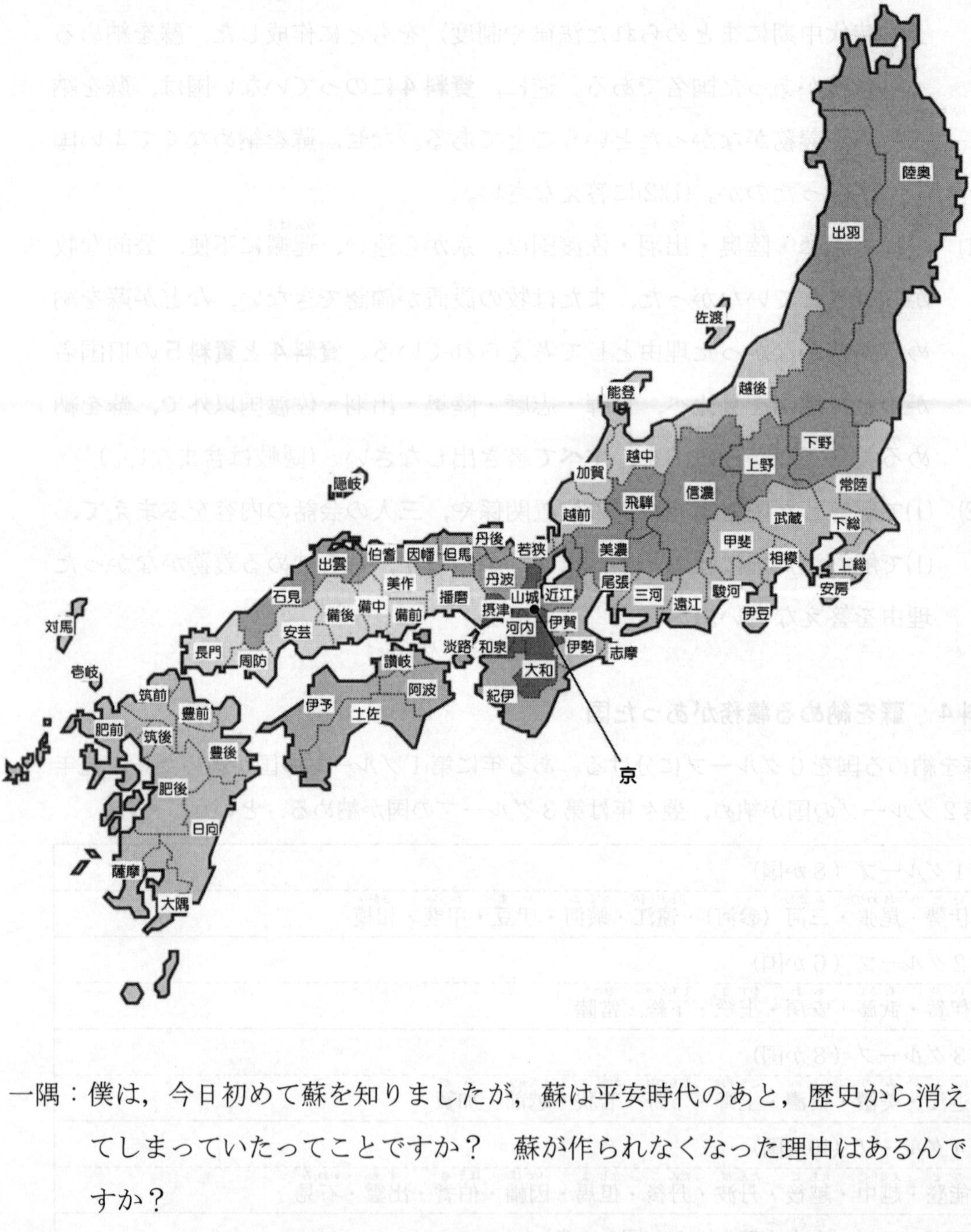

一隅：僕は，今日初めて蘇を知りましたが，蘇は平安時代のあと，歴史から消えてしまっていたってことですか？　蘇が作られなくなった理由はあるんですか？

先生：はっきりとした理由はわからないけど，平安時代の後半から武士の時代になったことが関係しているだろうと言われているよ。武士は牛よりも馬が必要だったからね！　牧は，馬が中心になったようだ。

駒子：鎌倉・室町・戦国・江戸と，武士の時代が続きましたからね。武士は馬に乗って戦うから，牛は必要なくなったのかしら。

先生：いや，牛は別の用途(ようと)に使われたということなんだけどね。

一隅：そうですか。では，一般的に牛乳を飲んだり，乳製品が食されるようになるのは明治ですか？　やはり西洋人との出会いでしょうか？

先生：きっかけは初代総領事ハリスだ。ハリスが，江戸幕府の役人に対して，飲み物としての牛乳が手に入らないか相談したそうだよ。それで，急いで役人が用意したけど，陰(かげ)では「あんなもの飲んでいるから，獣(けもの)のように毛深いのだ」と言われていたらしい。

駒子：す，すごい偏見(へんけん)…。

一隅：それだけ，当時の日本人に牛乳を飲む習慣がなかったってことですね。

先生：明治時代に入り，日本政府の主導もあって少しずつ牛乳の利用が普及(ふきゅう)していったんだ。

〔問題２〕　資料６・７は，明治時代に入ってすぐに書かれた文章である。駒子さんは資料６・７を読んで，まとめを作成した。**資料６**と**駒子さんのまとめ**にある［　①　］・［　②　］にあてはまる語句または短い文を，それぞれ考えて答えなさい。

資料６　［　①　］雌牛(めうし)三頭とともに，うち一頭にわたしが乗って，市野々(いちのの)を発ちました。三頭ともとても美しい牛で，…新鮮(しんせん)なミルクが飲めるかもしれないと思っていたものの，子牛が飲む以外に雌牛(めうし)の乳を搾(しぼ)るのはこちらの人々にはまったく未知の発想で，どこへ行っても笑われます。伊藤（通訳(つうやく)の名前）からはみんな「とても不愉快(ふゆかい)」だと思っている，日本人は「あんな匂(にお)いと味の強いもの」をお茶に入れて飲むなんて，外国人のすることは「とても不愉快」だと考えると言われました！

イザベラ＝バード著　時岡敬子訳『イザベラ＝バードの日本紀行　上』

講談社学術文庫　より

資料7 そもそも牛乳の効能は牛肉よりも尚更(なおさら)に大きい。熱病や疲労(ひろう)の症状(しょうじょう)など，そのほかすべて身体が弱い者には欠かしてはいけない飲み物で，…西洋諸国では平日の食糧(しょくりょう)に牛乳を飲むはもちろん，乾酪(かんらく)乳油（チーズ・バター）などをもちいることは，我が国のかつおぶしと変わらない。スイス国などは，山国で海の魚がとぼしく，山家の人々は牛乳だけでも栄養のある食べ物となっている。かなうならば，我が国の人も今より活眼(かつがん)（物事の道すじを正しく見通す眼）を開き，牛乳の使い方に気をくばることがあれば，不治の病を治し，不老長寿(ふろうちょうじゅ)となって，身体健康・精心活発に，はじめて日本人の名に恥(は)じなくなるだろう。

福沢諭吉(ふくざわゆきち)「肉食之説」 より

駒子さんのまとめ

資料6は，1878年に初めて日本に来たイギリス人イザベラ＝バードの旅行記録で，日本で鎌倉・室町・戦国・江戸の間，多くが［ ① ］として使われていた雌牛を見て，この旅のあいだずっと飲みたいと思っていた新鮮な牛乳を，ようやく手に入れることができると思ったが，結局，牛乳を飲むことは，当時の日本人にとっては未知の発想であり，飲むことができなかった，と記録してあった。日本では，牛は古くから［ ① ］として使われていたので，日本人は牛乳を飲むという発想がなく「とても不愉快」だと感じたのだろう。でも明治時代に入り，日本人が牛乳を飲むようになったのは，**資料7**で福沢諭吉が牛乳に対する偏見を捨てて，西洋諸国の食習慣を［ ② ］べきだと説いており，牛乳を飲むことが文明開化の象徴(しょうちょう)だとして宣伝したことが影響(えいきょう)されたと考えられる。

先生：このマーク（**資料８**）を見てほしい。何か気づくことはあるかい？

一隅：あれ？　全部に牛がいる。もしかして，明治時代の東京都心部に牧場があったってことですか？

駒子：東京の神社の名前よ。しかも文京区って，私たちの駒込中学校もあるところですね。

先生：正解！　これはＪＡ東京グループが農業協同組合法施行50周年記念事業として1997年に，東京の農業にゆかりのある神社に掲げたマークなんだ。**資料８**の**Ａ～Ｄ**の位置を旧東京府15区に示したのが**資料９**だよ。

駒子：すごーい。今の東京都の牧場は練馬区や多摩地区など東京の西側にあるのに，昔は皇居の周辺にあったのね。

一隅：面白いなぁ。オフィスビルが立ち並んでいるところに，昔は牛が居たなんて（笑）

先生：小石川区と本郷区をあわせた場所が今の文京区だからね。ちなみに，**Ａ**の平田牧場を紹介すると，ここは日本の陸軍を創設した山県有朋がお金を出して，明治５～６年ごろ，平田貞次郎に現在の千代田区に搾乳所を開設させたあと，明治10年代に雑司ヶ谷村（1886年に一部小石川区に編入）に開設した牧場なんだ。1877年の西南戦争後になると，さらに牛乳搾乳業者が増加して，明治中期の資料によれば，本郷，千駄木，駒込曙（現，本駒込），茗荷谷，小石川，などに20軒近い牧場が集中していたんだ。

駒子：知っている地名ばかり！

一隅：牛乳ブームにのっちゃう！　みたいな。

先生：まぁ，そうなんだけど，この頃に増加した牛乳搾乳業者には，元武士が多いんだよ。

駒子：そうなんですか。

先生：旧幕臣も結構いたみたいだね。ちなみに，牧場をつくった場所は，江戸時代はたくさんの屋敷があったところなんだ。明治時代になり，江戸に滞在する必要がなくなった人たちがどんどん屋敷を手放して，廃墟になってしまった場所なんだよね。そういった建物を壊して利用して，牧場をつくったようだよ。

一隅：先生，**資料９**を見たときから，そうじゃないかと思っていましたよ！

先生：じゃあ，皇居がある場所に注目しよう。明治になり，江戸城に天皇が入って，皇居になったんだよ。どうして皇居の周りに牧場があるんだろう？

駒子：えっと，そうだなぁ…。

資料８　旧東京府15区内にあった牧場

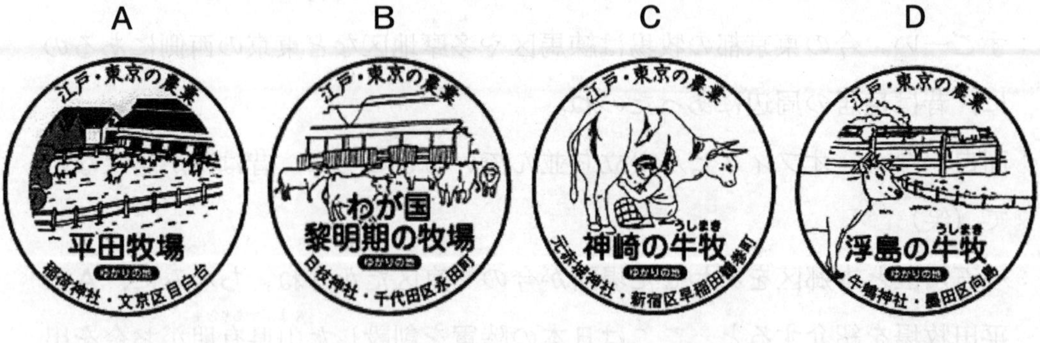

資料９　旧東京府15区

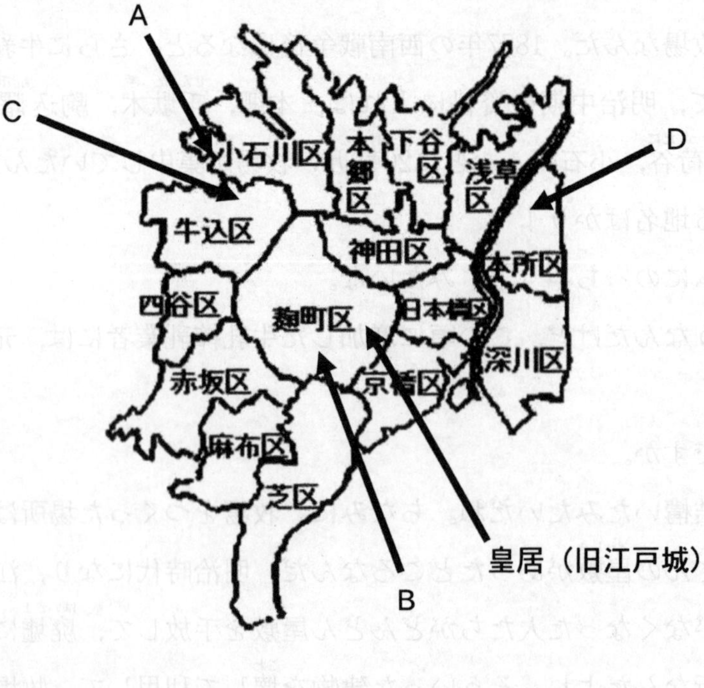

〔問題３〕 明治時代に皇居周辺で多くの牧場が経営された。**資料９のＡ・Ｂ・Ｃ**の場所に注目して，江戸時代にどのような用途で使われていた場所に牧場がつくられ，なぜ元武士が牛乳搾乳業者になったのかを説明しなさい。

資料10
バターの品切れを知らせる表示

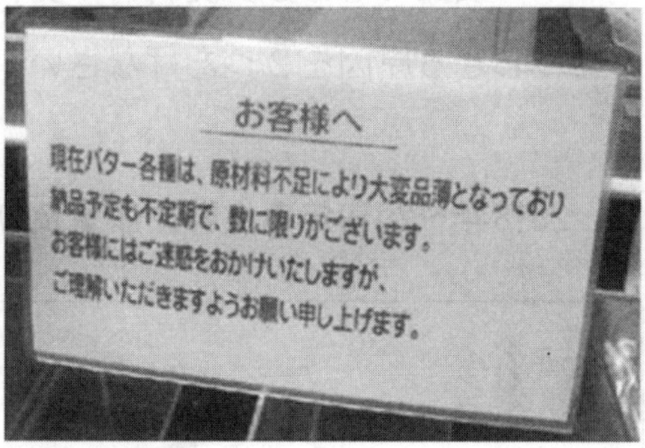

一隅：僕たちは，いま当たり前のように牛乳を飲んでいるけど，現代日本の牛乳生産はどうなんですか？

先生：今は酪農農家が生産しているけど，年々，酪農農家は減ってきているね。

駒子：私は，バターがなくならないか，不安です。

先生：よく知っているね。ここ20年くらいずっと国内のバター不足は問題になっていて，スーパーでもたまに**資料10**のようなお知らせがあったり，「バターはお一人ひとつまで」って制限がかかるくらい，品薄になるんだよね。

一隅：乳製品には，バターのほかにも，チーズやヨーグルト，あと生クリームなんかもあるけど，どうしてバターだけ品薄になるんですか？

先生：それは，バターの作り方を見るとわかるかもよ？　一隅くん，タブレットで調べてみてはどうだろう？

一隅：はい。えーと…あ，でました。乳製品メーカーの作り方だと，牛乳を遠心力で生クリームと脱脂乳に分離させ，生クリームをかき混ぜて固めるとバターができる，って。できあがりまでの工程が多いんですね。

駒子：バターはパンやお菓子の材料になるから，バターがほしいときに，いつでも買えればいいのになって思います。

一隅：でもさ，牛も大変だよね。ほぼ一年中，牛乳を出し続けるんだもん。疲れるときもあるだろうね。

駒子：一隅くんって，牛の気持ちも考えられる人だったのね。

先生：一隅くんの視点は大事なことなんだよ。酪農農家は野菜をつくる農家とは違って，動物を管理していかなければならないからね。

〔問題４〕　近年，北海道以外の都府県では酪農農家が減ってきている。そのため，国内の生乳生産量は減少傾向にある。このことが乳製品であるバター不足の原因ともなっているが，そもそもバターは生産不足がおきやすい製品でもある。**資料11・資料12**を参考にして，バターの生産不足がおきる原因を２つあげなさい。

資料11　2018年～2019年の生乳生産量及び用途別処理量（単位　千トン）

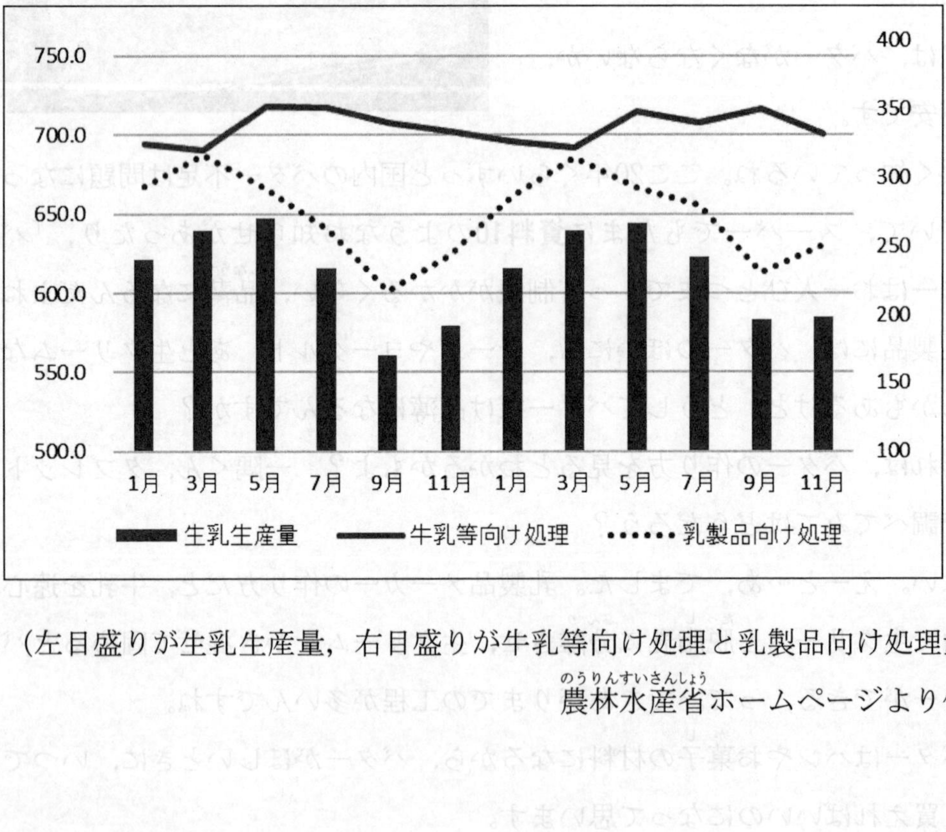

（左目盛りが生乳生産量，右目盛りが牛乳等向け処理と乳製品向け処理量）

農林水産省ホームページより作成

資料12　仙台(せんだい)・熊本(くまもと)の気温の月別平年値（1991～2020年の平均）と観測史上最高気温（℃）

	仙台	熊本
1月	2.0	6.0
2月	2.4	7.4
3月	5.5	10.9
4月	10.7	15.8
5月	15.6	20.5
6月	19.2	23.7
7月	22.9	27.5
8月	24.4	28.4
9月	21.2	25.6
10月	15.7	19.6
11月	9.8	13.5
12月	4.5	8.0
最高気温 （記録年次）	37.3 (2018年)	38.8 (1994年)

『日本国勢図会　2021／22年版』より作成

先生：2021年12月31日から翌年１月１日の２日間，全国のローソン店舗で「ホットミルク」を普段の半額で販売(はんばい)していたのを知っているかい？

駒子：はい！　私も「ホットミルク」を買いに行きました！

先生：牛乳はさ，毎日飲んでいる人が多いし，学校給食でも牛乳が出されるだろう。でも，年末年始は学校がお休みだから牛乳が余りやすい。さらに，新型コロナウィルス感染症の拡大で商業施設(しせつ)に訪れる客も少なくなっているから，牛乳の需要(じゅよう)が落ち込(こ)んでいるんだ。最近は農林水産省も牛乳の消費量アップをすすめているし，コンビニも「ホットミルク」を安くすることでたくさん売れたら，牛乳を捨てなくて済むかもね。

一隅：今日の話で，牛乳の生産と消費ってバランスが難しいことがわかりました。ただ，手軽に牛乳を飲む方法としてコンビニでペットボトルに入れた牛乳を売れば，もっと売れるんじゃないかとも思うんですが？

先生：ペットボトル牛乳か…。たしかにアメリカなどでは，ペットボトル入りの牛乳が一番売られているそうだよ。日本では，2007年に牛乳販売に関する法令が改正されて，ビンや紙パック以外にペットボトル牛乳の販売が許可されたよ。

駒子：でも，今でもペットボトル牛乳を見たことありません。なぜですか？

先生：それなら**資料13**を見て考えてみよう。

〔問題５〕 **資料13**は，全国乳業共同組合連合会が2009年11月にペットボトル牛乳の試作品として製造したものである。試飲会では，「飲みやすい」「持ち運びやすい」など，約７割以上の良い意見がある一方で，不安な意見もあったという。これまでの三人の会話も参考にしつつ，この形状のペットボトル牛乳に対する不安な意見には，どのようなものがあったのかを考えなさい。

資料13　ペットボトル牛乳の試作品

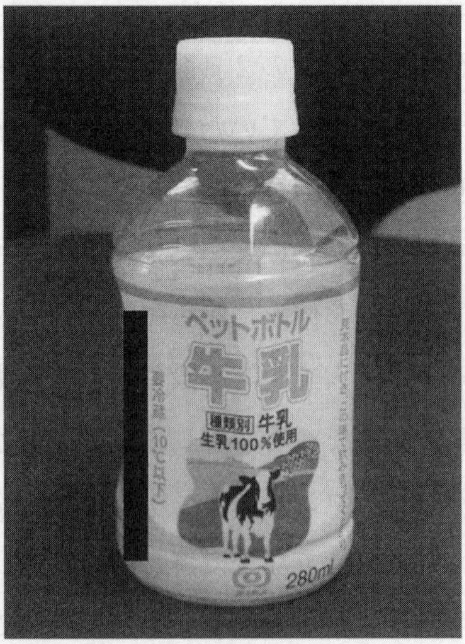

2 小学生の駒子さんと千駄くんが，１学期の終業式の放課後，教室でお話をしています。二人の会話文を読んで，**〔問題１〕**～**〔問題５〕**に答えなさい。

〈編集部注：資料１がありませんが，解答には影響はありません。〉

駒子：今日は暑いね。

千駄：暑いだけでなく，湿気もすごいね。

駒子：東京の夏はジメジメしていて嫌だね。はやくお父さんに軽井沢に連れていってもらいたいな。７月の21日から26日まで行くの。軽井沢は避暑地として，有名な場所らしいよ。きっと涼しいんだね。

千駄：軽井沢って長野県だよね。このあいだお母さんが買ってきたリンゴは長野県産で美味しかったな。ちなみに長野県が全国生産量一位の農作物は何だったか知ってる？

駒子：あのね，あなたのお土産のために行くわけじゃないのよ。

〔問題１〕 長野県が全国生産量一位の農作物を以下のア～エから一つ選び，記号で答えなさい。

ア．リンゴ　　イ．ジャガイモ　　ウ．ブナシメジ　　エ．モモ

〔問題２〕 種いもから芽が出てきました。この後，どのようにジャガイモが増えていくか絵に描きなさい。

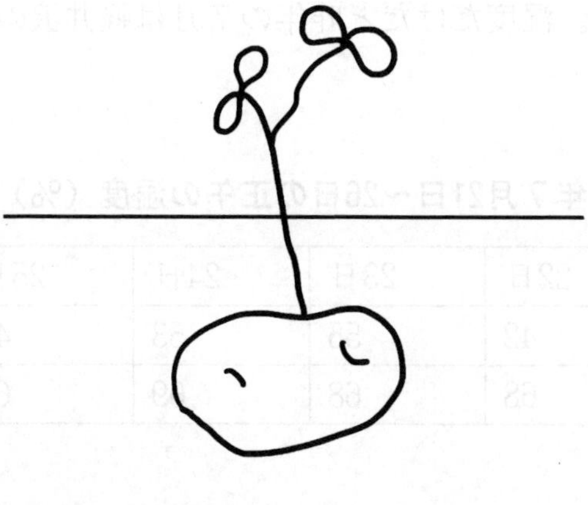

千駄：わかってるよ。ところで軽井沢って本当に涼しいのかな。ちょっと調べてみようかな。

駒子：そうね。まず調べてみましょう。どのくらい涼しいのかで，持っていく洋服が変わるもん。

資料２　東京と軽井沢の2021年７月21日〜26日の正午の気温（℃）

	７月21日	22日	23日	24日	25日	26日
東京	31.9	32.2	31.6	32.4	32.9	29.3
軽井沢	28.7	27.1	26.9	25.3	26.0	25.7

千駄：**資料２**は昨年の７月21日から26日までのお昼頃の気温だよ。

駒子：東京と比べるとだいぶ涼しそうね。さすが避暑地だね。

千駄：待って。日本の夏といえば，ジメジメして湿度が高いのが特徴(とくちょう)だよ。気温だけでは不十分だよ。

駒子：湿度って，空気の湿り気の程度をパーセントで表したものよね。

千駄：そうだよ。例えば，その気温での１m³の空気中に含むことのできる水蒸(じょう)気量が42ｇで，実際に含まれる水蒸気量が29ｇだった時，湿度は（　ア　）％となるね。

〔**問題３**〕　空欄（　ア　）にあてはまる数値を，小数第１位を四捨五入して整数で答えなさい。

駒子：**資料３**が湿度の比較(ひかく)ね。湿度だけだと昨年の７月は軽井沢の方が東京より湿気があったのね。

資料３　東京と軽井沢の2021年７月21日〜26日の正午の湿度（％）

	７月21日	22日	23日	24日	25日	26日
東京	57	42	55	53	48	58
軽井沢	59	68	68	69	64	71

千駄：ということは軽井沢が東京よりジメジメして過ごしにくいのかな。

駒子：でも，同時間帯の気温は東京の方が高いのよ。東京の方が暑いはずよ。

千駄：困ったな，どうしよう。

先生：何か困っているようですね。

駒子：先生！

千駄：先生！　丁度いいところで会いました！　気温と湿度を組み合わせて，どのくらい過ごしにくいかを表す指標を知りませんか？

先生：それなら「暑さ指数（しすう）」はどうでしょうか。暑さ指数とは，人間の熱バランスに影響の大きい気温，湿度，輻射熱（ふくしゃねつ）の３つを取り入れた温度の指標です。熱中症の危険度を判断する数値として，環境省（かんきょうしょう）では平成18年から暑さ指数の情報を提供しています。

暑さ指数は**資料４**のように乾球（かんきゅう）温度計，湿球（しっきゅう）温度計，黒球（こっきゅう）温度計による計測値を使って計算されます。湿球温度というのは，水で湿らせたガーゼを温度計の球部に巻いて観測するものです。温度計の表面にある水分が蒸発した時の冷却熱と平衡（へいこう）した時の温度を指し，空気が乾（かわ）いた時ほど気温との差が大きくなり，皮膚（ひふ）の汗（あせ）が蒸発する時に感じる涼しさ度合いを表すものです。

資料４

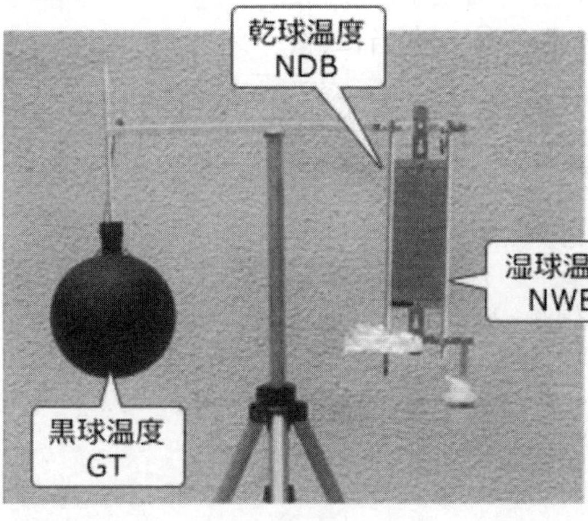

駒子：なるほど，その暑さ指数の計算式はどのようなものなのですか？

先生：屋外については，**暑さ指数＝気温×0.1＋湿球温度×0.7＋黒球温度×0.2** で表されます。**資料５**に黒球温度と湿球温度を載(の)せておきました。

資料５　東京と軽井沢の2021年７月21日～26日の正午の黒球温度（℃）と湿球温度（℃）

		７月21日	22日	23日	24日	25日	26日
東京	黒球温度	48.2	49.5	48.3	47.8	50.2	36.8
	湿球温度	25	22.3	24.2	24.6	24.1	22.9
軽井沢	黒球温度	44.2	42.2	32.9	40.2	40.8	39.9
	湿球温度	22.6	22.6	22.4	21.1	21.0	21.8

千駄：計算すると７月21日の東京の暑さ指数は（　イ　）で，軽井沢が（　ウ　）となるね。

〔問題４〕 空欄（　イ　），（　ウ　）にあてはまる数値を，小数第１位を四捨五入して整数で答えなさい。

駒子：21日だけの比較ではわからないね。６日間全部計算しなきゃ!!　グラフ化して比べましょう。

千駄：え…。全部？　そのあと，グラフにするの？　本当に!?

先生：あ，仕事がまだ残っているんだった!!　皆さん，遅くならないようにね。ちゃんと下校時刻までには帰るんですよ。

千駄：先生!!　そんな。

駒子：お土産買ってくるから頑張(がんば)りましょう。

〔問題５〕 2021年の７月21日から26日の東京と軽井沢の暑さ指数をグラフにしたものとして適当なものを以下のア～エから一つ選び，記号で答えなさい。

ア．
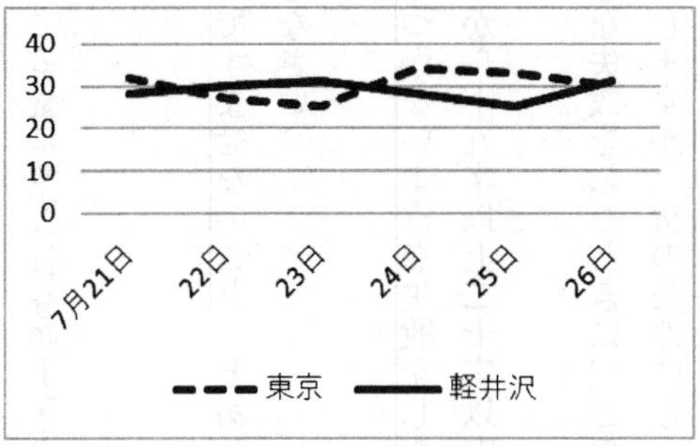

イ．
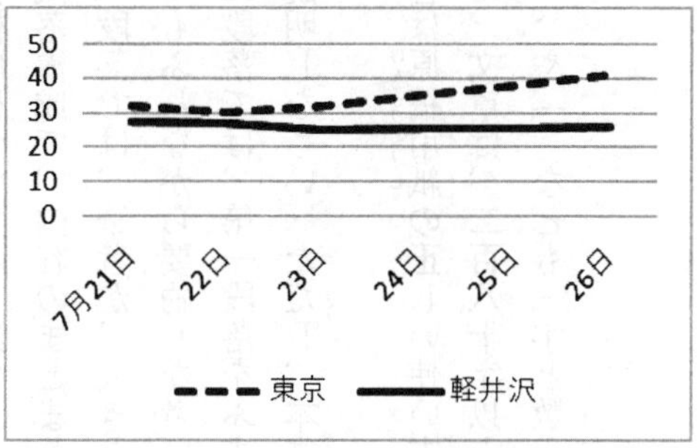

ウ．
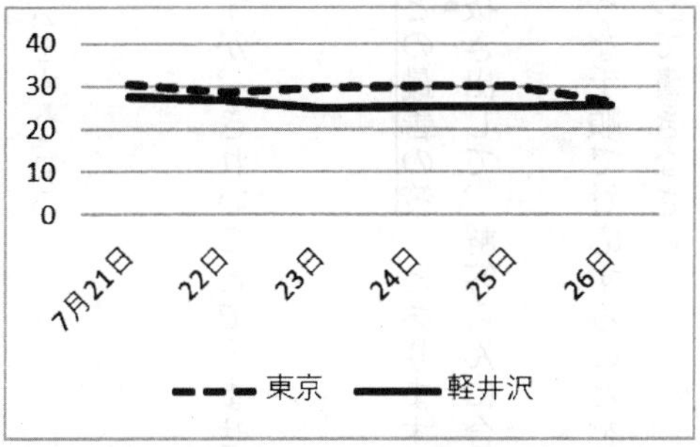

エ．
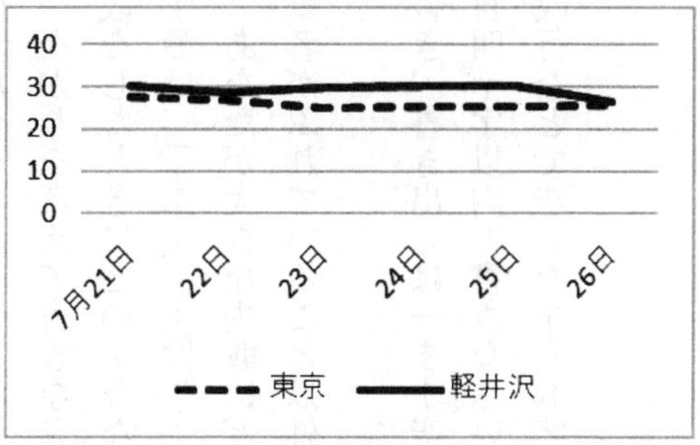

※ネガティブ……否定的であったり、消極的であったりするさま。
※傍若無人……他人のことを気にせずに自分勝手なふるまいをすること。
※欺瞞……だますこと。

問1 ①きれいごとですませないこと　とありますが、きれいごとですませるとは、ここではどのような態度を指しますか。解答らんに合うように書きなさい。

問2 ②取り返しのつかないような失敗をしたあとの最善の策　とありますが、ここでの最善の策とはどうすることを指しますか。本文の☆の範囲(はんい)の中から十五字以上二十字以内で抜(ぬ)き出して、解答らんに合うように書きなさい。

問3 筆者は、大きな失敗をしたときに、どのような手順で対応することを勧めていますか。また、あなたは大きな失敗をしたときにどのような対応をしますか。次の条件にしたがって書きなさい。

条件1　段落構成については、次の①～③にしたがうこと。
①　二段落構成で、内容のまとまりやつながりを考えて書きなさい。
②　第一段落では、筆者が、大きな失敗をしたときにどのような手順で対応していくことを勧めているかを、人間の「弱さ」についてもふれながら要約しなさい。手順は、「まず……次に……」などの形で書くこと。
③　第二段落では、第一段落をふまえ、あなたが大きな失敗にどのように対応しようと思うか、具体的な行動とその理由をふくめて説明しなさい。ただし、本文で筆者がふれていること以外の行動を挙げて書くこと。

条件2　解答は原稿用紙(げんこうようし)の正しい使い方で書き、書き出しは一ます空けて書き始めなさい。
また、文章は、二百八十字以上三百四十字以内で書きなさい。
、や。や「　なども一字と数え、改行などで空いたますも字数に数えます。

この危機的状況からは、もう自分ひとりの力では抜け出せません。

そんなときは、友達や家族に愚痴を言いましょう。

「もし自分に落ち度があったとしても、それは取るに足らないことで、何もかも全部、まわりのやつらが悪かったんだ！」

そう考えて、保身や自己弁護に徹して、思いっきり愚痴りましょう。

社会では、自分の弱みを人前でさらけ出すのはよくないこととされています。愚痴を言うのはカッコ悪いと思われています。しかし、大失敗した直後は、そんな役に立たない〝社会通念〟などキッパリと捨てて、できるかぎりたくさん愚痴を言いましょう。

なぜなら、怒りや不満を口から「愚痴」という言葉にして吐き出したぶんだけ、心が軽くなり、頭もすっきりするからです。信頼できる友人や家族に愚痴を聞いてもらって、体内から負の感情を外の世界に排出することができたら、少しは楽になり、なんとか冷静になれるはずです。

落ち着きが戻ってきたら、次は全力で「気晴らし」をしましょう。

一番のお勧めは「美味しいものを食べること」です。

大失敗で消耗した心身に活力を与えるためには、食事をとって、体にエネルギーを充たすことが必要です。それに、どんなに辛く苦しくても、ひとは美味しいものを食べるとつい笑顔になり、気分も晴れ、元気を回復できる生き物なのですから。

人間とは「弱さ」を持った存在です。その弱さゆえ、失敗すれば傷つきますし、その傷口から生きるためのエネルギーが漏れてしまい、何もできなくなってしまいます。

そんなとき、大切なのは「自分は弱いから、いますぐには自分の起こした大失敗と向き合うことなんてできない」と潔く諦めることです。立ち向かう力も残っていないのに、無理して抵抗しても良い結果が出るはずもなく、かえって疲れ果て、もっと悪い状況に陥りかねません。

人間には「回復力」が備わっています。大切なのは、大失敗で失われてしまったエネルギーが自然に回復するのを待つことです。

回復するまでにどれだけの時間がかかるのかはひとそれぞれですが、いつかは失ったエネルギーを取り戻して、自ら行動できるほどにまで回復します。そこまで回復できるときを待つことが、②取り返しのつかないような失敗をしたあとの最善の策なのです。

（『やらかした時にどうするか』畑村洋太郎）

（設問の都合上、一部本文を改めました。）

※苛まれた……苦しめられた。

※内定……ある仕事への採用が内々に決まること。

※ビジネスパーソン……働く人。

た責任を取らせて、公の場で謝罪せよ！」とか「失敗で迷惑をかけられたひとたちがかわいそうだから、失敗したやつは袋叩きにされても当然だ！」などと考えて、※傍若無人に襲いかかってきます。

そんな無責任で※欺瞞に満ちた〝社会正義〟という「きれいごと」は、早い段階で潰すか、完璧に黙殺しなければなりません。ましてや、失敗した本人が「きれいごと」で考えたり発言したりするのは論外です。

いつまでも「きれいごと」のなかで何かしようとするから無理が来るのです。本当はどうにもならないのに「きれいごと」でどうにかしようとあがくから、傷が深くなり、余計におかしくなってしまうのです。

☆

大失敗したときは、必要最低限の処理や対応をすませたら、「きれいごと」などかなぐり捨てて、とにかくうつ状態にならないように一目散に逃げましょう。

では、具体的にどんなふうに逃げればよいのでしょうか。

私が勧める有効な方法は「他人のせいにすること」「愚痴を言うこと」「気晴らしをすること」です。

もし、大失敗の影響をうまくおさめる対処法が見つからなくて、激しく自己否定する思考回路にはまり、自滅してしまいそうになったとき、まずやってほしいのは「失敗を他人のせいにすること」です。

あまり深く考えず、とにかく「この失敗は、わたしのせいじゃない！」「おれは悪くない。失敗したのは、ほかのやつらの責任だ!!」と考えましょう。

私は「ウソをついてもいいから、失敗の責任を他人に押し付けろ」と言っているわけではありません。ウソは後で必ずバレますし、失敗によって受けるダメージをより大きくします。現実の世界で他人を傷つけることがないように、自分の頭のなかだけで、思いっきり責任転嫁するのです。思考の負の連鎖を止めるため、一時的に頭のなかで失敗を他人のせいにすることは、決して悪いことではないのです。

とくに根が真面目なひとほど、大きな失敗をしたとき、自分一人を悪者にしてしまう傾向があります。そういう考え方から自分を解放しないとダメなのです。

決して自分だけを責めるのではなく、「関わっていたほかのひとたちにもミスはあったはず」と失敗した原因を自分以外の関係者にも探し出して、他人のせいにすることで、自分の心の重荷を一時的に軽減することが、大失敗直後のタイミングでは最も重要な作業となります。

失敗を他人のせいにして、激しい〝自責の念〟から自分自身を逃してやることができたら、次に取り組むべき自己防衛策は「愚痴を言うこと」です。

取り返しのつかないような大きな失敗をしたひとは、大きなショックやダメージを受けて、冷静さを失い、どんどん追い詰められていきます。自分の考えの中に閉じこもり、考えが同じところでぐるぐる回り始めます。そうなると、もう正しい判断や行動ができなくなって、悪循環が続く自滅パターンに入り込んでしまって、最終的には深刻な「うつ」の状態に陥ります。

☆

二 次の文章を読んで、あとの問いに答えなさい。(句読点や記号は一字と数えます。)

ひとがうつ状態に陥ってしまうパターンは主に四つあります。

「目標を喪失したとき」「越えられない高い壁に突き当たったとき」「先が見えないとき」そして「大失敗したとき」です。

目標喪失によるうつ状態は、何か大きな目標を持っていたひとが、その目標を達成した直後に起きます。たとえば、入りたかった高校に入学できたのはいいけれど、いざ通い始めてみると、次の目標を見つけることができず、高校に入るまで持っていたような気力を失ってしまい、やる気がまったく出なくなり、気分もふさいで、何もしたくなくなってしまうパターンです。「五月病」と呼ばれる不調は、このうつ状態によって引き起こされます。

越えられない高い壁によるうつ状態は、たとえば中学までなら簡単に理解できていた勉強が、高校に来たらレベルがかなり上がり、目の前に高い壁が立ちはだかっているように思えてしまい、なかなか前に進まなくなってしまったときに陥りがちです。焦りばかりが空回りして、ついには無気力な状態になってしまうパターンです。

先が見えないことによるうつ状態は、たとえば人生をかけるような夢がみつからなくて、進路が決められず、高校を卒業してから自分の人生はどうなってしまうのか、非常に強い不安や焦りに※苛まれたときに始まります。将来に強い不安を感じているうちに、どうすればいいのかわからなくなって、何も手につかなくなる状態になってしまうパターンです。大学生なら就職活動中になかなか※内定がもらえないとき、中高年世代の※ビジネスパーソンなら、定年後の人生設計が思いつかないときなどです。

大きな失敗によるうつ状態は、突然やってきます。それまであまり大きな失敗をしたことがなく、大失敗を乗り越えた経験がないひとほどプレッシャーは大きくなります。

大失敗によるうつ状態から無事抜け出すことができるかどうかは、大失敗直後の衝撃をいかにうまく受け流して、どれだけ早くもとの精神状態に近いところまで回復できるかが勝負になります。

そのために必要不可欠な失敗直後の対応策が「逃げろ!」なのです。

大きな失敗をしてしまい、厳しい状況に追いつめられたとき、誰もが「自分の本当の味方は自分しかいない」と認めなければなりません。自分の身は自分で守るしか方法がないのです。そんなとき「とにかく生きのびること」を実行するためには、自分を責める方向にだけ進む※ネガティブ指向を避けられるように、一時的に頭のなかで「失敗から逃げてしまうこと」がとても重要になってきます。

本気で逃げるためには、注意すべきことがあります。

それは「①きれいごとですませないこと」です。

失敗の当事者でないひとたち、失敗したひとを追い詰める側のひとたちにとって、他人の失敗など所詮は他人事なので、「世間を騒がせ澄子は確かな気持ちでそうこたえた。
お母さんが力つきたような顔で、片手をあげる。
「行ってらっしゃい……」
「行ってきます！」
澄子はしっかりした声でそう言うと、ひらりと身をひるがえして玄関（げんかん）に向かった。そして、両足のかかとをしっかりと靴（くつ）にはめこむと、そのまま外へと飛びだした。

（『教室の祭り』草野たき）

（設問の都合上、一部本文を改めました。）

問1 ①あまりに単純に納得しているお母さんに、澄子はますます泣きたい気持ちになった　とありますが、澄子が泣きたい気持ちになった理由を説明した次の一文の□にあてはまる最も適切な言葉を本文から十字以上十五字以内で抜き出して書きなさい。

> てっちゃんたちを選ぶと言いながらも、本当は□させたくないという気持ちも捨てられずに悩んでいるのを、お母さんが理解してくれていないと感じたから。

問2 ②「そう、どっちかを選んで、どっちかをあきらめなきゃいけないの」とありますが、お母さんがこのように言ったのは、澄子に対してどのような気持ちがあったからですか。本文から九字で抜き出して、解答らんに合うように書きなさい。

問3 ③澄子は学校では直子と仲良くすることを、ちゃんと選んでいた　とありますが、なぜそのように言えるのですか。その理由を説明した次の一文の□にあてはまる適切な言葉を書きなさい。

> 澄子は、直子が□ところにあこがれや好意をいだいていて、そんな直子のことが気になってしかたがないと気づいたから。

問4 そのとき、大事なのは、あきらめること　とありますが、本文の澄子のように、これまでにあなたが何かをあきらめた体験は何ですか。あなた自身の体験を次の条件にしたがって具体的に書きなさい。

条件　書き出しは一ます目から書き始めなさい。
また、文章は、六十字以上七十字以内で書きなさい。
、や。や「　なども一字と数えます。

お母さんのきっぱりとした言葉が、澄子の心をぐさりと刺す。
「それに、中途半端な気持ちのまま進んだら、きっと後悔する」
お母さんの澄子を見つめる目が、あまりに強くて、まっすぐで、澄子は目をそらして逃げることができない。
「後悔するって、苦しいわよ。あきらめるより、ずっと自分を傷つけるのよ」
その言葉に、心がじんじんとしびれる。
「お母さんは、澄子に後悔してほしくない。迷ってるなら、ちゃんと選んでほしいし、そのためには、しっかりとあきらめてほしい」
お母さんはそこまで言うと、はあと大きなため息をついた。
澄子も、そしてお母さんも、すごく疲れていた。こんな風に、真正面で向かい合って真剣な言い合いをするなんて、はじめてだったから。
ふたりして、しばらくぼうぜんとする。時計の秒針の音がやけに耳につく。
「……わかった」
先に立ちなおったのは、澄子の方だった。
「やっと、わかった気がする……」
澄子はぼそぼそとした声で、でもすっきりとした頭で決めていた。
本当ははじめから答えは出ていたのだ。
澄子にとって、気になってしかたないのは、直子の方だ。
澄子は自分からてっちゃんたちを選んだわけじゃない。もし、てっちゃんたちが、同じ塾じゃなければ、向こうから声をかけてくれなかったなら、仲良くなることはなかった。自分から気になって、声をかけたいふたりじゃなかった。
澄子は四月のクラス発表の日を思い出す。澄子は直子といっしょのクラスでうれしかったのだ。マッキーやしまちゃんじゃなくて、直子がいっしょでうれしかった。
澄子は直子にあこがれていた。イラストレーターになりたいというはっきりとした夢を持って、ちゃんと今からそのための努力をして、澄子が頼めばこころよくどんな絵でも描いてくれるやさしい直子が好きだった。
てっちゃんたちと塾がいっしょでも、③澄子は学校では直子と仲良くすることを、ちゃんと選んでいたのだ。
そして今も、ひとりぼっちでいる直子のことがこんなに気になっている。クラスの女子を動かしてしまうほど、気になっていたのだ。
「ちょっと……行ってくる」
澄子はその場で、背負ったままだったランドセルと手さげぶくろを置いた。
お母さんが疲れた顔で「……どこへ？」ときく。
「選んだ方へ」

泣きたい気持ちをこらえてるせいで、声がふるえる。

「気にならないわけないじゃん！」

澄子はなんとか自分をふるいたたせてつづけた。

「直子とは三年生のときから仲良しだったんだよ。カステラ作る約束だってしてたのに、ノートに絵だって描いてもらったのに、いつもいっしょにいたのに、うらぎるみたいにして、てっちゃんたちと仲良くなんてしてられないよ。直子をひとりぼっちのままになんて、させられないよ！」

「じゃあ、直子ちゃんを選んだらいいじゃない」

お母さんがとがった声で言う。

「そんなに気になるなら、直子ちゃんを選べばいいじゃない」

「それができないから悩んでるんじゃん」

「できないじゃなくて、選ばなきゃならないの」

お母さんはそこで、小さくひとつ呼吸をした。

「どっちもほしいなんて、よくばりよ」

「よくばり？」

思ってもみない言葉に、澄子は愕然とした。

「澄子はあきらめなきゃいけないの」

「あきらめる？」

②「そう、どっちかを選んで、どっちかをあきらめなきゃいけないの」

お母さんのこんな真剣な顔を見るのは、はじめてだった。

「これから、大きくなるにしたがって、選ばなきゃならないことはたくさん出てくる。そのとき、大事なのは、あきらめることだってお母さんは思う」

そこにいるのは、いつもの、のんきで明るいお母さんじゃなかった。

「あきらめるってことは、けして、悪いことじゃないの。あきらめることは、よく考えて選びなおすことよ」

お母さんらしくないその口調が、澄子を緊張させる。

「お母さんだって、たくさんあきらめてきたよ。でも、ぜんぶ自分で納得してあきらめてきたの。悔しかったり、かなしかったりしたけど、だけど他の道を自分で選びなおして進んできたから、後悔はしてない。進みたい道がどうしても開いてくれなかったら、あきらめて他の道を選ぶしかないの。それは逃げるんじゃなくて、新しく選びなおすことなの」

2023年度 駒込中学校

【適性検査１】〈適性検査型Ｂ試験〉（四五分）〈満点：一〇〇点〉

一　次の文章を読んで、あとの問いに答えなさい。（句読点や記号は一字と数えます。）

小学五年生に進級した澄子は、塾で知り合ったてっちゃんたちと仲良くなり、学校でもしだいに共に行動することが増えた。だが、それまで仲の良かった直子と距離ができてしまい、そのうち直子は学校を休むようになった。クラスの女子たちは、全員で直子の自宅におしかけるが、直子が学校に来るようになっても、澄子以外のだれも直子に気をとめなかった。

お母さんは澄子の話を途中で口をはさむことなく、しずかに、まじめにきいていた。
そして、説明が終わると表情を変えることなく言った。
「それで、澄子は直子ちゃんとてっちゃんたちと、どっちを選んだの？　どっちと仲良しでいることに決めたの？」
澄子はすぐに返事ができない。
「決めなきゃいけないんでしょ？　どっちかに決めなきゃならないんでしょ？」
お母さんが責めるように言うから、澄子は泣きたい気持ちになる。だけど、澄子はそれをぐっとこらえてこたえた。
「てっちゃんたち……かも」
そう言う澄子にお母さんが容赦なくつっこむ。
「かも、じゃなくて、はっきり決めなさい」
お母さんの口調はいつにもましてきつかった。
「……てっちゃんたち」
澄子は今日一日のことを思い出してこたえる。今日も、直子とは口ひとつきいてない。だからそれは、直子と仲良しになることを選んでない自分を思い出して、出てきた答えだった。
「じゃあ、それでいいじゃない」
①あまりに単純に納得しているお母さんに、澄子はますます泣きたい気持ちになった。
「そんなわけないじゃん……」

2023年度

駒込中学校　▶解答

適性検査１　(45分)＜満点：100点＞

解答

一　問１　直子をひとりぼっちのままに　問２　後悔してほしくない(という気持ち。)　問３　(例)　はっきりとした夢を持って努力し，自分にやさしく接してくれる　問４　(例)　入りたいクラブが二つあったが，私の学校では一つしか入れないきまりだったので，より自分の能力を生かせそうなほうを選び，一方はあきらめたこと。　二　問１　(例)　(失敗した自分を責めるあまり，)当事者でないひとが謝罪を求めたり，袋叩きにしたりする声(を黙殺せず，受け止めてしまう態度。)　問２　もとの精神状態に近いところまで回復(するときを待つこと。)　問３　(例)　人間は「弱さ」ゆえ，失敗すれば傷ついて生きるエネルギーが失われてしまう。無理をして疲れはて，うつ状態にならないように，大失敗したら一目散に逃げることを筆者は勧めている。具体的には，まず，失敗を他人のせいにし，激しい自責の念から自分自身を解放する。次に，友達や家族に愚痴を言って楽になり，落ち着きを取り戻す。さらに気晴らしに美味しいものを食べてエネルギーを回復するのを待つべきだとしている。／私は以前，ピアノの発表会で思わぬ大きなミスをし，ひどく落ちこんだ。だが，筆者が勧めるように，失敗を先生や家族のせいにはできなかった。私は，失敗はもっと上に行くための試練だと考えているので，より練習して自信をつけることで立ち直ることができた。今後も失敗を自分のかてとしていきたい。

適性検査２　(45分)＜満点：100点＞

解答

(1)　右の図　(2)　43倍　(3)　(例)　B5のＡ罫が30行，Ｂ罫が35行，A4のＡ罫が35行なので，A5のＣ罫は35行と予想する。35×５＝175(mm)。A5は長い辺の長さが210mmなので，210－175＝35(mm)と予想する。　(4)　49分　(5)　４本　(6)　右上の図　(7)　(左側上から順に)　834枚，556枚，209枚，87枚，(右側上から順に)　0.35円，0.125円，0.6円，3.75円，(一番安く作れる紙の名称)　コピー用紙　(8)　右の図

(1)
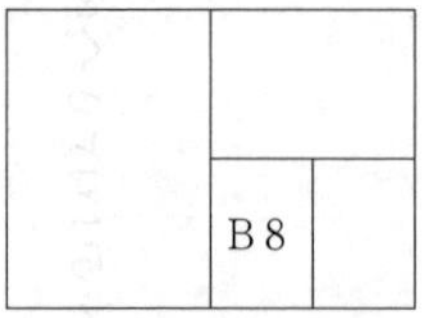

(6)
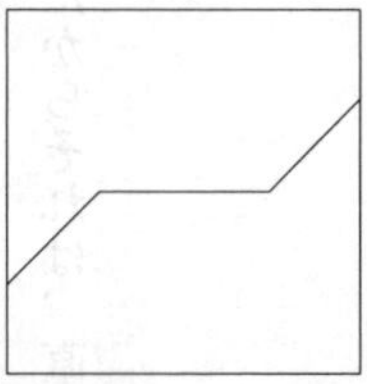

(8)
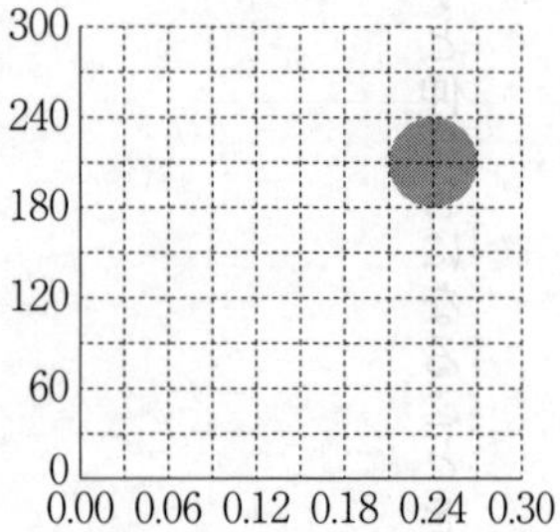

適性検査３　（45分）＜満点：100点＞

解　答

1 **問題１**　(1)　山城・河内・大和・摂津・和泉　　(2)　(例)　京に近いという理由から，蘇を納める代わりに加工する前の牛乳を納めていたから。　**問題２**　①　農業用(運搬用)　②　見習う(お手本にする)　**問題３**　(例)　江戸時代には武家屋敷だった場所に牧場がつくられ，失業した元武士が牛乳搾乳業者になったから。　**問題４**　(例)　牛は生き物であるため，気候の影響を受けやすく，気温の高い夏は生乳の生産量が落ちてしまう。これに対し，年間を通して牛乳の必要量は変わらないため，牛乳を加工する乳製品に回す量が減ることになる。よってバターの生産不足が起こるのである。　**問題５**　(例)　ペットボトル牛乳の試作品は，直接口をつけて飲むことを前提としてつくられているため，その飲み口から雑菌がペットボトル内に入り込み，牛乳の腐敗に繋がる恐れがあると考えられた。

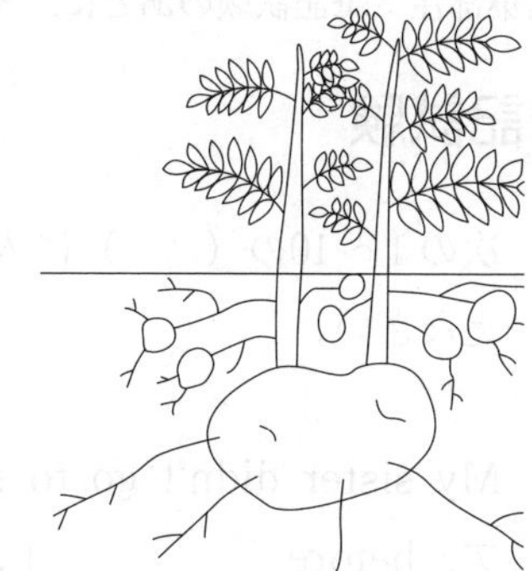

2 **問題１**　ウ　　**問題２**　右の図　　**問題３**　69　　**問題４**　イ　30　ウ　28　　**問題５**　ウ

2023年度 駒込中学校

〈受験上の注意〉• 机の上には「受験票」,「筆記具」,「消しゴム」以外のものは置かないこと。
• インタビューテストは厳正な審査のため，録音します。

【英　語】〈第３回・英語試験〉(筆記20分，インタビュー15分)〈満点：筆記40点，インタビュー60点〉
〈編集部注：筆記試験のあとに，インタビューテストがあります。〉

筆記試験

1 次の１～10の（　　）に入る最も適当なものを次のア～エの中から１つ選び、記号で答えなさい。

1．My sister didn't go to school today (　　) she was sick.
ア．before　イ．but　ウ．that　エ．because

2．Kevin wants (　　) his homework before dinner.
ア．to finish　イ．finish　ウ．finishes　エ．finished

3．I don't have (　　) time to visit my friend's house.
ア．full　イ．enough　ウ．main　エ．hard

4．A：Welcome to our hotel. (　　) carry your luggage for you, sir?
B：Yes, please. Thank you.
ア．Shall I　イ．Will you　ウ．Do we　エ．Can you

5．On Sundays, my brother teaches math (　　) me in his room.
ア．for　イ．at　ウ．to　エ．of

6．I got a new smartphone yesterday. It's (　　) useful than my old one.
ア．most　イ．better　ウ．more　エ．best

7．Tomorrow is my son's birthday. I'm going to give (　　) a science book.
ア．his　イ．him　ウ．its　エ．them

8．I am in the first year of (　　) this year.
ア．message　イ．knowledge　ウ．dictionary　エ．college

9．A：Will it rain tomorrow, mom?
B：I'm not sure. Let's (　　　) the internet.
Oh, here! It'll rain tomorrow afternoon.
A：OK. I'll put my umbrella in my bag.
ア．take out from　　イ．take a look at
ウ．take care of　　エ．take part in

10．A：How are you going to go to Komagome Museum?
B：Well, (　　　)
ア．I'm going to use my bike.
イ．it'll take 20 minutes.
ウ．I'm good, thanks.
エ．thirty students are going there.

2 日本語の意味になるよう、(　　)の中の語(句)を並べかえ、全文を書きなさい。
ただし、文の始めに来る語も小文字になっています。

1．あのバッグには、本が何冊か入っていますか。
(any / there / in / are / books) that bag?

2．あなたのお母さんは、どの色が好きですか。
(your mother / like / which / does / color)?

3．彼女によろしくお伝えください。
(her / say hello / for / please / to) me.

4．みなさん。話をやめて、私の話を聞いてください。
Everyone, (to / listen / talking / and / stop) me.

5．去年の冬は、たくさん雪が降りました。
(snow / had / last / a lot of / we) winter.

面接試験

① 受験カードの受け渡し、挨拶や受験者の確認、簡単な質問

例) **Hello! Please take a seat.**

What's your name?
How old are you?
Where do you live?

② picture カードを机上より取ってもらう

③ 20 秒間黙読 → 音読

④ カードについて質問を行う

Q.1 : How long did Ken and Ken's family stay in Australia?

Q.2 : How was the weather on the second day?

Q.3 : Look at the picture. What are the koalas doing?

※受験者自身の意見を問う質問

Q.4 : Where do you want to travel? And why?

⑤ カードの回収、受験カードの返却を行う。面接終了

例） **OK. This is the end of the test.**

You may go now. Good bye.

Trip to Australia

Ken visited Australia with his parents last summer. They stayed there for a week. It was a sunny day on the first day. They went to the zoo. Ken took some nice pictures. On the second day, it rained so they went to a movie theater. They had a good time.

2023年度

駒 込 中 学 校　▶解　答

英　語　＜第３回試験＞（筆記20分，インタビュー約15分）＜満点：筆記40点，インタビュー60点＞

解　答

[1]　**1**　エ　**2**　ア　**3**　イ　**4**　ア　**5**　ウ　**6**　ウ　**7**　イ　**8**　エ　**9**　イ　**10**　ア　[2]　**1**　Are there any books in that bag?　**2**　Which color does your mother like?　**3**　Please say hello to her for me.　**4**　Everyone, stop talking and listen to me.　**5**　We had a lot of snow last winter.

2022年度　駒込中学校

〔電　話〕　(03) 3828－4141
〔所在地〕　〒113－0022　東京都文京区千駄木５－６－25
〔交　通〕　地下鉄南北線 ― 本駒込駅より徒歩５分
地下鉄千代田線 ― 千駄木駅より徒歩７分

〈編集部注：２科目受験は算数・国語，４科目受験は算数・社会・理科・国語を選択します。〉
〈受験上の注意〉机の上には「受験票」，「筆記具」，「消しゴム」以外のものは置かないこと。

【算　数】〈第１回試験〉（50分）〈満点：100点〉

1 次の□にあてはまる数を答えなさい。

(1) $47 + 24 \times 11 \div 8 - 17 = \square$

(2) $14 - \left(10 - 3\frac{3}{4} \div 0.625\right) \times 1.25 = \square$

(3) $33 - \left(18 - \square\right) \times 7 = 12$

(4) $6.28 \times 12 + 31.4 \times 2.6 - 314 \times 0.3 = \square$

2 次の□にあてはまる数を求めなさい。

(1) $0.02\,\text{km}^2$ の 30％は□m^2 です。

(2) 兄と弟の所持金の比は５：２でしたが，兄が弟に1000円あげると所持金の比は５：４になりました。兄の最初の所持金は□円です。

(3) 何人かの子どもにあめ玉を配ります。１人に８個ずつ配ると14個足りないので６個ずつ配ると10個余りました。あめ玉の個数は□個です。

⑷　２％の食塩水450ｇから水を［　　］ｇ蒸発させたら，３％の食塩水になりました。

⑸　下の図は，AB＝6cm，BC＝10cmの長方形ABCDと半円を組み合わせた図形に，曲線部CDの真ん中の点Mから点Bに直線を引いたものです。このとき，影をつけた部分の面積は［　　］cm^2です。ただし，円周率は3.14とします。

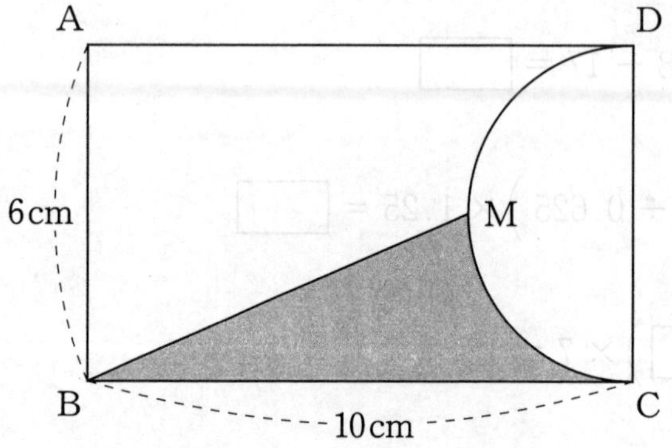

⑹　ある商品に，仕入れ値の２割増しの定価をつけましたが，売れないので定価の１割引きで売ったところ，利益は600円でした。この商品の仕入れ値は［　　］円です。

3 下の図のように，３辺の長さが３cm，４cm，５cm の三角形があります。この三角形の周りを，半径１cm の円が転がりながら１周するとき，次の問いに答えなさい。ただし，円周率は3.14とします。

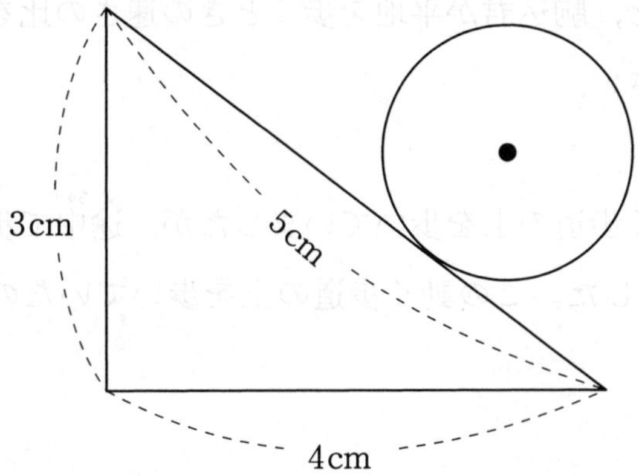

(1)　円の中心が動いた長さを求めなさい。

(2)　円が通過する部分の面積を求めなさい。

4 20 から 250 までの整数について，次の問いに答えなさい。

(1)　３では割り切れるが５では割り切れない数の個数を求めなさい。

(2)　３で割っても４で割っても１余る数の和を求めなさい。

5 A地点からB地点までの動く歩道があります。駒込君がこの動く歩道を歩くと12秒かかります。また，動く歩道に立ったままでいると，28秒かかります。ただし，動く歩道と駒込君の歩く速さは一定であるとします。このとき，次の問いに答えなさい。

(1) 動く歩道の速さと，駒込君が平地を歩くときの速さの比を，最も簡単な整数の比で表しなさい。

(2) 駒込君はこの動く歩道の上を歩いていましたが，途中（とちゅう）で歩くのをやめたため20秒かかりました。この動く歩道の上を歩いていたのは，何秒間ですか。

6 下の図のような台形を直線ℓの周りに１回転させてできる立体について，次の問いに答えなさい。ただし，円周率は3.14とします。

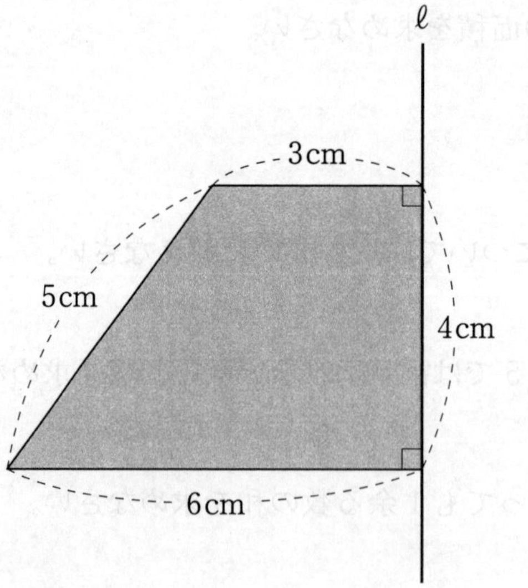

(1) この立体の体積を求めなさい。

(2) この立体の表面積を求めなさい。

7 弟は家から歩き始めて，途中(とちゅう)で一度休けいをとり，再び同じ速さで歩き続けました。兄は弟が家を出発してしばらくしてから家を出発し，公園で弟に追いつきました。下のグラフは弟が家を出発してからの時間と，弟と兄の距離(きょり)の関係を表しています。このとき，次の問いに答えなさい。

(1) 兄の速さは毎分何 m ですか。

(2) 家から公園までは何 m ありますか。

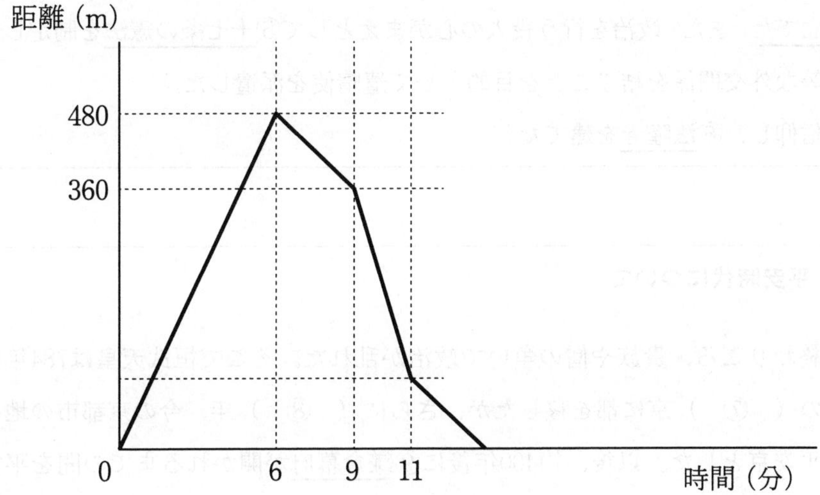

【社　会】〈第１回試験〉（理科と合わせて50分）〈満点：50点〉

1　駒太郎君は夏休みの宿題で歴史の中から２つテーマを設定し、レポートにまとめました。そのレポートを読んで、あとの問いに答えなさい。

〈テーマ１〉　**聖徳太子について**

- 用明天皇の子として生まれ、馬屋の前で生まれたことから①厩戸皇子と言う。
- 593年には②推古天皇を助ける地位につき、政治の経験が豊かな蘇我（　③　）と協力をして新しい政治を進めようとした。
- それまでの役人は有力豪族の家柄を重視していたが、④才能や手がらのある人を役人として取り立てた。また、政治を行う役人の心がまえとして⑤十七条の憲法を制定した。
- 中国との対等な外交関係を結ぶことを目的として遣隋使を派遣した。
- 仏教を厚く信仰し、⑥法隆寺を建てた。

〈テーマ２〉　**平安時代について**

- 奈良時代の終わりごろ、貴族や僧の争いで政治が乱れた。そこで桓武天皇は784年、京都府南部の（　⑦　）京に都を移したが、さらに（　⑧　）年、今の京都市の地に都を移して平安京とした。以後、約400年後に⑨鎌倉幕府が開かれるまでの間を平安時代という。
- はじめ、桓武天皇らが⑩律令による政治の立て直しを行ったが、やがて貴族の⑪藤原氏が政治を動かすようになる。
- 僧の⑫最澄と空海は遣唐使とともに中国に渡り、新しい仏教を学んだ。
- 10・11世紀ごろには⑬ひらがなの発明に代表される文化が生まれた。

問１　下線部①について、読み方をひらがなで答えなさい。

問２　下線部②について、幼い天皇や女性天皇を助けて政治を行う役職を何というか、漢字２字で答えなさい。

問３　（　③　）に入る語句を次のア～エから１つ選び、記号で答えなさい。

ア　入鹿　　イ　馬子　　ウ　稲目　　エ　蝦夷

問４　下線部④について、この制度を何というか答えなさい。

問５　下線部⑤について、十七条の憲法の資料として正しいものを次のア～エから１つ選び、記号で答えなさい。

ア
> 一、諸国守護人の職務・権限について
> このことについて、右大将家の時代に決められたのは、大番役の催促（さいそく）、謀叛（むほん）人・殺害人（夜討（う）ち・強盗・山賊・海賊を付け加える）の逮捕（たいほ）などの事柄である。

イ
> 一、和を大切にして人といさかいをせぬようにせよ。人にはそれぞれつきあいというものがあるが、この世に理想的な人格者というのは少ないものだ。

ウ
> 一、諸国の百姓が、刀・脇指（わきざし）・弓・槍（やり）・鉄砲その他の武具の類を所持することを厳禁する。したがって、大名・領主・代官は、右の武具を全て没収して差し出すようにすること。

エ
> 一、学問や武芸を身につけ、弓や馬の訓練にはげむこと。

問６　下線部⑥について、法隆寺の写真として正しいものを次のア～エから１つ選び、記号で答えなさい。

ア

イ

ウ

エ

問７　（　⑦　）に入る語句を漢字２字で答えなさい。

問８　（　⑧　）に入る西暦を答えなさい。

問９　下線部⑨について、征夷大将軍の地位についた源頼朝は、鎌倉に幕府を開きました。鎌倉を選んだ理由を、現在の鎌倉の地図を参考にしながら、地形に着目して説明しなさい。

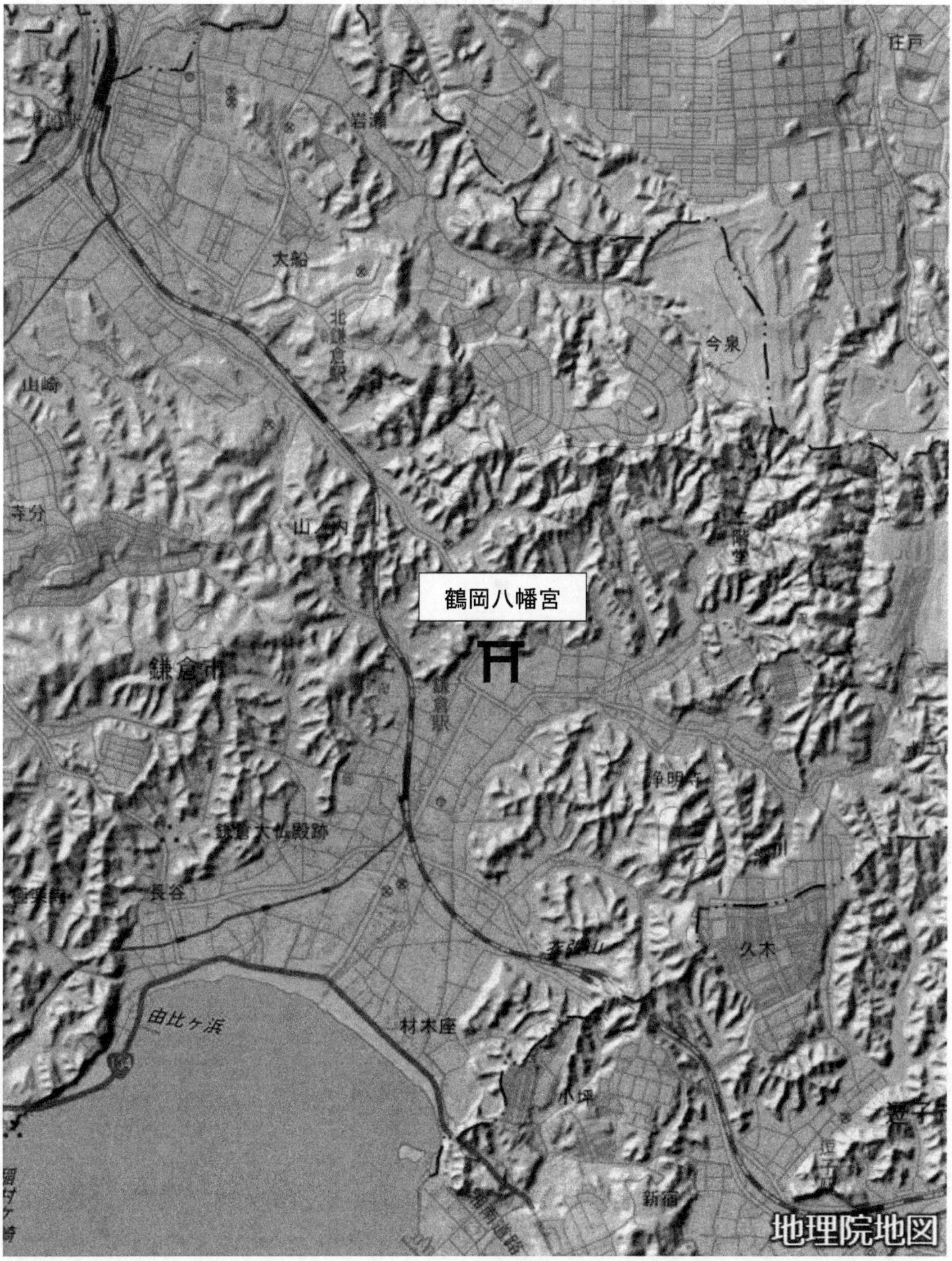

（　地理院地図／GSI Map／国土地理院　より作成　）

問10　下線部⑩について、大宝律令の説明として正しいものを次のア～エから１つ選び、記号で答えなさい。

ア　文武天皇のときに、藤原不比等らを中心に編さんされた。

イ　天武天皇のときに、天皇を中心に編さんされた。

ウ　天智天皇のときに、中臣鎌足らを中心に編さんされた。

エ　持統天皇のときに、天皇を中心に編さんされた。

問11　下線部⑪について、次の和歌は藤原道長が自身の全盛をよんだ歌である。彼はどのようにして政治に大きな影響力を持つようになったのか、次の家系図を参考にして、簡潔に答えなさい。

「この世をば　わが世とぞ思う　望月の　かけたることも　なしと思えば」

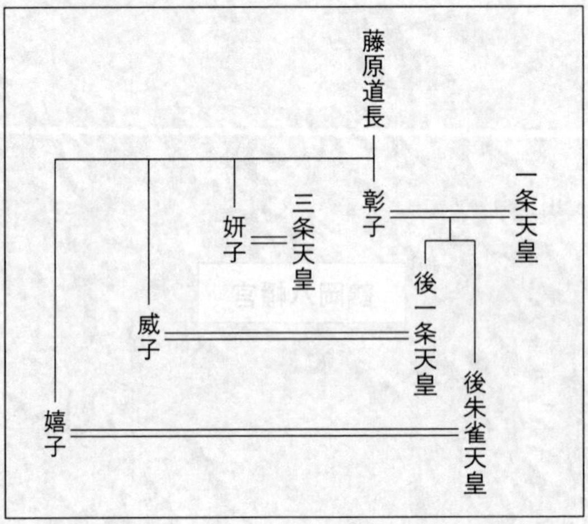

問12　下線部⑫の人物について、組み合わせとして正しいものを次のア～エから１つ選び、記号で答えなさい。

ア　最澄ー真言宗ー金剛峰寺　　空海ー天台宗ー延暦寺

イ　最澄ー天台宗ー延暦寺　　空海ー真言宗ー金剛峰寺

ウ　最澄ー天台宗ー金剛峰寺　　空海ー真言宗ー延暦寺

エ　最澄ー真言宗ー延暦寺　　空海ー天台宗ー金剛峰寺

問13　下線部⑬について、このような文化を何というか、次のア～エから１つ選び、記号で答えなさい。

ア　天平文化　　イ　東山文化　　ウ　国風文化　　エ　桃山文化

2 下の表は、Ａさんが東海道新幹線に乗車した際のメモである。このメモを読んで、あとの問いに答えなさい。

駅	見えたもの・気づいたことなど
a 東京	新幹線をホームで待っていたが寒かった。日本の冬は、（　１　）風が（　２　）大陸の冷たい大気を運んでくるせいで気温が下がる。
↓	
品川	たくさんの人が乗り込んできた。
↓	
新横浜	駅の名前はｂ横浜だけれど、海は遠そうだ。
↓	新横浜駅を出てしばらくすると、右手にｃ富士山が見えた。 静岡県からなかなか出ない。浜名湖が見えたから、ｄ浜松駅は過ぎているはずだ。 電光掲示板に「ただいまｅ豊橋駅付近を通過中」と出ていた。やっと愛知県に入ったようだ。
名古屋	駅前に大きくて新しそうなビルが立ち並んでいる。あのビルにのぼれば、きっとお城が見えるだろう。
↓	
ｆ京都	お土産の紙袋をもった人がたくさん乗り込んできた。
↓	
新大阪	東海道新幹線はｇ山陽新幹線に接続している。中国地方や九州方面に行くことができる。

問１　（　１　）・（　２　）にあてはまる語句を答えなさい。

問2　下線部aについて、東京都の人口は日本の総人口のどれくらいを占めるか、最も近いものを次のア～エから1つ選び、記号で答えなさい。

ア　5分の1　　イ　10分の1　　ウ　15分の1　　エ　20分の1

問3　下線部bについて、次の表①～④は、日本国内のいずれかの港の輸出品もしくは輸入品をあらわしている。横浜港の輸出品・輸入品をあらわす表はそれぞれどれか、組み合わせとして正しいものを次のア～エから1つ選び、記号で答えなさい。

①

品目	百万円	%
半導体等製造装置	849806	8.4
金（非貨幣用）	769528	7.6
科学光学機器	556860	5.5
電気計測機器	391020	3.8
集積回路	385059	3.8
計	10158878	100.0

②

品目	百万円	%
自動車	927475	15.9
プラスチック	271828	4.7
内燃機関	258556	4.4
自動車部品	247779	4.3
ポンプ、遠心分離機	170051	2.9
計	5819977	100.0

③

品目	百万円	%
通信機	1799021	14.1
医薬品	1695726	13.3
コンピュータ	1254726	9.8
集積回路	1020760	8.0
科学光学機器	806217	6.3
計	12743637	100.0

④

品目	百万円	%
石油	255391	6.3
有機化合物	138790	3.4
液化ガス	136264	3.4
衣類	118212	2.9
アルミニウム	113446	2.8
計	4045900	100.0

『日本国勢図会 2021/22』より作成

ア　輸出品：①、輸入品：③　　イ　輸出品：①、輸入品：④
ウ　輸出品：②、輸入品：③　　エ　輸出品：②、輸入品：④

問4　下線部cについて、富士山の南に位置する富士市でさかんな工業を、次のア～エから1つ選び、記号で答えなさい。

ア　製紙工業　　イ　繊維（せんい）工業　　ウ　印刷業　　エ　セメント工業

問５　下線部 **d** について、浜松駅で名物となっている駅弁を、次のア～エから１つ選び、記号で答えなさい。

ア

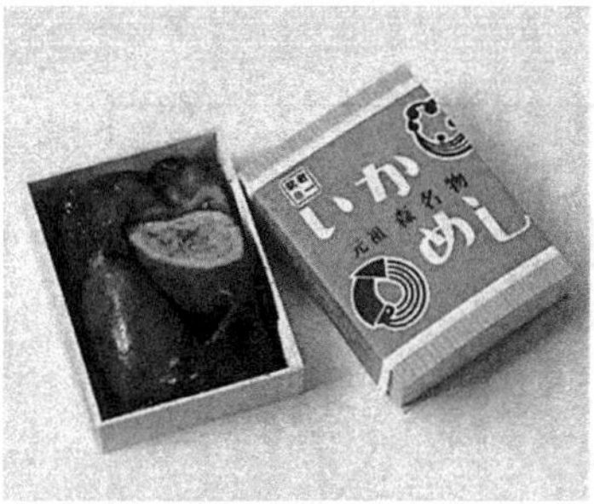

イ

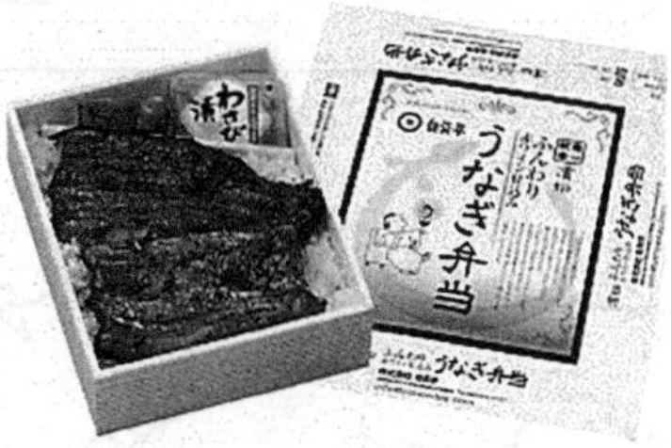

ウ

エ

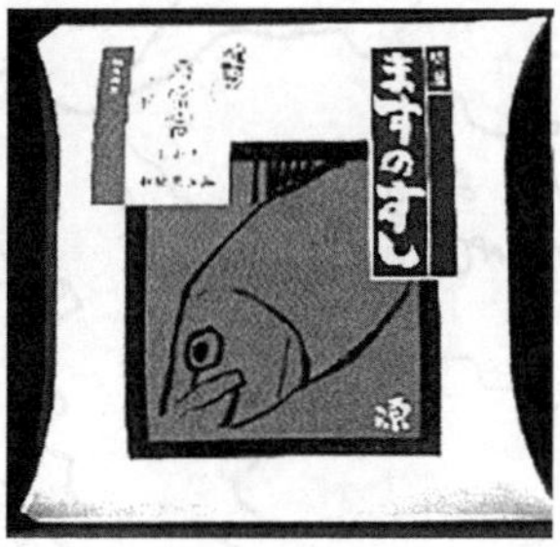

問６　下線部 **e** について、豊橋市では電球に照らされたビニールハウスをみることができます。このビニールハウスで栽培している植物を、次のア～エから１つ選び、記号で答えなさい。

ア　きく　　　イ　チューリップ　　　ウ　いちご　　　エ　アボカド

問７　下線部 **f** について、京都府の伝統工芸品として誤っているものを次のア～エから１つ選び、記号で答えなさい。

ア　西陣織　　　イ　清水焼　　　ウ　丹後ちりめん　　　エ　加賀友禅（ゆうぜん）

問８　下線部 **g** について、山陽新幹線には西明石駅がある。明石市には日本の標準時子午線が通るが、経度は東経何度か答えなさい。

問9　Aさんは、新大阪駅で東海道新幹線を降りたあと、数日かけていくつかの地点をまわった。下の日記を読み、Aさんが行った地点を地図中のア～クから選び、訪れた順に解答らんに記号で答えなさい。

地図

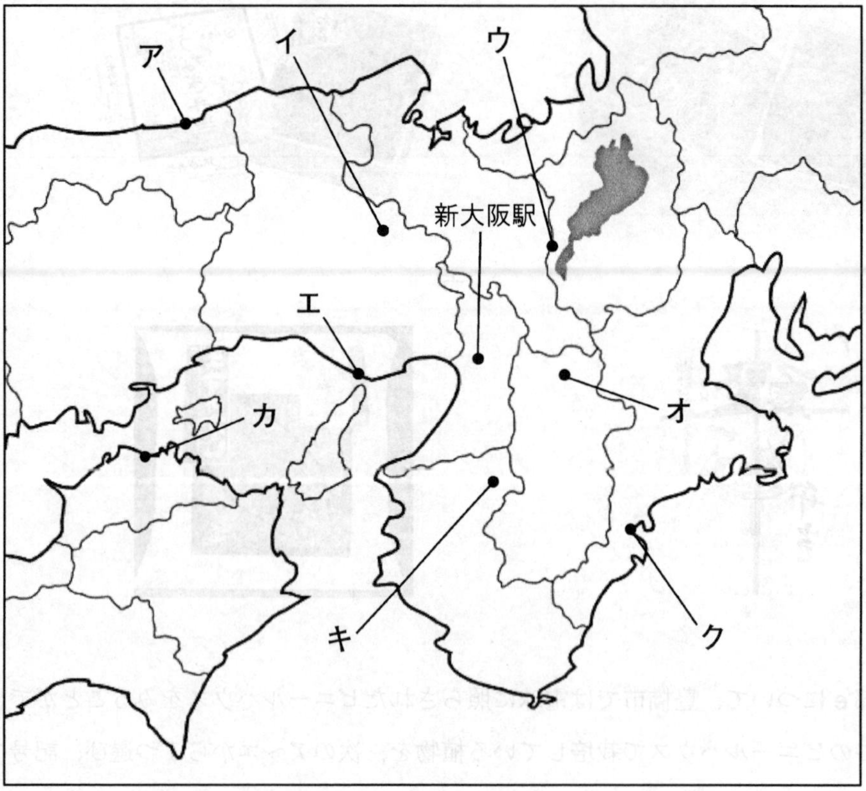

日記

7月28日
今日は、新大阪から1時間半くらい電車に乗って比叡山（ひえいざん）に行った。根本中堂が工事をしていたので、終わってからまた来たい。

7月29日
名前は忘れたけれど、沿岸のまちに行った。日本でも特に雨が多い地域で今日も雨だった。ものすごくジメジメしていた。時間がなくて伊勢神宮に寄るのをあきらめてしまったけれど、次は行きたい。

7月30日
駅前に「すなば珈琲」という喫茶店があった。砂場と言うには広すぎると思うけれど…。ラクダに乗れて楽しかった。

3 日本の戦後史についての次の年表中（　１　）～（　３　）に当てはまる語句を答えなさい。また、あとの問いに答えなさい。

年代	出来事
1945	広島と長崎に原子爆弾が投下される
	（　１　）宣言を受け入れ、太平洋戦争が終結する
1946	①日本国憲法が公布される
1951	（　２　）平和条約に調印する
	同時にアメリカとの間で（　３　）を結ぶ
1960	[A]内閣のもとで、国民所得倍増計画が発表される
1964	②東京オリンピックに合わせて東海道新幹線が開業される
1972	[B]内閣のもとで、沖縄が日本に復帰する
	[C]内閣のもとで、日中共同声明が調印され、日中の国交が正常化する
1975	第１回③先進国首脳会議に参加する
1989	④消費税が導入される
1992	ＰＫＯの活動として、カンボジアに⑤自衛隊が派遣される
1997	⑥地球温暖化防止会議が開かれる
2021	延期になっていた東京オリンピックが開催（かいさい）される

問１　下線部①について、次の表は日本国憲法と大日本帝国憲法（明治憲法）を比較したものである。空欄（　Ⅰ　）・（　Ⅱ　）に当てはまる語句の組み合わせとして正しいものを次のア～エから１つ選び、記号で答えなさい。

日本国憲法		大日本帝国憲法
（　Ⅰ　）	施行	1890年11月29日
普通教育を受けさせる 納税・（　Ⅱ　）	国民の義務	男子の兵役、納税

ア　Ⅰ　－　1946年５月３日　　Ⅱ　－　勤労
イ　Ⅰ　－　1946年11月３日　　Ⅱ　－　投票
ウ　Ⅰ　－　1947年５月３日　　Ⅱ　－　勤労
エ　Ⅰ　－　1947年11月３日　　Ⅱ　－　投票

問2　下線部②について、日本では、夏季・冬季合わせて何回オリンピックが開催されたか。正しい回数を次のア～エから1つ選び、記号で答えなさい (2022年2月現在)。

ア　2回　　イ　3回　　ウ　4回　　エ　5回

問3　下線部③について、この会議を特に何というか、カタカナで答えなさい。

問4　下線部④について、このときの消費税率は何%か、正しいものを次のア～エから1つ選び、記号で答えなさい。

ア　3%　　イ　4%　　ウ　5%　　エ　6%

問5　下線部⑤について、自衛隊に関する説明として正しいものを次のア～エから1つ選び、記号で答えなさい。

ア　自衛隊が発足したのは、第二次世界大戦中である。

イ　「日本の平和と独立を守る」という役割のほか、「災害派遣」などの任務もある。

ウ　自衛隊は、朝鮮戦争をきっかけに、海外での活動が可能になった。

エ　日本国憲法には自衛隊についての章がある。

問6　下線部⑥について、この会議は日本のどこで開催されたか、都道府県名を答えなさい。

問7　[A]～[C]に入る人物の組み合わせとして正しいものを、次のア～エから1つ選び、記号で答えなさい。

ア　A－池田勇人　B－田中角栄　C－佐藤栄作

イ　A－池田勇人　B－佐藤栄作　C－田中角栄

ウ　A－田中角栄　B－池田勇人　C－佐藤栄作

エ　A－田中角栄　B－佐藤栄作　C－福田赳夫

【理　科】〈第１回試験〉（社会と合わせて50分）〈満点：50点〉

1　花のつくりに関して，あとの問いに答えなさい。

植物の花は「めしべ」，「おしべ」，「花びら」，「がく」の４つの部分からなります。植物がたねをつくるときには，めしべの先端(たん)の（　**A**　）に花粉がつきます。これを受粉といいます。めしべには子房(ぼう)と（　**B**　）があり，受粉後それらは実やたねになります。**図１**は花のつくりを調べるため，サクラの花を分解したスケッチです。

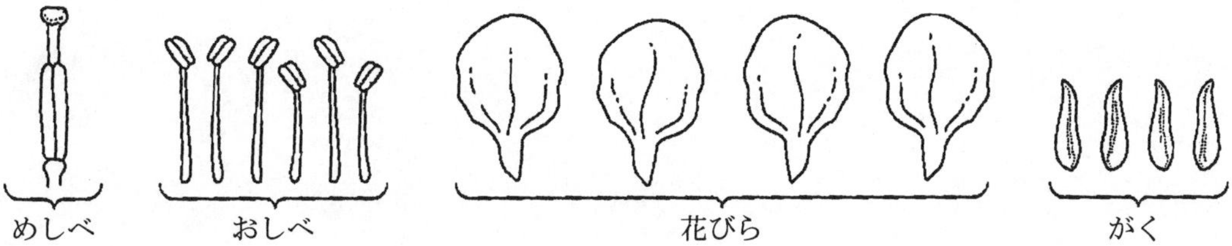

図１

(1)　文章中の**A**と**B**に当てはまる語句を答えなさい。

(2)　**図２**はエンドウの花のつくりを示しています。**図２**の①と②と同じ部分は，**図１**のどれですか。次のア～エから正しい組み合わせを１つ選び，記号で答えなさい。

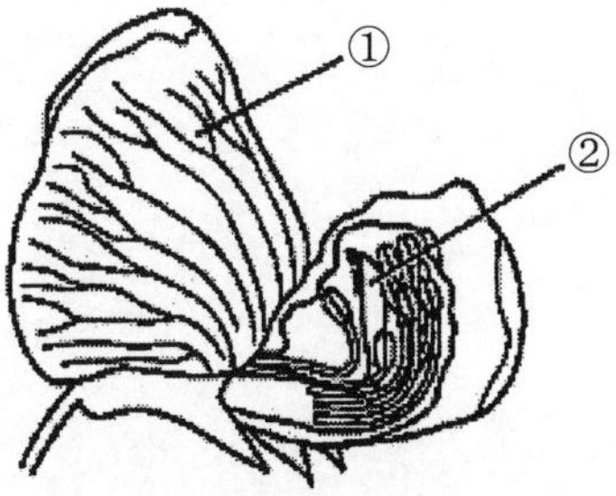

図２

ア．①めしべ　②おしべ　　イ．①おしべ　②めしべ
ウ．①花びら　②めしべ　　エ．①がく　　②花びら

⑶　サクラの花びらは1枚ずつはなれています。これと同じ花のつくりとなっているのはどの植物ですか。次のうちから正しいものを１つ選び，記号で答えなさい。

ア．ツツジ　イ．アサガオ　ウ．アブラナ　エ．タンポポ　オ．ヒマワリ

⑷　下線部について，たねは何のためにつくられるものですか。

⑸　花粉には風によって運ばれるものと昆虫によって運ばれるものがあります。昆虫で運ばれる花粉の花の方が花びらが発達しています。その理由を答えなさい。

2 浮力に関するあとの問いに答えなさい。ただし，ばねはかりと物体をつなぐ糸の体せきと重さは無視できるものとします。

下の図のように，物体にばねはかりをつけ，水の入った水そうの底にしずめていきました。グラフは水面から物体の底面までのきょりＡ（よこ軸）とばねはかりの値（たて軸）との関係を表したグラフです。

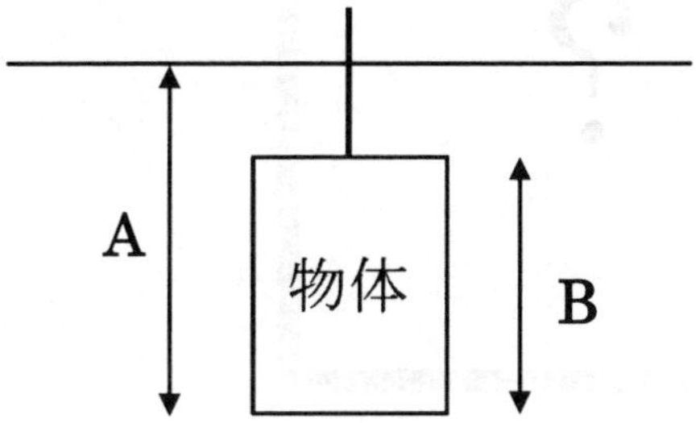

図

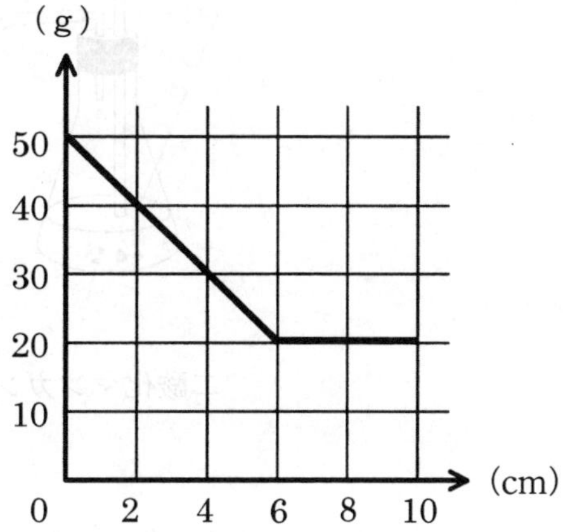

⑴ 物体にはたらく浮力は，物体が水中に沈んでいる部分のア．重さとイ．体せきのどちらに比れいしますか，１つ選び，記号で答えなさい。

⑵ 物体の重さは何ｇですか，答えなさい。

⑶ ばねはかりの値が40ｇのとき，物体にはたらく浮力の大きさは水何ｇの重さと等しいですか，答えなさい。

⑷ 物体にはたらく浮力の大きさが水20ｇの重さと等しいとき，水面から物体の底面までのきょりは何cmですか，答えなさい。

⑸ 物体の高さＢは何cmですか，答えなさい。

⑹ ばねはかりにつけるものを，物体と形，体せきは同じで，重さが２倍の金ぞくに変えて，全体を水の中に沈めました。このとき，金ぞくにはたらく浮力の大きさは，物体全体を水の中に沈めたときにはたらく浮力の大きさとくらべてどうなりますか，次のうちから１つ選び，記号で答えなさい。

ア．２倍になる　イ．0.5倍になる　ウ．４倍になる　エ．変わらない

3 図のように，消毒液に用いられるオキシドール（濃度３％の過酸化水素の水よう液）に黒色固体である二酸化マンガンを加えると気体が発生しました。この気体は水にとけにくい性質を持っていました。あとの問いに答えなさい。

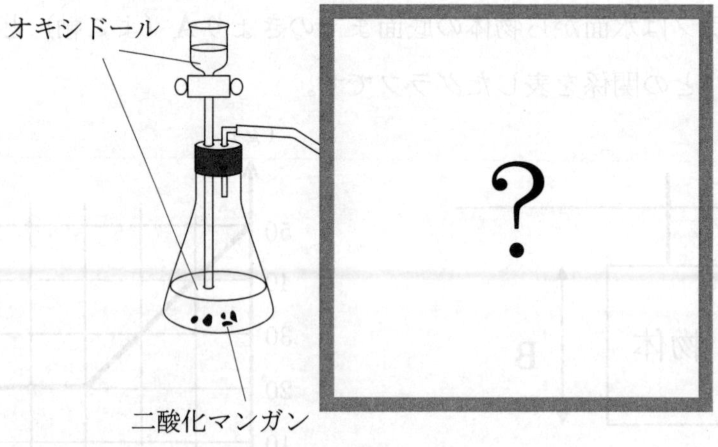

図

⑴ 発生した気体を集気びんに集めて火のついた線香を入れると激しく燃えました。この気体は何であると考えられますか。

⑵ 発生した気体の集め方として最も適切なものを次のうちから１つ選び，記号で答えなさい。

ア．水上置かん　　　イ．下方置かん　　ウ．上方置かん

⑶ 二酸化マンガン１ｇをオキシドール100ｇに入れて反応させ，発生した気体をすべて集めました。反応前後の変化に関して正しいものを次のうちから１つ選び，記号で答えなさい。

ア．反応後，オキシドール中の過酸化水素の濃度は大きくなった。

イ．反応前の水よう液と反応後の水よう液の重さは同じである。

ウ．反応後，オキシドール中の過酸化水素の濃度は小さくなった。

エ．反応前の水よう液と反応後の水よう液の重さを比べると反応後の方が大きい。

⑷ この実験で使用したオキシドールは１mL あたり1.45ｇです。このオキシドール200mL には何ｇの過酸化水素が含まれると考えられますか。

4 図は日本の気象衛星から送られてきた画像です。これに関して，あとの問いに答えなさい。

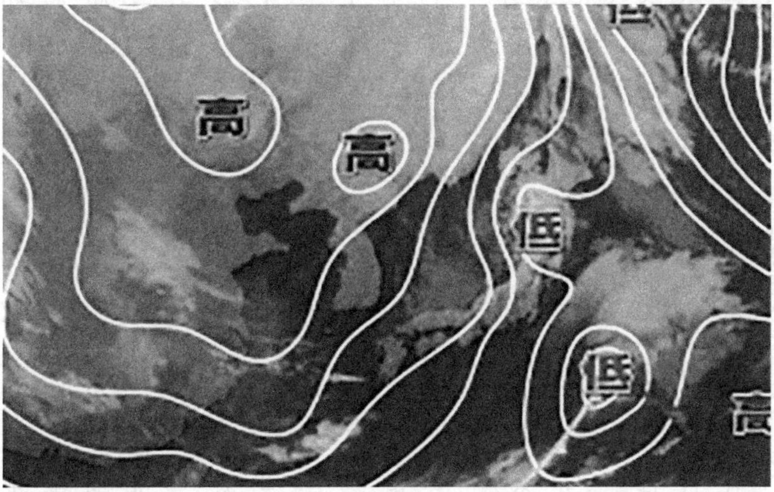

図

(1) 図のような様子が日本付近でよく見られるのはいつ頃ですか。最も適切なものを次のうちから１つ選び，記号で答えなさい。

ア．冬　　イ．春または秋　　ウ．５月中旬から下旬　　エ．真夏

(2) 図の写真に白く写っているのは雲です。この雲はこの後どのように動くと予想されますか。最も適切なものを次のうちから１つ選び，記号で答えなさい。

ア．南西の方へ移動する。　　イ．北東の方へ移動する。

ウ．南の方へ移動する。　　エ．北西の方へ移動する。

(3) 日本の天気に大きな影響（えいきょう）を与えるものの１つとして台風があります。台風は何が発達したものですか。

(4) 台風についての説明として，最も適切なものを次のうちから１つ選び，記号で答えなさい。

ア．台風の進路の左側は風が強くなる。

イ．台風は上から見て，反時計回りに強い風が吹きこんでいる。

ウ．台風の中心は「眼」と呼ばれ，最も風が強い場所である。

エ．台風が通過する場所は強い風は吹くが，雨は降らない。

問三　――線②「老人にサラリと席を譲った風景は衝撃でした」とありますが、筆者はなぜそのように思ったのですか。最も適切なものを、次の中から選んで記号で答えなさい。
ア　席をサラリと譲るようには見えなかった若者の行動は、意外すぎて恐怖心を持ったから。
イ　席をサラリと譲るようには見えなかった若者ですら、当然のように手を貸していたから。
ウ　席をサラリと譲るようには見えなかった若者の様子が、絵のように美しく感動したから。
エ　席をサラリと譲るようには見えなかった若者には勇気があり、うらやましく思ったから。

問四　[1]と[2]にあてはまることばとして最も適切なものを、次の中からそれぞれ選んで記号で答えなさい。ただし、同じ記号は二度以上使えません。
ア　あるいは　　イ　つまりは　　ウ　しかし　　エ　そして　　オ　まして

問五　――線③「日本人と外国人の意識の違い」とありますが　これを見つけるために、筆者が司会をする番組では、どのような特徴を持つ人が出演していますか。本文中から二十字以内でぬき出して答えなさい。

問六　――線④「網棚に残ったバッグも、席を譲らない日本人も」とありますが、「フランス人の彼」は、それらをどのようにとらえていますか。そのことがわかる一文を本文中よりぬき出し、初めの七字を答えなさい。

問七　――線⑤「自分の仲間」とありますが、このことばとほぼ同じ内容の表現をこれより後の本文中から十四字でぬき出して答えなさい。

問八　[i]にあてはまることばとして最も適切なものを、本文中から五字でぬき出して答えなさい。

問九　[X]～[Z]には、ア「世間」または、イ「社会」の、どちらかのことばがあてはまります。それぞれ適切な方を選び、記号で答えなさい。

問十　次の文のうち、筆者の意見にあてはまるものには○、あてはまらないものには×を解答らんに答えなさい。
ア　欧米の人たちは、どんな場合においても、目の前で困っている人に対して手を貸すことができる。
イ　網棚のバッグを盗む日本人がいないのは、日本人が奇跡的なマナーを身につけているからである。
ウ　日本人は「社会」に属する人たちに対して、必死になにかをしようとする必要性を感じていない。
エ　仲間の席を確保して他にゆずらないおばさんは、実は親切な人なのでマナーが悪いとは言えない。

問十一　～～線ⓐ～ⓞのカタカナを漢字に直しなさい。

ほとんどの日本人にとって、網棚に残されたバッグは、自分とは関係のない世界=「社会」なのです。同じく、目の前に立っている杖をついた老女もまた、関係のない世界=「社会」なのです。関係のない世界だから、存在しないと思って無視したのです。それが、網棚のバッグなら、「盗みのない奇跡のモラル」になり、優先席の場合なら、「足の悪い人を立たせている最悪のマナー」になるのです。

(中略)

ちなみに、電車の中で、㋔ネッシンにお化粧(けしょう)をする女性は、そこが「X」で、自分には関係がないと思っているからできるのだと思います。もし、一人でも、会社の同僚(※どうりょう)が乗り合わせて来たら、彼女は今まで通りには化粧は続けられないはずです。「Y」しかなかった空間に、「Z」が現れたからです。

(『「空気」と「世間」』鴻上尚史)

(設問の都合上、一部本文を改めました。)

※ 衝撃……意外な出来事などによって強く心を揺(ゆ)り動かされること。また、その心の動き。ショック。

※ モヒカンヘアーのパンクファッション……モヒカンヘアーは、ニワトリのトサカのように見える髪型のこと。パンクファッションとは、音楽のパンク・ロックの流行と共に登場したファッションのこと。パンクには不良という意味がある。モヒカンヘアーもパンクファッションも、パンク・ロックが社会に向けて発信するメッセージを髪型や服装で表現したもの。

※ 遭遇……不意に出会うこと。偶然(ぐうぜん)にめぐり合うこと。

※ 同僚……職場が同じである人。

問一 A ~ C にあてはまることばとして最も適切なものを、次の組み合わせの中から選んで記号で答えなさい。

ア　A 興奮した顔　B 得意げな顔　C 理解できないという顔
イ　A ほころんだ顔　B 平気な顔　C もっともらしい顔
ウ　A ほころんだ顔　B 得意げな顔　C もっともらしい顔
エ　A 興奮した顔　B 平気な顔　C 理解できないという顔

問二 ――線①「僕はずっと微笑んでいました」とありますが、それはなぜですか。本文中のことばを用いて二十五字以内で答えなさい。

僕は、しばらく考えました。

そして、じつは、④網棚に残ったバッグも、席を譲らない日本人も、同じ理由から生まれているんじゃないかと、結論したのです。

日本人は同じ理由から、正反対のマナーだと思われる行動を取っているんじゃないか。それは、以下のようなエピソードに思い当たったからです。

電車で、たまにおばさんたちの団体さんに※遭遇（そうぐう）します。おばさんのうち、すごく元気な人が、まず車内に飛び込（こ）み、座席を人数分、確保します。［２］、後からやってくる人に「ほら、ここ！　取ったわよ！」と叫（さけ）びます。

席を取ったおばさんは、他の乗客が席の近くに来ても、当然のように無視して、⑤自分の仲間を待ちます。仲間が遅（おく）れていて、他の人たちが戸惑った顔や、ちょっと怒（おこ）った顔で空いている席を見ていても、そんな視線をまったく気にしないかのように、自分が取った席は、自分の仲間たちの席だと確信しているのです。

席を取ったおばさんにとって、席のそばに立っている学生だったり、親子連れだったりする人たちは、存在しないのでしょう。存在しているのは、自分の仲間たちだけです。

そういう時、なかなかやって来ない仲間のためにぽつんと空いた席の前に僕は立ちながら、けれど、同じ日本人だからこそおばさんの心情がよく分かります。

おばさんは、決して、マナーが悪いのではないのです。それどころか、仲間思いのとても親切な人のはずです。困っている仲間がいれば、きっと、親身になって相談に応じたりしているのでしょう。

おばさんは、自分に関係のある世界と関係のない世界を、きっぱりと分けているだけです。それも、たぶん、無意識に。

電車でのことをずっと考えていて、このおばさんの例を思い出しました。

おばさんは、自分に関係のある世界では、親切でおせっかいな人のはずです。そして、自分とは関係のない世界に対しては、［ｉ］かのように関心がないのです。

この、自分に関係のある世界のことを、「世間」と呼ぶのだと思います。

そして、自分に関係のない世界のことを、「社会」と呼ぶのです。

おばさんは、「世間」に関心があっても、「社会」には関心がないのです。そして、自分の「世間」に属している人のためには必死で走り、電車の席を確保するのです。

でも、「社会」に属する人たちには、おばさんは、必死になにかをする必要は感じないのです。「すみませんね。ここは、あたしたちの席なんです」と微笑みながら㋓コトワる人もいれば、まったく関心がないように無表情のまま無視する人もいます。

そう考えれば、網棚に残されたバッグと、優先席で席を立たない日本人は、同じ原理＝ルールで動いているということが分かります。

彼は本当に※衝撃を受けたようでした。

が、２週間後、次の㋑シュウロクの時、彼は困惑した顔で僕の前に現れました。

「今日、電車に乗っていたら、杖をついたお年寄りが乗ってきたんです。彼女は、プライオリティーシート（優先席）の前に立ったんだけど、座っている日本人は誰も彼女と席を替わろうとしないんです。みんな、下を向いたり、［Ｂ］で携帯電話をいじりながら座ってるんです。フランスなら、いや、ヨーロッパならどの国でも、すぐに誰かが立って彼女を座らせてあげますよ。杖をついているお年寄りを立たせるなんて信じられない！

昨日はね、階段を女性が乳母車を抱えて降りてたんです。でも、誰も手を貸さないんですよ。彼女は必死に、赤ん坊が乗った乳母車を一人で下ろしてるんです。いったい、この国のマナーはどうなっているんですか!?」

彼は、本当に［Ｃ］をしました。２週間前、この国のマナーを絶賛しただけに、本当に戸惑っているようでした。

日本人だって席は譲るよ、とあなたは思うでしょうか？

欧米に旅行したり、住んだりした人は、欧米の人たちが、素早く席を譲ったり、乳母車の手助けを自然にすることに驚いた㋒ケイケンが一度や二度はあると思います。

イギリスの地下鉄に乗っている時、※モヒカンヘアーのパンクファッションの若者が、②老人にサラリと席を譲った風景は衝撃でした。

（中略）

それ以来、僕は、日本と海外の席を譲る割合のようなものに妙に敏感になりました。

欧米の平均は、80％を超えていると思います。目の前に老人が立てば、８割以上の確率で、欧米人は席を譲ります。

日本は、５割を切っていると思います。老人が目の前に立っていても、半分以上の場合、日本人は席を譲りません。

［１］、階段を一人で乳母車を抱えて降りていく母親に「持ちましょうか？」と声をかけて助ける日本人の割合は、１割以下だと思います。欧米だと、これも８割以上の人が、自然に手を貸します。

と書きながら、僕たちは、マナーの悪い国に住んでいるのでしょうか？

そんなことはないと思います。現に、フランス人の彼は、２週間前は絶賛していたのです。

そうです。彼の話に戻ります。彼は、困惑していたのです。

「日本人はマナーがいいのか悪いのか、さっぱり分かりません！」

あなたなら、なんと答えますか？

そもそも『ＣＯＯＬ ＪＡＰＡＮ』という番組は、こういう③日本人と外国人の意識の違いを見つけ、考え、楽しむ内容なのです。

問八 ――線⑦「それ」とありますが、その内容を本文中の語句を用いて答えなさい。

問九 ――線⑧「あの時の、ほっとした感覚は今でもよく覚えている」とありますが、「あの時」のランドセルに対する「オレ」の気持ちを述べた連続する二文をぬき出し、初めの五字を答えなさい。

問十 ――線⑨「オレはランドセルから教科書を出さないで、そのままクローゼットの奥の棚にしまった」とありますが、その理由を考えて答えなさい。

問十一 ═══線A～Cの「オレ」の「ランドセル」に対する思いを説明した文として最も適切なものを、それぞれ選んで記号で答えなさい。

ア 今までずっとランドセルを乱暴に扱(あつか)っていたことに対してのことば。
イ 大切に思っていたはずなのに、すっかり忘れていたことに対してのことば。
ウ 新しいランドセルを買ってもらう話を忘れていたことに対してのことば。
エ 小学校時代をともに過ごしたことに対する感謝と別れのことば。

問十二 〰〰線あ～おのカタカナを漢字に直しなさい。

二 次の文章を読んで、あとの問いに答えなさい。(句読点や記号は一字と数えます。)

僕(ぼく)はNHKのBSで『COOL JAPAN』というテレビ番組の司会をしています。日本に来て時間のたっていない一般(いっぱん)外国人をゲストに、日本のさまざまなものをCOOL(かっこいい)か、かっこよくないか、あれこれと話すNHKらしいバラエティー番組です。

日本に来て、まだ1ヵ月たっていないというフランス人の出演者が、番組が始まる前に、[A]で僕に話しかけてきました。

「先週、電車の中にバッグを忘れたんです。もう、悲しくて、その話を日本人の友人にしたら、すぐにJRに電話すると言うんです。そんなバカなと思ったら、僕のバッグは、置き忘れた網棚(あみだな)の場所に、そのままあったんです!」

彼(かれ)は、目を大きく見開き、信じられないという顔をしました。

「フランスなら、間違(まちが)いなくバッグはなくなっています。いえ、ヨーロッパなら、どこでもそうでしょう。持ち主が近くにいないと分かると、すぐに誰(だれ)かが盗(ぬす)んでいくんです。日本人はなんてマナーがいいんでしょう! これは奇跡(きせき)です!」

興奮した早口の英語を聞きながら(番組の共通言語は英語ですから)、①僕はずっと微笑(ほほえ)んでいました。日本人として、日本をほめられるのは、何にしても嬉(うれ)しいものです。

電車は東京の山手線のようでした。ぐるぐると回り、あオオゼイの乗客が乗り降りしている電車に、そのままバッグが残っていたことに、

Ｃさいなら、ランドセル。

（『なりたて中学生　初級編』ひこ・田中）
（設問の都合上、一部本文を改めました。）

※　革のかぶせ……ランドセルの物を入れる部分にかぶせるふたの部分のこと。ランドセルを背負ったときに後ろから一番広く見える部分。
※　ＰＳＰ……携帯型ゲーム機の名前。
※　行く中学校が問題あり……オレ（テツオ）が学区の関係でひとりだけ仲のよい友人と離れて、いつもけんかをしていた相手と同じ「瀬谷中学校」に通うことを指す。

問一　Ｘ　にあてはまることばを、本文中から二字でぬき出して答えなさい。

問二　――線①「そしたら、オレは、オレは、なんや？」の「なんや」とは「いったいなんだ」という意味ですが、具体的に何を悩んでいるのですか。説明しなさい。

問三　――線②「オレの机は、小学生の時のままや」とありますが、「オレ」はどんなことを言おうとしていると考えられますか。最も適切なものを、次の中から選んで記号で答えなさい。

ア　小学校を卒業したからといって、特に何かが変わったわけではないということ。
イ　小学校を卒業したからといって、急に身長が伸びたというわけではないということ。
ウ　小学校を卒業したからといって、卒業式はただの人生の節目にすぎないということ。
エ　小学校を卒業したからといって、入学式までにはまだ何日も時間があるということ。

問四　――線③「オレはもう小学生やない」とありますが、具体的にはどんなことによってそう気づかされたのですか。本文中の語句を用いて答えなさい。

問五　――線④「参考書全部をそこに押し込んだ」とありますが、それはなぜだと考えられますか。最も適切なものを、次の中から選んで記号で答えなさい。

ア　小学生の参考書を並べているのが恥ずかしかったから。
イ　中学校入学に対する不安をかくしておきたかったから。
ウ　小学校時代の思い出の象徴であると思ったから。
エ　小学校卒業にあたり、区切りをつけたいと思ったから。

問六　――線⑤「オレは驚いた」とありますが、どんなことに対して「驚いた」のですか。本文中の語句を用いて答えなさい。

問七　――線⑥「この時」とありますが、どんな時を指しますか。本文中から三十一字でぬき出し、初めと終わりの五字ずつを答えなさい。

みんなの前で、新しいランドセルを背負ってお披露目(ひろめ)をさせられた時、

「ランドセル選びはやっぱり、おばあちゃんが確かやね」と、わけのわからないことを母親が言っていたのをオレはぼんやりと覚えている。

祖母からは、

「岩男(いわお)の時もどれがいいか選ぶのにいろいろ悩んだから、その苦労が役立ったのねえ」と言われたのを、これもぼんやりと覚えている。

岩男とは、オレの父親の名前で、ついでに言えば母親の名前は結衣(ゆい)。

⑥この時オレは、小学校に行くことから逃げられへんとあきらめたのやと思う。

小学校に入ったオレは、幼稚園時代からの友達もいたし、㋔ソウゾウしていたよりすぐにそこになじんだ。そして小学校との間を行き来する間、毎日毎日背負っているランドセルも、最初大きい感じがしたけど、だんだんオレの体、オレの背中になじんでいって、いつのまにかそれはオレが小学生であるシルシみたいなもんになっていた。

はっきりと⑦それに気がついたのが、三年前の新しいランドセルを買ってくれるって話の時なのや。

オレは、このランドセルがあるから小学校に行けていると思った。背中にこいつが張り付いているから安心して通っているって思った。

せやのに、また一から新しいランドセルに慣れないとあかんのかと思うと、パニックみたいになった。

それでオレは、このランドセルを絶対に手放したくないと母親に言った。

せっかく買ってくれるって言うてるのにと反対するかと思ったら、母親は、あっさりと、

「そうか。そやな。テツオにそのランドセルはよく似合ってるよ」と笑って頭をなでてくれた。

⑧あの時の、ほっとした感覚は今でもよく覚えている。

……、そうか。オレはランドセルを大事に思っていたけど、それに慣れてしまっていたのや。慣れてしまって、今度はその存在を忘れてしまったのや。

Ｂごめんな、ランドセル。

オレはベッドから起き上がって、ランドセルを取って机の上に置いた。重い。まだ教科書が入っている。

オレはイスに腰掛け、しばらくそれを眺めていた。

六年前、ずっと幼稚園で過ごしたいと思っていたオレ。けど、知らない間に、小学生になじんで、ランドセルになじんでいた。それやったら、中学校もそうかも。なじむかも。

※行く中学校が問題ありやけどな。

⑨オレはランドセルから教科書を出さないで、そのままクローゼットの奥の棚にしまった。

三月十七日に小学生が背負っていたままのランドセルや。

ランドセルに冷たすぎるぞ、オレ。

これまでのオレは、ランドセルをじっくりと眺めたことはなかった。夜寝る前に、次の日に必要なものを詰めて、朝それをひっつかんで学校に行き、帰ったら床に放り投げていただけやった。

Aやっぱり、冷たいぞ、オレ。

※革のかぶせはあちこち傷が付き、肩掛け部分もすれて色あせているのが、ベッドの上からでもわかる。

オレは左利きなので、ランドセルを背中から下ろす時に左の肩掛けを握る。せやからそっちは右側より汚れている。黄色いプラスチックの㋓ケイホウブザーも、左側にぶら下がっている。

これは、オレが六年間使ってきた、オレだけのランドセルや。

傷も汚れも擦れもみんなみんな、自分だけのものや。

そう思った。

もう使わなくなってからそう思ったのは、ランドセルに悪い気がしたけど。

（中略）

オレは、幼稚園が大好きやった。先生が読んでくれる絵本や紙芝居を聞いているのも、女の先生に追いかけられるのも、男の先生に抱き上げられるのも大好きやった。

オレにとって幼稚園は天国みたいな場所やったから、小学校に入るなんてとんでもないことで、オレとしてはずっと幼稚園に通いたかった。

好きな物を食べ続けたい、好きなおもちゃで遊び続けていたいというのと同じやな。

もし、ずっと幼稚園に通うのと、小学校にあがるのをどっちか選択できるのやったら、あの頃のオレは速攻で、幼稚園児のまま生きることを選んだと思う。

もちろん、いくら幼稚園児のオレだって、そんな選択肢はないと知っていた。

そして、母方の祖父母が学習机を買い、父方の祖父がＰＳＰ※を買い、祖母がランドセルを買い、逃げられない現実がオレに迫ってきた。

（中略）

贈ってくれたランドセルは本革で、デザインは標準的なものが選ばれたそうや。色は茶色で内側と背中に当たる部分が黄色。学習机を買う時は最先端のにこだわったのに、ランドセルがなぜ標準的かは謎やけど、まあ、父方の祖母はそういう人なのだ。

泡は見事に黒カビを直撃し、それを包み込んだけど、オレがイメージしていたように黒カビがさっと消えることはなかった。泡がだんだん消えていき、黒カビはそのまま残った。

なんだかがっかりしたオレは、スプレーを机の上に戻し、マスクを外し、ゴム手袋を脱いだ。

ん？

オレは机の上に備え付けられている棚を見た。そこには参考書がある。間違いなくあれは小学生のためのものや。よく見ると一年生のから六年生のまで全部が置いてある。

オレってそんなに思い出を大事にするやつか？

それともオレってそんなに物持ちがええやつか？

それともオレってそんなに物を㋑スてるのがきらいなやつか？

オレは机に近づいて、参考書たちを次から次へと棚から下ろして、スプレーの横に積み上げた。参考書はたくさんあったから積むのは結構大変で、何度も崩れたから、しばらくオレはそれに㋒ムチュウになった。

参考書のビルが完成！

オレの六年間の参考書の歴史や。もしこの中に書いてあること全部が頭の中に入っていたら、オレは賢い小学生になっていたやろう。

もう遅いけど。

ん？

もう遅いということは、③オレはもう小学生やない。

それからオレは、クローゼットの奥にある棚、下着やTシャツなんかを置いてある棚の、一番上があいていたので、④参考書全部をそこに押し込んだ。

机の上にある棚は、何もなくなってすっきりとした。けど、それを見ていると、また頼りなさに襲われた。

ベッドに転がって天井を見つめて言ってみた。

「オレは、今、なんや？」

まだ消えてへん黒カビは「オレは、今、なんや？」って悩んでいないのやろうな。

黒カビから目をそらそうと、横向きになったオレは、机のサイドのフックに掛けてあるランドセルに気がついた。

「ランドセルや。なつかしいなあ」

そう言ってしまってから、⑤オレは驚いた。これを背中に背負って土矢小学校に通っていたのはついこの前、三月十七日までやないか。

何が、「なつかしいなあ」や。

二〇二二年度　駒込中学校

【国　語】〈第一回試験〉（五〇分）〈満点：一〇〇点〉

一　次の文章を読んで、あとの問いに答えなさい。（句読点や記号は一字と数えます。）

オレは六年間、小学生をやっていた。六歳で小学校に入学したから、［X］の半分は、小学生をやっていたことになる。半分といっても、小学生になる前の六年間のうち、二歳くらいまではぼんやりとした記憶しかない。もっと正確に言えば、見たくはないけど両親が一緒に見たがる赤ん坊の頃のビデオによって、その当時のオレの姿はオレの記憶に植え付けられている。（中略）

よって、記憶にない時代を自分の人生に含めないなら、二歳のかすかな記憶から始まるオレの人生は十年弱やから、小学生をやっていた六年間は、その半分以上を占めているのや。

せやけど、オレはもう小学校を卒業した。中学の制服を買ってもらった。けど、まだ入学式はしてない。①そしたら、オレは、オレは、なんや？

オレはまだ、小学生か？　もう中学生か？

「オレは、今、なんや？」と口に出して言ってみた。

するとオレは、とてつもない頼りなさに襲われた。

……すまん。

とてつもないというのはおおげさや。

なんとなく頼りなくなった。

②オレの机は、小学生の時のままや。イスの高さも別に変えてない。ベッドのスプリングも掛け布団もそのままや。窓のカーテンを新しくしてもらったわけでもない。天井も壁もそのままや。ついでに言うたら天井と壁の角の黒カビも㋐ジュンチョウに大きくなってきている。そろそろカビ取りスプレーを吹きかけようと思う。卒業記念に黒カビ撃退や。

（中略）

2022年度

駒込中学校　▶解説と解答

算数　＜第１回試験＞（50分）＜満点：100点＞

解答

[1] ⑴　63　⑵　9　⑶　15　⑷　62.8　[2] ⑴　6000m^2　⑵　4500円　⑶　82個　⑷　150g　⑸　12.435cm^2　⑹　7500円　[3] ⑴　18.28cm　⑵　36.56cm^2　[4] ⑴　62個　⑵　2527　[5] ⑴　３：４　⑵　６秒間　[6] ⑴　263.76cm^3　⑵　282.6cm^2　[7] ⑴　毎分120m　⑵　960m

解説

[1] 四則計算，還元算，計算のくふう

⑴　$47+24\times11\div8-17=47+24\times11\times\frac{1}{8}-17=47+33-17=80-17=63$

⑵　$14-\left(10-3\frac{3}{4}\div0.625\right)\times1.25=14-\left(10-\frac{15}{4}\div\frac{5}{8}\right)\times1\frac{1}{4}=14-\left(10-\frac{15}{4}\times\frac{8}{5}\right)\times\frac{5}{4}=14-(10-6)\times\frac{5}{4}=14-4\times\frac{5}{4}=14-5=9$

⑶　$33-(18-\square)\times7=12$より，$(18-\square)\times7=33-12=21$，$18-\square=21\div7=3$　よって，$\square=18-3=15$

⑷　$6.28\times12+31.4\times2.6-314\times0.3=3.14\times24+3.14\times26-3.14\times30=3.14\times(24+26-30)=3.14\times20=62.8$

[2] 単位換算，倍数算，過不足算，濃度，面積，売買算

⑴　１km^2は1000000m^2だから，0.02km^2は，$0.02\times1000000=20000(m^2)$である。0.02$km^2$の30％は，$20000\times0.3=6000(m^2)$である。

⑵　兄が弟に1000円あげても２人の所持金の和は変わらない。最初の兄と弟の所持金の比は，５：２で，その和は，５＋２＝７であり，兄が弟に1000円あげたあとの所持金の比は，５：４で，その和は，５＋４＝９である。２人の所持金の和は変わらないので，比の和を７と９を最小公倍数の63にそろえると，右の図のようになる。兄から弟にあげた1000円は比の45－35＝10にあたるので，そろえた比の１にあたる金額は，1000÷10＝100(円)とわかる。よって，兄の最初の所持金は，100×45＝4500(円)である。

最初の所持金		あとの所持金
兄　弟		兄　弟　和
５：２		：７
		５：４：９
45：18	：	35：28：63

⑶　あめ玉を１人に８個ずつ配ると14個足りず，１人に６個ずつ配ると10個あまることより，１人分を，８－６＝２(個)少なくすると，全体の配る個数は，14＋10＝24(個)少なくなることになる。よって，分ける人数は，24÷２＝12(人)となるので，あめ玉の個数は，８×12－14＝82(個)である。

⑷　２％の食塩水450gには，食塩が，450×0.02＝９(g)ふくまれている。この９gの食塩が，水を蒸発させたあとの食塩水の重さの３％にあたるので，食塩水の重さは，９÷0.03＝300(g)になる。

よって，蒸発した水は，450－300＝150(g)である。

(5)　右の図のように，半円の中心をＯとし，ＭとＯを直線で結ぶと，OMとOCは，６÷２＝３(cm)となり，角COMは90°になる。影をつけた部分の面積は，台形MBCOの面積からおうぎ形OMCの面積を引いて求められる。よって，影をつけた部分の面積は，（３＋10)×３÷２－３×３×3.14×$\frac{90}{360}$＝12.435(cm^2)である。

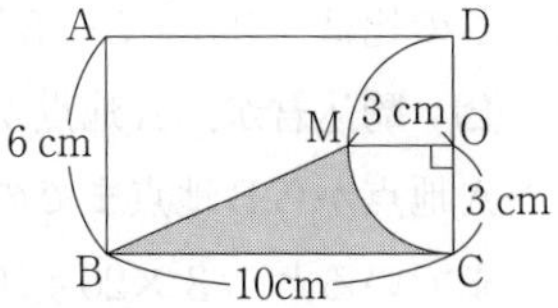

(6)　仕入れ値を１とすると，仕入れ値の２割増しの定価は，１×(１＋0.2)＝1.2となり，定価の１割引きの売値は，1.2×(１－0.1)＝1.08になり，利益は，1.08－１＝0.08になる。よって，仕入れ値の0.08倍の利益が600円だから，仕入れ値は，600÷0.08＝7500(円)である。

3　平面図形―長さ，面積

(1)　三角形の周りを，半径１cmの円が転がりながら１周するようすは，右の図のようになる。円の中心が動いた長さ(太線部分)は，３cm，４cm，５cmの直線と，３個のおうぎ形の曲線部分からできている。３個のおうぎ形を合わせると円１個分になるので，円の中心の動いた長さは，３＋４＋５＋１×２×3.14＝18.28(cm)である。

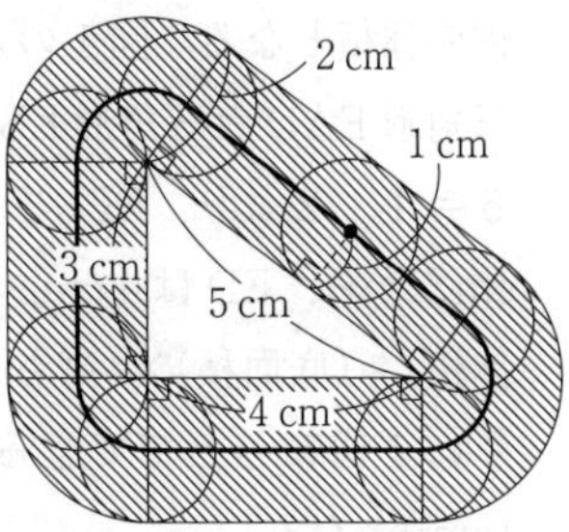

(2)　円が通過する部分の面積は，たてが２cmで，横がそれぞれ，３cm，４cm，５cmの３つの長方形と，半径が２cmの円１個分になる。よって，円が通過する部分の面積は，２×３＋２×４＋２×５＋２×２×3.14＝36.56(cm^2)である。

4　倍数，規則性

(1)　３で割り切れるが５で割り切れない数は，３の倍数から，３と５の公倍数，つまり15の倍数をのぞいた数である。まず，１から250までの整数で，３でわりきれる数，つまり，３の倍数は，250÷３＝83あまり１より，83個あり，１から19までの整数で３の倍数は，19÷３＝６あまり１より，６個あるので，20から250までの３の倍数は，83－６＝77(個)ある。次に，１から250までの15の倍数は，250÷15＝16あまり10より16個あり，１から19までの15の倍数は１個だから，20から250までの15の倍数は，16－１＝15(個)ある。よって，20から250までの整数で，３で割り切れるが５で割り切れない数は，77－15＝62(個)である。

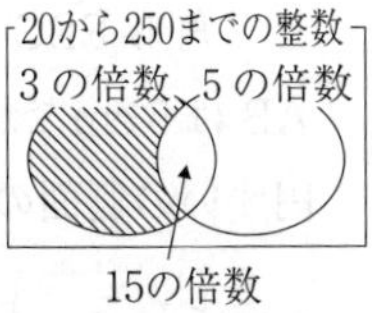

(2)　３で割っても４で割っても１あまる数は，３と４の公倍数，つまり，12の倍数に１を加えた数である。１から250までに12の倍数は，250÷12＝20あまり10より，20個あり，１から19までの12の倍数は１個だから，20から250までに12の倍数は，20－１＝19(個)ある。12の倍数に１を加えた数も19個になり，その数は，25，37，47，……，241の19個で，これは初めの数が25で，12ずつ増える等差数列になっている。よって，その和は，(25＋241)×19÷２＝2527になる。

5　速さ―流水算，つるかめ算

(1)　Ａ地点からＢ地点までの距離を１とすると，駒込君がこの動く歩道を歩くと12秒かかり，動く歩道に立ったままでいると28秒かかるので，この動く歩道を歩くときの速さと動く歩道に立ったままのときの速さの比は，(１÷12)：(１÷28)＝７：３になる。駒込君が動く歩道に立ったままのときの速さは動く歩道の速さで，駒込君がこの動く歩道を歩くときの速さは，(動く歩道の速さ)＋

(駒込君が平地を歩くときの速さ)である。よって，動く歩道の速さと駒込君が平地を歩くときの速さの比は，３：(７－３)＝３：４である。

(2)　駒込君が，Ａ地点からＢ地点まで動く歩道に立ったままでいると，３の速さで28秒かかるので，Ａ地点からＢ地点までの距離は，３×28＝84となる。もしも，駒込君が20秒間動く歩道に立ったままでいると，３×20＝60進むことになり，84－60＝24足りなくなり，駒込君がこの動く歩道の上を１秒間歩くと，７－３＝４多く進むことになる。よって，駒込君がこの動く歩道の上を歩いたのは，24÷４＝６(秒間)である。

6　立体図形―体積，表面積

(1)　台形を直線ℓの周りに１回転させてできる立体の体積は，右の図１のように，大きな円すいの体積から小さい円すいの体積を引いた立体の体積となる。図１のように各頂点をＡ，Ｂ，Ｃ，Ｄ，Ｅとすると，三角形EADと三角形EBCは相似だから，ED：EC＝AD：BC＝３：６＝１：２より，ED：DC＝１：(２－１)＝１：１となり，DCは４cmだから，EDは４cm，ECは，４×２＝８(cm)となる。(円すいの体積)＝(底面積)×(高さ)÷３と求められるから，台形を直線ℓの周りに１回転させてできる立体の体積は，６×６×3.14×８÷３－３×３×3.14×４÷３＝263.76(cm³)となる。

図１

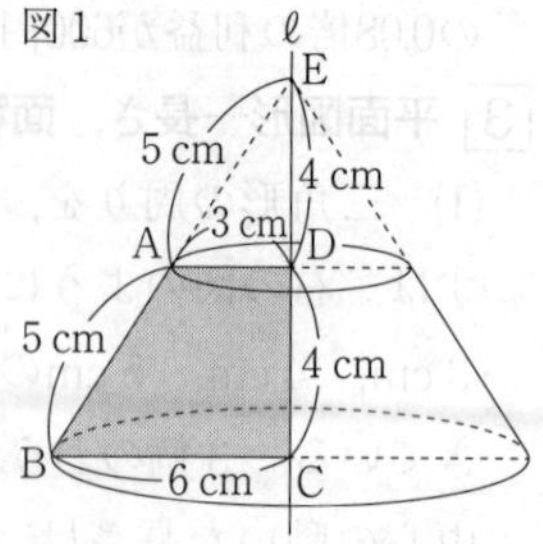

(2)　台形を直線ℓの周りに１回転させてできる立体の展開図は，右の図２のようになり，この面積は，２つの円の面積と，大きなおうぎ形から小さなおうぎ形を引いた図形の面積を加えて求められる。図１で，三角形EADと三角形EBCは相似だから，EA：AB＝１：(２－１)＝１：１となり，ABは５cmだから，EAは５cm，EBは，５×２＝10(cm)となる。また，円すいの側面の中心角において，$\frac{中心角}{360}=\frac{半径}{母線}$となるので，$\frac{中心角}{360}=\frac{6}{10}=\frac{3}{5}$となる。よって，台形を直線$\ell$の周りに１回転させてできる立体の表面積は，$3\times3\times3.14+6\times6\times3.14+10\times10\times3.14\times\frac{6}{10}-5\times5\times3.14\times\frac{3}{5}=282.6$(cm²)となる。

図２

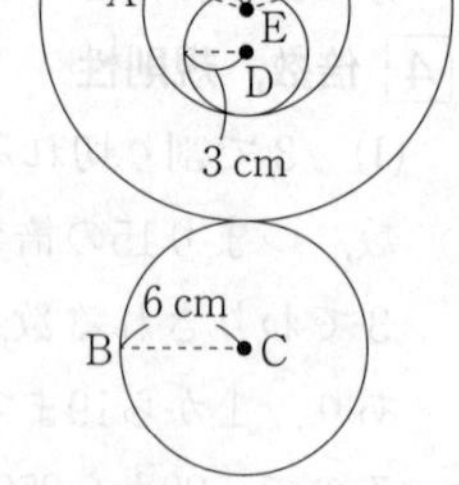

7　速さ―グラフ，旅人算

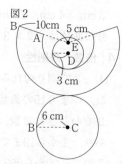

(1)　グラフより，弟は家から歩き始めて，９分後から11分後まで一度休けいをとり，再び同じ速さで歩き続け，兄は弟が家を出発して６分後に家を出発し，公園で弟に追いついたことがわかる。弟はグラフより６分間で480m歩いたので，弟は毎分，480÷６＝80(m)で歩いたことがわかる。また，弟が６分後から９分後までの間に，弟と兄の間の距離は，480mから360mまで縮まったので，兄は弟より毎分，(480－360)÷(９－６)＝40(m)速いことになる。よって，兄は毎分，80＋40＝120(m)で進んだことがわかる。

(2)　グラフより，９分後の弟と兄の間の距離は360mで，９分後から11分後まで弟は休けいをとり兄が１人で歩いたので，11分後の弟と兄の間の距離は，360－120×(11－９)＝120(m)となる。11分後から弟も再び同じ速さで歩き続けると，兄が弟に追いつくまで，120÷(120－80)＝３(分間)かかり，このとき，２人は公園に着いた。兄は家から公園まで，(11－６)＋３＝８(分間)かかったので，家から公園までの距離は，120×８＝960(m)である。

社 会 ＜第１回試験＞（理科と合わせて50分）＜満点：50点＞

解 答

1 **問１** うまやどのおうじ(うまやどのみこ) **問２** 摂政 **問３** イ **問４** 冠位十二階 **問５** イ **問６** エ **問７** 長岡 **問８** 794 **問９** 三方を山に囲まれ，正面が海のため，守りやすい地形であるから。 **問10** ア **問11** 天皇に娘を嫁がせて後の天皇の祖父になり，政治の実権を握った。 **問12** イ **問13** ウ **2** **問１** (1) 季節 (2) ユーラシア **問２** イ **問３** エ **問４** ア **問５** イ **問６** ア **問７** エ **問８** (東経)135度 **問９** ウ→ク→ア **3** (1) ポツダム (2) サンフランシスコ (3) 日米安全保障条約 **問１** ウ **問２** ウ **問３** サミット **問４** ア **問５** イ **問６** 京都府 **問７** イ

解 説

1 **聖徳太子や平安時代，鎌倉時代についての問題**

問１ 聖徳太子は，厩(馬屋)の前で生まれたという伝説があり，これにより，厩戸皇子とよばれた。

問２ 天皇が幼いときや女性のとき，天皇に代わって政治を行う，朝廷での臨時の役職を摂政という。成人した天皇を助ける役職を関白という。平安時代，貴族の藤原氏は，摂政や関白の地位について大きな力を持った。

問３ 豪族である蘇我氏が朝廷の中で大きな力を持つようになった。そこで蘇我氏と協力するという形をとりながら，天皇中心の政治を目指したのが聖徳太子で，このときの蘇我氏の中心人物が蘇我馬子である。ウの稲目は馬子の父，エの蝦夷は馬子の子，アの入鹿は馬子の孫である。

問４ 朝廷の役人の地位は，豪族の家柄によって決められており，有力な豪族が代々その地位についていた。聖徳太子はそれを改め，能力のある者や実績のある者を役人に取り立て，その地位を決めるようにした。役職を十二に分け，地位によって冠の色を分けたので，冠位十二階という。

問５ 聖徳太子は役人の心がまえを十七の条文にまとめた。これを十七条の憲法という。初めに，それぞれが仲良くして争わないようにと述べている。アは鎌倉時代に３代執権の北条泰時によって定められた御成敗式目(貞永式目)で，裁判の基準を定めたものである。ウは豊臣秀吉による刀狩令である。エは江戸幕府によって出された武家諸法度である。

問６ 法隆寺は聖徳太子によって建立された寺院で，現存する世界最古の木造建築である。アは京都の宇治に藤原頼通によって建てられた平等院鳳凰堂，イは奈良の東大寺で，聖武天皇によって建立され，大仏がおさめられている。ウも奈良にあり，鑑真によって建てられた唐招提寺である。

問７ 桓武天皇は784年に，それまでの奈良の平城京から現在の京都府の南部に都を移した。それが長岡京である。しかしながら，桂川で洪水がおきるなどしたため，10年後にさらに都を移した。

問８ 桓武天皇は794年に現在の京都市に都を移した。この都を平安京という。平城京が都であったときに，仏教勢力が力を持ち，貴族や僧の間で勢力争いが激しくなり政治が混乱したので，政治

を立て直すため，京都に都が移された。政治の中心が鎌倉に移るまでの約400年間を平安時代という。

問９　鎌倉は，三方を山に囲まれ，残り一方が海である。山と山の間は，切通しとよばれるせまい道しかない。したがって，敵から攻められても守りやすい地形であった。

問10　701年，文武天皇のときに，唐(中国)の律令制度にならって，日本でも律令が定められた。その時の元号をとって，これを大宝律令という。制定の中心となったのは，中臣(藤原)鎌足の子の藤原不比等や刑部親王らである。律は刑罰，令は決まりを定めたものである。

問11　家系図からも分かるとおり，藤原氏は自分の娘を天皇の后にし，生まれた子を天皇にして，その祖父(外祖父)として力を持った。また，朝廷内では，摂政や関白の地位について政治を行った。これを摂関政治という。

問12　遣唐使として唐に渡り，帰国後，新たな仏教の教えを開いたのが最澄と空海である。ともに平安時代の僧である。最澄は比叡山に延暦寺を建て，天台宗を広めた。空海は高野山に金剛峯寺を建て真言宗を広めた。

問13　894年，菅原道真の意見により遣唐使が廃止された。唐との関係が変化すると，唐の文化をふまえながら，日本の風土や生活，日本人の感情に合った文化が生まれた。これを国風文化という。日本独自のかな文字(ひらがな・カタカナ)が生まれ，これを用いた女性による文学作品が著された。アの天平文化は奈良時代，聖武天皇のころの文化である。イの東山文化は室町時代，８代将軍の足利義政のころの文化である。エの桃山文化は安土桃山時代，織田信長や豊臣秀吉のころの文化である。

2　**東海道新幹線の沿線にある都市についての問題**

問１　(1)　日本の気候は，ほとんどが温帯であり，季節風の影響を受ける。夏は南東の季節風がふき，太平洋側で降水量が多くなる。冬は北西の季節風がふく。なお，鹿児島県南部と沖縄県などの南西諸島は亜熱帯，北海道は亜寒帯(冷帯)の気候である。　(2)　ユーラシア大陸からふく冷たい風が，冬の北西の季節風である。この影響で，日本海側は雪が降るなど，冬に降水量が多くなる。この季節風が，雪を降らせた後に冷たいかわいた風となって関東地方にふく。これをからっ風という。

問２　日本の人口は，約１億２千５百万人(2022年３月推計)で，東京都の人口は，約１千４百万人(2022年３月推計)である。したがって，イの10分の１が正解となる。

問３　横浜港などでの海上輸送では，重くて体積が大きい石油や鉄鋼などの原材料や工業製品が大型船で輸送される。横浜市や横須賀市などで自動車の生産が行われていることから，横浜港では自動車が輸出される。また，横浜市には火力発電所があり，川崎市などでは石油化学工業がさかんであることから，横浜港では，石油や液化ガスなどが輸入される。表の①は成田空港の輸出品，③は成田空港の輸入品である。集積回路(IC)は，小さくて軽く，製品１個あたりのねだんが高いため，航空機での輸送に向いており，貿易港として空港が利用される。

問４　静岡県の富士市では，製紙・パルプ工業がさかんである。製紙・パルプ工業とは，木材からそのせんいの集まりであるパルプを作り，そこから紙を作る工業である。

問５　静岡県の浜名湖では，うなぎの養殖業がさかんであり，近くの浜松駅では，うなぎ弁当が名物となっている。アの「いかめし」は北海道の森駅の駅弁で，ウの「鰹一本釣り弁当」は鹿児島県の鹿児島中央駅の駅弁，エの「ますのすし」は富山県の富山駅の駅弁である。

問６　夜間に菊を電球で照らし，菊の花が咲く時期をおくらせて出荷する。このようにして栽培される菊を電照菊という。豊橋市の渥美半島などでさかんである。

問７　宮崎友禅がはじめた染め物が友禅染で，京都で広まったものが京友禅，加賀(現在の石川県)で広まったものが加賀友禅である。アの西陣織とウの丹後ちりめんは織物，イの清水焼は焼き物(とうじ器)である。

問８　日本標準時子午線は，兵庫県明石市を通る，東経135度の経線である。世界標準時子午線(本初子午線)は，０度の経線で，イギリスのロンドンの旧グリニッジ天文台を通る線である。

問９　28日には比叡山に行ったとある。比叡山は滋賀県と京都府にまたがる山で，最澄が建立した延暦寺がある。29日については，雨が多い地域であることや，伊勢神宮についてが述べられている。三重県の尾鷲は，日本有数の降水量が多い地域で，尾鷲のひのきは人工の三大美林にあげられている。伊勢神宮も三重県にあるので，この日は三重県に行ったことがわかる。30日については，「砂場と言うには広すぎる」などと書かれているので，鳥取砂丘がある鳥取県に行ったことがわかる。

3　日本の戦後史についての問題

(1)　太平洋戦争中の1945年に，アメリカ合衆国，イギリス，中国によって出された，日本に降伏をうながす宣言がポツダム宣言である。日本は同年８月14日にこれを受け入れることを決め，よく15日に天皇による玉音放送によって，国民に日本の降伏が知らされた。８月15日は日本の終戦記念日である。

(2)　終戦後，日本は連合国軍に占領され，GHQ によって統治された。1951年にアメリカ合衆国のサンフランシスコで開かれた講和会議により，サンフランシスコ平和条約が結ばれ，日本は戦後の独立をはたした。この時の首相は吉田茂である。

(3)　サンフランシスコ平和条約を結んだのと同時に，日本はアメリカ合衆国と日米安全保障条約を結んだ。これにより，日本にすでにあったアメリカ軍の基地は，そのまま日本国内に残されることになった。

問１　日本国憲法は，1946年11月３日に公布され，1947年５月３日に施行された。大日本帝国憲法において国民の義務とされたのは，納税の義務と兵役の義務であった。日本国憲法における国民の義務は，勤労の義務，納税の義務，普通教育を受けさせる義務の３つである。これを国民の三大義務とも言う。

問２　日本で開催されたオリンピックは，夏季オリンピックが，1964年の東京と2021年(2020年開催予定であったが新型コロナウイルスの影響により１年延期された)の東京の２回，冬季オリンピックは，1972年の札幌と，1998年の長野の２回である。

問３　先進国の首脳(首相や大統領など)が集まって会議を開くこととなり，これを先進国首脳会議という。主要国の首脳が集まることから，頂上を意味する「サミット」という名称が使われる。現在は参加国が増えたことから，先進国首脳会議ではなく，「主要国首脳会議」というようになった。

問４　消費税は1989年に導入され，税率は当初は３％であった。その後，1997年に５％，2014年に８％，2019年から10％(食料品など軽減税率の対象となる物は８％)と税率が引き上げられている。

問５　太平洋戦争終戦後，日本の軍隊は解散した。1950年に朝鮮戦争が始まると，在日アメリカ軍が朝鮮に出兵するため，日本の治安維持のために警察予備隊が設置され，２年後に保安隊，その

２年後に自衛隊となった。自衛隊は，国の防衛のための活動以外に，災害時には被災地に派遣され，救護活動や復興支援なども行っている。

問６　地球温暖化の原因とされる二酸化炭素などの温室効果ガスの排出量を各国が減らす数値目標を定めたものが，京都議定書である。1997年の地球温暖化防止京都会議で定められた。京都議定書の期限が切れた後，それを引き継いだものが，パリ協定である。

問７　日本は1950年代半ばから高度経済成長期をむかえ，池田勇人内閣は国民所得倍増計画を発表し，政府も経済成長を促進した。太平洋戦争後，アメリカ合衆国に占領されていた沖縄が日本に復帰したのは，佐藤栄作内閣の時である。日中共同声明が調印され，日本と中華人民共和国の国交が正常化したのは田中角栄内閣の時である。

理　科　＜第１回試験＞（社会と合わせて50分）＜満点：50点＞

解　答

[1]　(1)　A　柱頭　　B　胚珠　　(2)　ウ　　(3)　ウ　　(4)　（例）　子孫を残すため。　(5)　（例）　花に集まってくる昆虫の目印とするため。　[2]　(1)　イ　　(2)　50g　　(3)　10g　　(4)　4cm　　(5)　6cm　　(6)　エ　　[3]　(1)　酸素　　(2)　ア　　(3)　ウ　　(4)　8.7g　　[4]　(1)　ア　　(2)　イ　　(3)　熱帯低気圧　　(4)　イ

解　説

[1]　花のつくりについての問題

(1)　多くの植物は，めしべの先端にある柱頭で受粉する。受粉したあと，めしべの根元にある子房は実に，胚珠はたねになる。

(2)　エンドウの花には，１本のめしべと10本のおしべ，５枚の花びら，５枚のがくがある。なお，10本のおしべのうち，９本は束になっていて，１本ははなれている。

(3)　アブラナやサクラの花のように，１枚ずつはなれた花びらを持つ花を離弁花という。一方で，ツツジやアサガオ，タンポポ，ヒマワリのように，花びらがすべてくっついている花を合弁花という。

(4)　たねは，その植物が子孫を残すためにつくられる。なお，シダ植物やコケ植物は，たねではなく胞子でふえる。

(5)　花粉が昆虫により運ばれる花は，花に集まってくる昆虫の目印にするため，花びらが発達しているものが多い。このように，花粉が昆虫によって運ばれる花を虫媒花という。

[2]　浮力についての問題

(1)　水中で物体にはたらく浮力の大きさは，物体が水中に沈んでいる部分の体せきの大きさに比例する。なお，物体が$1\,cm^3$沈んだときには，物体に水１gと等しい重さの浮力がはたらく。

(2)　水面から物体の底面までのきょりが０cmのとき，物体に浮力ははたらいていないから，グラフより，水面から物体の底面までのきょりA（よこ軸）が０cmのときのばねはかりの値（たて軸）を見ればよい。

(3)　(2)より，物体の重さは50gだから，ばねはかりの値が40gのときには，水，50－40＝10(g)と

等しい重さの浮力が物体にはたらいていると考えられる。

⑷　浮力の大きさが水20gの重さと等しいとき，ばねはかりの値は，50−20=30(g)になるから，グラフより，ばねはかりの値が30gのときの水面から物体の底面までのきょりAの値を見ればよい。

⑸　物体すべてが水の中に入ると，物体にはたらく浮力の大きさは変化しなくなる。グラフを見ると，水面から物体の底面までのきょりAが６cmになったとき，ばねはかりの値が変化しなくなる。よって，物体を水面から６cm入れたときに物体がすべて水の中に入ったと考えられるから，物体の高さBは６cmである。

⑹　⑴より，物体にはたらく浮力の大きさは，物体が水中に沈んでいる部分の体せきの大きさに比例する。よって，水の中に沈める物体の重さが２倍になっても，物体のたい積が変化しなければ，物体全体を水の中に沈めたときに物体にはたらく浮力の大きさは変化しない。

3　酸素の発生についての問題

⑴　オキシドールに二酸化マンガンを加えると，酸素が発生する。酸素には，ものが燃えるのを助けるはたらきがある。

⑵　酸素は，水にとけにくい気体だから，水上置かんで集めるのが適している。なお，水にとけやすく空気より軽い気体は上方置かん，水にとけやすく空気より重い気体は下方置かんで集めるのがよい。

⑶　オキシドールに二酸化マンガンを加えると酸素が発生するのは，オキシドール中の過酸化水素が分解されるためである。よって，反応前とくらべると，反応後のオキシドール中の過酸化水素の濃度は小さくなり，水よう液の重さは小さくなる。

⑷　オキシドール１mLあたりの重さが1.45gだから，オキシドール200mLの重さは，200×1.45=290(g)とわかる。この実験で使用したオキシドールに含(ふく)まれる過酸化水素の濃度は３％なので，オキシドール200mLに含まれる過酸化水素の重さは，$290\times\frac{3}{100}=8.7$(g)と求められる。

4　日本の天気についての問題

⑴　図を見ると，高気圧が西側に，低気圧が東側にある。このような気圧配置を西高東低の気圧配置といい，冬によく見られる。

⑵　日本付近の上空には，西から東へ偏西風とよばれる風が吹いているため，日本付近の雲は，西から東へ移動することが多くなる。また，図の写真を見ると，日本の南東の海上に高気圧があるから，雲は南東方向へは進みにくいと考えられる。よって，図の写真に写っている雲は，北東の方へ移動すると考えられる。

⑶　熱帯付近で発生した低気圧を熱帯低気圧といい，台風とは，風速が毎秒17.2m以上の熱帯低気圧のことをいう。

⑷　低気圧では，中心へ向かって反時計回りに風が吹きこむ。低気圧の中心付近では上昇気流が発生し，雲ができやすく，雨も降りやすくなる。なお，台風の進路の左側よりも右側で風が強くなるから，アは正しくない。また，ウについて，最も風が強いのは，台風の眼ではなく，台風の眼の周辺である。

国語　＜第1回試験＞（50分）＜満点：100点＞

解答

一　問1　人生　問2　(例)　小学生なのか，中学生なのか，自分の現在の立場がよくわからないということ。　問3　ア　問4　(例)　小学生用の参考書の中身を頭に入れるのにはもう遅いということ。　問5　エ　問6　(例)　つい最近まで使っていたランドセルなのに，「なつかしい」と言ったこと。　問7　(初め)みんなの前　～(終わり)せられた時　問8　(例)　小学校入学の時に買ってもらったランドセルがだんだん体になじみ，自分が小学生であるシルシのようになっていたこと。　問9　オレは，こ　問10　(例)　小学生の自分が使っていたランドセルを，そのままの形で思い出として残しておきたかったから。　問11　A　ア　B　イ　C　エ　問12　あ～お　下記を参照のこと。　二　問1　エ　問2　(例)　日本人として日本をほめられるのは嬉しいものだから。　問3　イ　問4　1　オ　2　エ　問5　日本に来て時間のたっていない一般外国人　問6　それが，網棚の　問7　自分の「世間」に属している人　問8　存在しない　問9　X　イ　Y　イ　Z　ア　問10　ア　×　イ　×　ウ　○　エ　×　問11　あ～お　下記を参照のこと。

●漢字の書き取り

一　問12　あ　順調　い　捨(てる)　う　夢中　え　警報　お　想像

二　問11　あ　大勢　い　収録　う　経験　え　断(る)　お　熱心

解説

一　出典はひこ・田中の『なりたて中学生　初級編』による。春から中学生になるものの実感がわいていない主人公「オレ」は，部屋を片付けながら小学校時代の思い出を振り返り，気持ちを整理していく。

問1　空欄Xの次の段落に，「オレの人生は十年弱やから，小学生をやっていた六年間は，その半分以上を占めている」とある。したがって，空欄Xには「人生」が入る。

問2　ぼう線部①の直前に，「オレはもう小学校を卒業した」が，まだ中学校の「入学式はしてない」とあることをおさえる。どちらにも属していない自分自身の状態について「オレは，なんや？」と自問し，「頼りなさに襲われ」ているのである。ぼう線部①に続く部分でも，再び「オレは，今，なんや？」と声に出しており，小学生とも中学生とも言いがたい今の自分は一体何者なのか，立場がわからないことを悩んでいると読み取れる。

問3　ぼう線部②に続いて，「イスの高さも」「ベッドのスプリングも掛け布団も」「天井も壁も」そのままで何も変わっていないとあることをおさえる。オレは家具や天井や壁などが「小学生の時のまま」変わらないことを実感しているため，アが適切である。イ，ウ，エはそれぞれ本文からは読み取れない内容であるため不適。

問4　小学校六年間分の参考書を見つけたオレは，「もしこの中に書いてあること全部が頭の中に入っていたら，オレは賢い小学生になっていた」だろうと考えたあと，それは過去の話であり，今となっては「もう遅い」と感じている。つまり，自分が今から六年間分の参考書の中身を頭に入れて「賢い小学生」になることはできないと改めて気がついたことによって，自分はもう小学生ではないという事実をはっきりと自覚したのである。

問５　自分はもう小学生ではないという結論を出したオレは，小学生用の参考書を「クローゼットの奥にある棚」に「押し込」み，机の上にある棚を「すっきりと」片付けている。この行動から，小学校時代を過去として区切りをつけようとしていることが読み取れるため，エが適切である。アの「参考書を並べているのが恥ずかしかった」，イの「不安をかくしておきたかった」，ウの「思い出の象徴であると思った」はどれも本文からは読み取れない内容であるため不適。

問６　ぼう線部⑤の直前，「そう言ってしまってから」の「そう」の内容をおさえる。ランドセルを見て思わず「なつかしいなあ」と口にしたことに対して「オレは驚いた」のである。さらに，ぼう線部⑤の直後で，「ついこの前」まで毎日「背中に背負って」小学校に通っていた事実を振り返っている。つい最近まで使っていたランドセルに対して「なつかしい」と感じた自分自身に驚いたのである。

問７　「この時」とは，ぼう線部⑥の直前，オレが小学校入学前に祖母からランドセルを贈られ，家族の前で背負ってみせた時のことなので，本文中から指定された字数の「みんなの前で，新しいランドセルを背負ってお披露目をさせられた時」の初めと終わりの５字ずつを答える。

問８　ぼう線部⑦の直前では，オレが入学後，順調に小学校に「なじんだ」とともに，最初は「大きい感じがした」ランドセルも次第に「背中になじんでいって，いつのまにか」ランドセルが「オレが小学生であるシルシ」のようになっていったことが描かれている。新しいランドセルを買う話が出たときに初めて，オレは自分が小学生であるシルシのようなランドセルの存在に「気がついた」のである。

問９　母親が新しいランドセルを買うことをやめたため，オレは入学当初から使っているランドセルを手放さずにすみ，「ほっとし」ている。愛用してきたランドセルに対するオレの気持ちは，ぼう線部⑦の直後に，「オレは，このランドセルがあるから小学校に行けていると思った。背中にこいつが張り付いているから安心して通っているって思った」とあるので，この部分をぬき出せばよい。

問10　オレがランドセルから「教科書」を出さず，「三月十七日に小学生が背負っていた」ときの状態のままクローゼットの奥の棚にしまったことから，そのままの形でさわらずにとっておき，大切な思い出にしようとしているオレの思いが読み取れる。

問11　**A**　ランドセルを毎日使ってきたのに「じっくりと眺めたこと」もなく，朝は「ひっつか」み，帰宅したら「床に放り投げて」きたという雑な扱い方を「冷たい」としているため，アが適切。　**B**　ランドセルはオレにとって，毎日ともに小学校へ通ってきた「大事」なものだったのに，そのことに「慣れ」，さらに「存在」までも「忘れてしまっ」ていたことを謝っている。よって，イが適切。　**C**　「小学生であるシルシ」だったランドセルを眺めて，小学生のころを振り返り，これからの中学校生活を考える場面であること，「さいなら」とあることからも，エが適切である。ウの「新しいランドセルを買ってもらう話を忘れていた」は，本文にない内容なので不適。

問12　㋐　物事がとどこおりなく進んでいくさま。　㋑　音読みは「シャ」で，「四捨五入」「取捨選択」などの四字熟語がある。　㋒　まわりが見えないほど，何かに熱中した状態。四字熟語の「五里霧中」と区別して覚える。　㋓　危険が近づいていることを知らせる音や光。

㋔　頭の中で思い浮かべること。

二　出典は鴻上尚史の『「空気」と「世間」』による。日本に来て日のあさい外国人の視点を通じて，マナーがいいようにも悪いようにも見える日本人の行動をとりあげ，根底には自分に関係のある世界とない世界をはっきりと区別する日本人ならではの性質があると説明している。

問１　**A**　空欄Aに続く部分で，フランス人の出演者は「目を大きく見開き，信じられないという顔をし」て，「興奮した早口の英語」で話したとあるため，「興奮した顔」が適切である。　**B**　プライオリティーシート（優先席）の前にお年寄りが立っても席を替わろうとしない無反応な人々のようすを表すため，「平気な顔」が適切。　**C**　「彼」は，「いったい，この国のマナーはどうなっている」のかと「困惑」しながら問いかけているため，「理解できないという顔」が適切である。

問２　ぼう線部①の直後で筆者は，「日本人として，日本をほめられる」のは「嬉しいもの」だと述べている。このことから，フランス人の出演者から日本人が「マナーがいい」と絶賛されて筆者が多少なりとも喜んでいることがわかる。

問３　ここでは，「欧米の人たち」が当然のように「席を譲ったり」，「乳母車の手助けを」したりすることに日本人が「驚いた」経験の一例として，「モヒカンヘアーのパンクファッション」の若者が老人にサラリと席を譲ったことがあげられている。筆者は，若者の奇抜な見た目からは想像できない行動を意外に思っているため，イが適切である。アの「恐怖心を持った」，ウの「絵のように美しく」，エの「うらやましく思った」はそれぞれ本文で述べられていない内容なので不適。

問４　**１**　空欄１の前で筆者は，「老人が目の前に立ってい」るときに「席を譲」る日本人の割合は「５割を切」ると述べ，空欄１の後ろでは，「階段を一人で乳母車を抱えて降りていく母親」に「声をかけて助ける日本人の割合」は「１割以下」だと説明している。よって，前のことがらを受けて，その程度を進ませるようなことがらを後につけ加えるときに用いる「まして」が選べる。

２　「すごく元気」な「おばさん」が電車で「仲間」の「人数分」座席を確保した後，遅れてきた「仲間」にそのことを叫んで伝える，という一連の手順が書かれている。したがって，前のことがらを受けて，それに続いて次のことが起こる意味を表す「そして」が合う。

問５　筆者は自身が司会を務める番組に関して，本文のはじめで，「日本に来て時間のたっていない一般外国人」をゲストにむかえることを説明している。

問６　「フランス人」の「彼」は，バッグが網棚に「そのままあった」ことを受けて日本人はマナーがいいと絶賛している一方，日本人がお年寄りに席を譲らないことについては戸惑い，声を大にして批判している。この対比について筆者は，本文の終わり近くで，「網棚のバッグ」の例は「盗みのない奇跡のモラル」になるが，「優先席」の例は「足の悪い人を立たせている最悪のマナー」として理解されると説明しているため，この部分をぬき出せばよい。

問７　ぼう線部⑤に続く部分で筆者は，自分の仲間の人数分の座席を取るおばさんの行動原理について，「自分に関係のある世界」，すなわち「世間」と，「自分とは関係のない世界」，すなわち「社会」とを「きっぱりと分けている」と説明している。おばさんは，いっしょに行動している「自分の仲間」を「自分の『世間』に属している人」として扱っているため，「必死で走り，電車の席を確保する」のである。

問８　筆者は，おばさんが「席のそばに立」つ「学生」や「親子連れ」を「自分とは関係のない世界」に属する人とみて，「存在しない」かのように「まったく気にしない」と説明している。

問９　**X**　筆者は，自分に関係のある世界＝「世間」，自分とは関係のない世界＝「社会」と述べていることをおさえる。電車で化粧をする女性は，その場を「自分には関係がないと思っている」と筆者はとらえているため，イ「社会」が適切。　**Y**　空欄Ｘと同じく，女性が電車内の空間をどのようにとらえているかを表す言葉が入るため，イ「社会」が入る。　**Z**　「会社の同僚」は女性にとって，自分に関係のある世界に属している人となるため，ア「世間」が適切。

問10　**ア**　筆者は欧米人が目の前の老人に席を譲る確率は「８割以上」だとしており，どんな場合でも席を譲るとはいえないため，あてはまらない。　**イ**　日本人が「網棚に残されたバッグ」を盗まないのは，「自分とは関係のない世界」ととらえているからだと述べているため，あてはまらない。　**ウ**　筆者は電車で見かけたおばさんを例に，「『社会』に属する人」には「必死になにかをする必要は感じない」と日本人の性質を説明しているため，あてはまる。　**エ**　筆者はおばさんが「決して，マナーが悪いのではない」と述べているが，その理由はおばさんが親切な人だからではなく，「自分とは関係のない世界」を「存在しない」ものとして「気にしない」からだと説明している。したがって，あてはまらない。

問11　**㋐**　人数が多いさま。　**㋑**　番組制作のため，映像や音声などの素材を撮影・録音すること。　**㋒**　ある印象が残った出来事のこと。　**㋓**　音読みは「ダン」で，「決断」「断固」などの熟語がある。　**㋔**　物事に集中して打ち込むさま。

2022年度 駒込中学校

〔電　話〕 (03) 3828－4141
〔所在地〕 〒113－0022　東京都文京区千駄木5－6－25
〔交　通〕 地下鉄南北線 ― 本駒込駅より徒歩5分
地下鉄千代田線 ― 千駄木駅より徒歩7分

＊【適性検査Ⅰ】は国語ですので最後に掲載してあります。

〈受験上の注意〉 机の上には「受験票」,「筆記具」,「消しゴム」以外のものは置かないこと。

【適性検査Ⅱ】 〈適性検査型A試験〉 (45分) 〈満点：100点〉

1 一隅(いちぐう)さんと駒込(こまごめ)さんが話をしています。

一隅：今日は三角定規を持ってくるのを忘れてしまったから，板を使って三角定規を作ってみたんだ。友達から三角定規を借りて同じ形の板を作ったんだけれど，三角定規って2種類の形があるんだね。

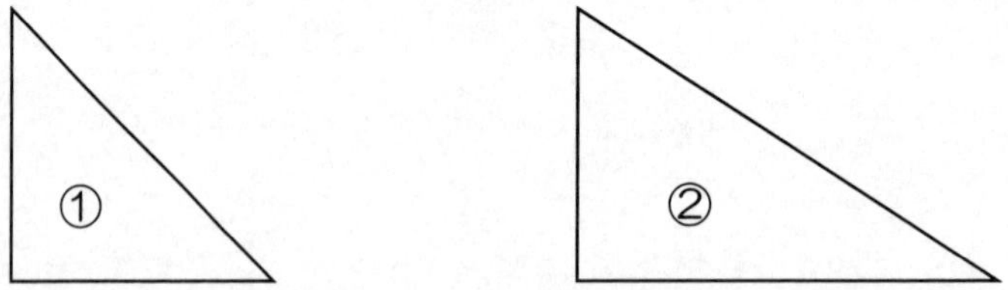

駒込：基本はそうね。三角形①は縦と横の長さが等しい直角三角形で，直角二等辺三角形という名前で呼ばれているわ。三角形②は，角の大きさがそれぞれ３０°，６０°，９０°である直角三角形ね。

一隅：この三角形②には名前は付いていないのかな。

駒込：直角三角形ではあるけど，縦と横の長さが等しくないから二等辺三角形ではないわね。だけど，１番長い辺の長さは，１番短い辺の２倍の長さになっているのだわ。もう少しくわしく調べてみましょうか。

一隅：では，調べるために三角形②の板をたくさん作ってみるよ。

駒込：せっかく作ってくれたので，三角形②の板を何枚か並べてみましょうか。

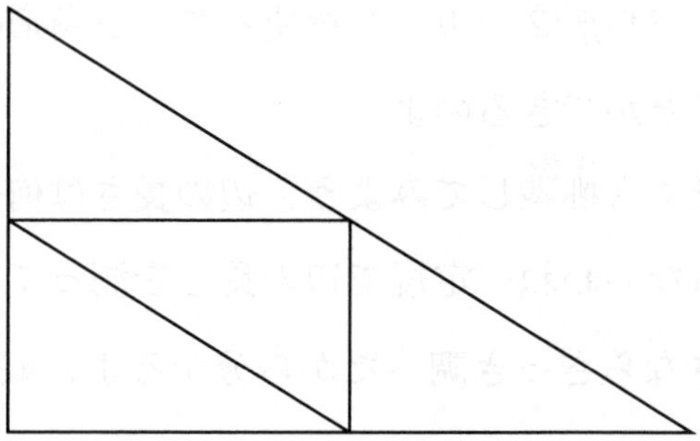

③

一隅：三角形②の板を４枚並べてみたら，大きな直角三角形③ができたよ！
　　　この三角形も，角の大きさがそれぞれ３０°，６０°，９０°だね。

駒込：もとの三角形と比べると，対応する辺の長さの比もそれぞれ等しいわね。
　　　このような２つの三角形の関係を「相似」というらしいわ。

一隅：板がたくさんあるから，「相似」である三角形を作ってみよう！三角形を作るときは，中にすきまがないように，辺と辺をぴったり重ねて作ろう。

〔問題１〕　一隅さんの板を使用して，三角形②と相似である三角形を複数セット作ります。板を合計で５０枚まで使用できるとき，３辺の長さが三角形②のそれぞれ３倍である三角形は何セットまで作ることができますか。

一隅：三角形②と相似である三角形を作るとき，辺の長さがそれぞれ２倍になると，使用する板の枚数は４枚になるのは分かったのだけど，さらに大きくしたらどうなるのだろう。

駒込：使用する板の枚数に規則性がある気がするわね。

〔問題２〕　一隅さんの板を使って，三角形②と相似である三角形を作るとき，辺の長さがそれぞれ２倍，３倍，…と増えていくと，相似である三角形の面積はどのように変化するでしょうか。またその理由を説明しなさい。

駒込：ところで一隅さん。三角形②の板を３枚使って，三角形②と相似である直角三角形④を作ることができるのよ。

一隅：それは面白いね。ぼくも挑戦（ちょうせん）してみよう。辺の長さは何倍になったのかな。

駒込：うーん，よく分からないわね…定規で辺の長さを測ってみましょう。

一隅：三角形②の辺の長さならさっき調べたから分かるよ。縦の長さは７．３cmだったね。

駒込：三角形②の縦の長さというのは，三角形②の中で１番短い辺の長さのことね。一隅さんが長さを教えてくれたから，三角形④の辺の長さのうち，２番目に長い辺の長さが分かりそうよ。

〔問題３〕 一隅さんの板を使用して，三角形②と相似である三角形を作ります。板を合計で３０枚まで使用できるとき，相似である三角形は何種類作ることができますか。
なお，板を１枚使用したときの三角形も１種類として数えます。また，辺の長さがそれぞれ同じである三角形は同じ種類であるとします。

〔問題４〕 (1) 三角形④をかきなさい。ただし，３枚の三角形②の板がどのように使われているか，分かるようにかくこと。

(2) 一隅さんの話から，三角形④のうち，２番目に長い辺の長さを求めなさい。

駒込：三角形④は三角形③より小さい三角形だから，２倍よりは小さくなりそうね。何倍になるのかしら。

一隅：じゃあきっと１と２の間で，１．５倍だと思うよ。ぼくの予想は当たっているかな？

〔問題５〕 一隅さんは，三角形②の辺の長さをそれぞれ１．５倍すると三角形④になると予想しました。この予想は正しいでしょうか。「正しい」・「正しくない」のどちらか一方を選び，○をつけなさい。

2 先生と駒子さんの会話文を読み，設問に答えなさい。

駒子　先生，おはようございます！

先生　駒子さん，おはようございます。今日も元気ですね！

駒子　あれ？　先生が胸につけているバッジ※資料1って何のバッジですか？

先生　あぁ，これね！　これは［ A ］のバッジで，最近は政治家や芸能人，ビジネスマンなど様々な人が身に着けることが増えてきたんですよ。

駒子　先生，［ A ］って何ですか？

先生　そっか！　まだ授業では教えていなかったですね。［ A ］は，２０１５年の国連サミットで採択された「２０３０年までに持続可能で，よりよい世界を目指す国際目標」のことだよ。

駒子　世界全体がその目標に向かって，動き出しているってことですか？

先生　その通り！　それに，政府が活動するだけでなく，各国の企業や学校，個人が活動を継続して，世界中の人々が２０３０年の目標に向かって努力をしていますよ。

駒子　なんか凄いですね！　でも，先生。目標って具体的にどんな目標なんですか？

先生　実は目標は大きく分けて［ B ］個，小さく分けると１６９個あって，国や企業は自分たちができる，またはすべき目標を選んで行動をしているんですよ。

駒子　なるほど！　選択肢が色々あるから，取り組みやすそうです！　先生，私もやってみたいです！

先生　お！　じゃあ駒子さんが興味のある目標を１つ決めて，それについて自分なりに調べてみてください。調べた上で，今自分ができることを考えてみましょう。

駒子　分かりました！　時間かかるかもしれませんが，調べたら先生に発表します！

先生　楽しみに待ってますね。

～１週間後～

駒子　先生！　先週の調べ学習やってきました。調べ始めたら色々なことが分かって，この分野について少し詳(くわ)しくなりました！

先生　素晴らしいですね！　駒子さんは何の目標を選んだんですか？

駒子　「安全な水とトイレを世界中に」という目標です！

先生　いいですね。では，調べてみてどんなことが分かったのか教えてください。

駒子　はい！　まず，地球の表面の７割は水面でできていますが，その９７．４６％が海水で，私たちが飲料に使用できる水である淡水(たんすい)は２．５４％しかありません。その淡水を巡(めぐ)って世界中で様々な水問題が引き起こされているようです。

先生　どんな水問題が起きているんですか？

駒子　水に関する問題はとてもたくさんあったので，２つに絞(しぼ)って調べました。１つ目は，「世界の水は平等に配分されていない」ということです。

先生　とても興味深いですね。詳しく教えて下さい。

駒子　降水量や人口など様々な原因から「人口１人当たりの利用可能水資源量」が国によって大きく違うんですよ。いくつか国を選んで表※資料２にまとめたので，見てください。

先生　国によって本当に大きく違(ちが)いますね。ちなみに，「人口１人当たりの利用可能水資源量」はどういう基準で水不足かどうか判断すればいいのですか？

駒子　１７００㎥が最低基準で，これを下回ると「水ストレス」，１０００㎥を下回ると「水不足」，５００㎥を下回ると「絶対的な水不足」の状態だそうです。

先生　では，この表だとインドが「水ストレス」，クェートが「絶対的な水不足」に当たるのですね。

駒子　そうですね。でも，最低基準の１７００㎥以上の国でも水不足問題を抱(かか)えている国があるんですよ。

先生　そこまで調べたんですね。例えばどこの国がそれに当てはまりますか？

駒子　アメリカや１中国です。２アメリカは日常的な日照りに悩(なや)まされていて，アメリカ国内での地域差が大きいようです。カリフォルニア州にある貯水池は，干ばつなどが起きても水を安定供給することが可能になるため，非常に重宝されているそうですが，５年間にわたって続いた干ばつで貯水池の水がかなり蒸発してしまい，水不足に悩まされてしまったようです。

先生　そうなんですね。中国も黄河や長江など川が多いですが，地域によって川の水からの水資源量にも差がありますよね。でも，表を見る限り日本は水問題とはあまり関係がないようですね。

駒子　先生，そんなことありませんよ！　世界の水不足は日本にも大きく関係します。調べたことの２つ目がその問題についてなんです。

先生　それは興味深いですね。ぜひ先生にその調べたことを教えて下さい。

駒子　「ウォーターフットプリント」という言葉を先生は知っていますか？

先生　はい，知っていますよ。製品の生産から廃棄（はいき）までにどれだけの水が使われるかを示したものですよね。

駒子　そうです！　その表※資料３も作ってきたので見てください！

先生　言葉は知っていましたが，私たちが普段（ふだん）食べている食材にこれだけの水が使われているなんて驚（おどろ）きました。でも，この **3**<u>「ウォーターフットプリント」と世界の水不足が日本に与（あた）える影響（えいきょう）との関係性</u>は何ですか？

駒子　ヒントは「食料自給率」ですよ！

先生　「食料自給率」？？

駒子　今日の給食のハンバーグ美味しかったですね！

先生　あ，そういうことですか！　それで分かりました！　それにしてもよくここまで調べましたね。

駒子　本当はもっと多くの問題について調べたかったのですが，時間がかかりそうだったので……。

先生　では，これから他の問題について駒子さんなりに調査を重ねてみてくださいね。では，調べた上で，今駒子さんにできることはなんでしょうか。

駒子　身近なことから始められることがたくさんあると思います。例えば「節水」や「水を汚（よご）さない」といったことなどです。あとは，自分が調べたことを友達や家族だけでなくインターネットを利用して多くの人に発信することで，世界の水問題は少しずつ解決されると信じています。

先生　その通りですね。まさに「一隅を照らす」の精神が世界問題の解決に繋（つな）がるということですね。

資料1

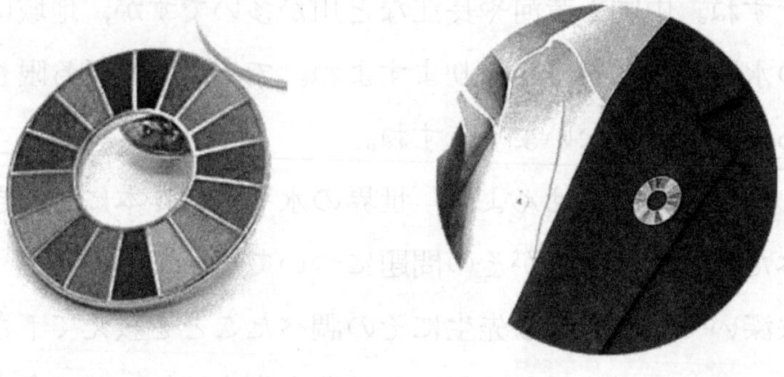

資料2

国名	人口(千人)	利用可能水資源量(k㎥/年)	1人当たりの利用可能水資源量(㎥/人・年)	水使用量(k㎥/年)	水資源使用率
カナダ	36,624	2,902	79,238	38.8	1.3%
ブラジル	209,288	8,647	41,316	74.8	0.9%
スペイン	46,354	112	2,405	37.4	33.5%
アメリカ	324,459	3,069	9,459	485.6	15.8%
日本	127,484	430	3,373	81.5	C %
中国	1,441,131	2,840	1,971	598.1	21%
インド	1,339,180	1,911	1,427	761.0	40%
クェート	4,137	0.02	5	0.9	D %

「地球上の水の量」国土交通省水資源部作成2019より作成　※出題のため一部改変

資料3

食料品名	製品の製造過程で使用された水資源量(リットル)
牛肉	15,415
豚肉	5,988
米	2,497
卵	196
コーヒー	132

Water Footprint Networkより作成

農畜産物は1kg当たり，コーヒーは1杯，卵は1個当たりの数値。いずれも世界全体の平均値。

〔問題1〕 会話文中 A に当てはまる語句をアルファベット4文字（大文字・小文字含む）で答えなさい。

〔問題2〕 会話文中 B に当てはまる数字を答えなさい。

〔問題3〕 資料2中の C ・ D に当てはまる数字を計算しそれぞれ答えなさい。答えは小数第二位を四捨五入して小数第一位までを答えなさい。

〔問題4〕 会話文中の**下線部1**に関して，次の北京，チベット，福建省の水に関する表を参考にして，以下の**A**・**B**の問いに答えなさい。

地区		北京	チベット	福建省
人口(万人)		2154	344	3941
水資源量(億㎥／年)		35.5	4658.2	778.5
1人あたりの水資源量(㎥／人・年)		164.2	136804.7	1982.9
降水量	年間（㎜）	546.6	534.4	1399.6
	1月	0.0	0.0	117.6
	2月	0.0	1.4	21.7
	3月	4.1	8.4	94.5
	4月	47.5	7.6	78.0
	5月	9.3	35.4	159.0
	6月	35.4	70.8	265.6
	7月	309.1	189.9	110.5
	8月	109.6	175.0	292.6
	9月	25.4	33.7	66.2
	10月	4.4	0.2	52.7
	11月	1.6	0.0	121.0
	12月	0.2	12.0	20.2

『中国統計年鑑』2019を基に作成

Ａ：北京と福建省の降水量を表す５月，７月，８月のグラフを，解答らんに完成させなさい。

Ｂ：１人当たりの水資源量が地域により大きく異なる理由を３つ答えなさい。なお，解答する際は，会話文も参考にすること。

〔問題５〕 会話文中の**下線部２**に関して，アメリカのカリフォルニア州では深刻な干ばつが続き，水不足問題と直面している。その中で，２００８年からカリフォルニア州のロサンゼルス水道局は，貯水池に「黒くて小さいプラスチックボール※イメージ図」を使用し，この問題を大きく改善させた。このボールを「どのような目的で」「どのように使用したのか」を会話文を参考に答えなさい。ただし，使用するボールの個数は問いません。

イメージ図

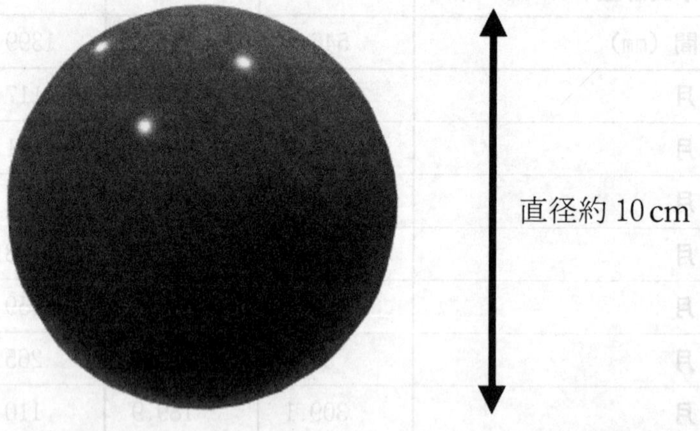

〔問題６〕 会話文中の**下線部３**に関して，世界の水不足が日本に与える影響について資料３の「ウォーターフットプリント」を参考に答えなさい。なお，「**食料自給率**」の語句を必ず用いること。

3 自然科学部のタケヒロくんは，理科室においてあった水飲み鳥のおもちゃに興味を惹(ひ)かれました。

タケヒロ：先生！　これはなんですか!?　さっきからなんだかずっと動き続けているんですが・・・

先生：おぉ，タケヒロくん。気がついたみたいだね。これは，水飲み鳥という玩具(がんぐ)だよ。

タケヒロ：水…飲み…鳥？　ということは，隣に置いてあるコップの中の水をこの鳥の人形が飲んでいるんですか？

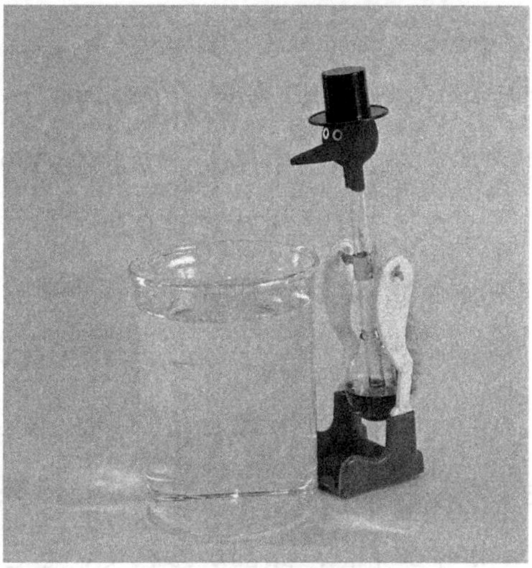

先生：いやいや，名前は「水飲み」鳥だけど，実際には水を飲んでいるわけじゃないんだよ。でも，この水にくちばしをつける動きがすごく重要なものの一つになっているんだ。

タケヒロ：と，いうことは・・・

≪よーく観察するタケヒロくん≫

先生：どうだい，何か発見があったかな？

タケヒロ：先生!!　この鳥の人形の頭の部分は布のような材質でおおわれていますね？　そして，くちばしの部分が水につかったときに頭全体に水がしみ込んでいるような感じです！

先生：おー。すばらしい観察力ですね，タケヒロくん。鳥の人形の頭部の布は水を吸い上げやすい素材としてフェルトが使われているんだ。頭部が傾いてコップの水にくちばしをつけるたびにできる限り頭全体が水で湿るようになっているんだね。

タケヒロ：え？　でも先生，なんでこの子は頭の部分が傾くんですか？　シーソーのように動いていますが，頭と胴体(どうたい)の重さのバランスが変わらない限り傾くことはないと思うんですが・・・

先生：そうだね。では，もういちどよーく観察してみよう。

タケヒロ：≪よーく観察する≫

・・・!!　先生！　この子，体がガラスでできてて，中に色水みたいなのが入ってますが，頭がふらふらしているときにその色水みたいなのが上に上がっていってます!!

えええ！!?　なんだこれぇ～!!　なんで水が上に上がっていくんだ！??

先生：うん。中の色水のような液体は，ジクロロメタンと呼ばれる液体で，沸点（液体から気体になる温度）が４０℃くらいで，室温くらいでもすぐに気化するような性質の液体なんだよ。ちなみに，色はわかりやすくするために着色しているだけだね。

タケヒロ：え～かわいい～。のみすけ～。

先生：ガラスの体の中に入っているこの液体が２つ目の重要なものだね。それと，このガラスの体は密閉されていて中の気体の部分は，空気などは入っていなくて，この液体（ジクロロメタン）の気体で満たされているんだ。

タケヒロ：先生，でも，のみすけの体の中の液体が何で上に上がっていくかがやっぱりわかりません。

先生：うん。そこはタケヒロくんへの課題としてあえて教えないでおきましょう。ポイントは，頭部がぬれているということと，中の液体は沸点の低いものが入っているってことだね。

タケヒロ：え～。どうしよう～のみすけ～教えてよ～。

先生：もう少しヒントを付け加えると，気化熱かな。液体が気体になるときは周りの熱を奪うんだ。夏に打ち水をしたり，お風呂上りに体がぬれたままだと風邪をひきやすかったりするのは気化熱によって地面や体が冷えるからだね。

タケヒロ：うーん。なんかわかったようなわからないような・・・

先生，それと，のみすけを観察しててもう一つ分かったことがあるんですが，のみすけが水を飲んでいる動きをしているときに頭のほうに上がった液体が胴体のほうに戻っているんです。だから，また頭が上に上がってふらふらした動きを繰り返せるんですね。

先生：おー。これまたすばらしい観察力！　感心します。それでは，さっきの課題も宿題にしますので考えてきてくださいね。あ，明日まででですよ。

タケヒロ：ひぇぇ～!!　せんせぇ～オニ～～!!

〔問題1〕　解答らんの図の角度のときに，頭部に上がった液体が胴部に流れる。流れている液体のある箇所(かしょ)を下の例を参考にして斜線で示しなさい。

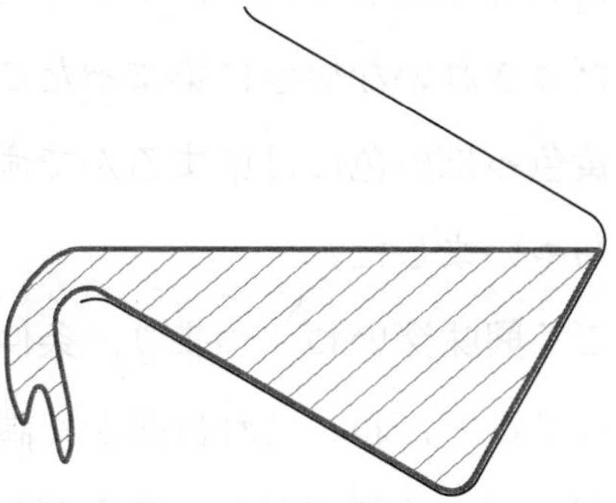

〔問題2〕　なぜ中に入っている液体が頭部に登っていくのでしょうか。

〔問題3〕　翌朝になったら水飲み鳥の動きが止まっていた。考えられる理由を答えなさい。

〔問題4〕　水飲み鳥がより速いテンポで水を飲む動きをするためには，どのような工夫をすれば良いと思いますか。具体的な方法とその理由を併(あわ)せて答えなさい。

【適性検査Ⅲ】 〈適性検査型Ａ試験〉 (45分) 〈満点：100点〉

1 自然科学部のサラさんは，身近な植物を使った草木染めをしていて，いくつか疑問が湧いてきました。

サラ：先生，最近いろいろな植物を使って草木染めをしているんですが，植物の種類によって色々と染まる色が変わるんです。

先生：おぉ～，サラさん。たしかに草木染めはいろいろな条件を少しずつ変えるだけでほんとに色の出方が変わって不思議な感じがするよねー。

サラ：はい。そのなかでも一番お気に入りなのが，サクラを使った草木染めです。ただ，だいぶ前に一度だけきれいな桜色に染まったことはあるのですが，それ以来何回やっても黄色っぽい色には染まるんですが，なかなか桜っぽい色に染まらなくなっちゃいました。

先生：ほほう。それはものすごく興味深いね。つまり，条件がいろいろと変わると色の出方が変化するってことだね。これは細かく調べてみる必要がありそう，というか細かく調べていく価値がありそうだね！

サラ：そうですね。でも，今までは細かい条件は決めてなくて，データもあまり取ってないです・・・

先生：なるほど。ちなみに，染めるものは何を染めているの？

サラ：あ，エコバッグとかＴシャツです。

先生：素材は？　綿かな？

サラ：はい。そうだと思います。

先生：サクラは木のどの部分を使っているの？

サラ：枝は細いのはそのままだったり，太いのはカッターで樹皮を剥(は)いで使います。あと葉っぱですね。

先生：ところで，サクラの木はどうやって集めているの？

サラ：えーと，サクラの木の下に落ちている枝や葉っぱを拾ってます。あ，このあいだ剪定(せんてい)作業をしていた時に切った太めの枝を少しもらったものと，強風の時に折れて落ちていた枝もあります。

先生：うんうん。日々実験の材料集めのことを意識しているようすが手に取るようにわかるねぇ。すばらしい！

では，条件をいくつか決めてデータを取ってみよう。

～～早速，先生とサラさんは下のような条件のもとサクラを使って草木染めをして染まった色の様子をまとめました～～

《条件》

・葉，樹皮，つぼみをそれぞれ集めて，それらのみで染める。

・染める布は，５cm×５cmに切った綿布を使用する。

・沸騰(ふっとう)してから１０分煮出したら，煮出した液を取り出し染液①とし，その後あたらしい水を加えて再度沸騰してから１０分煮出して，液を取り出し染液②として・・を繰り返し，染液④まで行う。

・染液に布を１０分浸し，媒染液(ばいせんえき)（ミョウバン水溶液）に２～３分浸した後に，もう一度染液に１０分浸して，その後に乾燥させる。

葉

	染液①	染液②	染液③	染液④
１０ｇ	黄緑	黄緑	黄緑	少し濃いめの黄緑
３０ｇ	緑よりの黄緑	緑よりの黄緑	黄色よりの黄緑	少し赤みがかった黄緑

樹皮

	染液①	染液②	染液③	染液④
１０ｇ	薄い黄色	黄色よりの黄緑	淡い桃色	淡い桃色
２０ｇ	少し赤みがかった黄緑	黄色よりの黄緑	薄い黄色	淡い桃色

つぼみ

	染液①	染液②	染液③	染液④
５ｇ	黄色を含む鮮(あざ)やかな桃色	黄色を含む鮮やかな桃色	鮮やかな桃色	鮮やかな桃色

サラ：こうやって条件を決めて染めてみると，なんだかいろいろわかってきますね。

先生：そうだね。あ，ちなみに葉１０ｇを使ったときの染液④の色は，染液に布を漬けたまま他の仕事が忙しくて，３０分以上漬けっぱなしにしてしまった結果だね。

サラ：えぇ!?　そういうことだったんですね。最後は下校時間が来たので先生に任せてしまったやつですよね？

先生：うん。サラさんに頼まれたのにすっかり忘れちゃっ，あ，いや他の仕事が忙しくて・・・

サラ：・・・

先生：え，えっと，それと，このつぼみを使った染色っていうのは，なんだか背徳感を感じてしまうよねぇ。

サラ：はい。強風のときに折れた枝についていたつぼみを切り取って集めました。５ｇは大さじ一杯分くらいの量ですね。ただつぼみはそれほど多くは集められません。

先生：なるほど。大さじ一杯分のつぼみを使って５cm×５cmの布を数枚染めるくらいの量ってことかぁ・・・

それにしても，一つの植物の中にいろいろな色の色素が含まれているっていうのが実験によってよくわかったね。

サラ：はい。それと，いろいろと調べていたら，季節によっても色の出かたが変わるみたいなので，また違った時期に枝などを集めてみたいと思います。

先生：またまた興味深い話だね。同じ部位で季節違いのデータなどが取れたらすごい資料になりそうだね。楽しみだね。

サラ：はい。先生，また手伝ってくださいね。

先生：もちろん！　今度はちゃんと忘れずに時間を計りますよ！・・・あっ。

〔問題１〕 サクラを使ってサクラっぽい色の染色を無地の白いTシャツにしたい。植物のどこの部分を使うのが適しているか，記号で答えなさい。

ア．葉　　イ．樹皮　　ウ．つぼみ　　エ．その他

なお，「その他」の場合は具体的な場所を答えること。

〔問題２〕 サクラを使って草木染めをする上で，最適と思われる条件を考えなさい。

〔問題３〕 その条件にした理由を答えなさい。

〔問題４〕 先生とサラさんの行った実験の条件以外で追加して計測したほうが良いと思われる条件を理由とともにあげなさい。

2 一隅（いちぐう）さんと駒込（こまごめ）さんが話をしています。

一隅：今日はプログラミングの授業を受けてきたよ。このプログラムを実行すると，図形を回転させたり，反転させたりすることができるんだ。

A　図形を反時計回りに９０°回転させる

B　図形を左右反転させる

駒込：Aのプログラムを１回実行すると，図形が左回りに回転するのね。２回実行すればさらに９０°回転するから，最初の図形が１８０°反時計回りに回転したことになるのね。また，Bのプログラムを１回実行すると，「F」という図形は「ꟻ」になるのね。

一隅：その通りだよ。ちなみに，それぞれのプログラムは同時には実行できないよ。１回ずつ順番に実行されるんだ。

駒込：試しにこの矢印の図形①でプログラムを実行してみてもらえるかしら。この矢印は対称な形をしているから，反転させたときに結果が変わらないこともありそうね。

①

②

一隅：いいよ，やってみよう。図形①にAを１回実行してみると，図形②のようになったよ。もう一度，図形①にA→B→A→B→Aの順番で実行してみるね。ちゃんと図形が動いて矢印の向きが変わったよ。

駒込：素晴らしいわ！　では私も図形①を動かしてみるわね。……あら，適当に４回実行してみたら，最後は元の矢印の向きに戻（もど）ってしまったみたいだわ。

一隅：元の図形の向きに戻ると教えてくれる機能がついているんだよ。何回かプログラムを実行すると，同じ図形の向きに戻ることもあるみたいだね。ちなみに，同じ向きに戻った後もプログラムは最後まで実行されるから，何回でも元の向きに変えることができるよ。

駒込：上下反転していても，矢印の向きが同じならいいのね。

〔問題１〕 図形①にＡ→Ｂ→Ａ→Ｂ→Ａの順番でプログラムを実行した後の図形はどのような図形になりますか。解答用紙にかきなさい。

〔問題２〕 駒込さんのように，図形①にＡまたはＢのプログラムを合わせて４回実行して，元の①の向きに戻る方法を考えます。プログラムの実行の仕方は何通りありますか。なお，Ａ→Ａ→ＢやＡ→Ｂ→Ａのように，使用するプログラムの回数がそれぞれ同じでも順番が異なるプログラムは別のものであるとします。

駒込：この矢印を斜(なな)めの向きに変えることはできないのかしら。

一隅：では新たにプログラムＣを作ってみよう。Ｃを実行すると，図形を時計回りに４５°回転させることができるんだ。もう一つのプログラムＤも作ってみたよ。これは図形を反時計回りに３０°回転させることができるよ。

駒込：手際が良いわね。早速図形①にＣを１回実行してみたら図形③のようになったわ。様々なプログラムを組み合わせて使えば，様々な向きの図形を作ることができそうね。

③

〔問題３〕　図形①にＡ，Ｂ，Ｃのプログラムを自由に使って向きを変えるとします。プログラムを２回実行したときにできる向きは何種類あるでしょうか。

〔問題４〕　図形①にＡ，Ｂ，Ｃいずれかのプログラムを合わせて１０回実行して，図形①と同じ向きになる回数が最も多くなる方法を考えます。このときの回数は何回ですか。ただし，今回は同じプログラムを２回連続では使用しないものとします。

駒込：Ｄのプログラムなのだけれど，どうも３０°回転ではないみたいなの。一隅さん確認してもらえるかしら。

一隅：えっ，ちょっと待っててね・・・本当だ，回転する角度の設定が２９°になっていたよ。こんなに小さな違(ちが)いなのによく分かったね！　駒込さんはプログラミングの才能があるよ。

駒込：プログラムの中身を調べるのは苦手なのだけれど，実際に動かしてみることでどんなプログラムなのかを推測することができたわ。

一隅：何事も実際に自分で動かして確かめることは大事だね。

〔問題５〕　駒込さんは，プログラムを何度か実行することでＤのプログラムが間違っていることに気づきました。どのような方法で確かめることができるのか述べなさい。ただし，定規，分度器，コンパスのように長さや角度を測る道具は利用できません。

〔問3〕 文章2 のエピソードでは、文章1 の「ツチヤさん」と「ムラセさん」のうち、どちらが述べている「頭の良い人」が表されていると言えるでしょうか。あなたの考えを四百字以上四百四十字以内で書きなさい。ただし、次の条件と〔きまり〕にしたがうこと。

条件　次の三段落構成にすること。

①第一段落では、あなたは「ツチヤさん」と「ムラセさん」のどちらが述べている「頭の良い人」が表されていると考えるか、自分の意見を明確に示す。

②第二段落では、「①」の根拠(こんきょ)となる箇所(かしょ)を 文章2 から具体的に示し、文章1 と関係付けて説明する。

③第三段落では、「①」で示した人が述べている「頭の良い人」について、あなたの経験をふまえながら具体的に書く。

〔きまり〕

○氏名・題名は書きません。

○最初の行から書き始めます。

○各段落の最初の字は一字下げて書きます。

○行をかえるのは、段落をかえるときだけとします。会話文で行をかえません。

○、や。や」などもそれぞれ字数に数えます。これらの記号が行の先頭に来るときには、前の行の最後の字と同じますめに書きます。(ますめの下に書いてもかまいません。)

○。と」が続く場合には、同じますめに書いてもかまいません。この場合、。」で一字と数えます。

○段落をかえたときの残りのますめは、字数として数えます。

○最後の段落の残りのますめは、字数として数えません。

の大学から、特別講演者として、あるいは客員教授※として指名をうけたのでした。

名声というものはたいてい、権力や名誉をともないます。アインシュタインも自分の名声と、その影響力を利用しました。ただしそれは、富を手に入れるためや、自分が快適な暮らしをするためではありませんでした。平和主義や人道主義の運動を援助するためです。そうすることによって、彼の人生は安楽なものにはなりませんでした。無理なことや現実的でないことにも援助をもとめられ、しょっちゅう重荷になやまされましたし、しつこいジャーナリスト※や物見高い人※、あるいは有名な天才とじかに会いたいというだけの人々の、※好奇の目にもわずらわされたのでした。

しかしアインシュタインは、自分の援助をほんとうに必要としている人々には、いつも折り目正しく、やさしい人でした。なんとかやりくりして時間を見つけては、たくさんの手紙に返事を書きました。彼の理論に魅せられた人、時代を代表する偉大な頭脳に指導をうけたいと願う人など、一般の人々からの手紙にです。

(『伝記 世界を変えた人々19 アインシュタイン』日暮雅通訳 フィオナ・マクドナルド著)

(設問の都合上、一部本文を改めました。)

〔注〕

※ アルバート・アインシュタイン……ドイツ生まれの物理学者。
※ 娯楽の本……人の心を楽しませるための本。
※ 没頭……一つの事に熱中すること。
※ 業績……研究の上でなしとげた仕事。仕事のできばえ。
※ 相対性理論……アインシュタインが発表した理論の中でも代表的なもののひとつ。
※ コプリ・メダル……科学業績に対しておくられる最も歴史の古い賞。
※ 客員教授……一定期間、学校等に招かれて授業などを行う教育者。
※ ジャーナリスト……新聞や雑誌などに情報を提供する職業。
※ 物見高い人……好奇心の強い人。
※ 好奇の目……珍しいものを見るような視線のこと。

〔問1〕 空らん ☆ にあてはまる人物名を答えなさい。

〔問2〕 ㋐アインシュタインの科学上の業績に対して、国際的な賞がつぎつぎにあたえられていきましたとありますが、彼はその業績をなんのために利用しましたか。十九字でぬき出して答えなさい。

まじめで、ちゃんとした目的をもったことしか、しませんでした。また、しんぼう強く、きちょうめんで、意志のかたいところがありました。トランプのカードを山の形に組み上げるひとり遊びがありますが、彼は根気のいるこのゲームに、何時間も※没頭(ぼっとう)していることがよくあったといいます。

アルバートはものしずかな子どもでしたが、人の言いなりになるタイプではありませんでした。五歳(さい)のとき、アルバートのはじめての先生となった女性家庭教師は、彼にイスを投げつけられてから、こなくなりました。その後アルバートは、感情をおさえることを学んでいきましたが、がんこで意志の強いところは変わりませんでした。おとなになると、その勇気と決断力で自分の仕事をおしすすめ、また、ほかの人々をたすけるようになったのです。

(中略)

五歳のとき、彼が病気でねているとき、父がコンパス(方位磁石)をくれました。じつは、この小さなプレゼントが、アルバートの人生を変えることとなるのでした。方位磁石のなかの針は、容器のなかにあって外からは手が届かないというのに、なにか目に見えない力に引かれるようにして、北の方角をさします。それを見たアルバートは、「ふるえて寒けがするほど」興奮しました。まだ五歳でありながら、「物には、なにかかくされた力がはたらいている」ということに気づいたのでした。そして彼は、それ以後ずっと、かくされた力がなんなのかを知ろうとしたのです。

数年後、アルバートはもうひとつ似たような謎(なぞ)に出会います。こんどは、数学に関するものでした。そのころ、おじのヤコブは、よく彼に数学の問題をつくってくれました。アルバートはいつも正しい答えを見つけるのですが、そこには、たんにうれしいとか満足したという気持ち以上のものがありました。順序正しく美しさをもったパターンを見つけたということが、「深い幸福感」をよび、数学についてもっともっと知ろうという気持ちにさせたのでした。また、科学についても同じような魅力(みりょく)を感じました。アルバートは父やおじに、しつこく質問したものです。「夜になると、どうして暗くなるの?」「太陽の光はなにでできてるの?」「光線が進むって、どういうことなの?」と。

(中略)

その後、㋐アインシュタインの科学上の業績に対して、国際的な賞がつぎつぎにあたえられていきました。一九二〇年には、フランスの※文化功労賞(オルドル・プール・ラ・メリテ)が授与(じゅよ)されました。※相対性理論を発表するまえに書いた論文でノーベル物理学賞を受賞したのは、一九二二年のことでした。一九二五年には、ロンドンの英国王立天文学協会のコプリ・メダルとゴールド・メダルをさずけられました。その四年後の一九二九年には、プロシア科学アカデミーの第二回プランク・メダルを受賞することに決まりました。また、世界じゅう

コーノ　君は、学校の成績が良ければそれで頭が良いことにはならないと思っているんじゃないかな。ツチヤくんもムラセくんもゴードさんも、頭が良いって、単純に学校の成績が良いのと同じことではないって言っている。ツチヤくんは、その状況でうまく判断できる人は頭が良いという中高生たちの意見に少し疑問を感じている。ムラセくんは、謙虚な人は学び続けることができるから頭が良いという。ゴードさんは人間にはいろいろな能力があるから、全部ひっくるめて頭が良いなんてありえないって言う。私は［☆］さんの考えに賛成だな。「頭が良い」っていろいろな意味で使う言葉だよ。

でも、それ以前に、なぜ君は頭が良いかどうかってことを気にするのかな。私は、自分が頭が良いかどうかなんて全然気にならない。自分のやりたいことに夢中になっていると、人からどう思われるかはあまり気にならない。頭が良いかどうかなんて、長い人生のなかでは、考えてもあまり意味のないことだよ。

（『子どもの哲学　考えることをはじめた君へ』河野哲也・土屋陽介・村瀬智之・神戸和佳子）

（設問の都合上、一部本文を改めました。）

〔注〕

※　要領の良い人……うまい具合に物事に対応できる人。手ぎわの良い人。

※　アドリブの利く人……予想していないこと、予定にないことにも、適切に行動できる人。

※　謙虚……自分をえらいと思わないこと。すなおなこと。

［文章2］

※アルバート・アインシュタインは、一八七九年三月十四日金曜日、ドイツ南部のにぎやかな町ウルムに生まれました。父ヘルマン・アインシュタインと、その妻パウリーネ（旧姓パウリーネ・コッホ）のあいだに生まれた最初の子でした。アルバートは、幼児のころから母親の心配の種でした。頭の形がふつうとちがっているうえ、ことばをしゃべりはじめるのもおそかったので、ひょっとして知的障害児ではないかと思われたのでした。

しかし、アルバートはすくすくと健康的なからだに育っていきました。ただ、集団でおこなうスポーツは、つかれて目まいがするといって、きらっていました。無口で、ひとりでいることが好きな子どもだった彼は、読書や音楽鑑賞が好きだったのです。アインシュタイン家を訪れたことのある人たちは、アルバートが※娯楽の本やくだらぬ本を読んでいるのを一度も見たことがない、といいました。彼はつねに

ムラセ

僕は、頭の良い人は「※謙虚な人のこと」だと思うな。たしかにツチヤくんの言うように現状を冷静に分析して適切に判断を下せる人や、いろいろな知識をもっている人も頭が良い人って感じがする。だけど、自分が何かができるからといって、そのことを誇って人をばかにしたりする人って、どうなんだろう。ほんとうは頭が良いわけではない気もする。

頭の良さってむしろ、自分の現状に満足しないで動き続けることにあるんじゃないかな。この「謙虚さ」と似たことを、「自分がものを知らないということを知っていることだ」って言った人がいるんだけど、その感覚に近いかな。この言葉は「無知の知」なんて言われている。判断力がある人や知識をもっている人は、何かが「できる」人っぽいけれど、むしろ自分がどれくらい「できない」か、足りないのか、そのことを強く意識している人こそほんとうに頭の良い人だし、頭が良い状態であり続けられるんじゃないかな。

ゴード

そもそも「頭が良い」って変な言い方だよね。なんだかいろいろなことをまとめ過ぎじゃないかな。

たとえば、料理上手で包丁を器用に使う人や、縫い物が上手な人、素晴らしいピアノ演奏をする人など、いろいろな人がいるけど、それを全部まとめて「手が良い」なんて言わないよね。走るのが速い人と、スケートの上手な人をまとめて「足が良い」なんて言わない。「心が良い」も、やっぱりほとんど言わない。優しいとか、真面目だとか、どんなふうに良いのかをちゃんと言うよね。それなのに、どうして「頭が良い」なんておかしな言い方があるんだろう。ツチヤくんやムラセくんが言うように、いろいろな良さがあるのだから、それをきちんと言えばいいのに。

おそらく頭が良いと言いたくなるときには、頭のなかにある脳のことを考えているんだと思う。何かがよくできる人を見たときに、「そんなことができるのは、この人が生まれつき、人よりも良い脳をもっているからだ」と推測しているんだ。だから、頭が良い人というのは、きっと「良い脳をもった人」という意味だと思うよ。脳はいろいろなことをするときに働いているから、いろいろな良さを、脳の良さのおかげだと考えることができるんじゃないかな。

だけど、やっぱりそれもおかしい。だって、その人がすごいのにはほかの理由があって、脳のおかげではないかもしれない。それに、脳は生きている限りいつも働いているのだから、ピアノが上手な人も、足の速い人も、よく眠る人も、何かがよくできる人は全員「頭が良い人」ということになってしまうはずだよ。

二〇二二年度　駒込中学校

【適性検査Ⅰ】〈適性検査型A試験〉（四五分）〈満点：一〇〇点〉

次の文章1と文章2を読んで、あとの問いに答えなさい。（※印の付いている言葉には、本文のあとに〔注〕があります。）

文章1

この会話文は、「頭がいい人とはどのような人か」という質問に対して答えたものである。

ツチヤ

この問いは、中学校や高校での哲学対話の授業では特に人気があるよ。この問いをめぐって中高生と対話をすると、意外にも「勉強ができる人」「成績の良い人」のような意見はあまり出てこないんだ。

では、どんな人を「頭が良い」と思うのかというと、たとえば「※要領の良い人」「状況判断が的確な人」「※アドリブの利く人」といった意見が多く出る。つまり、知識のあるなしではなくて、現状を冷静に分析して適切な判断を下せる人が頭が良いってことだね。たしかに、そういう人は頭の回転も速いし、勉強も効率よくできるから、きっと成績も良いのだろう。

でも、もし頭の良さがそういう能力を身につけることだとしたら、そもそも学校に通う必要はあるんだろうか。学校で知識を学ぶより、むしろ部活やボランティア活動で社会と関わるほうが、そういう分析力や判断力を磨くことはできる気がする。だとしたら、学校で勉強する意味って、いったいなんだろう？

また、この考え方でいくと、一流のスポーツ選手や人気タレントたちは、ほとんどが頭の良い人だってことになるよね。自分がいま置かれている状況を素早く分析して、その場にふさわしい判断をとっさに下せなかったら、スポーツやテレビの世界で生き残っていくことはできないはずだから。だとするとそういう人たちは、たとえじっさいには学生時代の成績が悪かったとしても、もしそのころに本気で勉強に打ち込んでいたとしたら、必ず良い成績をとれていたんだろうか？　もしも一流のサッカー選手が、学生のころにサッカーに出会わずに勉強に目覚めていたとしたら、その持ち前の分析力と判断力を活かして、必ず一流の大学に入れていたと思う？

2022年度

駒込中学校　▶解答

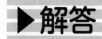

※編集上の都合により，適性検査型Ａ試験の解説は省略させていただきました。

適性検査Ⅰ　(45分)＜満点：100点＞

解　答

問１　ゴード　**問２**　平和主義や人道主義の運動を援(えん)助するため　**問３**　(例)　文章２のアインシュタインのエピソードでは，文章１のムラセさんが述べた「頭の良い人」が表されていると私は考える。／文章２では，コンパスを手にした五歳のアルバートが「物には，なにかかくされた力がはたらいている」ことに気づき，それ以後ずっとかくされた力について追究したことや，数年後には数学や科学についてもっと知ろうという気持ちになったことが明かされる。これは頭の良さとは，自分の現状に満足しないで動き続けることにあるというムラセさんの考えに合致(ち)する特性だと思う。／私は，ムラセさんが言う「頭の良い人」の定義に賛成だ。低学年の時，グループで近くの田んぼにいる虫について調べたことがあった。私は見つけた虫の名前や生態を調べて課題を終えた気になっていたが，中にはさらに一歩進んで，虫を手がかりに農家の方々の苦労や工夫にも興味を持って深く調べた友達もいた。与えられた課題をこなすのにとどまらず，興味や疑問をほり下げて物事の本質にせまれる人こそ，頭の良い人なのだと感じた。

適性検査Ⅱ　(45分)＜満点：100点＞

解　答

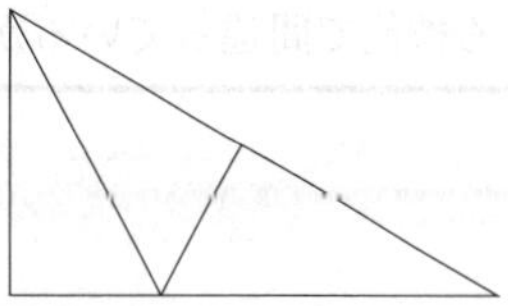

1 **問題１**　５セット　**問題２**　(例)　辺の長さがそれぞれ２倍，３倍，…と増えていくと，２×２倍，３×３倍，…と増えていく。　**理由**　(例)　２倍の大きさの相似な三角形は，底辺の長さが２倍，高さも２倍になるので，面積は２×２倍になる。このように，相似な図形の面積は大きさの比を２回かけた数に比例するから。　**問題３**　５種類　**問題４**　(1)　右上の図　(2)　21.9cm　**問題５**　正しくない。　2 **問題１**　SDGs　**問題２**　17　**問題３**　**C**　19.0　**D**　4500.0　**問題４**　**A**　右のグラフ　**B**　**理由１**　(例)　降水量が異なる　**理由２**　(例)　河川の多い地域と少ない地域の差　**理由３**　(例)　人口の違(ちが)い　**問題５**　(例)　水の蒸発量を減らすことを目的とし，水面を黒いボールでうずめ，黒いボールに太陽光による熱

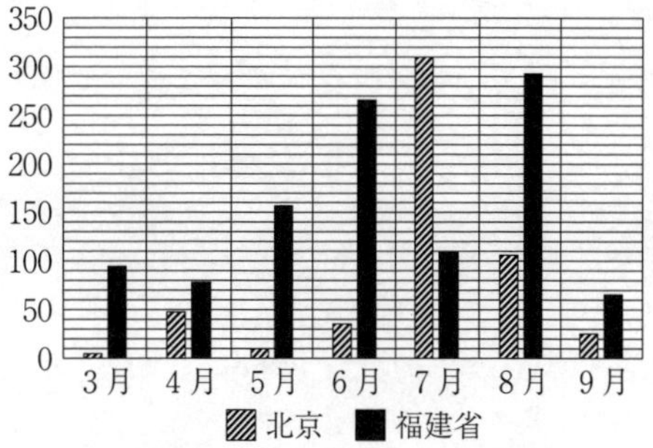

を吸収させた。　**問題６**　(例)　農畜産物の生産がとどこおってしまい，食料自給率が低く輸入に頼っている日本に，品不足や価格上昇などの影響を与える。

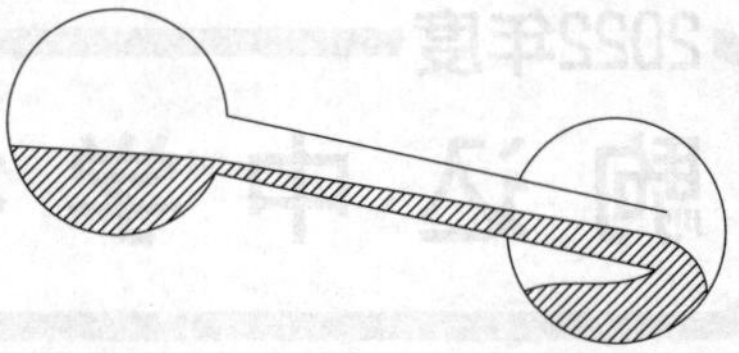

3

問題１　右の図　**問題２**　(例)　頭部のフェルトにしみ込んだ水が蒸発するときに熱をうばい，冷やされることによって頭部の中の気体が液体になる。そうすることによって体積が小さくなり下部の液体を吸い上げる。　**問題３**　(例)　頭部が下がるたびに少しずつ水を吸い上げているので，コップの中の水が減ってしまい，吸い上げられなくなった。　**問題４　方法**　(例)　部屋の温度を上げる。　**理由**　(例)　部屋を乾燥させるため。

適性検査Ⅲ　(45分)＜満点：100点＞

解　答

1　**問題１**　イ　**問題２**　(例)　樹皮を使って20分ほど煮込んだのちに煮汁を捨てて，新しい水を加えてそこから20分ほど煮込んだ煮汁を染液として染める。　**問題３**　(例)　樹皮や葉などに含まれる色素のうち黄色っぽい色素が先に出てくるので，はじめのほうの煮汁を使わないで，しばらく煮込んだ後のものを使ったほうが桃色っぽい色素がより鮮明に出ると思われるから。
問題４　樹皮30g，40gのときの同様の実験…(例)　量が増えると黄色い色素の染み出る時間が伸びるかどうか。　40分以降の50分，60分のときの実験…(例)　桃色の色素がどのくらいの時間まで出続けるか。　葉と樹皮，樹皮とつぼみなど，部位を混ぜての実験…(例)　お互いの色が混じったときにどのような色味が出るか。

2　**問題１**　右下の図　**問題２**　４通り　**問題３**　７種類　**問題４**　３回　**問題５**　プログラムＤは反時計回りに30°回転する予定なので，１周して元の位置にもどるには，360÷30＝12(回)実行する必要がある。よって，12回実行すれば，元の向きに戻ると教えてくれる機能で間違っているかどうか確かめることができる。

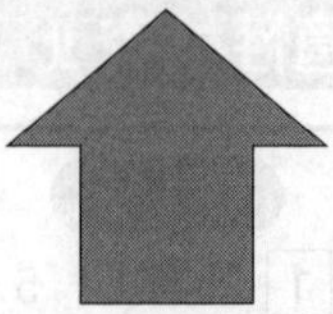

2022年度　駒込中学校

〔電　話〕　(03) 3828－4141
〔所在地〕　〒113－0022　東京都文京区千駄木５－６－25
〔交　通〕　地下鉄南北線 — 本駒込駅より徒歩５分
　　　　　　地下鉄千代田線 — 千駄木駅より徒歩７分

＊【適性検査１】は国語ですので最後に掲載してあります。

〈受験上の注意〉 机の上には「受験票」，「筆記具」，「消しゴム」以外のものは置かないこと。

【適性検査２】 〈適性検査型Ｂ試験〉 （45分） 〈満点：100点〉

ある日の放課後，駒込中学の生徒である一隅くんと照子さんが次のような会話をしています。この２人の会話を参考にしながら，次の問いに答えなさい。

一隅くん：	この前も話したけど，今日もノーベル賞について話してみようか。
照子さん：	ノーベル賞って色々な研究や活動が評価されて表彰(ひょうしょう)されるっていうのはわかったけど，私たちの身近なものに直接関わっているものってあるのかしら。
一隅くん：	そうだね，僕らの身近にある最新技術の塊(かたまり)といえばスマートフォンかな。中学生だと持っていない人もいるだろうけど，うちの学校では全員にタブレット端末(たんまつ)の一種であるiPadが配られているから，タブレット端末であればみんな直接関わっているよね。
照子さん：	そうね，中学生から高校生まで全員がiPadを持っていて，授業などで使っているものね。私たちはかなりの時間，スマートフォンやiPadと関わっているわね。１日に使用している時間がわかるスクリーンタイムをチェックするのが少し怖(こわ)いわ。
一隅くん：	一度みんながどれくらい使っているのか調べてみるのもいいかもね。ちょっとクラスで調査をしてみるよ。全員分を**資料１**にまとめてみるね。平均を計算するために，一人一人の利用時間をそのまま計算するのは大変だから，表にまとめて計算してみるよ。こんな感じでどうかな，iPadとスマートフォンのスクリーンタイムを足して，40分未満の人は20分として計算。40分以上80分未満の人は60分として計算。80分以上120分未満の人は100分として計算するという感じだ。

照子さん：	つまり，こういうことね，ＡくんがiPad30分スマートフォン15分だったら，Ａくんのスクリーンタイムは60分。ＢくんがiPad25分スマートフォン10分だったら，Ｂくんのスクリーンタイムは20分。２人の平均スクリーンタイムは（60＋20）÷2で40分になるということね。これなら簡単に計算できそうだわ。
一隅くん：	ついでに，内閣府が発表している「青少年のインターネット利用環境実態調査」から**資料２**も作ったよ。全国の中学生のインターネットの利用時間についての調査なんだけど，スマートフォンやiPadを使用しているときはインターネットにつながっている状況が多いから，参考になるかなと思って。
照子さん：	なるほど，全国の中学生の平均で考えるとこんな状況になっているのね。５時間以上もインターネットを見ている人が21％もいるってちょっと信じられないわ。
一隅くん：	そうだね。僕らも長時間の使用は気をつけないとね。スマートフォンよりタブレット端末の方が画面の面積が大きいから，タブレットを使っている分にはまだ目に負担が少ないのかなとは思うけど。
照子さん：	ちょっと気になったから，私たちが使っているiPad miniの画面の大きさを調べてみたら，商品の説明に「7.9インチ（対角）」って書いてあったわ。インチという長さの単位で，１インチが2.54㎝ね。対角というのは対角線の長さのことよ。そして，私のiPad miniを写真に撮ってみたわ。**資料３**を見て。黒くなっている部分が画面で，対角線にあたるところに長さを書き込んでみたわ。そして，iPad miniの画面はたてが３㎝，横が４㎝，対角線の長さが５㎝の直角三角形を２個くっつけてできる長方形と同じ形をしているのよ。

⑴　資料１によると，一隅くんのクラスの生徒全員の平均スクリーンタイムは何分になりますか。解答用紙の表をうめながら計算しなさい。ただし，最後に平均を求めるときは，小数第１位を四捨五入して答えること。

⑵　⑴の結果と資料２を比較(ひかく)して，読み取れることを書きなさい。

⑶　照子さんの話によると，iPad miniの画面の面積は何㎠になるでしょうか。小数第１位を四捨五入して答えなさい。

資料１

名前	iPad	スマートフォン
A	50分	15分
B	45分	10分
C	60分	16分
D	46分	56分
E	73分	0分
F	32分	120分
G	54分	45分
H	44分	80分
I	43分	10分
J	61分	15分
K	67分	0分
L	46分	22分
M	27分	12分

名前	iPad	スマートフォン
N	52分	94分
O	40分	44分
P	45分	132分
Q	66分	10分
R	78分	40分
S	92分	0分
T	44分	23分
U	37分	50分
V	53分	43分
W	63分	12分
X	29分	0分
Y	38分	5分
Z	40分	45分

資料2

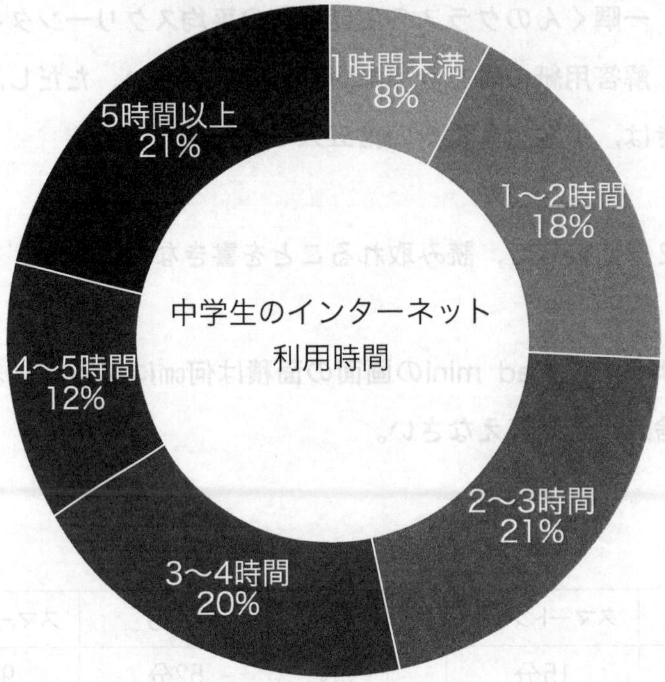
1時間未満
8%
1～2時間
18%
2～3時間
21%
3～4時間
20%
4～5時間
12%
5時間以上
21%
中学生のインターネット
利用時間

資料3

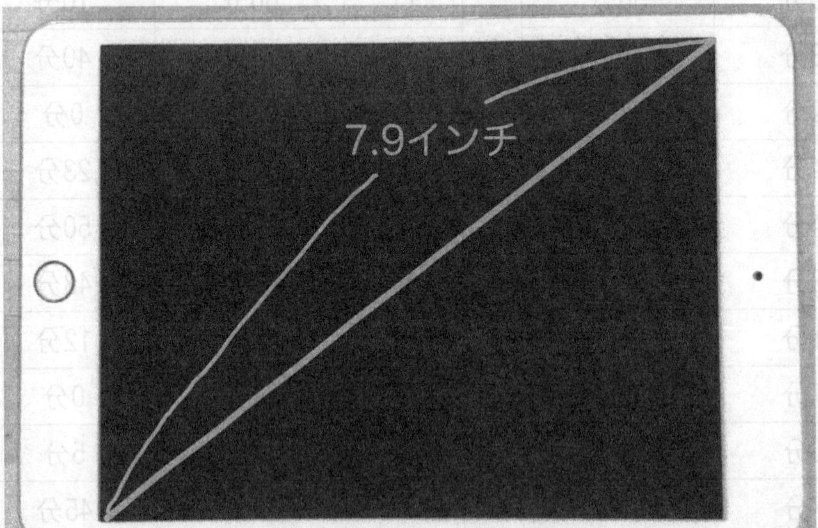
7.9インチ

一隅くん：	さて，スマートフォンに関わる技術といえば，まずは吉野彰先生のリチウムイオン電池だよね。リチウムイオン電池はスマートフォンから電気自動車まで，現在ではまるで社会インフラであるかのように，幅広い分野で使われているんだ。リチウムイオン電池の原理が生まれたのは1980年で，吉野先生と一緒に化学賞を受賞した米テキサス大学オースティン校のジョン・グッドイナフ教授による成果なんだ。その後，1985年になって，吉野先生らが炭素材料をマイナス極に，コバルト酸リチウムをプラス極に用いるというリチウムイオン電池の基本的な考え方を確立して，共同受賞となったんだよ。
照子さん：	リチウムイオン電池というのは，いわゆる充電池のことよね。繰り返し充放電が可能なものを二次電池，使い切りのものは一次電池と呼ばれるって聞いたことがあるわ。だから，リチウムイオン電池は二次電池ね。
一隅くん：	そうだよ。二次電池にも色々な種類があって，その中の一つがリチウムイオン電池なんだ。他の二次電池と比べて，電圧が大きくて，小さく軽く作ることが可能で，充電時のメモリー効果がないので，繰り返し使用できる充電可能リサイクル回数が多いんだ。ちなみに，メモリー効果とは，電池に充電された電気を使いきらないうちに充電を繰りかえすと，電池が最大容量をより小さく記憶してしまう効果のことだよ。リチウムイオン電池以外のよく使われる二次電池であるニッケル水素電池との比較を**資料４**にまとめてみたよ。**資料４**に書いてあるWhというのは，ワットアワーと言って，どのくらいの電力を使用できるかの量を表すんだ。
照子さん：	リチウムイオン電池の仕組みってどうなっているのかしら。リチウムというのは自然の鉱物からできているのよね。理科の授業で習ったわ。

一隅くん：	リチウムイオン電池は，プラス極（正極）とマイナス極（負極）を持ち，その間をリチウムイオンが移動することで充放電を行うんだ。リチウムイオンがマイナス極側にあるときが充電されたときで，プラス極側にあるときが放電されたときなんだよ。**資料５**のようにリチウムイオンが動くんだ。Liとかいてあるのがリチウムイオンのことだよ。ちなみに，高校生になって化学という授業で習うと，ちゃんと理解できるようになるらしいよ。
照子さん：	なるほど，わかったわ。私は一次電池と二次電池がどれくらいの割合で使われているのか，2018年と2001年のデータを調べてみたわ。**資料６**をみて。それぞれの年で，販売（はんばい）された個数で比べたものと，販売された価格の合計で比べたものをまとめてあるわ。二次電池はニッケル水素電池とリチウムイオン電池に分けて調べてみたの。他にも二次電池はあるのだけど，わかりやすく２つに絞（しぼ）ってみたわ。
一隅くん：	なるほど，2001年に比べると2018年はリチウムイオン電池の販売個数の割合が大きく増えているね。でも，販売価格の割合はそれほど大きくは増えていないよね。これは，リチウムイオン電池の値段が下がって，いっぱい売っても合計の値段が高くならなくなったってことかな。

⑷　資料４によると，同じ重さのニッケル水素電池と比べてリチウムイオン電池は，充電が不可能になるまでに何倍の電力が使用できますか。

⑸　一隅くんの話によると，資料５の矢印のようにリチウムイオンが動くときは，充電，放電のどちらを行なっているときですか。

⑹　資料６によると，リチウムイオン電池１個は，2018年に比べて2001年では何倍の値段でしたか。小数第２位を四捨五入して答えなさい。

資料４

	ニッケル水素電池	リチウムイオン電池
1kgあたりの蓄電可能な電力量	60 Wh	120 Wh
充電可能リサイクル数	2000回	3500回

資料５

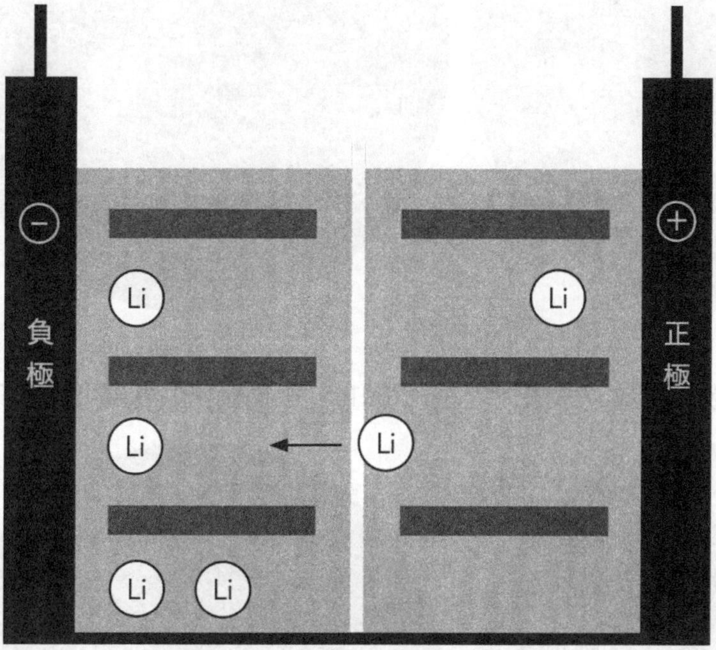

資料６

2018年（販売個数）総数41億個

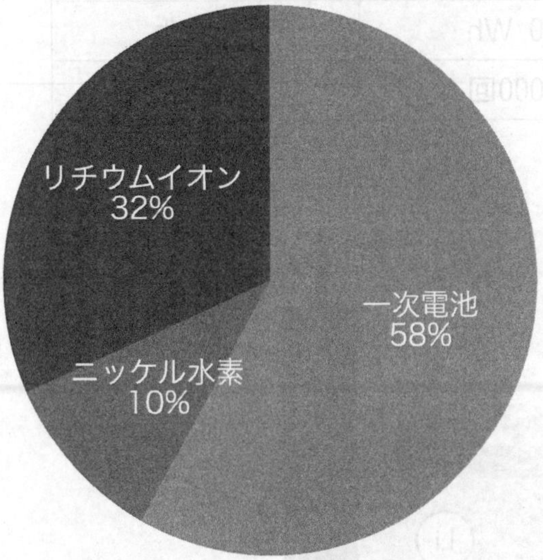

2018年（販売価格）総額6500億円

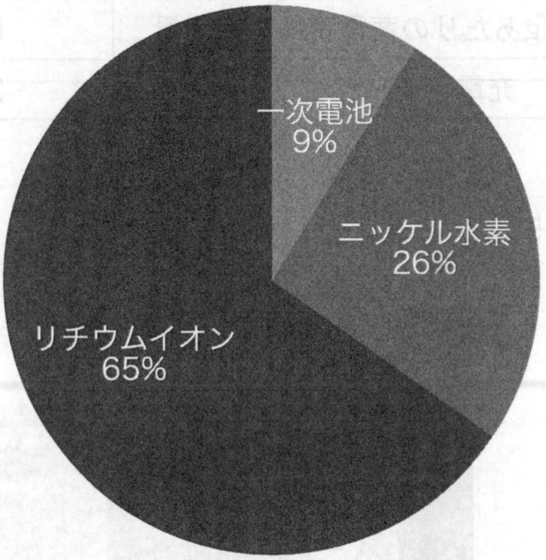

2001年（販売個数）総数57億個

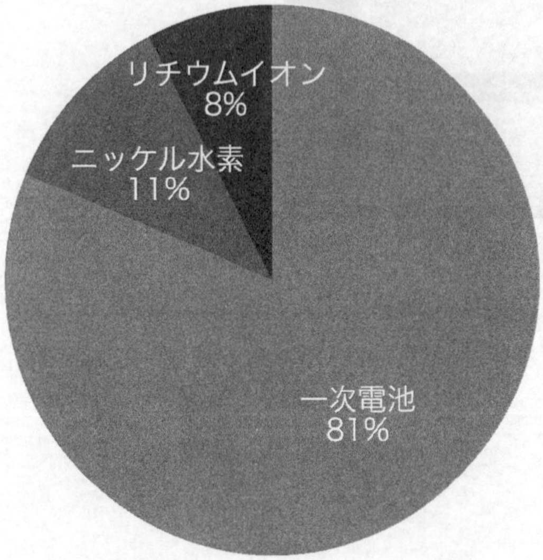

2001年（販売価格）総額4900億円

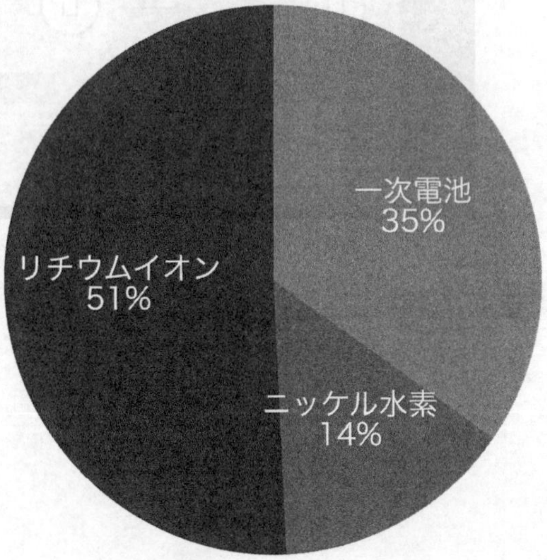

照子さん：	他にもスマートフォンに関わる研究をされた先生はいらっしゃるわよね。
一隅くん：	では，青色発光ダイオードを発明した赤﨑勇先生と天野浩先生について話をしよう。いわゆる青色LEDだね。照子さんもLEDは知っているよね。今の照明などに使われている省エネルギーな明かりのこと。学校の照明もLEDに変わったところもあるよね。
照子さん：	知ってるわ。省エネルギーで長持ちのLEDね。例えば電球で比較すると，LEDの消費電力は白熱電球の約20%なのよね。ちなみに，白熱電球を１時間使った時の電気代は約1.6円よ。また，白熱電球は約2000時間で使えなくなるのに対して，LEDは約40000時間も使えるのよ。ただ，値段は白熱電球の方が安いわよ。白熱電球は１個210円ぐらいね。LEDの電球は１個950円ぐらいだわ。
一隅くん：	そのLEDなんだけど，先生方が青色LEDを発明する前は，赤色のLEDしかなかったんだ。緑色もはっきりとした緑がなくて，黄緑ぐらいまでのLEDしかなかったらしいんだよ。あと，照子さんは光の三原色って知っている？
照子さん：	パソコンで色を設定するときに出てくるRGBっていうもののことかしら。ＲがRedで赤，ＧがGreenで緑，ＢがBlueで青を示していて，この３色を使って全ての色を作ることができるのね。色の混ぜ方についてのグラフが**資料７**よ。白黒の印刷だから，わからないと思って色の名前を書いておいたわ。この表は，横がＲの量，たてがＧの量を示しているのよ。そして，Ｒ＋Ｇ＋Ｂ＝１になるようにしているので，ＲとＧの量がわかれば，Ｂの量もわかるというわけね。例えば，緑のところは，Ｒが0.08，Ｇが0.8ぐらいの場所なので，このときのＢは0.12となるわ。また，緑と赤のちょうど真ん中ぐらいにある◆のところが黄色なんだけど，ここはＲが0.4，Ｇが0.5なので，Ｂは0.1になるのね。

一隅くん：	そうそう。それが光の三原色だよ。そして，赤と青と緑を同じ量ずつ混ぜたときに，初めて白ができるんだ。**資料7**の真ん中にも書いてあるね。Rの量が0.33，Gの量が0.33のところ。 1−0.33−0.33=0.34になるので，Bの量は0.34になっているよ。だから，RとGとBはほぼ同じ量。つまり，R:G:Bの割合は１：１：１だね。そして，いま僕たちが照明として使っているLEDは基本的には白だと思うけど，その白を作るためには青色LEDが絶対に必要だったというわけさ。だから，青色LEDが発明される前は，LEDの照明というのはほとんどなかったらしいよ。ちなみに，スマートフォンのバックライトもLEDでできているんだよ。
照子さん：	ということは，青色LEDが発明されなかったら，私たちが持っているスマートフォンのバックライトは赤だったというわけね。 スマートフォンの画面が常に赤く照らされていると考えるとちょっと怖(こわ)いわね。あと，とても目が疲(つか)れそうだわ。そうそう，スマートフォンの画面といえば，もう１つ。2000年に化学賞を受賞された白川英樹先生のノーベル賞の成果も使われているのよ。 白川先生は電気を通すプラスチックを発見された方なの。一般的(いっぱんてき)にはプラスチックは電気を通さないイメージがあるんだけど，白川先生は特別な方法を見つけたのだわ。そして，そのプラスチックに電気を通す技術が応用されて，スマートフォンのタッチパネルができたのよ。
一隅くん：	すごいなぁ。スマートフォンっていうのはノーベル賞の技術が詰(つ)まっているんだね。
照子さん：	さらにすごいのは，白川先生はこの技術を1978年に発見されているってことよ。ちなみに，赤崎先生と天野先生が青色発光ダイオードを開発したのは1989年よ。

一隅くん：	どちらもノーベル賞を受賞する20年以上前だね。先生方が発見したことを，他の科学者たちが応用させ実用化したことで評価されてノーベル賞を受賞することになったんだね。この研究が，まさに世界中に広がっていったってことだね。先生方もすごいし，広げた他の科学者たちもすごいなぁ。
照子さん：	そうよ，私たちもいま評価されることだけを考えるのではなく，将来の世の中のことを考えて努力することを心がけなければいけないわね。そして，すでに研究されていることに敬意を払(はら)いつつ，それを受け継(つ)いで努力していくことも大切ね。これからもがんばって勉強していきましょう。

(7)　照子さんの説明によると，2022年２月１日から６年間点灯させ続ける予定の電球を白熱電球ではなくLEDにすると，費用はいくら安くなりますか。100円未満は切り捨てて答えなさい。ただし，電球が使えなくなるたびにすぐに同じ種類の新しい電球と交換することとし，費用には電気代も含むものとします。

(8)　資料７の★のしるしがついた場所の色を作るためには，赤色LED(R)と緑色LED(G)と青色LED(B)をどのような比率で混ぜれば良いですか。１けたの整数の比で答えなさい。

(9)　白川英樹先生が発見した，電気を通すプラスチックが存在するということを使えば，実現することができると思われる商品を１つ想像し，その商品を説明しなさい。

資料 7

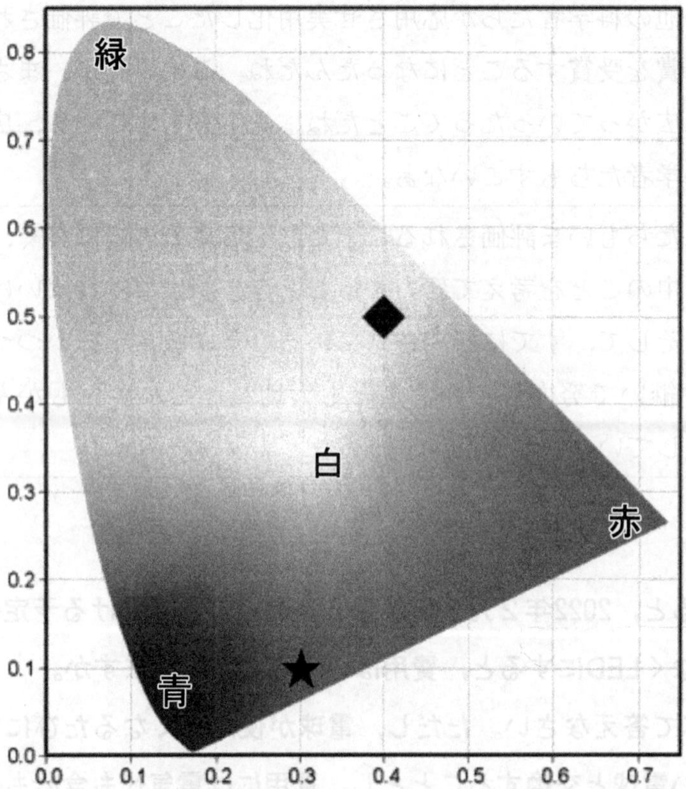

【適性検査3】 〈適性検査型B試験〉 (45分) 〈満点：100点〉

1 駒美(こまみ)さんと一隅(いちぐう)くんは，いろいろな資料を持っている先生と会話をしています。三人の会話を読みながら，**〔問題1〕**～**〔問題4〕**に答えなさい。

資料1　太田道灌(おおたどうかん)時代の江戸城とその周辺

(岡本哲志(おかもとさとし)『江戸→TOKYOなりたちの教科書』淡交社より)

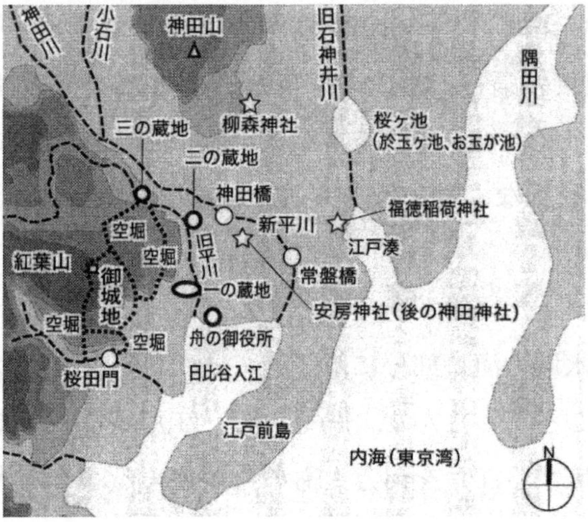

資料2　現在の東京23区の地図

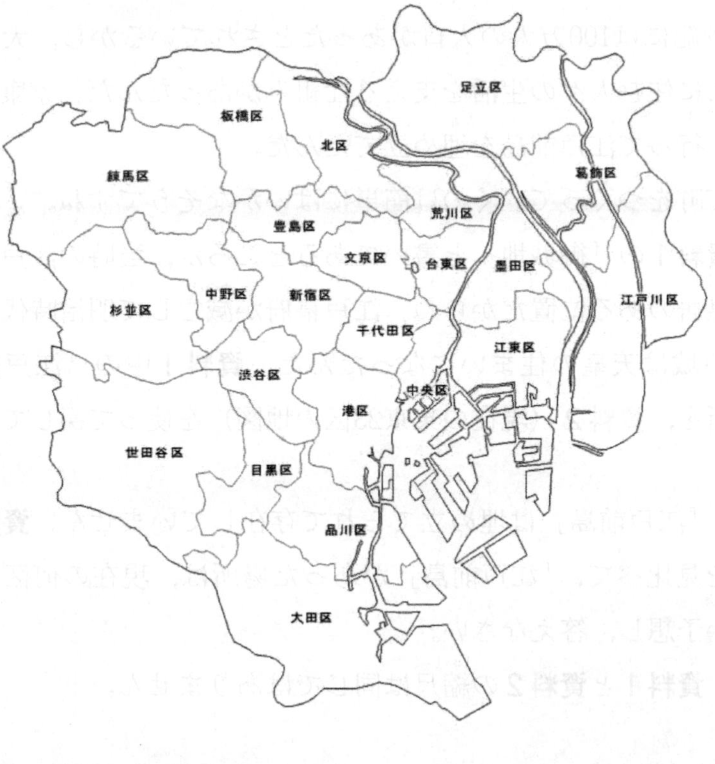

先生：**資料１**は戦国時代の頃の東京の一部を示した地図だよ。

駒美：これ，本当に今の「東京湾」ですか？　全然違う場所に見えますよ。

一隅：地図の下の方に張り出した「江戸前島」って何ですか？

先生：それは名前の通りの半島で，昔はこのような形の半島があったということなんだ。江戸は室町時代の後半に太田道灌という武将が江戸城をつくり，支配していた地域なんだよ。

駒美：え？　江戸城といえば・・・徳川家康がつくった城じゃないんですか？

先生：太田道灌は，関東の扇谷上杉氏の家臣だったんだ。道灌は暗殺されてしまうんだけどね。その後，豊臣秀吉が天下統一した1590年に，関東にやってきたのが徳川家康なんだ。家康が江戸城に入ってから，徳川家の城となったんだよ。

一隅：なるほど。そういった経緯があるのですね。

先生：江戸城は利根川水域の河口部分に位置していたから，ここはたびたび洪水の被害にあうところだったんだよ。そこで，江戸城に入った家康は，海に近くて，湿地が広がる江戸を何万人もの人が住めるような大都市に作り上げたんだ。

駒美：それは大変なことだから，きっと時間をかけて完成したのでしょうね。

先生：江戸は18世紀には100万人の人口があったとされているから，大都市江戸には，そこに住む人々の生活を支える仕組みがあったんだ。家康はまず，干拓事業を行って江戸前島を埋め立てたんだ。

一隅：埋め立てて町をつくっていくのは簡単にはいかなそうですね。

先生：ちなみに**資料１**の「御城地」と書いてあるところが，当時の江戸城，つまり現在の皇居のある位置だからね。江戸幕府が滅亡して明治時代に入ってから，江戸城は天皇の住まいになったんだ。**資料１**中の「江戸前島」があった場所を，**資料２**（現在の東京23区の地図）を使って探してみようか。

〔問題１〕　現在，「江戸前島」は埋め立てられて存在していません。**資料１**と**資料２**を見比べて，「江戸前島」があった場所は，現在の何区になっているか予想し，答えなさい。

なお，**資料１**と**資料２**の縮尺は同じではありません。

先生：徳川家康は江戸の埋め立てを進めるいっぽうで，少しずつ水路を建設していったんだ。

一隅：水路っていうのは，城の周りのお堀（お濠）のことですか？

先生：たしかに水路はお堀のことでもあるよ。**資料３**を見よう。屏風の右上に江戸城の本丸があって，周りにお堀があるね。

駒美：立派ですね。

先生：まぁ，江戸城は江戸時代の政治の中心だからね！　お堀をつくることで，敵の侵入から城を守っているんだ。

一隅：先生。でも，なんだかこの屏風をみていると，現在のお堀よりも，当時のお堀はもっと大きいものだったんじゃないかと思うのですが・・・。

先生：お，気が付いたね！　そう。さっき先生が言った水路とは，**資料４**のことなんだ。**資料４**の中心部分に「本丸」があることを確認しよう。

一隅：わー！　これが水路かー。この水路は，海から陸地にかけてカーブして，「の」の字を描くように江戸城のお堀に向かってつながっているんですね。

駒美：なるほど。知らなかったです。

先生：この水路は，家康が生きていたときに完成したのではなくて，水路の開削は２代将軍秀忠，３代将軍家光と，受け継がれていったんだ。江戸はずっと工事を続けて，都市化していったんだね。

駒美：先生。この水路が通っている場所は，どんなところなんでしょうか？

先生：お，いい質問だね。少しずつ考えていこうか。まずは，**資料５**を見よう。

一隅：あ，浮世絵だ！

先生：そう。絵が描かれたのは江戸時代の後半なので，水路がつくられた時期ではないのだけれど，江戸城下町のある特徴をとらえているんだ。

一隅：全部，お店の絵なんですね！

先生：その通り。描かれたお店の位置は①②が日本橋の近くにある大伝馬町付近，③が駿河町付近で，④は上野付近だから**資料４**では示されていないけどもうちょっと北の方だね。ちなみに，四つのお店が扱っている品物は，すべて布なんだよ。地方で作られた布も，江戸へ商品として運ばれて来て，こういったお店で売られていたんだ。

駒美：浮世絵からもいろいろなことがわかりますね！

資料３　寛永期（家光の頃）の江戸を描いたとされる『江戸図屏風』の一部

資料４　寛永期（家光の頃）までの江戸城内濠・外濠の整備

（岡本哲志『江戸→TOKYO なりたちの教科書』淡交社より）

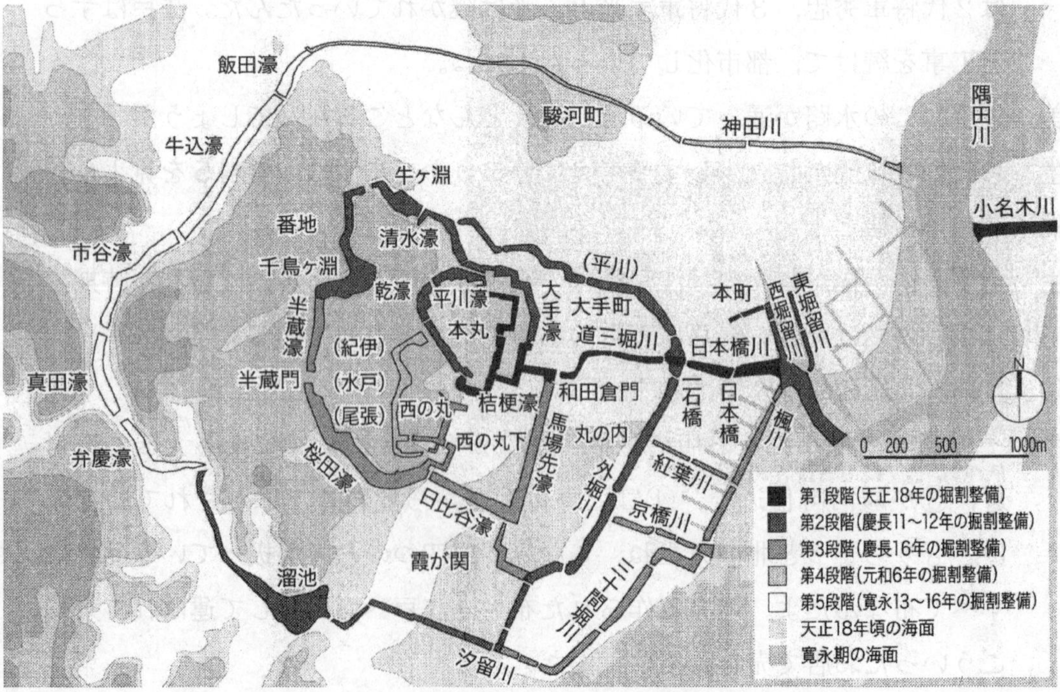

資料５　江戸の各所を描いた浮世絵

（①②④歌川広重『名所江戸百景』より，③葛飾北斎『富嶽三十六景』より）

①大伝馬町付近

②大伝馬町付近

③駿河町付近

④下谷付近

〔問題２〕 **資料５**の浮世絵①〜④に描かれたお店は，現在も存在するお店（会社）です。それぞれの拡大した部分を参考にして，①〜④に当てはまるお店（会社）を，ア〜オから一つずつ，記号で答えなさい。
ただし，同じ記号を何度選んでも良いものとする。

ア．株式会社大丸松坂屋(だいまるまつざかや)百貨店　　イ．株式会社紀伊國屋(きのくにや)
ウ．株式会社三越伊勢丹(みつこしいせたん)　　エ．株式会社高島屋(たかしまや)
オ．ア〜エの中に当てはまるお店（会社）はなし

一隅：**資料５**のお店は，いまでも会社として残っているなら，江戸時代でもかなり商売が繁盛(はんじょう)していたってことですね。

先生：その通りだね！　さて，つぎは**資料６**を見ようか。

駒美：先生・・・この地図，見にくいです・・・。

一隅：駒美ちゃん，これは地図の上が南で，下が北なんだよ。

駒美：あ！　本当だ！　ということは，地図の右が西で，左が東ね！

先生：正解！　普通，地図は上が北だからね。だまされないように。さっきの**資料４**は海の方から水路がつくられていたけど，**資料６**は海とは反対の方から川の水を引いてきた図なんだ。なぜ，川の水を引いてきたのか考えようか。

駒美：うーん。なにかヒントはありますか？

先生：オーケー！　江戸の人口に注目してみよう。

一隅：先生，僕はわかっていますよ。さっき先生が言っていた，江戸の人口は100万人になった，というところが大事なんですよね。

先生：お，さすがだなぁ。正確な数字ではないけど，18世紀には100万人になっていたといわれているね。でも，江戸に本当に住んで生活していたのは約50万人くらいなんだよ。

駒美：実際に住んでいたのは，さっきの商売をしていた人たちだろうけど，あとの50万人はどんな人たちなんですか？

先生：みんなは江戸時代に参勤交代の制度があったことを勉強しているね？

一隅：あ，そうか。参勤交代は１年を将軍から与えられた藩で過ごして，次の１年は江戸の屋敷（藩邸）で過ごすんですよね！

先生：よく勉強しているね！

駒美：それなら私も知っています！　その交代の時に大名行列をして移動するんですよね！　残りの50万人は大名とか家来の武士たちなんですね。

先生：二人ともちゃんと歴史の授業を聞いてくれていたんだね・・・(涙）うれしいよ。そう！　江戸城下町には大名たちの屋敷があるんだ。

一隅：その屋敷のところへ川の水を引いてきた，ということなんですね。

先生：よくわかったね。幕府は大名に江戸へ参勤しなさい，と命令しているんだから，生活をするために水は用意しなきゃね。ということで，川の水は生活用水に使われた，ということだ。ちなみに有名なものに玉川上水や神田上水があるよ。

駒美：上水？　飲み水ってことですか？

先生：飲み水だけでなく，洗濯などを含んだ生活用の水を運ぶ水路のことだね。もう一度**資料６**をみようか。地図は上の方が南で，下の方が北だったね。

一隅：ということは・・・西の遠くから引いてきていたんですね。

駒美：先生，私は飲み水ならば井戸だと思っていたのですが，違うんですか？

先生：井戸もあるにはあるよ。でも，とくに江戸の東側に位置して，地下水からくみ上げる形だった井戸は，江戸時代に入って人口が増えてくると，次第に使用されなくなったそうなんだ。代わりに，江戸の西側からひいてきた上水を利用した井戸を使うようになったそうだよ。

一隅：立地が関係していますかね。

先生：そうだね。江戸城下の立地から，東側の地域の井戸が使えなくなった理由を考えよう。

資料6　江戸時代中頃の上水網（1715年・1716年）

（岡本哲志『江戸→TOKYOなりたちの教科書』淡交社より）

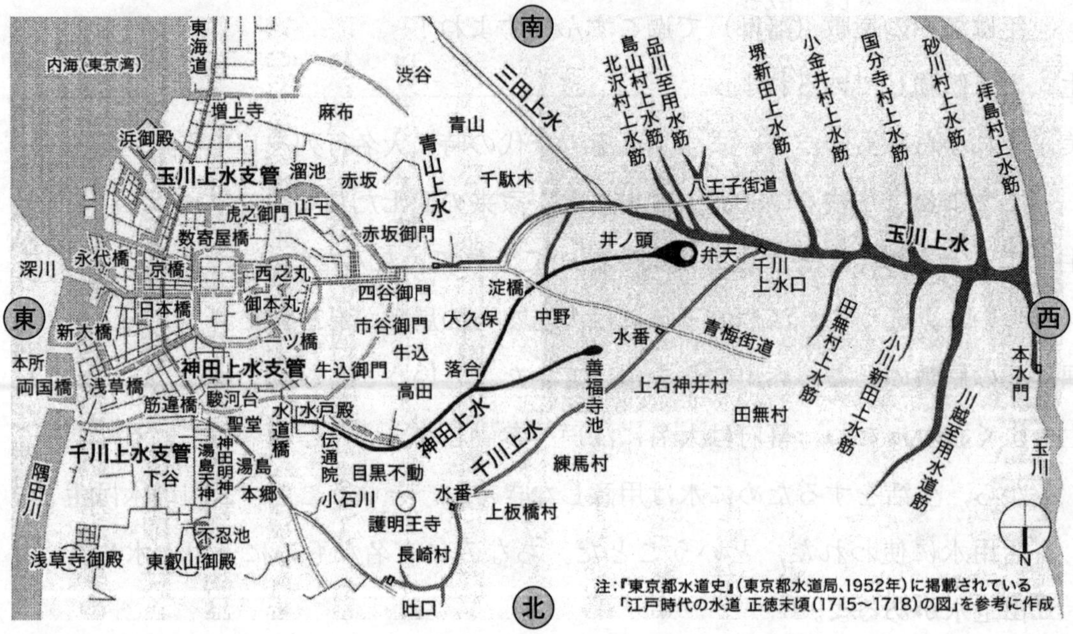

〔問題3〕　**資料6**を参考にして，なぜ江戸時代に入ってから江戸城下の東側の井戸が使用されなくなっていったのかを考え，答えなさい。

先生：じゃあ，ここまで話してきたことをふまえて，疑問だった江戸城下町に「の」の字形の水路をつくった理由にせまろうか！　**資料7**を見よう。**資料7**は江戸の古地図と浮世絵だよ。浮世絵をみて気が付くことを言ってみよう。

駒美：全部に船（舟）が描かれていますね。

先生：船の違いはわかるかな？

一隅：帆がはられているものと，そうでないものがありますね。

駒美：荷物が積まれているように見えます！

先生：その通り！　古地図には江戸城のほかに，徳川御三家といわれる尾張家と紀伊家の武家屋敷の位置を示したよ。

一隅：なるほどなぁ，こっちのほうに武家屋敷が集まっていたんですね。上手くできているね，江戸って。さすが家康！

駒美：家康はこういう都市になることを想像していたんでしょうか？

先生：江戸という地域で何万人もの人が住めるように水路の開削をし始めたのは，確かに家康だったね。でも，参勤交代を制度としたのは３代目の家光だから，家康だけでなく，家光の時代にかけて，巨大な人口に耐(た)えられるように都市の整備をしなければならなかったからね。

一隅：江戸幕府が頑張ったってことかな！

駒美：勉強になりました。

先生：たまには江戸時代のことを勉強するのも面白いね！

〔問題４〕 (1) **資料７**の四枚の浮世絵をみて，帆がはられている船とそうでないものとの違いがある理由を答えなさい。

(2) 三人の会話と，ここまであなたが解答してきたことをふまえて，**資料７**を参考に，なぜ江戸幕府がこのような水路をつくったのかを考え，答えなさい。

資料７　江戸の古地図と浮世絵

（地図：古地図 with Map Fun より，浮世絵：歌川広重『名所江戸百景』より）

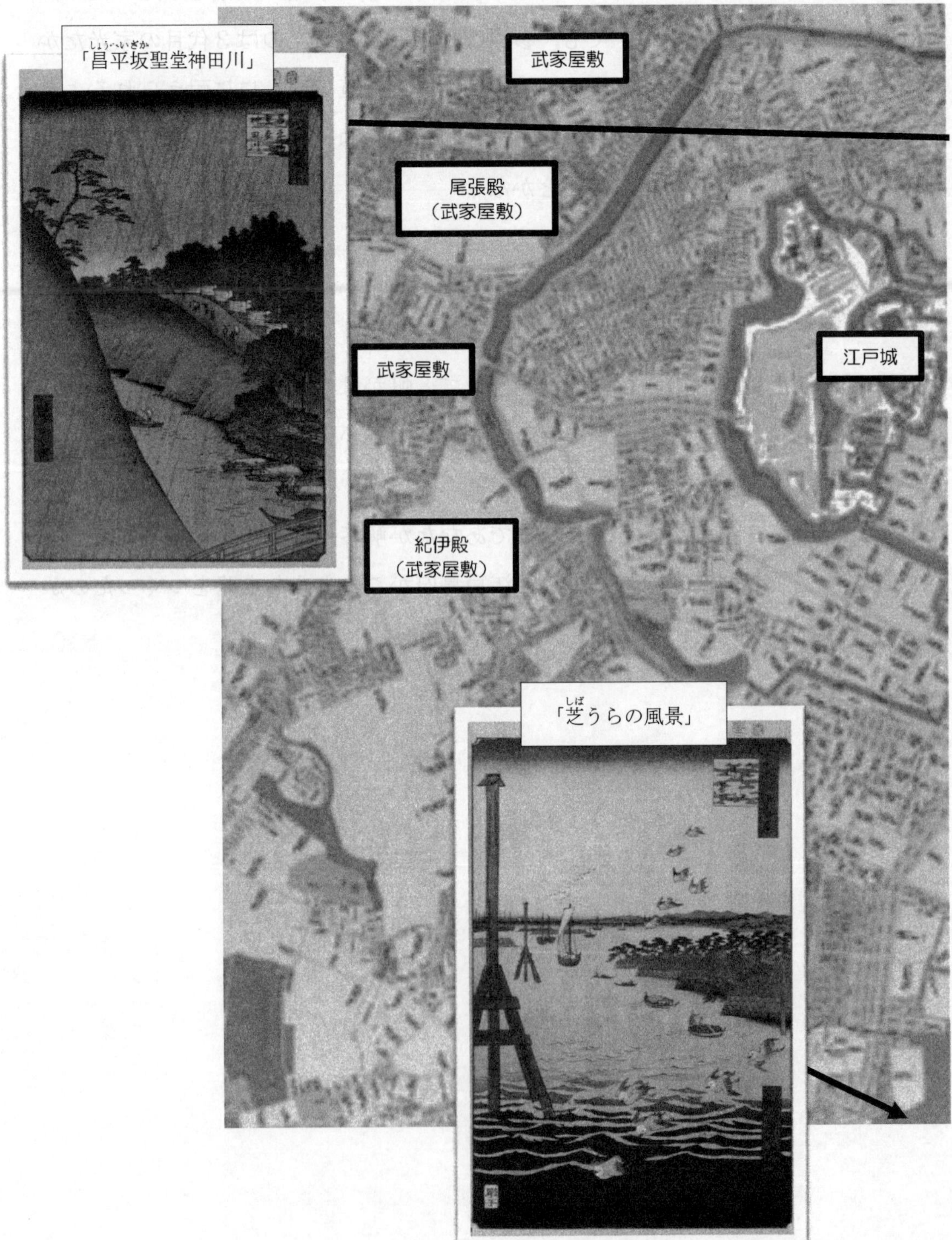

資料５③
の地点
資料５①②
の地点
資料５と同じ
特徴をもつ地点
「日本橋雪晴」
「築地門跡」

2 小学生の駒子さんと千駄くんは，夏休みに自由研究でピアノを研究しようと思い，学校の音楽室に来ました。

千駄：今年の夏休みの自由研究はピアノの研究にしようと思うんだ。ピアノは知っているよね？

駒子：これはグランドピアノね。あなたよりは詳しいわ。

千駄：材料の木材は何が使われているのだろう。

資料１　グランドピアノ

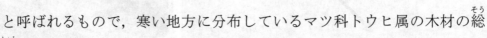

駒子：色々あるけど，代表的なのはスプルースと呼ばれるもので，寒い地方に分布しているマツ科トウヒ属の木材の総称のようね。

〔問題１〕 マツ科トウヒ属の葉は以下のどれが最も適当か，ア～エから一つ選び，記号で答えなさい。

ア．

イ．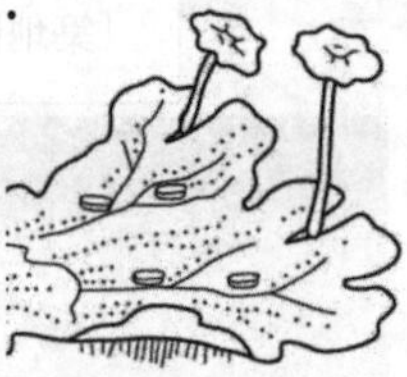

ウ．

エ．

千駄：ピアノは弦楽器の仲間だと音楽の授業で習ったけど，どのように音を出しているのだろう。

駒子：弦楽器といえば，私はギターが好きよ。弦を弾いて振動させることによって音を出しているわ。

資料２　ギター

千駄：ピアノは鍵盤（けんばん）を押（お）すことでハンマーが弦を叩き，弦が振動することで音を出しているらしいよ。簡単な装置（**資料３**）を作ってあるから，試してみようよ。

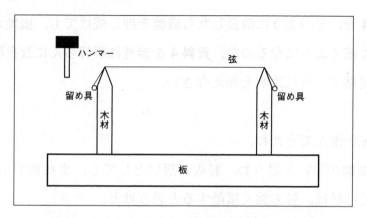

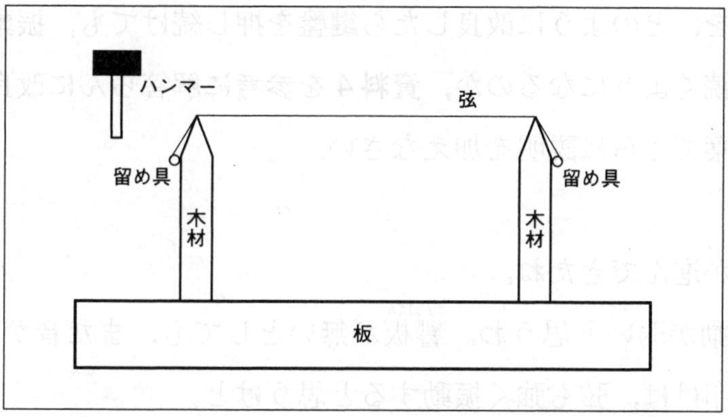

資料３　千駄が作った弦の振動を見る装置

（**資料３**の装置を何度か試した後，）

千駄：上から叩（たた）いても，ハンマーが振動を止めてしまって上手く振動を作れないな。

駒子：**資料４**のような装置にした場合，鍵盤を素早く押して離（はな）せばハンマーが自分の重さで下がり，振動が続くわ。

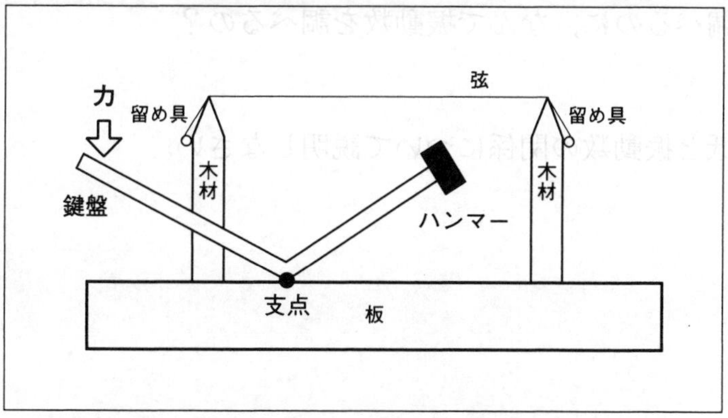

資料４　駒子が考えた弦の振動を見る装置

千駄：でも，ピアノって鍵盤を押し続けても，音はある程度長く響(ひび)くよ。

駒子：そうなのよね。どうなっているのかしら。

〔問題２〕 **資料４**を，どのように改良したら鍵盤を押し続けても，振動がある程度長く続くようになるのか，**資料４**を参考に解答らんに改良版を図示し，言葉でさらに説明を加えなさい。

千駄：だいぶ研究が進んできたね。

駒子：でもまだ振動が弱いと思うわ。響板(きょうばん)が無いとしても，まだ音が小さいわ。

千駄：鍵盤を強く叩けば，弦も強く振動すると思うけど。

駒子：ピアノを弾くときは，強く弾かなくても大きな音が出るわよ。

千駄：まだ何か，足りない工夫があるのかな。

〔問題３〕 **資料４**の装置をどのようにすれば，小さい力で大きく弦を振動させることができるようになるか説明しなさい。

千駄：あとは音の高低についても研究したいな。

駒子：では，ピアノの音の振動数を調べてみましょう。振動数とは，１秒間に弦が振動する回数のことよ。

千駄：音の高低を調べるのに，なんで振動数を調べるの？

〔問題４〕 音の高低と振動数の関係について説明しなさい。

千駄：なるほど，音の振動数によって音の高低は決まっているんだね。

駒子：ピアノは平均律を採用しているわ。振動数261.6の「ド」を基音(きおん)としたとき，１オクターブ上の「$\overline{\text{ド}}$」の振動数は２倍の523.2。このとき振動数比は１：２。振動数比が２：３の関係を完全５度と呼び，「ド」の完全５度は（　ア　）ね。

千駄：完全５度って何？

駒子：ピアノの先生に習っただけでよくわからないけど，完全はよく調和するということじゃないかしら。振動数比が２：３となっていると，綺麗(きれい)な和音になるわ。（　ア　）の完全５度が（　イ　）で，（　イ　）の１オクターブ下が「レ」。「レ」の完全５度が（　ウ　）。こうやって，昔の人は各鍵盤の音の振動数を決めていったのだと私は思っているわ。

〔問題５〕 千駄と駒子の会話中の空欄（　ア　）～（　ウ　）には**資料５**の音名①～⑧のうちどれかが，それぞれ入る。**資料５**のうち，最も適当なものを１つずつ選び，①～⑧の番号で答えなさい。

音名	振動数
①	329.6
②	349.2
③	378.5
④	392.0
⑤	440.0
⑥	555.5
⑦	587.3
⑧	622.3

資料５　音名①～⑧の振動数

問4 この文章で、筆者は「ターゲティング」にはどのような問題があると考えていますか。また、あなたはそれに対しどうするべきだと考えますか。次の条件にしたがって書きなさい。

条件1 段落構成については、次の①～③にしたがうこと。
① 二段落構成で、内容のまとまりやつながりを考えて書きなさい。
② 第一段落では、本文中で筆者が考える「ターゲティング」の問題について説明しなさい。
③ 第二段落では、あなたの考えについて書きなさい。

条件2 解答は原稿用紙(げんこうようし)の正しい使い方で書き、書き出しは一ます空けて書き始めなさい。
また、文章は、二百字以上二百四十字以内で書きなさい。
、や。や「なども一字と数え、改行などで空いたますも字数に数えます。

※荒唐無稽（こうとうむけい）に聞こえるかもしれませんが、平和な社会であれば問題なくても、一度、緊張感（きんちょうかん）を孕（はら）んだ時にはそうしたデータが誰にどのように使われるのか。私たちはよくよく考えなければいけないのです。

（『その情報はどこから？　ネット時代の情報選別力』猪谷千香）

（設問の都合上、一部本文を改めました。）

※メディア……ここでは主に新聞・雑誌・テレビ・ラジオなどのマスコミュニケーションのこと。
※ポータルサイト……インターネットを使ってホームページを見るとき、最初に表示されるＷｅｂサイトのこと。
※ゴシップ記事……世間で伝聞される興味本位のうわさ話を記事にしたもの。
※タブロイド紙……かたよった報道の新聞。
※通り一遍……うわべだけで誠意のないこと。
※斜陽……ここでは業界がおとろえて勢いのなくなること。
※ネットリテラシーやメディアリテラシー……インターネットやメディアの情報を正しく理解し、それを適切に判断、運用できる能力のこと。
※Facebook……登録された利用者同士が交流できるＷｅｂサイトサービスのこと。
※保守系……旧来の風習・伝統を重んじ、それを保存しようとすること。
※ニュースフィード……ニュースホーム画面に表示される、新着情報や更新（こうしん）情報のこと。
※Amazon……ネット通販（つうはん）などの会社。
※Google……インターネットを利用してＷｅｂページを見るためのもの。
※ダイレクトメール……ここでは宣伝目的で送られる個人あてメールのこと。
※リターゲティング……過去にＷｅｂサイトを訪れたことのある人に対して、再度広告を表示させる手法のこと。
※ターゲティング……商品やサービスの届けたい相手を決めること。
※プラットフォーム……ソフトウェアが動作するための土台。
※荒唐無稽……でたらめなこと。

問１　本文中の［あ］～［う］のそれぞれにあてはまる言葉を入れなさい。

問２　本文中の［Ａ］に共通してあてはまる言葉を本文中から探し、七字で答えなさい。

問３　①インターネットが私たちに隠していること　とは、どのようなものですか。説明している部分を「～ということ。」につながるように本文中から三十六字でぬき出し、初めと終わりの五字を答えなさい。

答えは、それほど難しくはありません。ネットよりも歴史があり、基本的には無料のメディアである民間のラジオやテレビを見ればすぐに気づきます。そう広告です。

そもそも、私たちの生活には広告があふれています。テレビ、新聞、雑誌、ラジオという四大マスメディアと呼ばれるものの中だけではありません。電車の車内吊り広告、バスの車体に描かれた広告、映画館で本編上映前に流れる広告、ビルの屋上に掲げられた広告、ポストに入り込むチラシの広告、あちこちから届くダイレクトメール※の広告……と広告を見ない日はないと言ってもよいぐらい、ありふれたものです。

（中略）

『閉じこもるインターネット』の著者、イーライ・パリサーさんは本の中で、こんな例を取り上げていました。

「[あ]、ランニングシューズをオンラインでチェックしたが、結局買わずに終わったとしよう。このサイトがリターゲティング※を採用していた場合、その店の広告――おそらくは買おうかと迷ったスニーカーの写真が入った広告――を、前日におこなわれた試合の結果やお気に入りのブログなど、インターネットのあらゆるところで見るようになる。その結果、誘惑に負けて商品を買ったらそれで終わりだろうか？　そんなことはない。その商品を買ったという情報がサイトからブルーカイに売られ、オークションにかけられる。これを買うのはスポーツ衣料のサイトだろうか。こうしてこんどは、インターネット上、どこへ行っても速乾性ソックスの広告を見ることになる。」

ブルーカイとは、ユーザーのさまざまなデータを集めている企業といえばよいでしょうか。ＰＣやスマホの画面からは見えない場所で、私たちのデータは複雑にやりとりされ、私たちが閲覧するサイトには、私たちが購買しそうな商品・サービスの広告、[A]された広告が、[い]ストーカーのように出現することになります。

パリサーさんは同時に、ターゲティング※広告はGoogleやFacebookといった巨大なプラットフォーム※の大きな収入源になっているとも指摘しています。多くのニュースサイトも同じでしょう。ネットで配信される記事や情報は巨大プラットフォーム上でパーソナライズされ、表示される広告もターゲティングされ、ネット空間は私たちにとって、ますます居心地のよいものに作られているのです。

[う]、果たしてこれは「いい話」なのでしょうか。このフィルターバブルの弊害は、私たちの社会にとってとても深刻なものになりつつあります。

「無料で」ニュースや情報を入手できる代わりに、私たちは広告を見せられるだけでなく、自身のプライバシーや情報環境をオンラインで見知らぬ誰かに引き渡しているのです。

「しかし、彼らのリンクがわたしのニュースフィード※に表示されることはなかった」とパリサーさんは書いています。なぜなのでしょう？

ネットの進化してきた方向の一つが、ユーザーへの最適化でした。当たり前ですが、私たち一人一人の好みや考え方は違います。自分の見たいと思う情報や欲しいと思う商品があるｗｅｂサイトが「良いサイト」であり、当然のことながら多くのユーザー、つまりお客さんが集まってきます。

ですから、ｗｅｂサイトはそれぞれ異なるユーザーが見たいと思う情報をユーザーに合わせて提示するようになります。これが、「パーソナライズ」です。たとえば、街の大きな書店で本を買うのとAmazon※で本を買うのとでは、同じような行為に見えて、全く異なります。大きな書店では書店のルールや判断によって本が集められ、本棚に並んでいますが、Amazonの画面でさし出される本は私が今までAmazonで購入した本の履歴を参考に、Amazonが勧める本です。

このように A されたネット書店では、「私が読みたい本」はどんどん見つかるかもしれませんが、実は今まで知らなかった本や好みではないと思っていた本、「私が知らない本」との出会いを失っている危険性もあるのです。

しかし、パーソナライズはあらゆる大きなｗｅｂサイトに採用されています。その最たる例がGoogle※やFacebookです。話を戻すと、パリサーさんのFacebook上から保守系の友人たちが消えたのは、彼が保守系の友人がシェアしてきた情報をクリックするよりも、自分に近い考えの友人がシェアしてきた情報をクリックすることが多かったことを、Facebookが把握しているからだろうと推察します。

ほとんどの人が気づかないうちに、情報の取捨選択を勝手にされてしまっているというわけです。これを、パリサーさんは「フィルターバブル」と名付けました。今やネットではパーソナライズされたフィルターが仕掛けられ、私たちはバブル（泡）に包まれているかのように、自分が見たいと思う情報だけに囲まれた「情報宇宙」に包まれることになる、と指摘します。

ネットで何か検索したり、ニュースを読んだりするだけでも、私たちの周りにはそれぞれ目に見えないフィルターバブルがあるのだと、まず知ることがとても大事なのです。

ストーカーのようにどのサイトを見ても出てくる広告の正体

インターネットは私たちが知らないうちに、情報を取捨選択している。そんな「フィルターバブル」のお話をしました。確かに、私たちは今、「自分が欲しいと思う情報」「自分が興味ありそうな情報」を容易に、ＰＣだったらクリックひとつ、スマホだったらタップひとつで、無料で入手できます。

この「無料で」ということを、私たちはあまり意識したことがありません。しかし、うまい話にはだいたい「裏」があるものです。一体、なぜ私たちは日々、膨大なニュースや情報を「無料で」手に入れることができるのでしょうか？

二　次の文章を読んで、あとの問いに答えなさい。（句読点や記号は一字と数えます。）

気づかないうちに、①インターネットが私たちに隠していること

インターネットでは、※メディアが発信したニュースは一見、平等に並んでいるように見えます。なるほど、※ポータルサイトやSNSをスマートフォンでのぞけば、多くのニュースが同じフォントの見出し、同じ大きさの場所で毎日、掲載されています。

しかし、その一本一本のニュースをよく見れば、伝統的な全国紙から、※ゴシップ記事の多い※タブロイド紙、不倫報道を連発する雑誌、とにかく速くて身軽なネットメディアまで、全く異なる性質のメディアのニュースがひしめき、そのニュースがどのような「背景」を持って書かれているかまではなかなか理解できません。しかし、私たちに今、求められているのは、あまりに膨大なニュースの海から、自分にとって「本当に必要な情報」をどれだけピックアップできるか、というスキルです。

たとえば、大学生が企業に就職するために、希望する企業やその業界の評判、成長率などを調べようとする時、関連する記事を信頼性の高いメディアから選び、多く読み込まなければなりません。※通り一遍の情報では、ライバルに勝てないでしょうし、運良く就職できたとしても、業界自体が※斜陽になってしまっては、元も子もないのです。

人生で何か大事なことを考えたり、決定したりする前には、必ずこうした作業が発生します。まず情報を集め、取捨選択するのです。適切な武器を装備しなければ戦場で勝てないように、私たちは熟練の戦士のように武器を見抜き、選ぶ力が必要です。※ネットリテラシーやメディアリテラシーという言葉をよく聞きますが、大部分はこのスキルのことだと考えて良いでしょう。

ところが、私たちには弱点があります。「確証バイアス」と呼ばれるものです。もともとは認知心理学や社会心理学の言葉で、自分の持つ仮説や心理的情況を検証する際、その仮説を支持、肯定する情報ばかりを信じてしまうことを意味します。

この「確証バイアス」は曲者で、ついニュースでも自分に都合の良い、耳触りの良いものばかり見てしまいがちです。

（中略）

実は、確証バイアスをさらに加速させる装置がインターネットにはあります。それが「フィルターバブル」です。

この言葉を生み出したのは、アメリカの活動家、イーライ・パリサーさんです。彼が二〇一一年に著した『閉じこもるインターネット』（早川書房）によると、ある時、※Facebookの自分のページから※保守系の友人が消えていることに気づいたそうです。彼は保守系の人たちとは政治的な立場が違いますが、保守系の人たちの考えも知りたいと思い、わざわざ友人として登録していました。

こと。あのワンピースをあの日に着てたひとは、たしかに［A］。だから、あそこで声がした。わたしと同じところにいて、同じ空気を吸って。［B］けど、いる。わたしには、わかる。いないことの証明も、いたことの証明も、ワンピースにはできる。

水筒の水を飲み干すと、みさきは顔を上げた。夕焼けの広がりはじめた空に、カラスが一羽、ちょっとさびしい。公園の向こうから、あたりの空気を震(ふる)わせながら、低く鐘(かね)の音がする。

わたしのすきなれーすがやけなくてよかった。

(『ワタシゴト　14歳のひろしま』中澤晶子)

(設問の都合上、一部本文を改めました。)

問1 ①いやな子　について説明した次の文章の［ア］、［イ］に入る適切な言葉を、それぞれ本文から探して答えなさい。
ただし、［ア］は三字、［イ］は二字で書くこと。

［ア］は嫌いなわけではないのに、［イ］にひどい言葉をかけてしまうような子。

問2 ②きこえたのは、わたしだけ　とありますが、なぜみさきには声がきこえたとあなたは考えますか、次の条件にしたがって書きなさい。

条件　書き出しは一ます目から書き始めなさい。
また、文章は、五十字以上六十字以内で書きなさい。
、や。や「なども一字と数えます。

問3 ③たとえば、ママに？　とありますが、「みさき」はなぜ「ママ」に話そうと考えたのですか。それを具体的に説明した次の文の空らん（あ）（い）に入る適切な言葉を考えて答えなさい。

（あ）を大事にしていた「ママ」になら、原爆資料館で（い）を信じてもらえると思ったから。

問4 本文中の空らん［A］と［B］に当てはまる適切な言葉をそれぞれ答えなさい。ただし、［A］は二字、［B］は三字で答えなさい。

「はい、黒田です。ああ、大丈夫ですよ。ええ元気です、変わりありません。いま、替わります」。先生は車いすを止めると、みさきの肩越しに携帯をわたしながら小声で言った。「お母さんだ」。

みさきは、のどが詰まった。なんで、いまよ。

「みさき、大丈夫なの。もう、気が気じゃないわ、無理して行くから……ねえ、何か言ったら」

ママ、声がうわずってる。その声をきいても、みさきは冷静だった。

「あのね、わたしが小学校の三年生ぐらいのときに、花模様のワンピース、衿と袖口にレースのついた、ワンピース、縫ってくれたでしょ」

あれはどこにしまってあるの、ときいたとき、ママはしばらく黙ったあと、「たんすの上から三段目の引き出しの奥」と低い声で答え、次に「心配してるのに、ふざけるのはやめなさい」と言うなり、電話を切った。

やっぱり、しまってあるんだ、あのワンピース。

わたしは、きらい、と言ってワンピースを着なかった。あのひとは、うれしい、とおばあちゃんのお見舞いに着て行った。日傘をくるくる回して。

そして、どうなったの。

あの背中の裂けたワンピースを、大事にしまっておいたのは、だれ。

資料館を出ると、班のみんなは、まだ見たいところがあると、みさきを誘った。けれども、みさきは、ここにいたい、待っているから、とベンチの横に車いすを止めてもらい、ブレーキをかけた。夕暮れの風が、足もとを吹き抜ける。

(中略)

みさきは、ふうっと息を吐きだす。こんなに時間が早く過ぎて、こんなに中身がぎゅう詰めの一日なんて、これまでになかったな、と思うだけで、なんだかどっと疲れた感じ。みさきは、もういちど、ワンピースを思い出す。そして、黒田先生が言ってたことを重ねてみる。そこに着いたら、事前学習のことは、いったん忘れて、まっ白になれ。そのうえで、そこからきこえてくるもの、見えてくるものを、全身で感じろ。

そうだな、とみさきは思う。なんとなく、わかる。みさきの耳に、もう声はきこえない。でも、忘れない。もしかすると、いつか、だれかに話すかもしれない。もっとおとなになってから。③たとえば、ママに?

みさきは、水筒のふたを開け、水を飲む。ごくごく。ふた口めに思った。あのひと、水、もらえた? ごく、三口め。わたしにわかった息を止めてひとの話をきくって、こういうことだ、とみさきは思う。ものすごくびっくりしているのに、どこかひんやりと冷めていて、それにもおどろく。こんなことって、あり？　もうそうげんかくげんちょう。

「おお、ここにいたのか」

これは幻聴じゃない。黒田先生の声。

「みさきがてこでも動かないって、祐輔が困ってた。時間がない、行くぞ」

もう、これまで。みさきは黙ってうなずくと、これが最後と思いながら、ワンピースを見上げた。

ひさしぶりにやすみをもらってもんぺのせいふくじゃなくてかわいいふくをきてそとにでたらいいきぶんでかわのそばをはしりたくなってこんなわたしをみたらおばあちゃんはなんていうかしらびょうきだってなおるとおもいながらかあさんがきょうはひがつよいからとかしてくれたひがさをくるくるまわしていたら。

最後の方は、少し早口だった。ちょっと高めの、澄んだ声。

みさきは、ひょっとして、と黒田先生を振り返ったけれど、先生は知らん顔で、混みあった通路をにらみながら、車いすを通すのに集中している。

きこえたのは、わたしだけ？

みさきは、からだを大きくひねったが、ワンピースは、大勢のひとのからだにさえぎられ、もう見えなかった。

本館の出口では、班のみんなが疲れた顔で待っていた。館内で見たものの衝撃が、どの顔にも残っていた。いつもは強がっている子に限って、顔色が悪い。「まじ、ひどかった」。だれかが、低い声で言った。

「みさきも来たし、行くぞ」

黒田先生が先頭に立って、みさきの車いすを押していく。みんなは、のろのろと歩きはじめたが、みさきも班のメンバーも黙ったままだった。みさきは、遅れてごめん、と言う力も残っていない自分におどろく。

②きこえたのは、わたしだけ。

みんなの進む左手には、ガラス越しに広々とした公園が広がり、ずっと向こうに小さなドーム型の屋根が見える。だれもが自分の足が頼りなく感じられ、公園に降り注ぐ午後の日差しに目がくらんだ。

そのときだった。チロチロと黒田先生の携帯が鳴った。

集にも、たしか説明文はなかった。写真だけ。それが写真家の考え方だということを、みさきは知っていた。このままここにいたら、窒息する、と思ったときだった。

「はい、一〇分たちました。みんなも出口で待ってます」

祐輔のおどけた声と同時に、車いすがすうっと動いた。

わたしはえんじいろがすきでれーすをじぶんでこのいろにそめたの。

え、いま、何か言った？　祐輔の声じゃない。

「ちょっと止めて」

みさきは、思わず声を上げた。

「おい、かんべんしてくれよ。もう、十分見ただろ。待ってられない、これ以上。お前を出口に連れてく」

いらだった祐輔が、太い声を押し殺して言った。

こんなふくにしてとわたしがえをかいてかあさんがかたがみをつくってわたしがかたがみをぬののうえにおいてかたがみにそってめじるしをつけかたがみをはずしていきをとめてはさみできったの。

「お願い、あと五分だけ。そしたら必ず行くから、ね、お願い」

みさきは必死だった。

「もう、知らねえからな。勝手にしろ」

本気で怒った祐輔が、そのまま視界から消えた。車いすは、通路のまんなかで、ひとの流れをせきとめる。

「すみません、わたしをあのワンピースの前に連れて行ってください」

みさきは、だれかれとなく声をかけた。こんな混みあったところで、車いすを自分で回転させるなんて、できっこない、と泣きそうになったとき、だれかが、黙って車いすを押してくれた。振り返ると、白いポロシャツの背中だけがちらっと見えた。

こんなきれいなはなもようのぬのやれーすがたんすのひきだしにしまってあったなんておどろいたけどうれしくてかあさんのかけるみしんもすこしだけてつだってやっとまにあったおばあちゃんのおみまいにいくひに。

二〇二二年度　駒込中学校

【適性検査1】〈適性検査型B試験〉（四五分）〈満点：一〇〇点〉

一　次の文章を読んで、あとの問いに答えなさい。（句読点や記号は一字と数えます。）

心配性の母親をもつ中学生の「みさき」は、修学旅行直前に足を骨折してしまった。しかし、ヒロシマの原爆資料館で、背中の大きく裂けたワンピースをどうしても見たい「みさき」は、母親の反対を押し切り、車いすで参加することを決めた。

みさきは、左右をすばやく見まわし、正面に向き直る。班のメンバーはだれもいない。ワンピースは、少し傾斜のついた、黒い展示用の壁に、そのかたちがよくわかるよう広げて展示されていた。

レースがきれい。みさきの位置から見上げると、衿や袖口を飾るレースの波打つさまが、はっきりわかる。でも、もっとよく見よう。みさきは膝に置いたリュックから、パパに借りた双眼鏡を取り出した。役に立つよ、きっと。パパはそう言うと、ずっしり重い双眼鏡を渡してくれた。正解、ほんと。視野に飛び込んでくる繊細なレース、そこにはほころびもなく、七十五年もたっているとは、とても思えない。あのころも、こんな服、あったんだ。でもなあ、わたしだったら、レースの色はえんじじゃなくて紺色が好きかも。みさきは、「自分だったらワンピース」を、頭のなかで描いてみる。シンプルなデザインの服がいまでも好きだけど、こういうのもたまにはいいかもしれない。

みさきは、ママが縫ってくれた、よく似たワンピースを思い出す。

着たくない、レースなんかついて。

わたしは、ほんとに①いやな子だった。そのときママがどんな顔したか、思い出せない。それを一度も着ないまま、わたしは大きくなった。ママのため息と一緒にたたまれ、しまわれたワンピースが、家のどこかに眠っているに違いない。

みさきは、ずれてしまった双眼鏡のピントをもう一度あわせると、ワンピースを上から下まで、製造ラインの検査人みたいに点検する。写真集で見たときに気づかなかったところも、しっかり見える。右肩の下あたりについていたしみ、きっと血液。しみだけじゃない。そこが少し裂けて繊維が数本のぞき、その先が焦げているのもわかる。何が起こった？　この服に。というより、着ていただれかに。背中だって、裂けて、ちぎれて、変色してる。茶色のしみで花模様もぼやけて見える。

みさきは、息ができなくなる。空気が薄いんだ、ここは。展示スペースの下には、説明板もついているけれど、みさきは読まない。写真

2022年度 駒込中学校 ▶解答

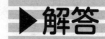

※編集上の都合により，適性検査型Ｂ試験の解説は省略させていただきました。

適性検査１ (45分) ＜満点：100点＞

解答

一 **問１** **ア** レース **イ** ママ **問２** (例) 展示されたワンピースを見たい気持ちがだれよりも強く，ワンピースを着ていた少女のたましいに思い出を語りたいと思わせたから。 **問３** ㋐ ワンピース ㋑ 聞こえた声 **問４** **Ａ** いた **Ｂ** いない 二 **問１** **あ** たとえば **い** まるで **う** しかし **問２** パーソナライズ **問３** ほとんどの～まっている **問４** (例) ターゲティングによって私たちのプライバシーや情報環境(かん)はオンラインで見知らぬ誰かに引き渡され，データが悪用されたり，情報が取捨選択(たく)され，未知のものとの出会いを失ったりする危険もあると筆者は考えている。／無料でニュースや情報を入手できるのは便利だが，好みや考え方がかたよる危険はあるので，視野を広く持ち，新しいものを取り入れる積極性を失わないよう意識することが大切だろう。ネット上でさぎなどの犯罪も横行する昨今，個人情報の開示には細心の注意をはらい，しん重に行うことも必要だと思う。

適性検査２ (45分) ＜満点：100点＞

解答

(1) **計算に使う時間** (上から順に)60，100，140，180 **人数** (上から順に)２，12，８，３，１，26 **(計算に使う時間)×(人数)** (上から順に)40，720，800，420，180，2160，83 (2) (例) 一隅くんのクラスの生徒全員の平均スクリーンタイムは，全国の中学生と比較すると，少ないということがわかる。 (3) 193cm² (4) 3.5倍 (5) 充電 (6) 1.7倍 (7) 71000円 (8) Ｒ：Ｇ：Ｂ＝３：１：６ (9) (例) 自動車の内部の部品に，電気を通すプラスチックを使用することで，車体の軽量化を実現することができる。

適性検査３ (45分) ＜満点：100点＞

解答

1 **問題１** 中央区 **問題２** ① オ ② ア ③ ウ ④ ア **問題３** (例) 江戸城下の東側は海に面している。この地域の地下水を利用した井戸は，次第に江戸の人口が増加して井戸の使用回数が増えると海水が混じり，生活用水として使用できなくなった。 **問題４**

(1)　帆がはられている船は海風を利用するためのものなので，海を移動するものである。一方，帆がはられていない舟は風を利用することがないので川や水路を移動するものである。　(2)　（例）　江戸の人口は100万人となり，全国の産地でつくられた商品が海上輸送によってもたらされて売り買いされていた。江戸城下の東側は海で，商品を取り扱う商人(町人)たちが住んでいた。一方，江戸城下の西側には武士たちが集中して住んでいた。海側から船であげられた荷物は，城下町の水路を舟によって輸送されていることから，江戸城下町の「の」の字形の水路は武家地(武家屋敷)と町人地をつなぐ物流ルートとしてつくられたと考えられる。

2　**問題1**　エ　**問題2**　（例）　直接弦をたたくハンマーを下図のような跳ね上げ式にすれば，長く鍵盤を押しても，振動をハンマーが止めることはなくなる。　**問題3**　（例）　鍵盤の力点から支点までの距離を長くし，支点から作用点までを短くする。　**問題4**　振動数が大きければ音は高くなり，振動数が小さければ音は低くなる。　**問題5**　ア　④　イ　⑦　ウ　⑤

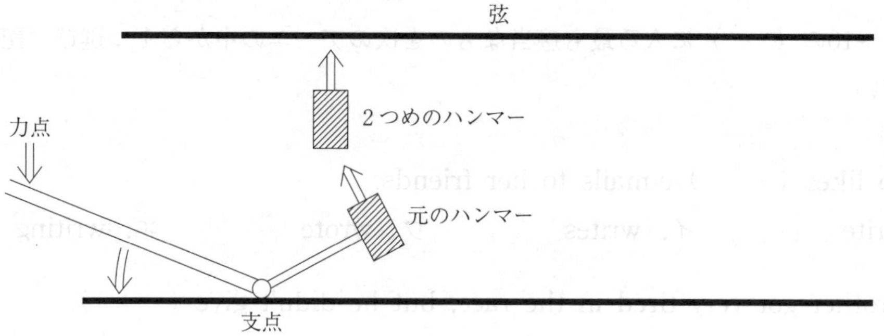

2022年度　駒込中学校

〔電　話〕　(03) 3828－4141
〔所在地〕　〒113－0022　東京都文京区千駄木５－６－25
〔交　通〕　地下鉄南北線 ― 本駒込駅より徒歩５分
　　　　　　地下鉄千代田線 ― 千駄木駅より徒歩７分

〈受験上の注意〉・机の上には「受験票」,「筆記具」,「消しゴム」以外のものは置かないこと。
・インタビューは厳正な審査のため，録音します。

【英　語】〈第３回・英語試験〉（筆記20分，インタビュー15分）〈満点：筆記40点，インタビュー60点〉
〈編集部注：筆記試験のあとに，インタビュー試験があります。〉

筆記試験

1 次の１～10の（　　）に入る最も適当なものを次のア～エの中から１つ選び、記号で答えなさい。

1．Naoko likes (　　　) e-mails to her friends.
ア．write　　イ．writes　　ウ．wrote　　エ．writing

2．My brother got very tired in the race, but he didn't give (　　　).
ア．off　　イ．on　　ウ．up　　エ．at

3．This T-shirt is too small.　Can I have a (　　　) one, please?
ア．larger　　イ．largest　　ウ．most large　　エ．more large

4．I walked all (　　　) the supermarket, but I couldn't find any eggs.
ア．under　　イ．between　　ウ．around　　エ．from

5．My sister has two children. (　　　) are twins.
ア．Them　　イ．Theirs　　ウ．They　　エ．Their

6．A：Jane, I'm not ready yet.　Can you wait for me?
B：Sure. No (　　　).
ア．place　　イ．answer　　ウ．thanks　　エ．problem

7．A：Mom, can I go to Mike's house?　I left my homework there.
B：OK, but it'll be dark soon.　(　　　) careful.
ア．Being　　イ．Be　　ウ．Is　　エ．Are

8．A：How (　　　) rackets do you have?
B：I have four.
ア．old　イ．much　ウ．many　エ．long

9．A：Where is Ben?
B：He went to the restaurant (　　　) lunch.
ア．to eat　イ．eating　ウ．eats　エ．eat

10．A：(　　　) is your coat, this one or that one?
B：This one.
ア．What　イ．Which　ウ．Who　エ．Whose

2 日本語の意味になるよう、(　　)の中の語(句)を並べかえ、全文を書きなさい。ただし、文の始めに来る語も小文字になっています。

1．この公園で散歩をしましょう。
(in / take / walk / a / let's) this park.

2．新しい先生をどう思いますか。
(of / what / think / you / do) the new teacher?

3．千佳は5年前ロンドンに住んでいました。
Chika (in / lived / five years / ago / London).

4．私の家の近くに本屋が2軒あります。
(near / bookstores / are / two / there) my house.

5．もっとゆっくり話してくれますか。
(will / slowly / more / speak / you), please?

Interview 内容と大まかな流れ：

① 挨拶や受験者の確認、簡単な質問をする。

I=Interviewer

I: Hello! Please sit down here.

- **Good morning.**
- **What's your name?**
- **How old are you?**
- **Where do you live?**
- **What did you eat this morning?**

② カードを渡す。 20 秒間黙読→タイトルから声に出して読む。

I: OK. Let's start the interview test. This is your card.
First, please read the passage silently for 20 seconds.
Now, please read it aloud.

③ ４つの質問をする。

I: Now, I'm going to ask you four questions.
答える際、主語と動詞を入れた文で正確に答えるほど得点が高くなります。

1.文章についての質問①

Question No.1 Please look at the passage.
In Japan, what do many towns and cities have in August?

2.文章についての質問②

Question No.2 Please look at the passage.
What do some people do at the festival?

3.絵を見て答える問題

Question No.3 Please look at the picture.
How many people are there in the picture?

I: Now, ○○, please turn the card over.

4.受験者自身に関する質問

Question No.4
What is your favorite subject? Why? **※ free question**

④ カードを回収し、面接の終わりを告げる。

I: **OK. This is the end of the test.**
Can you give me your card?
OK. You may go now. Good bye.

※試験時間は、説明や移動等を含めて最大 50 分と考えています。

Summer Festival

Many towns and cities in Japan have summer festivals in August. People can join many kinds of events, so they have a good time at summer festivals. Some people sing or dance with their friends.

2022年度

駒込中学校 ▶解答

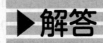

※解説とインタビュー試験の解答は編集上の都合により省略させていただきました。

英語 ＜第３回試験＞（筆記20分，インタビュー約15分）＜満点：筆記40点，インタビュー60点＞

解答

[1] 1 エ　2 ウ　3 ア　4 ウ　5 ウ　6 エ　7 イ　8 ウ　9 ア　10 イ　[2] 1 Let's take a walk in this park.　2 What do you think of the new teacher?　3 Chika lived in London five years ago.　4 There are two bookstores near my house.　5 Will you speak more slowly, please?

Memo

Memo

出題ベスト10シリーズ

①国語読解ベスト10

②漢字合格の2790題

③計算合格の820題

④図形問題ベスト10

■過去の入試問題から出題例の多い問題を選んで編集・構成。受験関係者の間でも好評です！

有名中学入試問題集

●男子校編

●女子校編

■中学入試の全容をさぐる!!
■首都圏の中学を中心に、全国有名中学の最新入試問題を収録!!

※表紙は昨年度のものです。

算数の過去問25年分

■筑波大学附属駒場
■麻布
■開成

○名門３校に絶対合格したいという気持ちに応えるため過去問実績No.1の声の教育社が出した答えです。

都立中高一貫校 適性検査問題集

■都立一貫校と同じ検査形式で学べる！

●自己採点のしにくい作文には「採点ガイド」を掲載。
●保護者向けのページも充実。
●私立中学の適性検査型・思考力試験対策にもおすすめ！

当社発行物の無断使用は固くお断りいたします。御使用の前はまずご相談ください。

当社発行物には500点余の首都圏中・高過去問をはじめ、6点の学校案内、そのほかいくつかの情報誌などがございます。その多くが年度版で、限られたスタッフが来るべき受験シーズン前に余裕を持って受験生へ届けられるよう、日夜作業にあたり出版を重ねております。

最近、通塾生ご父母や塾内部からの告発によって、いくつかの塾が許諾なしに当社過去問を複写（コピー）し生徒に配布、授業等にも使用していることが発覚し、その一部が紛争、係争に至っております。過去問には原著作者や管理団体、代行出版等のほか、当社に著作権がございます。当社としましては、著作権侵害の発覚に対しては著作権を有するこれらの著作権関係者にその事実を開示して、マスコミにリリースする場合や法的な措置を取る場合がございます。その事例としましては、毎年当社過去問の発行を待って自由にシステム化使用していたＡ塾、個別教室でコピーを生徒に解かせ指導していたＢ塾、冊子化していたＣ社、生徒の希望によって書籍の過去問代わりにコピーを配布していたＤ塾などがあります。

当社発行物の全部もしくは一部を無断使用することは固くお断りいたします。

当社コンテンツの中にはリーズナブルな設定で紙面の利用を許諾している塾もたくさんございますので、ご希望の方は、お気軽にご相談くださいますようお願いします。同時に、当社発行物を無断で使用している会社などにつきましての情報もお寄せいただければ幸いです。

株式会社 声の教育社

スーパー過去問の 解説執筆・解答作成スタッフ（在宅）募集！

※募集要項の詳細は、10月に弊社ホームページ上に掲載します。

2025年度用
中学スーパー過去問

■編集人 声の教育社・編集部
■発行所 株式会社 声の教育社
〒162-0814 東京都新宿区新小川町8-15
☎03-5261-5061(代) FAX03-5261-5062
https://www.koenokyoikusha.co.jp

※本書の内容についての一切の責任は当社にあります。内容・解説・解答・その他は当社ホームページよりお問い合わせ下さい。

カコを追いかけ
ミライをつかめ
「今の説明、もう一回」を何度でも
web過去問
ストリーミング配信による入試問題の解説動画
もっと古いカコモンないの?
カコ過去問
「さらにカコの」過去問をHPに掲載(DL)
声の教育社
詳しくはこちらから

よくある解答用紙のご質問

01

実物のサイズにできない

拡大率にしたがってコピーすると，「解答欄」が実物大になります。配点などを含むため，用紙は実物よりも大きくなることがあります。

02

A3用紙に収まらない

拡大率164％以上の解答用紙は実物のサイズ（「出題傾向＆対策」をご覧ください）が大きいために，A３に収まらない場合があります。

03

拡大率が書かれていない

複数ページにわたる解答用紙は，いずれかのページに拡大率を記載しています。どこにも表記がない場合は，正確な拡大率が不明です。

04

１ページに２つある

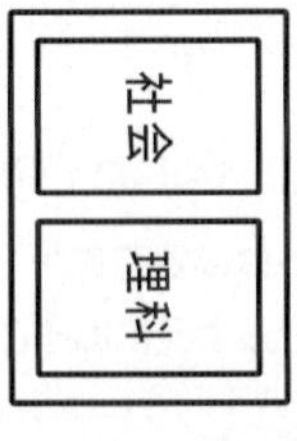

１ページに２つ解答用紙が掲載されている場合は，正確な拡大率が不明です。ほかの試験回の同じ教科をご参考になさってください。

駒込中学校

【別冊】入試問題解答用紙編

解答用紙は本体からていねいに抜きとり、別冊としてご使用ください。

※　実際の解答欄の大きさで練習するには、指定の倍率で拡大コピーしてください。なお、ページの上下に小社作成の見出しや配点を記載しているため、コピー後の用紙サイズが実物の解答用紙と異なる場合があります。

●入試結果表

―は非公表

年度	回	項目	2科(国算)		4科(国算社理)
2024	第１回	配点(満点)	200		300
		合格基準点	男―　女―		男―　女―
		キミの得点			
	〔参考〕:合格基準点は各教科約63%を目安とします(各回の平均点により多少変動します)。				
	回	項目	3科(適性検査Ⅰ・Ⅱ・Ⅲ) Ⅰ…国語的思考力，Ⅱ…算数・社会・理科的思考力，Ⅲ…算数・理科的思考力		
	適性検査型A	配点(満点)	300		
		合格基準点	男 130　女 130		
		キミの得点			
	回	項目	3科(適性検査１・２・３) １…国語的思考力，２…算数的思考力，３…理科・社会的思考力		
	適性検査型B	配点(満点)	300		
		合格基準点	男 130　女 130		
		キミの得点			
	〔参考〕：第３回の英語は筆記試験 40 点，インタビュー試験 60 点。				
年度	回	項目	2科(国算)		4科(国算社理)
2023	第１回	配点(満点)	200		300
		合格基準点	男―　女―		男―　女―
		キミの得点			
	〔参考〕:合格基準点は各教科 60%を目安とします(各回の平均点により多少変動します)。				
	回	項目	3科(適性検査Ⅰ・Ⅱ・Ⅲ) Ⅰ…国語的思考力，Ⅱ…算数・社会・理科的思考力，Ⅲ…算数・理科的思考力		
	適性検査型A	配点(満点)	300		
		合格基準点	男 120　女 120		
		キミの得点			
	回	項目	3科(適性検査１・２・３) １…国語的思考力，２…算数的思考力，３…理科・社会的思考力		
	適性検査型B	配点(満点)	300		
		合格基準点	男 120　女 120		
		キミの得点			
	〔参考〕：第３回の英語は筆記試験 40 点，インタビュー試験 60 点。				
年度	回	項目	2科(国算)		4科(国算社理)
2022	第１回	配点(満点)	200		300
		合格基準点	男―　女―		男―　女―
		キミの得点			
	〔参考〕:合格基準点は各教科 60%を目安とします(各回の平均点により多少変動します)。				
	回	項目	3科(適性検査Ⅰ・Ⅱ・Ⅲ) Ⅰ…国語的思考力，Ⅱ…算数・社会・理科的思考力，Ⅲ…算数・理科的思考力		
	適性検査型A	配点(満点)	300		
		合格基準点	男 120　女 120		
		キミの得点			
	〔参考〕：適性検査型Bの配点(満点)は 300，合格基準点は男 120／女 120。 第３回の英語は筆記試験 40 点，インタビュー試験 60 点。				

※　表中のデータはすべて学校公表のものです。

声の教育社

2024年度　駒込中学校　第１回

算数解答用紙　第１回

番号		氏名		評点	／100

大問	小問	解答
1	(1)	
	(2)	
	(3)	
	(4)	
2	(1)	km
	(2)	cm^2
	(3)	
	(4)	%
	(5)	個
	(6)	時間
3	(1)	回
	(2)	回
	(3)	
4	(1)	cm^2
	(2)	cm
5	(1)	分後
	(2)	cm
	(3)	分　秒後
6	(1)	cm^2
	(2)	cm^3

（注）この解答用紙は実物を縮小してあります。Ａ４用紙に115％拡大コピーすると、ほぼ実物大で使用できます。（タイトルと配点表は含みません）

〔算　数〕100点（推定配点）

1～6　各５点×20

2024年度　駒込中学校　第1回

社会解答用紙　第1回

番号		氏名		評点	／50

1	問1		問2		問3	
	問4		問5		問6	
	問7		問8		問9	
	問10					
2	問1		問2		問3	
	問4		問5		問6	
	問7		問8		問9	
	問10		問11			
	問12					
3	問1		問2			
	問3		問4		問5	
	問6		問7		問8	
	問9	⑨	⑩		⑪	

（注）この解答用紙は実物を縮小してあります。B４用紙に135%拡大コピーすると、ほぼ実物大で使用できます。（タイトルと配点表は含みません）

〔社　会〕50点(推定配点)

1 問1，問2　各2点×2　問3～問5　各1点×3　問6　2点　問7，問8　各1点×2　問9，問10　各2点×2　2 問1　2点　問2　1点　問3　2点　問4，問5　各1点×2　問6，問7　各2点×2　問8，問9　各1点×2　問10　2点　問11　1点　問12　4点　3 問1～問3　各2点×3　問4～問6　各1点×3　問7　2点　問8，問9　各1点×4

理科解答用紙　第１回

番号		氏名		評点	／50

1	(1)	動物　(例)
	(2)	(3)
	(4)	
	(5)	
2	(1)	置換 (2)
	(3)	A　B　C　D　E
	(4)	
3	(1)	cm/秒　km/時
	(2)	(A)　(B)
	(3)	
4	(1)	g (2) %
	(3)	名称　℃
	(4)	g

（注）この解答用紙は実物を縮小してあります。Ｂ４用紙に120％拡大コピーすると、ほぼ実物大で使用できます。（タイトルと配点表は含みません）

〔理　科〕50点（推定配点）

1　各２点×６〈(2)は完答〉　2　(1)，(2)　各２点×２　(3)　各１点×５　(4)　３点　3　(1)　各２点×２　(2)，(3)　各３点×３　4　(1)，(2)　各３点×２　(3)　各２点×２　(4)　３点

二〇二四年度　駒込中学校　第一回

国語解答用紙　第一回

番号　　氏名　　評点 ／100

一

問一　問二 A B C D
問三 I II
問四
問五
問六 初め 〜 終わり
問七　問八 X Y Z
問九 ア イ ウ エ オ
問十 ㋐ マドグチ　㋑ フクザツ　㋒ セジお　㋓ ギロン　㋔ キケン

二

問一
問二
問三
問四 i ii
問五
問六
問七　問八
問九
問十
問十一 ㋐ スクわれた　㋑ ノゾんだ　㋒ 経った　㋓ キザまれた　㋔ ショゾク

（注）この解答用紙は実物を縮小してあります。175％拡大コピーすると、ほぼ実物大で使用できます。（タイトルと配点表は含みません）

〔国　語〕100点(推定配点)

一 問1，問2　各2点×5　問3，問4　各4点×3　問5　6点　問6　3点　問7～問9　各2点×9　問10　各1点×5　二 問1　2点　問2，問3　各4点×2　問4　i　3点　ii　4点　問5～問10　各4点×6　問11　各1点×5

適性検査Ⅱ　No.1

番号		氏名		評点	／100

1

問 1

答え

考え方

問 2

勝ち（回）	負け（回）	あいこ（回）	止まるマスの番号
（例）　2	2	1	⑩

考え方

（注）この解答用紙は実物を縮小してあります。B４用紙に141％拡大コピーすると、ほぼ実物大で使用できます。（タイトルと配点表は含みません）

適性検査Ⅱ　No.2

2

〔問題１〕

(1)

2010年	2015年	2021年
%	%	

(2)

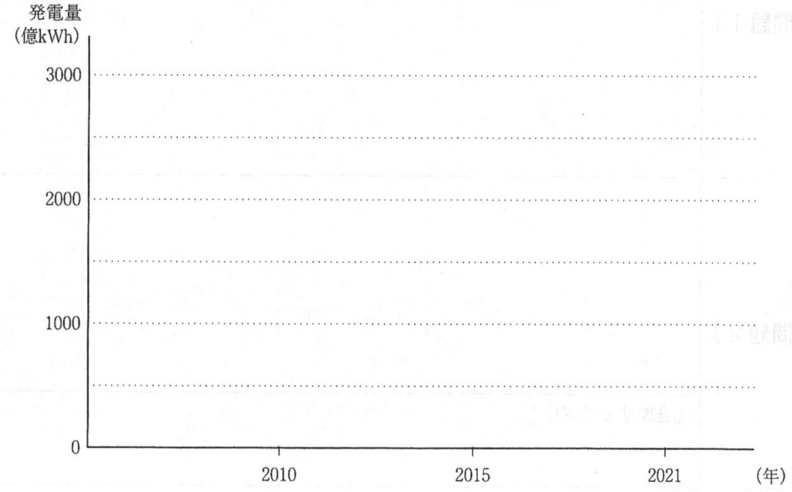

(3)

〔問題２〕

(1)

共通点

設置理由

(2)

（注）この解答用紙は実物を縮小してあります。Ｂ４用紙に127%拡大コピーすると、ほぼ実物大で使用できます。（タイトルと配点表は含みません）

適性検査Ⅱ　No.3

3

〔問題１〕	
〔問題２〕	
	〈追加するもの〉
〔問題３〕	
〔問題４〕	
〔問題５〕	

（注）この解答用紙は実物を縮小してあります。Ｂ４用紙に127％拡大コピーすると、ほぼ実物大で使用できます。（タイトルと配点表は含みません）

〔適性検査Ⅱ〕100点（推定配点）

1　問１　12点　問２　18点　2　問題１⑴　各３点×３　⑵　６点　⑶　10点　問題２　各５点×３　3　各６点×５

適性検査Ⅲ　No.1

番号		氏名		評点	／100

1

〔問題１〕	
〔問題２〕	
〔問題３〕	
〔問題４〕	

（注）この解答用紙は実物を縮小してあります。Ｂ４用紙に127%拡大コピーすると、ほぼ実物大で使用できます。（タイトルと配点表は含みません）

適性検査Ⅲ　No.2

2

問1

白色の旗にかえるところ：　カ所

考え方：

問2

ア	：	イ	：
ウ	：	エ	：
オ	：	カ	：

問3

黄色の旗の数：　本

考え方：

（注）この解答用紙は実物を縮小してあります。B４用紙に141％拡大コピーすると、ほぼ実物大で使用できます。（タイトルと配点表は含みません）

〔適性検査Ⅲ〕100点（推定配点）

1　問題1，問題2　各10点×2　問題3，問題4　各15点×2　2　問1　16点　問2，問3　各17点×2〈問2は完答〉

二〇二四年度　駒込中学校　適性検査型A

適性検査Ⅰ

番号		氏名	

評点 ／100

問題1

問題2

問題3

400

440

（注）この解答用紙は実物を縮小してあります。170％拡大コピーすると、ほぼ実物大で使用できます。（タイトルと配点表は含みません）

〔**適性検査Ⅰ**〕100点（推定配点）

問題1　25点　問題2　15点　問題3　60点

適性検査２　No.1

番号		氏名	

評点　／100

1

問１

ア ：

イ ：

ウ ：

問２

□にあてはまる数：

カーペットを折る回数：　　　　回

考え方：

問３

できるあめの数：　　　　つぶ

考え方：

（注）この解答用紙は実物を縮小してあります。Ｂ４用紙に141％拡大コピーすると、ほぼ実物大で使用できます。（タイトルと配点表は含みません）

適性検査２　No.2

2

問１

問２

最も大きい数：

考え方：

問３

考え方：

(注) この解答用紙は実物を縮小してあります。Ｂ４用紙に141％拡大コピーすると、ほぼ実物大で使用できます。（タイトルと配点表は含みません）

〔適性検査２〕100点(推定配点)

1　問１　18点〈完答〉　問２　20点　問３　16点　2　問１　10点　問２，問３　各18点×2

適性検査3　No.1

番号		氏名		評点	／100

1	問題1		
	問題2	①	
		②	
		③	
	問題3	(1)	
		(2)	

（注）この解答用紙は実物を縮小してあります。B４用紙に120%拡大コピーすると、ほぼ実物大で使用できます。（タイトルと配点表は含みません）

適性検査３　No.2

2					
	問題1				
	問題2				
	問題3				
	問題4	あ		い	
		う			
	問題5	(1)		(2)	mL

（注）この解答用紙は実物を縮小してあります。Ｂ４用紙に120％拡大コピーすると、ほぼ実物大で使用できます。（タイトルと配点表は含みません）

〔適性検査３〕100点(推定配点)

1　問題1　10点　問題2　各5点×3　問題3　各10点×2　2　問題1　7点　問題2　12点　問題3　8点　問題4　各4点×3　問題5　各8点×2

二〇二四年度　駒込中学校　適性検査型B

適性検査1　No.1

番号

氏名

評点　／100

一

問1

問2

問3　お母さんが、おじさんとおばあちゃんに　　　ということ。

問4

二

問1

問2　ア　イ　ウ

(注)この解答用紙は実物を縮小してあります。173%拡大コピーすると、ほぼ実物大で使用できます。(タイトルと配点表は含みません)

二〇二四年度　駒込中学校　適性検査型B

適性検査1　No.2

二　問3

180

220

（注）この解答用紙は実物を縮小してあります。173%拡大コピーすると、ほぼ実物大で使用できます。（タイトルと配点表は含みません）

〔適性検査 1 〕100点(推定配点)

一　問1　10点　問2　8点　問3　10点　問4　20点　二　問1　10点　問2　各4点×3　問3　30点

2024年度　　駒込中学校　第3回

英語解答用紙　第1回

番号		氏名		評点	／40

1

1		2		3		4		5	
6		7		8		9		10	

2

1	
2	
3	
4	
5	

(注) この解答用紙は実物を縮小してあります。B４用紙に120%拡大コピーすると、ほぼ実物大で使用できます。(タイトルと配点表は含みません)

〔英　語〕40点(推定配点)

1　各２点×10　2　各４点×５

2023年度　駒込中学校　第１回

算数解答用紙

番号		氏名		評点	／100

1	(1)		3	(1)	
	(2)			(2)	
	(3)		4	(1)	毎時　　　km
	(4)			(2)	km
2	(1)	時間　分　秒	5	(1)	度
	(2)	個		(2)	cm^2
	(3)	枚	6	(1)	人
	(4)	通り		(2)	つ
	(5)	本	7	(1)	cm^2
	(6)	：　：		(2)	cm^2

（注）この解答用紙は実物を縮小してあります。Ａ４用紙に115％拡大コピーすると、ほぼ実物大で使用できます。（タイトルと配点表は含みません）

〔算　数〕100点(推定配点)

1～7　各５点×20

2023年度　　駒込中学校　第１回

社会解答用紙

番号		氏名		評点	／50

1	問1		問2		問3
	問4		問5		問6
	問7		問8		問9
	問10				
2	問1		問2		問3
	問4		問5		問6
	問7		問8		問9
	問10	X	選択肢		
	問11				
3	問1		問2		問3
	問4		問5		
	問6		問7		
	問8	X	Y		

（注）この解答用紙は実物を縮小してあります。Ｂ４用紙に125％拡大コピーすると、ほぼ実物大で使用できます。（タイトルと配点表は含みません）

〔社　会〕50点（推定配点）

1　問１　２点　問２　１点　問３　２点　問４～問７　各１点×４　問８～問10　各２点×３　2　問１，問２　各１点×２　問３，問４　各２点×２　問５，問６　各１点×２　問７，問８　各２点×２　問９　１点　問10　２点（選択肢は１点）　問11　４点　3　問１～３　各２点×３　問４　１点　問５　２点　問６，問７　各１点×２　問８　各２点×２

2023年度　駒込中学校　第1回

理科解答用紙

番号		氏名		評点	／50

1	(1)									
	(2)									
	(3)	X		Y		(4)	X	%	Y	%
	(5)	魚類		鳥類						
2	(1)	%	(2)		(3)					
	(4)									
	(5)	cm³	(6)							
3	(1)	図1		図2						
	(2)		(3)							
	(4)	図3		図4		図5				
	(5)									
4	(1)	夏		冬		(2)				
	(3)		(4)							
	(5)	方位		角度	度					

（注）この解答用紙は実物を縮小してあります。B４用紙に125％拡大コピーすると、ほぼ実物大で使用できます。（タイトルと配点表は含みません）

〔理　科〕50点（推定配点）

1 (1) 2点 (2) 3点 (3) 各1点×2 (4) 各2点×2 (5) 各1点×2　2 各2点×6　3 (1)〜(3) 各2点×4 (4) 各1点×3 (5) 2点　4 (1) 各1点×2 (2)〜(5) 各2点×5

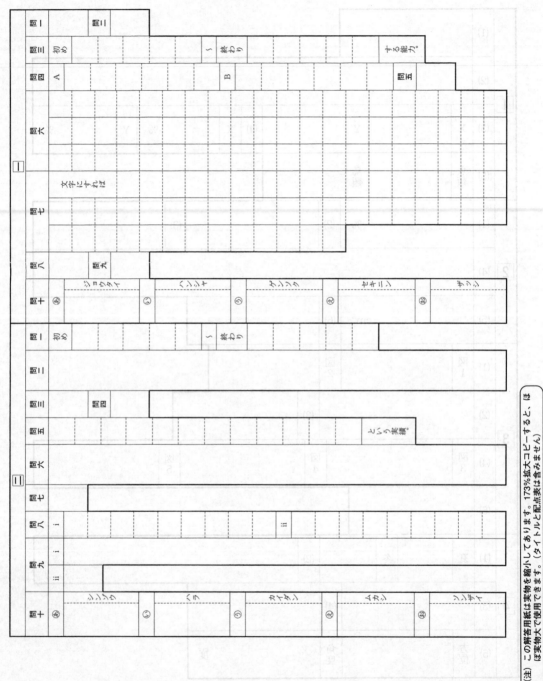

二〇二三年度　駒込中学校　第一回

国語解答用紙

番号　　氏名　　評点　／100

一

問一

問二

問三　初め　〜　終わり　　する能力。

問四　A　　B

問五

問六

問七　文字にすれば

問八

問九

問十　あ ジョウダイ　い ハンシャ　う ゲンソク　え セキニン　お ザッシ

二

問一　初め　〜　終わり

問二

問三

問四

問五　　という実績。

問六

問七

問八　i　　ii

問九　i　　ii

問十　あ シンゾウ　い ハラ　う カイダン　え ムカシ　お ソンザイ

（注）この解答用紙は実物を縮小してあります。173%拡大コピーすると、ほぼ実物大で使用できます。（タイトルと配点表は含みません）

〔国　語〕100点（推定配点）

一　問1～問5　各4点×6　問6，問7　各6点×2　問8，問9　各4点×2　問10　各1点×5　二　問1　2点　問2　6点　問3～問5　各4点×3　問6　6点　問7～問9　各4点×5　問10　各1点×5

2023年度　駒込中学校　適性検査型A

適性検査Ⅱ　No.1

番号		氏名		評点	／100

1

〔問題１〕	cm^2
〔問題２〕	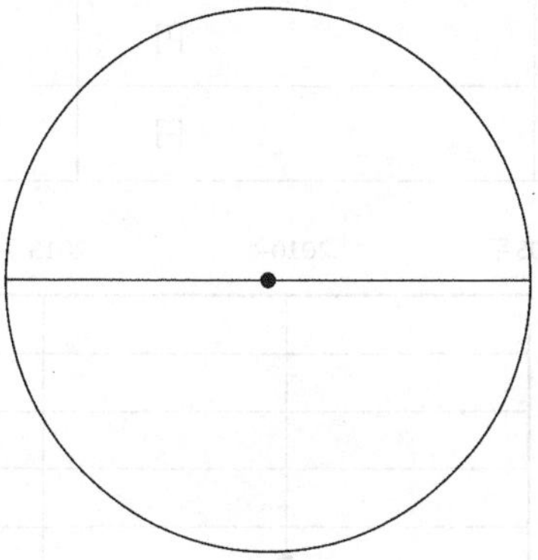
〔問題３〕	時　分
〔問題４〕	合計　回
〔問題５〕	

適性検査Ⅱ　No.2

2

〔問題1〕

(1)

	A	ビッグマック指数
2015年	円	%
2020年	円	%
2022年	円	%

(2)

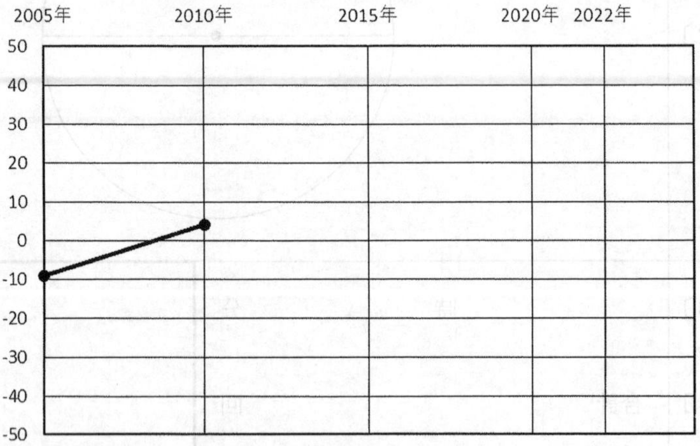

(3)

(4)

〔問題2〕

適性検査Ⅱ　No.3

3

〔問題１〕	
〔問題２〕	
〔問題３〕	
〔問題４〕	

（注）この解答用紙は実物を縮小してあります。Ｂ４用紙に126％拡大コピーすると、ほぼ実物大で使用できます。（タイトルと配点表は含みません）

〔適性検査Ⅱ〕100点(推定配点)

1　各６点×５　2　問題１(1)　各３点×６　(2)　６点　(3), (4)　各４点×２　問題２　８点　3　問題１　５点　問題２　各５点×２　問題３　５点　問題４　10点

適性検査Ⅲ　No.1

番号		氏名		評点	／100

1

〔問題１〕	
〔問題２〕	
〔問題３〕	
〔問題４〕	

適性検査Ⅲ　No.2

2

〔問題1〕	倍	
〔問題2〕		
〔問題3〕	通り	
〔問題4〕	通り	
〔問題5〕	（ア）　泊	（イ）　泊
〔問題6〕		

おみやげ	1箱に入っている個数	購入するおみやげの個数
宇治抹茶クッキー	6個	箱
	8個	箱
	12個	箱
八つ橋	10個	箱
	15個	箱
京風せんべい	8個	箱
	16個	箱

（注）この解答用紙は実物を縮小してあります。B４用紙に126％拡大コピーすると、ほぼ実物大で使用できます。（タイトルと配点表は含みません）

〔適性検査Ⅲ〕100点（推定配点）

1　問題1，2　各15点×2　問題3，問題4　各10点×2　2　問題1　7点　問題2　8点　問題3～問題6　各7点×5

二〇二三年度　駒込中学校　適性検査型A

適性検査Ⅰ

番号　　　　氏名　　　　評点　／100

問題1

問題2

問題3

400

440

(注) この解答用紙は実物を縮小してあります。A3用紙に162%拡大コピーすると、ほぼ実物大で使用できます。(タイトルと配点表は含みません)

〔適性検査Ⅰ〕100点(推定配点)

問1，問2　各20点×2　問3　60点

2023年度　駒込中学校　適性検査型Ｂ

適性検査２　No.1

番号		氏名		評点	／100

(1)			
(2)	倍		
(3)			
(4)	分	(5)	本

適性検査2　No.2

(6)

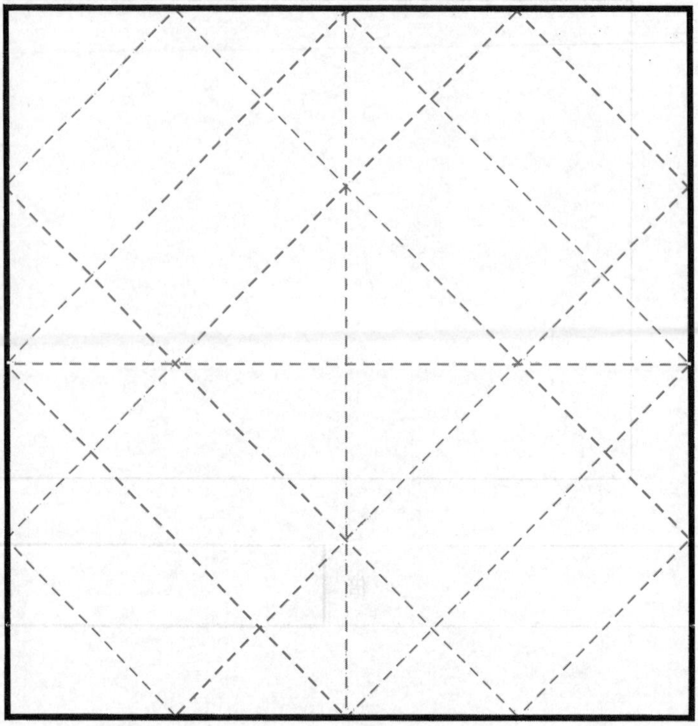

(7)

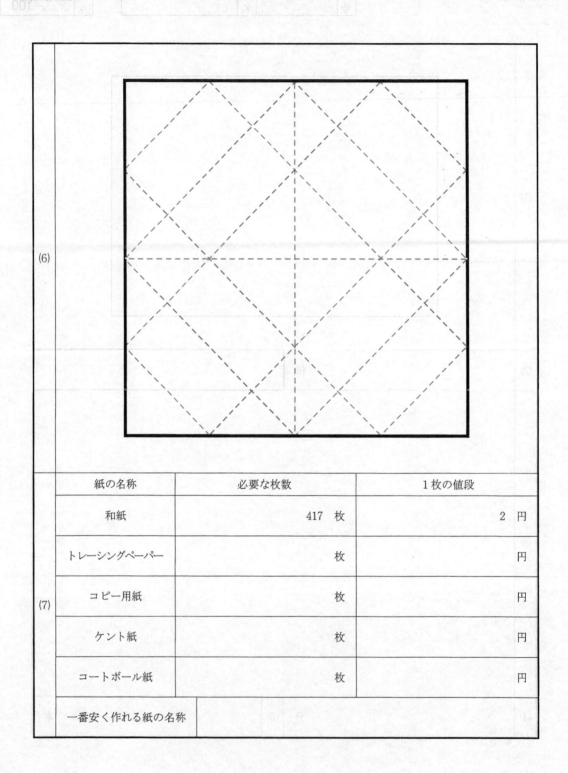

紙の名称	必要な枚数	1枚の値段
和紙	417　枚	2　円
トレーシングペーパー	枚	円
コピー用紙	枚	円
ケント紙	枚	円
コートボール紙	枚	円

一番安く作れる紙の名称	

適性検査２　No.3

(8)

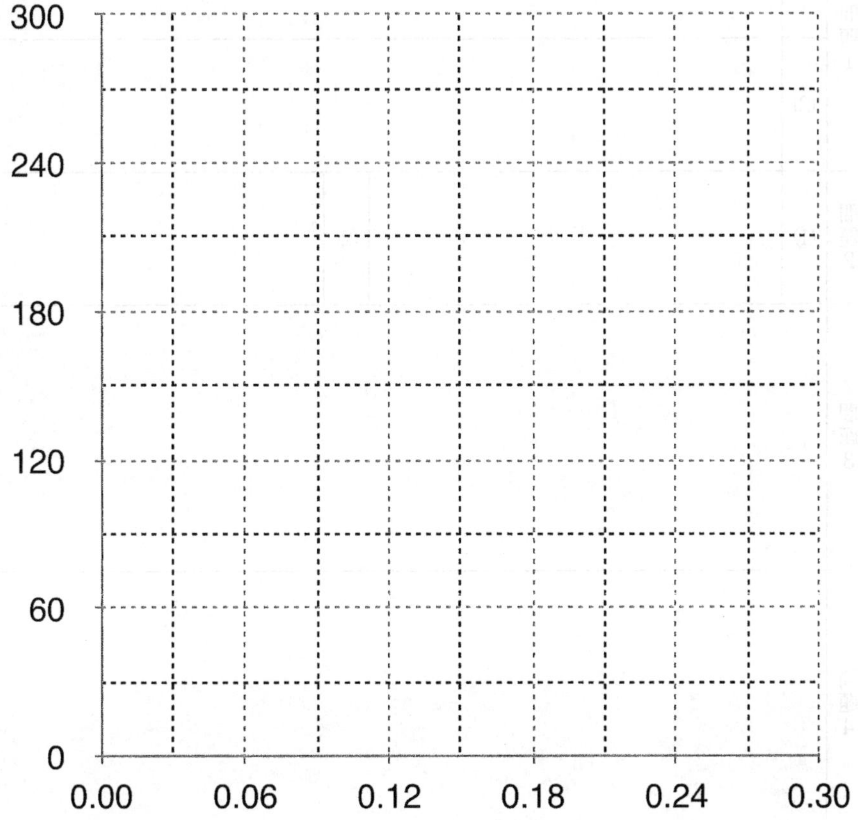

（注）この解答用紙は実物を縮小してあります。Ｂ４用紙に121％拡大コピーすると、ほぼ実物大で使用できます。（タイトルと配点表は含みません）

〔適性検査２〕100点（推定配点）

(1), (2)　各10点×２　(3)　20点　(4), (5)　各10点×２　(6)　10点　(7)　各２点×９　(8)　12点

適性検査3　No.1

番号		氏名	

評点	／100

1	問題1	(1)			
		(2)			
	問題2	①		②	
	問題3				
	問題4				
	問題5				

適性検査３　No.2

2	問題1			
	問題2	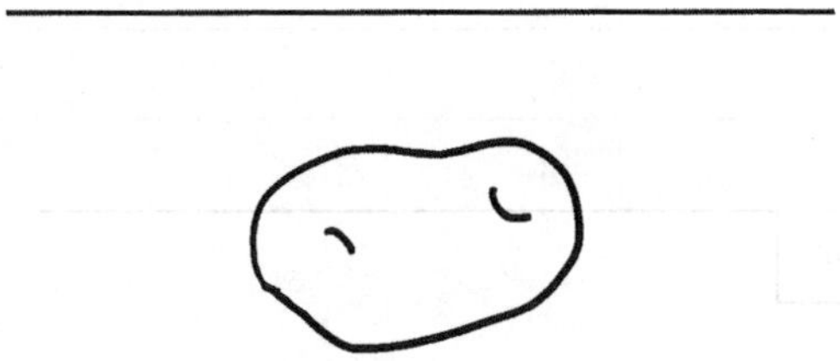		
	問題3	ア		
	問題4	イ	ウ	
	問題5			

（注）この解答用紙は実物を縮小してあります。Ｂ４用紙に121％拡大コピーすると、ほぼ実物大で使用できます。（タイトルと配点表は含みません）

〔適性検査３〕100点（推定配点）

1　問題１(1)　４点　(2)　８点　問題２　各４点×２　問題３～問題５　各10点×３　2　問題１　８点　問題２　10点　問題３～問題５　各８点×４

二〇二三年度　駒込中学校　適性検査型B

適性検査1　No.1

番号		氏名		評点	／100

一

問1

問2　という気持ち。

問3

問4

二

問1　失敗した自分を責めるあまり、　を黙殺せず、受け止めてしまう態度。

問2　することを待つこと。

二〇二三年度　駒込中学校　適性検査型B

適性検査1　No.2

二　問3

280

340

（注）この解答用紙は実物を縮小してあります。173%拡大コピーすると、ほぼ実物大で使用できます。（タイトルと配点表は含みません）

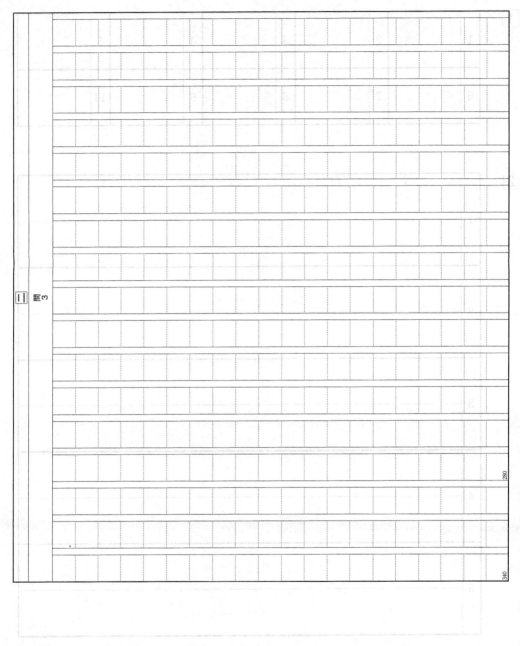

〔適性検査1〕100点(推定配点)

一　問1，問2　各7点×2　問3　15点　問4　20点　二　問1　15点　問2　6点　問3　30点

2023年度　　駒込中学校　第3回

英語解答用紙

番号		氏名		評点	／40

1

1		2		3		4		5	
6		7		8		9		10	

2

1	
2	
3	
4	
5	

（注）この解答用紙は実物を縮小してあります。B４用紙に121％拡大コピーすると、ほぼ実物大で使用できます。（タイトルと配点表は含みません）

〔英　語〕40点（推定配点）

1　各２点×10　2　各４点×５

算数解答用紙

番号		氏名		評点	／100

1	(1)		3	(1)	cm
	(2)			(2)	cm^2
	(3)		4	(1)	個
	(4)			(2)	
2	(1)	m^2	5	(1)	：
	(2)	円		(2)	秒間
	(3)	個	6	(1)	cm^3
	(4)	g		(2)	cm^2
	(5)	cm^2	7	(1)	毎分　　m
	(6)	円		(2)	m

（注）この解答用紙は実物を縮小してあります。Ａ４用紙に112%拡大コピーすると、ほぼ実物大で使用できます。（タイトルと配点表は含みません）

〔算　数〕100点(推定配点)

1～7　各５点×20

2022年度　駒込中学校　第１回

社会解答用紙

番号		氏名		評点	／50

1

問1				問2	
問3		問4			
問5		問6		問7	
問8					
問9					
問10					
問11					
問12		問13			

2

問1	(1)		(2)		
問2		問3		問4	
問5		問6		問7	
問8		問9	➡　　　➡		

3

(1)		(2)		(3)	
問1		問2		問3	
問4		問5		問6	
問7					

（注）この解答用紙は実物を縮小してあります。Ｂ４用紙に125％拡大コピーすると、ほぼ実物大で使用できます。（タイトルと配点表は含みません）

〔社　会〕50点（推定配点）

1　問１，問２　各２点×２　問３　１点　問４　２点　問５，問６　各１点×２　問７～問９　各２点×３　問10　１点　問11　２点　問12，問13　各１点×２　2　問１　各２点×２　問２～問７　各１点×６　問８　２点　問９　３点　3　(1)～(3)　各２点×３　問１，問２　各１点×２　問３　２点　問４，問５　各１点×２　問６　２点　問７　１点

2022年度　駒込中学校　第１回

理科解答用紙

番号		氏名		評点	／50

1	(1)	A		B		
	(2)		(3)			
	(4)					
	(5)					
2	(1)		(2)	g	(3)	g
	(4)	cm	(5)	cm	(6)	
3	(1)					
	(2)		(3)		(4)	g
4	(1)		(2)			
	(3)				(4)	

（注）この解答用紙は実物を縮小してあります。Ａ４用紙に115％拡大コピーすると、ほぼ実物大で使用できます。（タイトルと配点表は含みません）

〔理　科〕50点(推定配点)

1　(1)～(4)　各２点×５　(5)　３点　2　(1)～(5)　各２点×５　(6)　３点　3, 4　各３点×８

二〇二二年度 駒込中学校 第一回

国語解答用紙

番号		氏名		評点	/100

一

問一 問二 問三 問四 問五 問六 問七（初め 〜 終わり） 問八 問九 問十 問十一（A B C）

問十二 ㋐ ジュンチョウ ㋑ ス（てる） ㋒ ムチュウ ㋓ ケイホウ ㋔ ソウゾウ

二

問一 問二 問三 問四（1 2） 問五 問六 問七 問八 問九（X Y Z） 問十（ア イ ウ エ）

問十一 ㋐ オオゼイ ㋑ ジュウロク ㋒ ケイケン ㋓ コトワ（る） ㋔ ホッシン

（注）この解答用紙は実物を縮小してあります。A３用紙に167％拡大コピーすると、ほぼ実物大で使用できます。（タイトルと配点表は含みません）

〔国　語〕100点（推定配点）

一　問１　２点　問２　４点　問３　３点　問４　４点　問５　３点　問６　４点　問７　３点　問８　６点　問９　３点　問10　４点　問11　各３点×３　問12　各１点×５　二　問１　３点　問２，問３　各４点×２　問４　各２点×２　問５～問８　各４点×４　問９，問10　各２点×７　問11　各１点×５

2022年度　　駒込中学校　適性検査型A

適性検査Ⅱ　No.1

番号		氏名		評点	／100

1

〔問題１〕		セット
〔問題２〕		辺の長さがそれぞれ２倍，３倍，…と増えていくと，
		理由：
〔問題３〕		種類
〔問題４〕	(1)	
	(2)	cm
〔問題５〕		正しい　・　正しくない

適性検査Ⅱ　No.2

2

〔問題１〕		〔問題２〕	
〔問題３〕	C	D	

〔問題４〕A

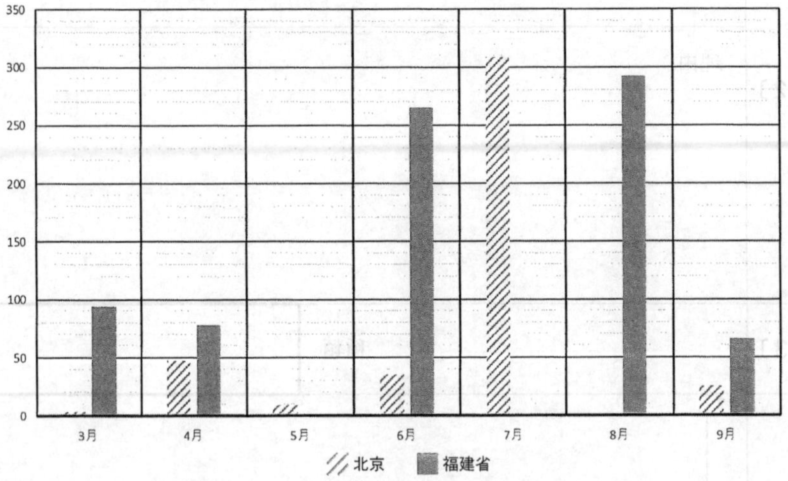

〔問題４〕B	理由１
	理由２
	理由３
〔問題５〕	
〔問題６〕	

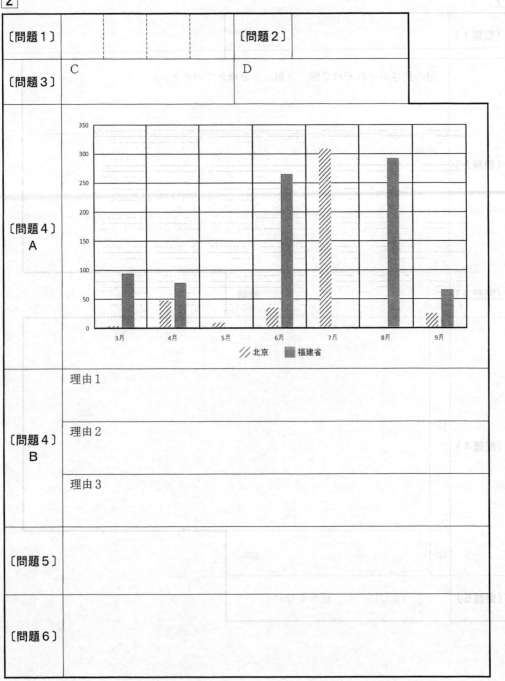

適性検査Ⅱ　No.3

3

〔問題１〕	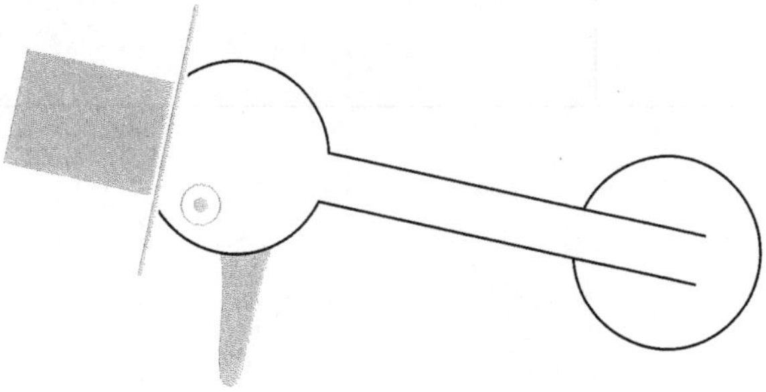
〔問題２〕	
〔問題３〕	
〔問題４〕	

（注）この解答用紙は実物を縮小してあります。Ｂ４用紙に126％拡大コピーすると，ほぼ実物大で使用できます。（タイトルと配点表は含みません）

〔適性検査Ⅱ〕100点（推定配点）

1　問題１　３点　問題２　３点　理由…７点　問題３　３点　問題４　(1)　８点　(2)　３点　問題５　３点

2　問題１，問題２　各２点×２　問題３　各３点×２　問題４Ａ　６点　問題４Ｂ　各４点×３　問題５，問題６　各６点×２点　3　問題１～問題３　各７点×３　問題４　９点

2022年度　　駒込中学校　適性検査型Ａ

適性検査Ⅲ　No.1

番号		氏名		評点	／100

1

〔問題１〕		その他の場合
〔問題２〕		
〔問題３〕		
〔問題４〕		

適性検査Ⅲ　No.2

2

〔問題１〕	
〔問題２〕	通り
〔問題３〕	種類
〔問題４〕	回
〔問題５〕	

（注）この解答用紙は実物を縮小してあります。Ｂ４用紙に119％拡大コピーすると、ほぼ実物大で使用できます。（タイトルと配点表は含みません）

〔適性検査Ⅲ〕100点（推定配点）

1　問題１　５点　問題２～問題４　各15点×３　2　各10点×５

二〇二二年度　駒込中学校　適性検査型A

適性検査Ⅰ

番号		氏名		評点	／100

問1

問2

問3

(注) この解答用紙は実物を縮小してあります。Ａ３用紙に160％拡大コピーすると、ほぼ実物大で使用できます。（タイトルと配点表は含みません）

〔適性検査Ⅰ〕100点（推定配点）

問１，問２　各10点×２　問３　80点

2022年度　駒込中学校　適性検査型B

適性検査2

番号		氏名	

評点	／100

1

	実際の利用時間	計算に使う時間	人数	（計算に使う時間）×（人数）
(1)	40分未満	20		
	40分以上80分未満			
	80分以上120分未満			
	120分以上160分未満			
	160分以上200分未満			
	合　計			
	平均スクリーンタイム			分
(2)				

(3)	㎠	(4)	倍	(5)	電	(6)	倍
(7)	円	(8)	R：G：B＝　　：　　：				
(9)							

（注）この解答用紙は実物を縮小してあります。B４用紙に122％拡大コピーすると、ほぼ実物大で使用できます。（タイトルと配点表は含みません）

〔適性検査２〕100点（推定配点）

(1)　40分未満～160分以上200分未満　各３点×５＜横並びで完答＞　合計と平均スクリーンタイム　５点＜完答＞

(2)～(9)　各10点×８

2022年度　駒込中学校　適性検査型B

適性検査３　No.1

番号		氏名	

評点	／100

1

1	問題1								
	問題2	①		②		③		④	
	問題3								
	問題4	(1)							
		(2)							

適性検査３　No.2

2

2						
	問題1					
	問題2					
	問題3					
	問題4					
	問題5	ア		イ		ウ

（注）この解答用紙は実物を縮小してあります。Ｂ４用紙に119%拡大コピーすると、ほぼ実物大で使用できます。（タイトルと配点表は含みません）

〔適性検査３〕100点(推定配点)

1　問題１，問題２　各３点×５　問題３　10点　問題４　(1)　10点　(2)　15点　2　問題１　５点　問題２～問題４　各10点×３　問題５　各５点×３

二〇二二年度　駒込中学校　適性検査型B

適性検査1

番号		氏名		評点	/100

一

問1　ア　イ

問2

問3　あ　い

問4　A　B

二

問1　あ　い　う

問2

問3　という こと。

問4

（注）この解答用紙は実物を縮小してあります。A3用紙に160%拡大コピーすると、ほぼ実物大で使用できます。（タイトルと配点表は含みません）

〔**適性検査1**〕100点（推定配点）

一　問1　各5点×2　問2　20点　問3，問4　各5点×4　二　問1　各2点×3　問2　4点　問3　5点　問4　35点

2022年度　　駒込中学校　第３回

英語解答用紙

番号		氏名		評点	／40

1

1		2		3		4		5	
6		7		8		9		10	

2

1	
2	
3	
4	
5	

（注）この解答用紙は実物を縮小してあります。A４用紙に115%拡大コピーすると、ほぼ実物大で使用できます。（タイトルと配点表は含みません）

〔英　語〕40点（推定配点）

1　各２点×10　2　各４点×５

Memo

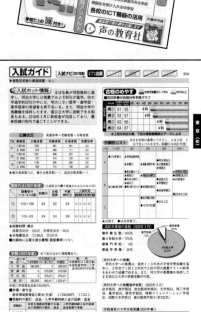

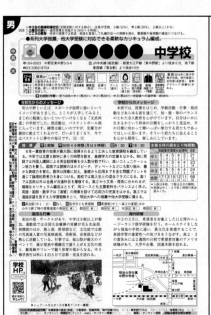